U0519912

河北大学学术著作出版基金资助

证券市场制度比较与趋势研究

作者　康书生　胡耀岭　葛　优　曹　禺
　　　郭小卉　向冠春　孙秀丽　闫小勇
　　　刘　猛　刘　莉　李继超　杨　军

商务印书馆
2008年·北京

图书在版编目(CIP)数据

证券市场制度比较与趋势研究/康书生等著.—北京：商务印书馆，2008
ISBN 978-7-100-05619-9

Ⅰ.证… Ⅱ.康… Ⅲ.证券交易—资本市场—研究—中国 Ⅳ.F832.51

中国版本图书馆 CIP 数据核字(2007)第 140433 号

所有权利保留。
未经许可，不得以任何方式使用。

证券市场制度比较与趋势研究
康书生等 著

商 务 印 书 馆 出 版
(北京王府井大街36号 邮政编码 100710)
商 务 印 书 馆 发 行
北 京 龙 兴 印 刷 厂 印 刷
ISBN 978-7-100-05619-9

2008年5月第1版　　　　开本 880×1230 1/32
2008年5月北京第1次印刷　印张 14 ½
定价：28.00元

目 录

前 言 …………………………………………………………… 1

第一章 证券发行与交易制度 …………………………………… 1
1.1 证券发行制度 ………………………………………………… 1
1.1.1 证券发行制度概述 ……………………………………… 1
1.1.2 国外证券发行制度比较与发展趋势 …………………… 5
1.1.3 我国证券发行制度改革与完善 ………………………… 12
1.2 证券交易制度 ………………………………………………… 21
1.2.1 证券交易制度概述 ……………………………………… 21
1.2.2 国外证券交易制度比较与发展趋势 …………………… 25
1.2.3 我国证券交易制度改革与完善 ………………………… 35

第二章 证券交易所制度 ………………………………………… 46
2.1 证券交易所概述 ……………………………………………… 46
2.1.1 证券交易所定义 ………………………………………… 46
2.1.2 证券交易所的发展 ……………………………………… 46
2.1.3 证券交易所的特征 ……………………………………… 47
2.1.4 证券交易所的组织形式 ………………………………… 50
2.1.5 证券交易所的功能 ……………………………………… 53
2.1.6 证券交易所的管理 ……………………………………… 54

2　证券市场制度比较与趋势研究

2.2　世界三大证券交易所 …………………………………… 55
　　2.2.1　纽约证券交易所 ……………………………………… 55
　　2.2.2　伦敦证券交易所 ……………………………………… 58
　　2.2.3　东京证券交易所 ……………………………………… 60
2.3　证券交易所制度比较与发展趋势 ……………………… 62
　　2.3.1　证券交易所制度比较 ………………………………… 62
　　2.3.2　证券市场的国际化发展趋势 ………………………… 64
2.4　我国证券交易所改革与发展 …………………………… 65
　　2.4.1　上海证券交易所 ……………………………………… 65
　　2.4.2　深圳证券交易所 ……………………………………… 67
　　2.4.3　我国证券交易所改革与发展 ………………………… 69

第三章　券商制度 …………………………………………… 71

3.1　券商制度概述 …………………………………………… 71
　　3.1.1　证券商的概念和分类 ………………………………… 71
　　3.1.2　券商制度 ……………………………………………… 72
3.2　国外券商制度实践 ……………………………………… 75
　　3.2.1　美国 …………………………………………………… 75
　　3.2.2　西方投资银行的管理制度 …………………………… 92
3.3　我国券商制度的改革与发展 …………………………… 104
　　3.3.1　我国券商制度的发展现状 …………………………… 104
　　3.3.2　我国券商制度存在的主要问题 ……………………… 110
　　3.3.3　我国券商制度的发展与创新 ………………………… 116

第四章　上市公司信息披露制度 …………………………… 126

4.1　信息披露制度的理论基础 ……………………………… 126
　　4.1.1　市场信息与证券价格相关性理论 …………………… 126

4.1.2　有效资本市场假说与强制性信息披露制度 …………… 133
4.2　信息披露制度比较 …………………………………………… 138
　　4.2.1　主要国家及地区信息披露制度体系 …………………… 138
　　4.2.2　我国信息披露制度体系 ………………………………… 146
4.3　我国现行上市公司信息披露制度的相关问题 ……………… 150
　　4.3.1　信息披露制度环境存在的问题 ………………………… 150
　　4.3.2　信息披露制度自身存在的问题 ………………………… 151
　　4.3.3　信息披露监管制度存在的问题 ………………………… 155
4.4　我国上市公司信息披露制度建设的建议 …………………… 158
　　4.4.1　改善信息披露制度的基础环境 ………………………… 158
　　4.4.2　完善信息披露制度的建议 ……………………………… 161
　　4.4.3　完善信息披露监管的建议 ……………………………… 162

第五章　独立董事制度 ……………………………………………… 165

5.1　独立董事制度的理论基础——委托代理理论 ……………… 165
　　5.1.1　委托代理关系产生的原因 ……………………………… 165
　　5.1.2　委托代理关系 …………………………………………… 166
5.2　独立董事制度的国际比较 …………………………………… 167
　　5.2.1　美国的独立董事制度 …………………………………… 167
　　5.2.2　英国的独立董事制度 …………………………………… 174
　　5.2.3　日本的独立董事制度 …………………………………… 177
　　5.2.4　美、英、日独立董事制度比较分析及启示 …………… 180
5.3　我国独立董事制度的建立、现状与问题 …………………… 182
　　5.3.1　我国独立董事制度的建立 ……………………………… 182
　　5.3.2　我国独立董事制度的现状 ……………………………… 189
　　5.3.3　我国独立董事制度存在的问题 ………………………… 193
5.4　完善我国独立董事制度的思路与对策 ……………………… 195
　　5.4.1　完善独立董事任职资格 ………………………………… 195

5.4.2　完善独立董事选择机制 ……………………………… 197
　　5.4.3　确保独立董事"独立性"的措施 ……………………… 199
　　5.4.4　完善我国独立董事激励约束机制的思路 …………… 201

第六章　证券评级制度 ……………………………………………… 205

6.1　证券评级概念 ………………………………………………… 205
　　6.1.1　证券评级概念 ………………………………………… 205
　　6.1.2　证券评级分类 ………………………………………… 206
　　6.1.3　证券评级制度分类 …………………………………… 208
6.2　证券评级系统及其作用 ……………………………………… 212
　　6.2.1　证券评级系统分析 …………………………………… 213
　　6.2.2　证券评级的作用 ……………………………………… 223
6.3　各国证券评级制度比较分析 ………………………………… 225
　　6.3.1　国外证券评级制度分类 ……………………………… 225
　　6.3.2　美国证券评级制度 …………………………………… 227
　　6.3.3　德国证券评级制度 …………………………………… 240
　　6.3.4　日本证券评级制度 …………………………………… 242
　　6.3.5　英国证券评级制度 …………………………………… 249
　　6.3.6　各国证券评级制度的比较分析 ……………………… 251
6.4　我国证券评级制度现状及完善 ……………………………… 253
　　6.4.1　我国证券评级制度的现状 …………………………… 253
　　6.4.2　建立健全我国证券评级制度的必要性 ……………… 259
　　6.4.3　完善我国证券评级制度的措施 ……………………… 261

第七章　证券投资基金管理制度 …………………………………… 269

7.1　证券投资基金管理制度概述 ………………………………… 269
　　7.1.1　证券投资基金的概念及发展现状 …………………… 270

7.1.2 证券投资基金管理制度的含义及其基本特征 …………… 276
 7.2 国外基金管理制度实践 …………………………………………… 279
  7.2.1 美国投资基金管理制度 …………………………………… 279
  7.2.2 英国投资基金管理制度 …………………………………… 288
  7.2.3 日本投资基金管理制度 …………………………………… 291
 7.3 各国证券投资基金管理制度比较及启示 ………………………… 295
  7.3.1 各国证券投资基金管理制度的比较 ……………………… 295
  7.3.2 国外投资基金管理制度对我国的主要启示 ……………… 296
 7.4 证券投资基金管理制度两大发展趋势 …………………………… 299
  7.4.1 加强证券投资基金管理公司内部控制 …………………… 299
  7.4.2 发挥独立董事制度在公司治理中的作用 ………………… 301
 7.5 我国证券投资基金管理制度现状及改进 ………………………… 303
  7.5.1 我国证券投资基金业发展面临的环境 …………………… 303
  7.5.2 我国证券投资基金存在的制度缺陷 ……………………… 305
  7.5.3 我国证券投资基金业发展的历史性反思 ………………… 314
  7.5.4 我国证券投资基金管理制度的改进措施 ………………… 317

第八章 证券市场自律制度 …………………………………………… 322
 8.1 证券市场自律制度的概念 ………………………………………… 322
  8.1.1 证券市场自律 ……………………………………………… 322
  8.1.2 证券市场自律制度的含义及结构 ………………………… 323
 8.2 发达国家的制度实践 ……………………………………………… 325
  8.2.1 美国 ………………………………………………………… 325
  8.2.2 英国 ………………………………………………………… 332
  8.2.3 德国 ………………………………………………………… 333
  8.2.4 证券市场自律制度的发展趋势 …………………………… 336
 8.3 我国证券市场自律制度的缺陷与完善 …………………………… 340
  8.3.1 证券市场自律制度的沿革 ………………………………… 340

8.3.2 证券市场自律制度现状及问题 …… 341
8.3.3 证券市场自律制度的完善 …… 347

第九章 证券市场投资者保护制度 …… 350

9.1 投资者保护制度概念 …… 350
9.1.1 投资者保护的含义 …… 350
9.1.2 投资者保护理论 …… 352
9.1.3 建立投资者保护制度的意义 …… 353

9.2 国外投资者保护制度实践 …… 355
9.2.1 美国 …… 355
9.2.2 英国 …… 360

9.3 国外投资者保护制度比较与借鉴 …… 362
9.3.1 不同监管体制下投资者保护比较 …… 362
9.3.2 国外证券投资者赔偿制度比较 …… 363

9.4 投资者保护制度的发展趋势 …… 369

9.5 我国投资者保护制度的缺陷及完善 …… 371
9.5.1 我国投资者保护制度的现状及缺陷 …… 371
9.5.2 我国投资者保护制度的完善 …… 375

第十章 证券市场监管制度 …… 379

10.1 证券市场监管 …… 379
10.1.2 证券市场监管的含义 …… 379
10.1.2 证券市场监管的必要性 …… 382
10.1.3 证券市场的监管原则 …… 383
10.1.4 证券市场的监管体制类型 …… 385
10.1.5 证券市场监管的主要内容 …… 388

10.2 证券市场监管制度国际比较 …… 390
10.2.1 监管机构比较 …… 390

         10.2.2 监管法律体系比较及借鉴……………………………… 397
         10.2.3 监管内容比较………………………………………… 402
    10.3 证券市场监管的发展趋势……………………………………… 408
         10.3.1 从放松监管到加强监管………………………………… 408
         10.3.2 混业经营与证券市场监管……………………………… 410
         10.3.3 证券市场国际化与证券市场监管……………………… 412
    10.4 我国证券市场监管制度的改革与完善………………………… 414
         10.4.1 证券市场监管制度的发展和现状……………………… 414
         10.4.2 证券市场监管法律体系………………………………… 416
         10.4.3 证券市场监管体制……………………………………… 418
         10.4.4 证券市场监管内容……………………………………… 420
         10.4.5 证券市场监管制度存在的问题………………………… 421
         10.4.6 证券市场监管制度的完善与创新……………………… 423

参考文献………………………………………………………………… 426
后　　记………………………………………………………………… 437

序申请登记注册。在该制度下,发行者必须提供一切与证券发行有关的信息并对所提供信息的真实性、可靠性承担法律责任。证券主管机关的权力仅在于保证发行者提供的各种资料中不包含任何不真实的陈述及事项。

核准制(authorized system)指证券发行人在公开募集和发行证券前,一方面要公开披露与发行证券有关的信息,另一方面还必须符合相关法律和证券主管机关规定的若干实质性条件,证券主管机关有权否决不符合实质性条件的证券发行申请。在该制度下,证券主管机关不仅要对申报资料的真实性、准确性进行审查,还要对发行人的营业性质、财务状况、经营能力、发展前景、发行数量和价格等条件进行实质性审查并据此作出发行人是否符合发行条件的价值判断及是否核准申请的决定。

(2) 注册制与核准制的比较

注册制与核准制作为两种不同的发行制度本身而言并无孰优孰劣之分,而是各有利弊:

①指导思想与理论依据不同。"公开原则"是注册制的基本指导思想,其理论依据源于美国法学家路易斯·D. 布兰迪希的思想,他在《他人的金钱》一书中提出"公开制度作为现代社会与产业弊端的矫正政策而被推崇","太阳是最有效的防腐剂,灯光是最有效的警察"。[①] 依据这一思想,市场经济条件下的证券市场,只要信息公开、及时且完全有效,市场机制与法律制度健全,证券市场本身就会自动建立理性有序的投资选择机制,证券主管机关的主要职责就是确保

---

① 严武、李汉国、吴冬梅:《证券市场管理国际比较研究》,中国财政经济出版社1998年版,第64页。

第一章 证券发行与交易制度

证券发行与交易制度是证券市场的基本制度,制度的选择与制定是否合理直接关系到整个证券市场的发展。本章从发行与交易制度入手,分别对不同类型的制度以及国外制度实践进行比较分析,并针对我国现行制度存在的问题提出一些改进思路。

1.1 证券发行制度

1.1.1 证券发行制度概述

(1) 含义与分类

证券发行是证券市场产生与发展的起点,是证券市场运行的基础。因此,发行制度在整个证券市场制度中占有举足轻重的基础性地位。依据经济学家诺斯对制度的理解,我们将证券发行制度定义为支配和约束参与证券发行活动主体的经济行为的规范总和。[①] 按审核制度的不同,证券发行制度可划分为注册制与核准制。

注册制(registered system)指证券发行人在公开募集和发行证券前,依法向证券主管部门提供与发行证券有关的资料并依法定程

---

① 诺斯认为制度由正式的约束、非正式的约束及实施机制组成。

场制度改革与创新的规律和方向,并为我国证券市场制度的改革与创新提供参考依据。

  本书根据证券市场发展及运作管理的逻辑过程,从十个方面对涉及证券市场发展及运作的重要制度进行研究,每一方面研究的基本线路是理论概述、制度比较、趋势分析及我国的制度建设、完善与创新。具体章目如下:第一章,证券发行与交易制度;第二章,证券交易所制度;第三章,券商制度;第四章,上市公司信息披露制度;第五章,独立董事制度;第六章,证券评级制度;第七章,证券投资基金管理制度;第八章,证券市场自律制度;第九章,证券市场投资者保护制度;第十章,证券市场监管制度。

  本书宏观地、综合地、系统地探讨了证券市场制度方面的主要问题以及我国制度建设与创新的思路,希望能成为证券市场发展及运作的决策与管理部门人员、研究机构人士、企业经营管理者以及高等院校经济管理类高年级学生及研究生的工作、学习与研究参考书。

前　言

从制度经济学角度看,市场经济是制度经济。只有在科学、合理、与人类社会发展及各国国情相适应的制度框架下,市场的发展才会是均衡、有效的,才能推动经济的发展和社会的进步。综观世界各国,证券市场的发展尤其如此。

二十年来,我国证券市场从无到有、从小到大,发展迅速,对推动我国经济改革和发展起到了极其重要的作用。截止到 2005 年 12 月底,境内上市公司达到 1 381 家,市价总值 32 430.28 亿元,流通市值 10 630.52 亿元,累计筹资 13 523.64 亿元,[①]股票市值占 GDP 的比重接近 30%,证券市场在国民经济中的地位日益增强。2004 年国务院出台的《关于推进资本市场改革开放和稳定发展的若干意见》表明了政府对发展资本市场的重视,2005 年 4 月 29 日开始的股权分置改革标志着我国证券市场进入了新的发展阶段。

然而,在证券市场的发展过程中,也不断出现和积累着矛盾和问题,制约着市场自身的纵深发展以及证券市场与宏观经济的良性互动。要解决这些发展中的矛盾和问题,最根本的还是要依赖制度改革和创新,特别是我国加入WTO、金融市场全面开放后,证券市场制度的建设和创新就显得更加紧迫和重要。本书的目标是,通过对世界范围内不同证券市场制度的比较及发展趋势的分析,探索证券市

---

① 数据资料来源:中国证券监督管理委员会网站 http://www.csrc.gov.cn。

信息公开及禁止信息滥用。核准制的基本指导思想是"实质管理原则",其理论依据是准则主义,准则主义理论机制的精髓是以制度上的硬约束寻求法律功能上的公共利益和社会安全,因此而产生的核准制也随之以公共利益和社会安全为本位,不太重视行为个体的自由权,具体则表现为排斥发行人的行为自由,排除公众投资者的合理选择权及法官的自由裁量权等三方面。[①] 核准制下,发行人在公开相关资料的同时还必须符合若干实质性条件,否则证券主管机关有权否决发行人的申请,从而排除了劣质证券进入市场的可能,这对证券市场还不太成熟的国家来说意义重大。

②市场微观基础要求不同。任何制度的存续都有其适宜的环境,注册制与核准制也不例外。到目前为止,欧美等许多市场经济较为成熟的国家都将注册制作为其发行制度的法定选择。主观上,这些国家遵循自由经济思想,政府对经济直接干预较少;客观上,这些国家市场体系健全,经济秩序规范,具备较完善的法律体系及监管制度,投资者也具有较高的素质。由此可见,注册制对市场环境的要求比较严格。对于那些市场经济发育尚不成熟、经济体制还不完善的国家和地区,因其市场环境基础不符合注册制的要求而首选核准制。

③对投资者风险意识要求及证券市场的影响不同。注册制下,政府或证券主管机关并不拒绝劣质证券进入市场,没有为投资者提供一个甄别真假、好坏的保护伞。因此,从维护自身利益角度出发,投资者不断提高自己的业务水平,培养风险意识及自我保护能力就显得尤为重要。此外,当发行人提供的资料缺乏真实性和准确性时,不论故意与否都要承担相应责任,从而迫使发行者及中介机构遵循谨慎与诚实的原则。当证券市场的相关主体均以成熟而专业的姿态

---

① 万国华:《中国证券市场问题报告》,中国发展出版社2003年版,第81页。

从事相关的投资活动时,整个证券市场也必将走向成熟与规范。①核准制下,由于证券主管机关已对发行人进行了实质性审核,这可能诱导投资者认为政府及主管机关已对证券发行者所发行证券的安全性与收益性作出价值判断,从而使投资者产生依赖心理。当证券价格因证券发行者的问题出现大幅波动时,投资者便将责任归咎于主管机关失职及监管不力,而这种情绪的蔓延会进一步引发市场的波动,直至导致整个社会秩序的混乱。

④对安全与效率的侧重不同。成熟的证券市场应该是效率与安全兼顾,并在不同时期有所侧重。无论是注册制还是核准制,都不能完全正确地处理二者的关系。注册制下,发行人首先要提交注册申请书并充分披露与发行证券有关的资料,然后进入注册等待期,而证券主管机关仅对提交资料的真实性进行审查而无须对发行人进行任何烦琐的实质性审核,若没有提出任何异议,注册即自动生效。其简便的管理程序,一方面缩短了审查时间,节省了人力和物力,降低了发行成本;另一方面也加快了公司通过证券市场筹资的进程,充分体现了市场经济的效率原则。但注册制在强调市场效率时却忽略了安全原则,当证券市场出现剧烈动荡并可能引发危机时,市场监管的重点应转向投资者利益的安全保护,而此时注册制可能并不会放弃自己的原则转而对发行证券进行实质性审查,劣质证券的入市必将加速危机的到来或加剧危机的深度,损害投资者的利益。而核准制则与注册制相反,它过分强调安全原则却忽视了效率原则,一方面,由于坚持"公开原则"和"实质性管理原则",投资者获得双重保障:公开原则要求信息充分披露,投资者可以对公布的信息进行价值判断并作出投资决策,实质性管理原则使证券主管机关对证券发行采取严

---

① 魏兴耘:《证券市场制度研究》,广东经济出版社2001年版,第48页。

格的实质性审查,剔除了那些经营风险大、投资价值低的证券,提高了证券市场交易对象的质量,有利于维护市场安全,保护投资者利益;另一方面,在核准制下,证券发行须经过审核机构的层层审批,必然会拖延发行时间、提高发行成本,从而影响证券市场筹资效率。此外,核准制的价值标准是否科学、合理还有待于考证:首先,在市场经济条件下,不同行业的资本回报率及资本规模经营的要求存在着很大差异,而核准制将不同行业的证券按同一标准进行审核;其次,审核机构人员对发行者资质的判断在一定程度上取决于管理人员的知识背景、管理及专业水准、对市场规则的把握和运用等,审核机构人员的判断具有较大的主观性,这势必会影响核准结果的准确性并有可能产生暗箱操作,导致应该发行的没有发行,而不应该发行的却发行了,降低了证券市场优化资源配置的效率。

1.1.2 国外证券发行制度比较与发展趋势

(1) 国外证券发行制度实践

①美国。美国证券发行制度是建立在《1933年证券法案》的基础之上的。由于美国的政体是联邦制,各州有独立的立法和司法管辖权,因此某些领域是由联邦和州共同管理,证券市场的立法和监管即属于这种情况。发行证券时,发行人不仅应向联邦的监管机构申请注册,还需向计划从事销售活动的所在州申请注册,即"两级注册制"。依据《1933年证券法案》,证券发行公司申请发行注册时,需向证券交易委员会(Securities and Exchange Commission, SEC)呈报注册报告书,注册报告书由两部分组成,一部分是公开说明书,包括发行目的、条件、种类、承销方式、公司近5年的资产负债总额及其变化、产品销售额及其变化趋势、赢利及分红水平、公司资本总额及结

构、股东权益等;另一部分是发行者的有关情况资料和图表,包括资产负债表、3年内的损益表、资金来源和用途表、资产流动情况、股票票面价格、公司经营管理报告以及公司聘请的独立经营的会计师事务所对上述资料的核实说明。注册报告书必须经过联邦证券交易委员会公司融资部的审查和认可,若公司融资部的官员认为注册报告书存在问题,一般以"评语"的形式通知申请人修改,发行人对存在的问题进行纠正后随即提交注册报告书的修正案,经审查无异议后,则在联邦证券交易委员会接到注册报告书之日起20天后自动生效,若注册报告书修正案仍达不到注册要求则拒绝申请人的发行注册。各州对发行人的注册申请主要依据"蓝天法"[1]进行审查。由于各州的法律不同,审查的标准也不尽相同。有的州实行与联邦注册制类似的登记注册制,有的州则实行协调注册制或审核注册制,不仅对注册登记文件有明确规定,而且还对发行人的资格行为进行审查,这显然不同于联邦的审阅性质。为协调证券监管工作,各州政府联合成立了州际证券专员联席会议,并拟定州统一证券法案,于1956年正式向各州政府推荐,1958年联席会议又推出经过修改的新的标准模本供各州讨论采纳,到目前为止,已有41个州采纳了统一证券法案的基本模本,其中有5个州使用1958年的模本,其余为1956年模本。[2]

证券交易委员会的认可仅表明该证券发行的合法性,并不确保信息披露的准确。若证券交易委员会事后发现注册报告书的内容有虚假、欺诈等情况,仍可追究申请人的责任。美国证券法规定,如果发行人在注册报告书中提供的信息不充分,发行人将受到罚款或监

---

[1] "蓝天法"并不是一个特定的法律文件,而是对各州证券法的统称。
[2] 胡继之:《海外主要证券市场发行制度》,中国金融出版社2001年版,第26页。

禁的处罚,而购买证券的投资者由于信息误导遭受损失有权起诉发行人并要求弥补损失,如果可以证明承销人没有对发行人提供的信息进行充分调查,也可以起诉承销人。

美国证券发行制度的另一特点是发行和上市分开,发行的管理由证券监管机构负责,上市则以交易所为主进行管理。这主要归因于美国的市场结构,美国的二级市场是一个完整的、多层次性的体系,既有全国性市场如纽约、NASDAQ,也有地区性交易中心如波士顿,还有公共流通之外的柜台市场,大的市场标准严格,小的市场标准相对宽松。在这个体系中,任何发行人都可以找到适合自己的位置,因此可以这样说,完整的、多层次的市场结构已对企业进行了选择:最好的企业在全国市场上市,较好的企业在地区性市场流通,不符合上市标准的企业在柜台市场交易。美国证券发行与上市的这种特殊关系充分体现了法律约束与市场效率的平衡。

此外,为了提高市场效率和证券监管机构的工作效率,美国证券法案和配套规则还规定了发行注册登记的豁免资格。一般来说,小规模的发行和非公开发行都可以免予登记,具体包括:小规模发行的证券及只在本州内发行的证券;私募发行和定向发行的证券;公债及地方市政债券、教育和慈善机构发行的证券;银行与信用社发行的证券以及一些特定金融机构发行的证券,如对冲基金。

②日本。日本证券发行实行注册制度。根据日本《证券交易法》,募集或销售有价证券总额达1亿日圆以上的发行者,必须向大藏省金融企划局提交三份有价证券发行申报书,内容包括发行公司的经营目的、所属企业集团、商号、资本和与出资有关的事项、经营管理状况、章程以及其他重要事项和由大藏省省令规定的为保护公益和投资者利益所必须申报的事项。证券注册发行审核工作由大藏省金融企划局的市场课直接负责。如果大藏省对申报书没有异议,则

该申报书自提交之日起15天后自动生效,如果大藏省认为申报文件形式不完备或记载事项不充分时,可以通知申报人修改并提交修订申报书,该申报生效日期由大藏大臣指定。若大藏大臣发现申报书中重要事项有虚假记载或缺少应记载的重要事项时,无论何时均可通知申报者,令其修订,如有必要还可停止其申报书的效力直至大藏省认为申报书符合要求时才可解除上述停止命令。

申报书生效之前,发行人不得进行任何证券的募集活动。申报书生效后,发行人要将申报书及相关资料备置于指定场所供公众查阅。若发现有虚假记载或漏记重要事项以及为防止发生误解所必需的重要事项时,与申报相关的机构和个人包括发行公司的高级职员、注册会计师或监察法人等都要对投资者承担赔偿损失的责任。

日本的证券发行与上市是两个相对独立的过程。公开发行证券的公司只要满足《公司法》对股本的最低要求和《证券交易法》对信息披露的要求即可发行,发行标准低于上市标准。日本法律并未限定发行公司必须选择在交易所上市或在店头市场登记,而是由发行人自己作出选择。

③英国。英国的证券发行以英国《公司法》、《金融服务法》和《财务法》为主要法律基础,实行核准制度。由于英国独特的证券市场结构(见图1—1),其发行制度包括丰富的内容:挂牌市场发行制度、AIM市场发行制度、英国公司发行制度和外国公司发行制度。英国的证券监管以自律为主,因此英国的全国性证券监管机构——金融服务局并不直接审核证券发行,伦敦证券交易所是证券发行上市的唯一常规性审核机构。发行人发行证券前,须将招股说明书及其他文件呈交伦敦证券交易所审核,发行人的经营活动、公司管理、资本运行、会计报表、信息披露等方面必须完全符合《伦敦证券交易所上

市规则》的各项要求,得到认可后须在指定报刊刊登广告,发行价格经公司和发行商协商确定后也必须向伦敦证券交易所申请核准其报价,而后才能公开发行。

$$\text{伦敦证券交易所}\begin{cases}\text{英国股票市场}\begin{cases}\text{挂牌市场}\\ \text{AIM 市场}\end{cases}\\ \text{国际股票市场}\end{cases}$$

图1—1 英国证券市场结构

英国证券发行与上市也是分开的,因为上市制度比发行制度严格,所以证券发行不一定能上市。在伦敦证券交易所挂牌市场,证券发行后即可上市;而在 AIM 市场,证券发行并不等同于上市。

④德国。德国的证券发行审核制度是注册制与核准制相结合,针对不同性质的证券采取不同的发行审核制度。对公开发行但不申请在交易所上市的证券采取注册制,由联邦证券交易监管局进行审核。根据德国《证券发行说明书法》的规定,该类公司在公开发行前必须向联邦证券交易监管局提交发行说明书,联邦证券交易监管局负责审查其发行说明书是否充分披露法定信息,并有权拒绝披露不充分、不准确的证券发行申请,但联邦证券交易监管局并不负责实质性审查发行公司的质量。对于公开发行并申请在交易所上市的证券则采取核准制,发行人将发行说明书等文件直接呈交交易所并由其进行审核,由交易所对发行公司进行实质性审查,而无须经过联邦证券交易监管局的批准。

(2) 各国证券发行制度比较

①制度选择依据。如前所述,作为两种不同的发行制度,注册制与核准制所要求的微观基础是不同的:一般而言,市场经济成熟、监管经验丰富、机构投资者比重大的市场选择注册制;发展历史较短、

市场经济不够完善、个人投资者比重大的市场则首选核准制,如我国香港、台湾地区,以及韩国等新兴市场。此外,一国选择何种发行制度还与该国采取何种证券管理体制有关,例如,美国、英国、德国同为发达的市场经济国家,但它们的发行制度却大相径庭,这主要归因于其实行不同的证券管理体制。实行集中型管理体制的国家由于有专门的证券管理法规并设有全国性的证券管理监督机构以实现对全国证券市场的管理,且该机构具有足够的权威,因此这些国家往往对证券市场第一道关口——发行实行形式上的审核,只要形式符合规定就可以发行证券,至于发行后证券表现如何则交由市场作出选择,如美国、日本。实行自律型管理体制的国家,受其传统文化的影响,强调自我约束、自我管理,证券市场的管理主要依靠自律组织如证券交易所、行业协会等,其中交易所处于核心地位,由于交易所实行股份公司制,成员都是证券交易所的股东,因此无论是制定制度还是执行制度都比较严格,对证券市场的管理也较为审慎,希望从源头上控制证券市场风险,从而首选核准制,英国就是最典型的例子。而德国实行的是中间型的管理体制,既强调集中管理,又加强自律建设,因此其选择了核准制与注册制相结合的混合发行制度。

②发行与上市之间的关系。发行与上市是两个不同的概念,国际上通行的做法是将发行与上市看做两个独立过程,如美国、日本、英国。区别是具体的管理权归属不同,美国证券发行由专门的证券监督管理机构负责,上市以交易所为主进行管理;日本证券发行由大藏省负责审核,交易所和证券业协会分别负责交易所和店头市场上市的实质性审核;而英国的证券发行与上市均由交易所管理。值得关注的是,这些国家之所以实行发行与上市分开与该国多层次的市场体系有关。如前所述,美国的二级市场具有明显的层次性,全国性市场、地区性交易中心、柜台市场一应俱全;英国同样如此,不仅有挂

牌市场和未挂牌市场之分,还有英国股票市场和国际股票市场之分。德国则有所不同,对于拟上市的证券,实行发行与上市一体化并由证券交易所负责发行与上市的审核工作。

③发行层次。首先从发行程序来看,美国证券发行实行"两级注册制",即发行人不仅应向联邦的监管机构申请注册,还需向计划从事销售活动的所在州申请注册,这与美国的政体——联邦制有关。其他国家和地区如英国、日本、德国、我国香港等均实行"一级注册制",或由全国证券监管机构审核或由交易所审核。其次从发行对象来看,美国证券法案和配套规则规定了发行注册登记的豁免资格,对符合条件的证券发行免于注册,从而提高了发行效率。美国这一独特的制度充分体现了法律强制性与政策灵活性的均衡。

(3) 证券发行制度发展趋势

如前所述,注册制与核准制作为两种不同的发行制度各有利弊。但从市场角度看,注册制充分体现了投资主体的自主性以及市场运作的透明性,避免了核准制内生的行政管制、腐败及官僚作风,从而大大提高了发行市场的运作效率。此外,注册制更符合公开、公平、公正三原则,更符合资本市场自身的运行规律,更符合市场经济的自由选择及公平竞争的要求。因此一些实行核准制的国家随着本国市场经济体制的不断完善、市场秩序的不断规范以及投资者素质的不断提高,而逐渐汲取注册制的精髓,朝着注册制方向发展。同时,注册制不能很好保护投资者利益及充分维护市场运作安全,也迫使实行注册制的国家开始慢慢吸收核准制的一些做法,进行变相的实质性审查。由此可见,由核准制向兼容核准制优点的注册制过渡是世界范围内证券发行制度的发展趋势。

1.1.3 我国证券发行制度改革与完善

(1) 我国证券发行制度沿革

目前,我国公开发行的证券品种包括股票、基金、债券及可转换债券,证券品种不同其发行制度也不尽相同。基金的发行将在第七章详细论述,债券的发行一直实行审批制,因此,我国证券发行制度沿革主要体现为股票发行制度的沿革。

自1990年证券市场正式建立以来,我国股票发行制度经历了从带有明显计划经济色彩的审批制到适应市场经济发展的核准制的转变。审批制是我国特有的一种发行制度,指证券监管部门根据法律规范所明确的股票发行条件和信息披露的要求,对按行政办法推选出的公司的发行资格进行审核,并作出批准与否决定的制度。[1] 具体操作过程如下:首先,国家下达计划指标,1993年至1995年实行额度管理,1996年至1997年实行"总量控制、限报家数";其次,计划指标下达至省、自治区、直辖市或产业部门后,由地方政府或企业主管部门在指标限度内推荐企业,推荐单位或中国证监会核定股票发行额度,在实行额度管理阶段,由地方政府或企业主管部门给选定的企业书面下达发行额度,实行"总量控制、限报家数"后,中国证监会根据企业的状况核定发行额度;再次,中介机构协助企业完成上报资料后,先交地方政府或企业主管部门初审,再报中国证监会复审,复审通过后即可发行股票。审批制是我国在证券市场发展初期为了维护上市公司的稳定和处理复杂的社会经济关系而采用的一种行政和

---

[1] 刘鸿儒等:《探索中国资本市场发展之路——理论创新推动制度创新》,中国金融出版社2003年版,第121页。

计划手段。作为特定历史条件下的产物,审批制促进了国有企业发展,提高了资源利用效率,为我国证券市场的发展奠定了坚实的基础。随着我国市场经济体制的确立和逐步完善,行政化、非市场化的审批制度越来越难以适应证券市场发展的需要,市场各方参与者职能错位、责任不清、效率低下、市场供求矛盾突出以及腐败滋生等弊端日益凸显,改革势在必行。

1999年7月1日开始实施的《证券法》第15条规定:"国务院证券监管机构依照法定条件负责核准股票发行申请",由此确立了核准制的法律地位。为确保核准制的顺利实施,中国证监会出台了一系列措施:一是取消股票发行的指标分配制度,弱化行政干预。二是实行发行审核委员会审核制度,明确审核责任,完善审核程序。1999年9月16日发布的《中国证券监督管理委员会股票发行审核委员会条例》明确规定了发审委的职责、人员组成,规范了发审委的运作,从制度上保证了发审委的独立审核权。2000年3月16日发布的《中国证监会股票发行核准程序》明确规定了股票发行核准程序,使发行核准制度具体化,提高了发行审核程序的透明度。三是建立股票发行主承销商推荐制度及上市辅导制度,券商负责控制上市公司质量。《中国证监会股票发行核准程序》规定:"主承销商在报送申请文件前,应对发行人辅导一年,并出具承诺函。"四是建立通道制度,即由证券监管部门确定各家综合类券商所拥有的发股通道数量,券商按照发行一家再上报一家的程序来推荐发行股票公司的制度。[①] 核准制实行后,由于企业只要符合有关条件就可以申请发行上市,从2000年开始,经过上市辅导具备发行上市条件的企业数量急剧增

---

① 王国刚:《中国资本市场的深层问题》,社会科学文献出版社2004年版,第145页。

加。为控制上市企业数量及扩容节奏,通道制度于 2001 年 4 月正式实施,通道的分配根据 2000 年各券商的承销业绩确定,2002 年 6 月证监会发行部对通道政策进行调整,通道周转以发行主体股票公开发行为准,同年 9 月证监会又出台了《主承销商执业质量考核暂行办法》,实行主承销商升降级制度,实现了通道制从"分配型"向"奖惩型"的转变。

核准制是我国在经济转轨时期推动证券市场走向市场化的一种有效的制度选择。核准制的实施明确了各发行主体的职责,强化了证券市场的资源配置功能,提高了证券发行的市场化水平。但由于我国长期以来诚信意识和自律观念淡薄而且缺乏可操作的责任追究制度,使得合规性发行审核制度不能有效确立股票发行的政策导向,反而促使主承销商和中介机构将主要精力用于帮助企业"包装"上市,对企业上市后能否规范运作和持续发展重视不足,为解决上述问题,保荐制度应运而生。

2004 年 2 月 1 日起实施的《证券发行上市保荐制度暂行办法》是我国深化发行制度改革的又一重大举措,是对证券发行上市建立市场约束机制的重要制度探索。所谓保荐制度就是由保荐人负责发行人的上市推荐和辅导,核实公司发行文件与上市文件所载资料的真实、准确和完整,协助发行人建立严格的信息披露制度,并承担风险责任。在公司上市后的规定时限内,保荐人需继续协助公司建立规范的法人治理结构,督促公司遵守上市规定,完成招股计划中提出的目标,并对上市公司的信息披露承担连带责任。[①] 保荐制度的重点是明确保荐机构和保荐代表人责任并建立责任追究机制,内容包

---

① 国务院发展研究中心"优化新股发行机制"课题组:"新股发行机制四大优化思路",《投资与证券》2004 年第 6 期,第 19 页。

括:保荐机构和保荐代表人的注册登记管理制度、保荐期限、保荐责任、持续信用监管和"冷淡对待"的监管措施。

与保荐制度改革相对应的是发审委制度的改革,改革的主基调是"市场化、透明化、公正化",如发审委委员的公开、会议召开时间、参与委员及发行人名单公开、发审委的投票表决方式改为记名投票等。发审委委员对发行人的上报资料仅作合规性审查,即只要保荐人提交的发行人资料符合发行条件,委员无须调查发行人的真实情况即可同意发行申请。

(2) 我国现行发行制度存在的问题

新的发行制度希望从源头上把握住两道关口,由保荐机构及保荐代表人寻找潜在的优质企业,由发审委运用专业的眼光判断企业发行与上市资料是否符合制度规定、是否准确,从而确保更多的优质企业上市以提高上市公司整体质量。但是在具体运作中仍存在以下问题:

①行政干预依然存在。核准制取代审批制体现了我国证券市场发展的市场化方向,但是由于我国市场经济还处于不断完善之中,经济体制诸多方面不可避免仍然带有计划经济色彩,因此发行制度很难单兵突进。我国发行制度在形式上突破了行政审批的方式,但依然存在较浓厚的行政色彩,主要表现为通道数量的分配和政府主导证券发行的节奏。通道制的确有利于增强券商的责任感,提高拟发行公司的质量,但券商之间通道数量的确定仍然是一种行政手段和计划方式,这种缺乏弹性的机制极易导致市场供需矛盾。此外,政府控制发行速度是我国的一大特色,当政府偏重于维持市场稳定时会放缓市场的扩容速度,而当政府偏重于经济发展时会加速发行步伐。在这种制度安排下,一方面,政府的价值取向决定了市场供给,投资

者和发行企业只能被动接受行政安排,导致供求关系的非市场化;另一方面也不利于明确责任。例如,一家拟发股公司已得到发审会的批准,但由于行政的安排使发股上市耗费较长时间,预定的投资项目在这段时间内若条件发生变化必然引致原定投资收益的变化,此时完全由保荐人承担责任显然不合理。

②审核过程透明度不高,权利与义务不对称。首先,从发审委委员的产生来看,发审委委员由相关行政机关、行业自律组织、研究机构和高等院校等推荐,中国证监会聘任,即中国证监会决定了发审委的人员组成。由于发审委对证监会负责,且绝大多数委员来自于证监会管理下的各个部门,也就是说绝大多数委员都是利益相关者,因此发审委能否独立、公正地作出判断令人质疑。其次,从审核过程来看,发行申请人按照证监会颁布的《公开发行证券的公司信息披露内容与格式准则》制作申请文件,由主承销商推荐并向证监会发行监管部申报,证监会受理申请文件后对其合规性进行初审,经讨论同意后再将初审报告和申请文件提交发审委。发审委会议中,先由预审员报告初审情况,然后发审委委员逐一发表意见并就关注问题提问,预审员、发行代表人及保荐代表人进行说明,最后由发审委委员投票表决。整个工作流程中,无论是发行监管部的初审还是预审员在发审会的陈述都成为左右发审委意见的关键因素。再次,发审委只负责对初审材料进行合规性审核,一旦发现上市公司有虚假上市行为,只要当初申报材料合规,发审委不承担责任,由保荐人负完全责任。由此导致权利与义务不对称,发审委作用弱化。

③通道制与保荐制并存不利于保荐制度的贯彻。保荐制度体现市场机制,通道制体现计划机制,两种不同机制的同时运行必然导致诸多矛盾:一方面,通道制下,由于通道的限制,券商之间难以展开有效竞争,因为优质券商不能推荐更多的公司发股上市,较差的券商却

可以多次修改申报材料，实现所推荐的公司发股上市，而证券监管部门利用通道数量直接约束券商的业务活动，要求券商按其意向行事，制约了保荐制度的落实。另一方面，由于证监会发行监管部在对拟发股公司申报材料进行实质性审查时，若发现问题则要求发行人和主承销商进行修改完善，这就意味着每家公司的发股上市都得到了证券监管部门的"信用担保"。因此，一旦发现上市公司质量发生问题，保荐人虽然逃脱不了干系，但证券监管部门也需分担责任；可一旦需要由证券监管部门分担责任，保荐人的法律责任落实将大打折扣，甚至处于说不清状态。[1]

④发行与上市联动机制加大审核风险，扰乱金融秩序。从国外实践来看，证券发行与上市是分开、独立运作的，发行由证券管理部门审核，上市则交由证券交易所审核。而我国长期以来实行发行与上市的联动机制，剥夺了证券交易所的权利，缺乏对上市公司的监督，加大了政府审核的风险。而且由于企业发行成功后必然可以上市交易，导致企业与券商将主要精力放在报送文件的合规性上，忽视了企业自身这个最重要的因素。此外，二级市场与一级市场价格存在差异，意味着只要一级市场申购成功就可以获得可观的收益，因此我国一级市场长期积聚大量申购资金，其中不乏受利益驱动而入市的违规资金，扰乱了正常的金融秩序。

上述发行制度存在的种种问题既有证券发行制度本身的原因，也有外部体制、环境的因素。从证券市场的长远发展来看，我们必须寻求新的途径和方法来解决现行发行制度存在的问题。

(3) 我国证券发行制度的改革与完善

注册制是符合市场运行规律、适于市场经济运行机制的发行制

---

[1] 王国刚：《中国资本市场的深层问题》，社会科学文献出版社2004年版，第149页。

度,当今证券发行制度的趋势也是由核准制走向注册制。因此,我国证券发行制度应循着证券市场国际化的发展轨迹,在完善我国现行发行制度的同时,积极地创造条件,培育注册制的环境基础:

①统一证券发行管理制度。目前我国对不同的证券品种规定了不同的发行管理制度:股票发行实行核准制,债券发行实行审批制。核准制与审批制的并存不利于发行市场的统一,阻碍了证券发行的市场化进程。由于我国债券发行中,国债占据主导地位,且其他债券(如金融债券、企业债券)发行主体信用等级较高,因此我们可以借鉴美国的证券注册豁免制度,信用等级高的债券发行可以免于注册,而风险较高的债券发行则与股票一样实行核准制。

②取消通道制度。目前,保荐制度已得到证券业界的广泛认同并贯彻落实,其效果逐步显现:保荐机构、保荐代表人的风险意识有较大提高,初步建立了证券发行上市的市场约束机制,具体表现为保荐机构的大量推荐通道持续空余。据统计,2004年7至8月份通道空余总量为150多个,在9至12月首次公开发行项目停发的情况下,通道空余数量仍维持在140多个,占现有通道总数的45%左右,远高于前几年的水平。[①]废除通道制度的时机已经成熟(尽管中国证券业协会发出通知决定于2005年1月1日起废止2001年3月29日发布的《关于证券公司推荐发行申请有关工作方案的通知》,证券公司推荐企业发行股票不再实行"证券公司自行排队,限报家数",但并没有实质上的变化)。保荐制度的核心是落实券商等中介机构在推荐保举上市公司中的法律责任,培育市场主体,强化市场约束机制,而通道制的存在使保荐制度的贯彻大打折扣。通道制的取消将使发股公司不再受通道数量的限制,既有利于提高券商选择优质拟

---

① 林坚:"通道制成为历史",《上海证券报》2005年1月4日。

发股公司的能力,上市辅导和培育能力及制作合规、有竞争力的申报资料的能力,符合保荐制度的内在要求,又有利于形成拟发股公司、券商、证券监管部门三者之间的有效约束机制,围绕通道而进行的各种不规范行为甚至腐败现象将消失。市场对发行人质量的约束机制将得到真正发挥,保荐机构、保荐代表人也将切实地担负起把好资本市场准入关的作用。

③弱化行政干预,提高证券发行本身的市场化程度。首先,要逐渐弱化证券监管部门对证券发行申请材料的实质性审核。实践证明,实质性审核并不是甄别优质公司与劣质公司的有效手段,因此逐渐减少实质性审核内容并简化实质性审核的程序,有利于监管部门将更多的精力集中于对发行行为的监管上。其次,在我国现行证券发行制度安排下,发行申请获得发审会批准后,由证券监管部门根据资本市场走势决定证券发行的具体时间,不利于保荐制度功能的发挥,同时还会令证券发审工作复杂化,因此应积极采取措施弱化发行节奏的行政安排,由市场供求决定发行的速度。一般来说,拟发行企业和券商愿意选择在二级市场走势较好时发行证券,这样可以以较小的股本规模筹得所需资金,因此,市场走势越好,证券发行越多。在一个成熟的市场中,证券大量发行,资金将从二级市场流向一级市场,从而使二级市场缺少资金支持,抑制了市场的过度投机和泡沫的生成;反之,市场低迷时因获得原来在一级市场的资金支持而走出低谷,可见市场本身具有平衡供求的能力,政府没有必要因担心扩容速度过快增加市场风险而控制发行节奏。

④进一步完善保荐制度,明确相关主体的责任和权利。保荐制度强化了券商的职责,有利于提高券商的业务质量和行为规范。但证券发行的主体是多元的,为此应明确各相关主体的职责以避免保荐人因承担过多不合理职责而出现"惜保"。首先要正确划分保荐人

与中介机构(如会计师事务所、律师事务所)的职责,上市公司提供的原始资料的真实性、完整性应由中介机构负责,因为由会计师事务所和律师事务所出具的审计报告和法律意见书本身具有法律效力,提供单位自然应当独立承担法律责任;其次,正确划分保荐人与发行人的职责,对于因发行人本身原因导致的信息披露失真应由发行人承担责任而不是归咎于保荐人;再次,对于因监管部门的失职而导致的后果应由监管部门承担,以体现权利与义务的对称。

⑤积极创造条件,奠定注册制基础。首先,割断发行与上市的必然联系。发行与上市分开审核,有利于发挥交易所的监督职能,符合国际惯例,而且企业发行的证券是否能够上市取决于企业本身的资质,是市场选择的结果,有助于降低市场风险,促进发行制度的市场化进程。其次,建立多层次的资本市场体系。多层次的市场体系可以满足不同投资者和企业的需求,有利于提高资本市场资源配置效率。综观国际证券市场,越是成熟的证券市场其层次性越明显,如美国有场外市场、场内市场之分,场内市场又分为全国性市场和地区性市场。英国市场划分为英国证券市场和国际证券市场,其中英国证券市场又分为挂牌市场和未挂牌市场。反观我国证券市场,单一的场内挂牌市场限制了投资者和企业的选择范围。为此应尽快推出场外市场和柜台交易,打破上海、深圳证券交易所的资源垄断,同时也为发行与上市分开奠定基础,为不能上市的证券提供交易平台。再次,大力培育、发展投资基金等机构投资者,充分发挥机构投资者在市场中的稳定作用。提高投资者素质,培养风险意识及自我保护能力,引导我国证券市场不断朝着成熟、理性方向迈进。最后,实行注册制下的核准制。根据我国证券市场发展现状并借鉴德国注册制与核准制相结合的成功经验,我国发行制度改革可以走一条核准制与注册制共存的道路:对于发行规模小或者是资质好的企业,实行注册

制;对于发行规模较大、影响面大的企业则实行核准制。这种制度安排不仅为注册制提供了试点,为以后全面实行注册制奠定基础、积累经验,而且企业也会为降低发行成本、提高筹资效率而首选注册制,这必然会促进企业优化治理结构、提高经营业绩,从而有利于提高整个交易市场的质量,可谓一举两得。

1.2 证券交易制度

1.2.1 证券交易制度概述

证券交易制度是证券市场制度的重要组成部分,但起初并未引起人们的足够重视。根据证券市场微观结构理论,证券交易制度是影响价格形成的内生变量,是决定证券市场绩效的主要因素之一,它对证券市场的流动性、透明性、稳定性和有效性有着重大影响,证券交易制度合理与否将直接影响到证券市场资源配置功能的发挥。近年来,各国证券市场为了应对日益激烈的竞争,均将交易制度的变革作为争夺国际资本、提高运作效率的手段。

(1) 含义

所谓证券交易制度,是指证券市场汇总参与交易有关各方的指令以形成市场价格的规则的总和,其实质是证券市场的价格形成机制。[①] 证券交易制度范畴十分广泛,屠光绍(2000)认为广义的证券交易制度包括经纪商制度、会员制度、证券交易机制、佣金制度和结算制度等,而狭义的证券交易制度则不包括结算制度,并同时指出证

---

① 吴林祥:《证券交易制度分析》,上海财经大学出版社2002年版,第1页。

券交易制度的核心是证券交易市场的微观结构,即证券交易机制。本书以证券交易机制为内容来研究证券交易制度。

证券交易机制指资本市场价格形成与发现的过程与运作机制。① 具体包括:①价格形成方式,也称为市场类型(market type)或市场模式。②订单形式及其优先规则。订单(order)指投资者向经纪商下达的委托买进或卖出证券的指令,也称为委托,如限价委托、市价委托、止损委托等。市场收到投资者订单时,必须依据一定的原则如价格优先、时间优先、数量优先等对订单进行处理。③交易离散构件,指那些使交易的价格或数量不能连续的制度,主要包括最小报价单位和最小交易单位。④价格稳定机制,指抑制证券市场过度波动的措施,包括涨跌幅限制措施、市场断路措施与暂停交易、限速交易、特别报价制度等。⑤交易信息披露,包括交易前信息、交易后信息和其他信息,其意义在于提高市场透明度。国际证监会组织(IOSCO)2001年的调查显示,大多数市场均披露3—5个最佳买卖限价价格和数量汇总信息、加权平均的买卖价差、除交易对手之外的整个订单簿信息以及针对衍生品市场的做市商报价等信息。

在上述五个组成部分中,价格形成方式可以说是交易机制的核心内容,也有部分学者将其作为划分交易制度的标志,足以说明其重要性。下面我们将着重阐述价格形成方式,并就其不同分类进行比较。

(2) 指令驱动交易制度和报价驱动交易制度比较

依据流动性提供方式不同,价格形成方式可分为指令驱动交易

---

① 刘鸿儒:《探索中国资本市场发展之路——理论创新推动制度创新》,中国金融出版社2003年版,第139页。

制度和报价驱动交易制度。

指令驱动交易制度(order driven system)又称为拍卖制度、竞价制度,指买卖双方直接或通过指定经纪商将委托指令传送至交易市场,以买卖价格为基准、按照竞价原则形成"出清价格"并进行交易的制度。由于市场供求双方不依赖做市商等中介机构而直接达成交易,因此指令驱动交易制度的本质特征是通过交易者提交指令向市场提供流动性。根据交易过程中价格撮合时间是否连续可划分为集合竞价和连续竞价。集合竞价指证券交易是间断的而非连续进行的,投资者作出买卖委托后不能立即按照相关规则执行并成交,而是由交易商或证交所通过规定时间内将订单数量累计到一定数量后再通过竞价最大限度地实现订单执行的一种价格形成机制。连续竞价证券交易可以在交易日中连续不间断地进行,交易者输入买卖指令后,交易系统根据市场已有指令进行撮合,只要存在与之匹配且符合相关规则的指令即可立刻成交。一般来说,连续竞价用于日内交易,集合竞价用于开盘价、收盘价的产生。

报价驱动交易制度(quote driven system)又称为做市商制度,指在证券市场上,由具备一定实力和信誉的证券商作为主要集中型的做市商不断向公众交易者报出某些特定证券的买卖价格,在该价位上接受投资者买卖要求,并以自有资金和证券与投资者交易,维持市场的流动性,同时做市商通过买卖报价的适当差额来补偿所提供服务的成本费用并实现一定利润。

指令驱动交易制度和报价驱动交易制度的制度差异,导致二者对证券交易制度目标产生不同影响:

——流动性:指令驱动交易制度下,其流动性靠投资者的指令提供,而指令的广度和深度并不稳定,可能会导致一些不具备吸引力的证券有行无市;报价驱动交易制度下,由于做市商有义务维持交易的连续性,通过自有资金和证券为市场提供即时的流动性,对于交投不活跃的证券,做市商可以通过合理的报价解决其流动性问题,从而降低交易成本。

——透明性:指令驱动交易制度中存在交易指令和成交回报发布机制,因此所有投资者获得的信息是平等的,具有较高的透明度;报价驱动交易制度下,一方面做市商享有信息优势,其他投资者获得信息的时间相对滞后,另一方面为防止竞争对手通过交易推测其存货状况牟利,实务中存在大量不严格履行信息披露的行为,因此透明度较低。

——稳定性:指令驱动交易制度缺少交易价格维护机制,证券成交价格完全是市场供求平衡的结果,证券价格随着投资者指令的波动而波动,价格波动频率较高,市场稳定性较低;报价驱动交易制度下,做市商作为一项制度安排,有责任维持市场稳定,证券成交价格是供求关系和时间因素共同作用的结果,当买卖盘不均衡时,做市商可以平抑价格波动,有利于市场的稳定。

——有效性:指令驱动交易制度下,一方面市场透明度较高,另一方面由于直接进行交易,投资者有更强的信息收集和处理压力,因此市场信息的有效性相对较高;报价驱动交易制度下,市场透明度低,做市商是否根据相关信息及时调整报价存在道德风险,其市场有效性可能稍低。

以上分析可以看出,指令驱动交易制度具有透明度高、效率高的优点,但其流动性和市场稳定性较差;报价驱动交易制度具有为市场提供流动性和有利于市场稳定的优点,但存在市场操纵的可能性以及透明度低、效率低的问题。正是由于这两种交易制度各有利弊,决定了两种方式不是彼此替代而是相互补充的关系,指令驱动交易制度适合于交易活跃的证券,而报价驱动交易制度适合于具有一定潜力、交投不活跃的证券。目前,很多交易所都根据不同证券的特点及市场状况而采取不同的交易机制。如伦敦交易所,FTSE 100 股票交易实行指令驱动交易制度,AIM 采用混合机制,而对于国际股票及其他国内股票则采取报价驱动交易制度。

1.2.2 国外证券交易制度比较与发展趋势

(1) 证券交易制度目标

证券交易制度是证券市场按照"公开、公平、公正"原则运作的保证,其目的在于促进证券价格的有效形成并保障证券交易的顺畅。何杰(2001)依据国际证券交易所联合会(FIBV)有关报告提出,判断交易制度优劣主要依据交易过程中的相关处理作业(如价格形成、买卖程序、信息传播)的绩效,并指出这里的绩效主要指流动性、透明性、稳定性、有效性。

①流动性(liquidity)。经济学家马辛伯和菲尔普斯把流动性概括为"为进入市场的订单提供立即执行交易的一种市场能力(通常称为'即时性')和执行小额市价订单时不会导致市场较大幅度变化的能力(通常称为'市场深度'或'弹性')。"①从已有的研究文献来看,人们普遍认可以市场的深度、广度和弹性衡量市场的流动性。市场深度(market depth)指高于或低于目前证券成交价格的订单数量,数量越多,市场越有深度。市场广度(market breadth)指成交速度。弹性(resiliency)指新的委托造成供需暂时失衡后恢复均衡价格的速度。流动性是证券市场的生命力所在,失去了流动性,证券市场也就失去了存在的必要。

---

① 屠光绍:《交易体制:原理与变革》,上海人民出版社 2000 年版,第 37 页。

②**透明性**(transparency)。广义指市场上重要信息公开披露的程度,狭义指交易信息公开披露的程度,包括交易前的信息透明度和交易后的信息透明度。不同的交易制度由于在信息传递的速度和方式上存在差异,透明度也不尽相同。

③**稳定性**(stability)。指证券价格的连续性,即证券价格短期波动幅度及其调节均衡的能力。保持证券市场价格相对稳定,防止证券价格的暴涨暴跌是证券市场健康运行的内在要求。一般来说,外部信息是影响市场价格的主要原因,但交易机制也会在一定程度上影响证券价格的稳定性。

④**有效性**(efficiency)。法马(Fama)的有效资本市场假说指出,有效性即价格反映信息的效率,指证券价格能准确、迅速、充分地反映可得信息。若证券市场的价格能够及时、完全、准确地反映各种信息则被认为是有效的,反之则是低效的。交易系统本身的性能、不同的信息披露方式等都会影响到市场的有效性。

理论上,证券交易制度的四大目标应该是一致的,但因为各目标之间往往存在方向性和政策措施上的矛盾,在为实现某一政策目标而采取相应措施时可能会干扰另外目标的实现,所以在实际操作中要同时实现四大目标是十分困难的。因此,各国制定交易制度时应依据自身特定时期、特定条件,权衡利弊,相机抉择。

(2) 国外证券交易制度实践

①纽约证券交易所(NYSE)。纽约证券交易所是全球最大的证券交易市场,也是世界上最成熟的主板市场代表。纽约证券交易所订单形式多样化,依其交易规则第13条规定,有21种之多,包括了几乎所有的类型。尽管委托形式众多,但市价委托和限价委托占委

托总数的 95%强。① 而且投资人为保护自己的利益,对交易量大的委托更多采用较为谨慎的限价委托。交易方式有现款交易、例行交易、发行日交易和期权交易四种。纽约证券交易所的价格形成与确定机制比较灵活,其证券交易采用基于交易大厅的专家交易——代理竞价制度。买卖双方的订单通过代理人参与市场竞价。代理人主要有大厅经纪人和专家两种。经纪人接到委托后,可通过交易所的电子下单系统 SUPERDOT 和交易所的订单管理系统 BBSS 下达订单,订单可直接送到专家的订单簿(display book),也可以送到经纪商在交易大厅的经纪人站点。大额订单由 BBSS 和经纪人处理。专家在交易大厅充当所有来自 SUPERDOT 系统订单的代理人,同时还担任大厅经纪人提交给他们订单的代理人。当市场缺乏价格连续性,供需不平衡时,专家有义务以自己的账户、自有资金逆市买进或卖出证券,也就是说专家负有维持市场秩序的义务,承担了部分做市商的职能。但并不能因此而认定纽约证券交易所是一个报价驱动市场,因为专家参与买卖数量的比重很小。为了应对证券市场日益激烈的竞争,纽约证券交易所近年实施了全新的交易平台——网络纽交所(NETWORK NYSE™),该系统除了融合原有的 SUPER-DOT、BBSS 外,还包括直接成交系统、机构快捷系统、开放订单簿、市场跟踪系统、纽交所网络。该系统的实施降低了机构投资者的大额交易成本,提高了市场透明度,同时使下单过程更加方便、快捷,增强了纽交所的核心竞争力。

  纽约证券交易所正常交易时间为周一至周五 9:30 至 16:00。纽约证券交易所对开盘前信息披露有专门规定,如价格背离程度与信息公开内容、信息公布时间成正比,当预期价格背离程度较大时应

---

① 何杰:《证券交易制度论》,经济日报出版社 2001 年版,第 97—99 页。

申请预先开盘等,有利于交易者了解市场不平衡的态势,提高市场透明度。

为防止证券价格过度波动,增强投资者信心,纽交所吸取了1987年股市大崩盘的教训采取了断路器(circuit breaker)措施,即当证券市场波动超过某一预先设置的标准时所必须采取的交易中断或暂停措施。包括80A规则——指数套利断路器和80B规则——因市场异常波动而暂停交易的规定,后来80B规则经修改后形成了新的市场断路器体系。根据新的规定,市场交易在道琼斯工业平均指数分别下降10％、20％和30％时停市。

②纳斯达克市场(NASDAQ)。纳斯达克市场即全国证券交易自动报价系统,成立于1971年,是全球二板市场的代表。纳斯达克市场订单形式只有市价订单和限价订单两种,订单撮合原则以经纪商优先为主。其交易价格形成属于报价驱动型,由多个做市商竞争报价进行交易,同时为降低交易成本,部分交易也采用指令驱动。纳斯达克市场的做市商是自由进入的,只要是纳斯达克市场的会员并达到一定的资本规模要求即可成为做市商。纳斯达克交易系统有电话交易系统、纳斯达克电子交易系统和另类电子交易系统。其中,在电话交易方式下,经纪公司通过电话与做市商联系以执行客户订单;纳斯达克电子交易系统包括小订单执行系统、SELECTNET系统(交易收集系统)、高级电脑执行系统、电脑辅助执行系统、超级小订单执行系统、最优市场系统、SUPERMONTAGE系统(超级蒙太奇系统);另类电子交易系统主要由纳斯达克会员或其分支机构运作。纳斯达克市场正常交易时间为9:30至16:00,盘后交易时间有两个时间段,即8:00至9:30和16:00至18:30。信息披露方面依据投资者的不同需求提供查询、查询和指令输入、查询及指令输入和报价三个层次的服务,其中做市商享有最全面的信息资源。大宗交易通过

电子交易网络进行，属场外交易方式。此外由于市场风险较大，纳斯达克市场采取了断路器价格稳定机制。

纳斯达克市场的运作规则在20世纪90年代发生较大变化，主要表现在客户保护规定和限价订单显示规则两方面。客户保护规定：不允许会员公司优先于客户订单进行交易，即在持有客户限价订单的条件下，会员不得以优于客户限价的价格购买证券。而限价订单显示规则规定：当客户限价订单优惠于做市商的报价且幅度超过最小价格变动单位时，做市商必须显示客户限价订单。这两个规定使得市价订单与限价订单得到撮合，从而将竞价交易的内容融进了做市商制度。

③伦敦证券交易所及欧洲联盟模式。伦敦证券交易所是欧洲最大的证券市场，曾经是一个竞争的做市商系统。1986年"大爆炸"改革后，伦敦证券交易所从一个典型的做市商市场演变为竞价制度和做市商制度并存的混合市场，并引入了证券交易自动报价系统（SEAQ）、SEAQ国际系统、电子交易系统（SETS）、证券自动交易系统（SEATS PLUS）等多种交易系统以适合不同的市场发展需要。伦敦证券交易所价格形成机制比较灵活，国内市场FTSE 100成分股实行指令驱动交易制度，AIM市场实行指令驱动和报价驱动混合交易制度，其他国内证券和外国证券则实行报价驱动交易制度。竞价系统设立断路器措施，规定若某证券价格波动过大或发生电脑技术问题可暂停交易，若总体市场价格发生大幅波动，则暂停多种证券的交易。做市商系统虽无断路器措施，但规定当股价快速波动时，交易所可宣布做市商的报价是指示性的，以促使其更多地进行议价。伦敦证券交易所交易时间较长，8:00至17:00，日交易时数达到9小时。伦敦证券交易所有专门的信息披露系统（TOPIC），分别为投资者提供最佳买卖价，为做市商提供最佳买卖价、成交价量和做市商名

称。大宗交易制度采用场内交易方式,并建立了特殊的信息披露制度——延迟交易报告制度,采用这种制度,可以留给做市商一定时间,抵消大宗交易给其头寸变动带来的风险,同时增强对机构投资者的吸引力,提高市场流动性。

  1999年9月22日,阿姆斯特丹、布鲁塞尔、法兰克福、伦敦、马德里、米兰、巴黎和苏黎世8家交易所的CEO在布鲁塞尔达成"欧洲联盟市场模式",其目标是建立一个高流动性的、单一的市场(a single market),使其在功能一致、规则一致的多个匿名电子订单簿上进行交易。欧盟模式的基本原则包括:第一,采取结合开盘、收盘集合竞价且带有可选择的日内集合竞价的连续电子订单驱动的交易模式;第二,对订单类型、规模、集合竞价的使用、交易容量、最小报价单位、订单簿的接入、交易时间等采取协调一致的统一安排;第三,支持隐藏或冰山订单以便利大宗交易;第四,每个交易所只负责监管本交易所的在联盟市场交易的证券,采取共同的防止价格操纵的措施;第五,市场准入公平、平等。

  欧洲各主要证券交易所为实现欧盟市场模式目标,纷纷改进原有的交易机制。如伦敦证券交易所2000年5月改革了SETS系统,并推出SEAQ集合竞价系统,2001年4月推出SEAQ撮合系统、国际订单簿和国际零售服务系统,同年9月进一步改进了SETS系统法集合竞价机制、收盘机制和价格监控机制。

  ④泛欧交易所(EURONEXT)。2000年9月22日,巴黎证券交易所、阿姆斯特丹证券交易所和布鲁塞尔证券交易所合并成立了泛欧交易所,这是一个跨国境的、单一货币的泛欧股票和衍生交易市场。泛欧交易所为每一个市场提供一体化的交易平台,采用NSC(Nouveau Systeme de Cotation)交易系统。NSC提供开放式的订单簿,支持限价订单、市价订单、市价转限价订单、必须执行订单、止

损市价订单、止损限价订单、触价订单、全额即时订单、非全额即时订单、冰山订单等多种订单形式,同时提供无做市商的连续交易、无做市商的集合竞价、有做市商的连续交易和有做市商的集合竞价四种交易机制。此外,为确保价格的连续性、防止市场过度波动,NSC波动中止或延长(volatility interruptions or extensions)的断路器措施,当某个证券的价格超过参考价格的一定幅度,则在连续交易时段暂停交易,在集合竞价时段延长集合时段(开盘前阶段)。

⑤韩国证券交易所。韩国证券交易所的前身是大韩证券交易所,成立于1956年2月11日,是一个典型的订单驱动市场,买卖订单按照价格优先、时间优先的原则连续进行撮合,有常规交易和现金交易两种类型。常规交易在成交日的第二天交割,现金交易当日交割。1988年,交易所开始启用证券市场自动交易系统(SMATS),1997年关闭交易大厅,实现交易完全自动化。韩国证券交易所以前只有一种订单形式——限价订单,1996年11月引入市价订单、收盘限价转市价订单等新的订单形式。2000年7月又引入一揽子订单。最小报价单位依证券种类的不同而有所区别,如股票的最小报价单位依据股票价格,最低为5韩元(股价低于500韩元),最高为100韩元(股价高于500 000韩元),债券则按收益率进行报价,最小报价档位为1个基点,可转换债券的最小报价档位为1韩元。1996年引入盘后交易,交易时间为15:10至15:40,投资者可按收盘价进行交易。大宗订单和一揽子订单可在盘后交易时段进行交易。1998年引入断路器措施并放宽了股票交易和期货交易的涨跌幅度。此外对期货交易实施靠边规则,即限速交易。

(3) 各国证券交易制度比较

①价格形成方式。选择何种价格形成方式既要考虑一国市场管

理水平、投资者结构、传统文化等因素,还要考虑上市公司自身质量及风险的影响。例如,纽约证券交易所和纳斯达克市场作为美国两大交易市场却采取了不同的价格形成机制:纽约证券交易所采用辅之以专家的指令驱动交易制度,而纳斯达克市场则是一个典型的报价驱动市场。究其原因主要是纳斯达克市场上市标准较低,风险较大,需要做市商通过做市发现价格,提供流动性以保持市场的正常运行。伦敦证券交易所也针对不同的证券采用了不同的价格形成方式,国内市场 FTSE 100 成分股实行指令驱动交易制度,AIM 市场实行指令驱动和报价驱动混合交易制度,其他国内证券和外国证券则实行报价驱动交易制度。与美国不同之处在于,英国只设立了一个全国性的证券交易所即伦敦证券交易所,为了满足不同企业的筹资需求,伦敦证券交易所建立了多层次市场,既有英国股票市场和国际股票市场,又有挂牌市场和未挂牌市场。泛欧交易所对交易活跃的证券采取连续竞价交易,对不活跃的证券采取集合竞价交易。而新兴证券市场则由于市场历史发展较短、监管经验不够丰富、个人投资者比重大等原因多采用集合竞价和连续竞价相结合的完全电子化的指令驱动交易制度,如韩国、中国香港、中国台湾市场。

②委托方式。委托方式种类众多,包括市价委托、限价委托、市价转限价委托、止损委托、止损限价委托、触及市价委托等。一般而言,价格变化频繁的市场应提供较多的委托种类以满足不同投资者的投资决策,因此,委托驱动市场的委托方式通常比报价驱动市场多。通过对各主要证券交易所委托方式(表1—1)的研究,我们不难发现,尽管委托方式多种多样,但市价委托和限价委托是两种最基本的委托方式而且占据主导地位,如纽约证券交易所市价委托和限价委托占委托总数的95%强。

表1—1　各主要证券交易所委托种类比较

交易所	委托种类
纽约证券交易所	市价委托、限价委托、止损委托、止损限价委托、档位敏感委托
纳斯达克市场	市价委托、限价委托
伦敦证券交易所	市价委托、限价委托、止损委托、止损限价委托、止损转限价委托
泛欧交易所	市价委托、限价委托、止损委托、止损限价委托、止损转限价委托
中国香港联交所	市价委托、限价委托

③**交易离散构件**。大量的理论研究表明,最小报价单位将对信息披露、市场绩效产生一定影响,最小报价单位并非越小越好。因此各证券交易所都比较注重对最小报价单位的设计。综观各主要证券市场(表1—2),最小报价单位有两种,一是根据证券价格的不同分别规定,划分为若干档,二是不考虑证券价格因素,对最小报价单位进行统一规定。

表1—2　各主要证券交易所最小报价单位比较

交易所	最小报价单位
纽约证券交易所	0.01美元
纳斯达克市场	以10美元为界划分为两档
伦敦证券交易所	以500、1000便士为界划分为三档,并规定三个月调整一次
泛欧交易所	债券:0.01欧元; 其他证券:以50、100、500欧元为界划分为四档
韩国证券交易所	股票:以5千、1万、5万、10万、50万韩元为界划分为六档; 债券:以收益率进行报价,最小申报单位为1个基点; 可转换债券:最小申报单位为1韩元

④**市场稳定措施**。证券价格波动是市场运行的基础,投资者正是在价格波动过程中实现投资决策的,然而剧烈的价格波动不仅会

加大投资者风险,还会对证券市场乃至整个经济与社会造成灾难性影响。因此各证券交易所甚至各国政府都制定了针对市场价格波动的稳定措施(表1—3)。

表1—3 各主要证券交易所市场稳定措施比较

交易所	市场稳定措施
纽约证券交易所	市场断路措施、暂停交易、限速交易、专家及市场中介人自营调节
伦敦证券交易所	市场断路措施、暂停交易
韩国证券交易所	涨跌幅限制、市场断路措施、暂停交易、限速交易、调整保证金
中国台湾证券交易所	涨跌幅限制、市场断路措施、暂停交易、申报价及成交价档位限制、调整保证金、股市稳定基金

⑤交易信息披露。各证券交易所由于在价格形成机制、思想认识、投资者结构等方面存在差异,其交易信息披露制度的设计也有所不同。纽约证券交易所和纳斯达克市场的订单簿只对相关专家和做市商开放,透明度较低。但它们都有针对交易时间内交易信息披露的市场报告制度,因此其交易后信息透明度较高。伦敦证券交易所的 SETS 系统和 SEAQ 系统均通过中央交易对手进行交易,交易前信息披露较透明,但由于大宗交易延迟信息披露制度的存在使得其交易后透明度较差。而亚洲证券市场(如东京证券交易所和中国台湾证券交易所)多数采用完全电子化的指令驱动交易机制,价格已经反映了订单流量信息,市场的透明度较高,一般没有对交易前信息披露作特别规定。

(4)证券交易制度发展趋势

全球经济一体化及现代电子通信技术的迅速发展提高了市场国际化水平,加速了资本流动,实现了证券环球异地24小时连续交易,同时也加剧了各国证券市场的竞争,为取得竞争优势,各国证券市场纷纷变革交易制度。但是交易制度多种多样且各有利弊,不存在具有绝对优势的制度,特定的制度在特定的市场结构中才能显示其优越性。通过研究国外证券交易制度发展轨迹,我们可以看出,证券交易制度正在由单一走向以一种方式为主、多种方式为辅,针对不同证券的特性或不同交易时间采用不同的交易制度,有利于综合发挥各种交易制度的优势以保证证券市场的流动性、有效性、透明性和稳定性。如伦敦、纳斯达克市场针对股票的交易状况,对不同类别的股票实行不同的交易方式,在保持主导地位的交易方式的同时,寻求全面、平衡的发展。

1.2.3 我国证券交易制度改革与完善

(1) 我国证券交易制度沿革

上海证券交易所和深圳证券交易所是我国上市证券集中交易的场所,我国证券交易市场发展过程中还曾出现过如 STAQ 系统、NET 系统以及证券交易中心等场外市场。

经过二十年来的发展,我国证券市场的交易系统不断完善,实现了从实物交易到无纸化交易、从手工竞价到电脑撮合,从有形席位到无形席位的巨大转变,建立了具有世界领先水平的高效、安全、便捷的电脑自动交易系统。

第一,沪深交易所采用完全电子化的指令驱动交易制度。《证券法》第 40 条规定:"证券在证券交易所上市交易,应当采用公开的集中交易方式",即投资者提交指令进行买卖时,必须找到数量与价格相吻合的交易对手才能成交。市场不存在做市商或指定专家,也不存在其他类似的做市行为,流动性和稳定性依赖于投资者提交的限价指令提供和决定。

第二,竞价方式与开收盘制度。依交易时间的不同按价格优先、时间优先的原则分别采用电脑集合竞价和连续竞价撮合成交。集合竞价时间为9:15至9:25,产生开盘价。正常交易时间为9:30至11:30,13:00至15:00,采用连续竞价方式。收盘价为当日该证券最后一笔交易前一分钟所有交易的成交量加权平均价。

第三,订单形式。我国证券交易规则规定,会员可以接受客户的限价委托或市价委托,但交易所只接受会员的限价委托,订单当日有效。

第四,交易离散构件。股票或基金的申报数量为100股或其整数倍,申报价格最小变动单位证券投资基金为0.001元人民币,A股为0.01元人民币,B股上交所为0.001美元,深交所为0.01港元。债券和债券回购以1手或其整数倍进行申报,申报价格最小变动单位上交所为0.005,深交所为0.01。

第五,价格稳定机制。目前,我国证券市场具有稳定功能的措施主要有涨跌幅限制和停牌措施。1996年我国引入涨跌幅限制制度,除上市首日证券外,在交易所挂牌交易的证券(国债、企业债券、国债回购除外)的申报价不得超过上一交易日收盘价涨跌幅度10%,否则视为无效委托。若当日无成交价格,则沿用前一交易日收盘价。连续竞价阶段,投资者的每一笔买入(卖出)申报不得高(低)于即时揭示价的10%,否则视为无效申报。特别处理股票(ST股票)和退市风险提示股票(＊ST股票)转让申报价格相对上一交易日收盘价的涨跌幅度不得超过5%。1998年6月,深沪交易所在《上市规则》中规定,当股票交易异常波动时,交易所可在收市后决定对其实施停牌直至有关当事人发布公告后的当天下午复牌。

第六,大宗交易制度。《深圳证券交易所大宗交易实施细则》于2002年2月26日发布并正式实施,根据《实施规则》,A股、基金每笔大宗交易申报数量不得低于50万股(份),债券不得低于5 000手,成交价格由双方在当日已成交的最高价和最低价之间确定,当日无成交的以前一收盘价为成交价,买卖双方达成一致后以大宗交易申报的形式于14:55前输入交易系统,由交易系统确认后成交。大宗交易不纳入指数计算,成交量在收盘后计入该证券成交总量。每笔大宗交易的证券名称、成交量、成交价、证券商席位名称以及买卖双方的姓名或名称将以公开信息披露的形式向市场公布。此后,上海证券交易所于2002年12月31日发布了《上海证券交易所大宗交易实施细则》,规定A股最低申报数量不得低于50万股或交易金额300万元人民币,基金不得低于300万份或交易金额300万元人民币,债券不得低于2万手或交易金额2 000万元人民币,交易方式采用盘后交易,即在每个交易日的15:00至15:30之间进行,买卖双方采用议价协商方式,达成一致后向上交所大宗交易系统申报,并由系统为其完成"一对一"式的成交。

第七,信息披露制度。我国证券市场对交易前信息披露未作任何规定,交易后信息公开主要依据1997年《关于对A股和基金交易实行公开信息制度的通知》(以下简称《通知》),公开信息制度包括两个方面,一是需要公开交易信息的证券,二是需要公开交易信息的内容。《通知》规定,对于日内收市价格相对于前一交易日收市价格的涨跌幅各超过7%的前五支证券需公布其名称(代码)、涨跌幅、成交量、成交金额以及与其相关的当日交易金额最大的前5家证券营业部的名称及其席位(或席位分支)代码及当日交易金额。涨跌幅相同的依次以成交金额和成交量选取证券。

(2) 我国现行证券交易制度存在的问题

不可否认,我国证券市场由于借鉴了成熟市场的成功经验,因而

起点较高,具有一定的后发优势。但总体上看,我国证券交易制度还存在不少问题:

①订单与申报。国际上大多数证券市场都支持多种形式的订单,为投资者提供了多样化的投资策略选择。我国交易规则虽然明确了两种订单形式,但由于交易所只接受会员的限价委托,因此实际操作中只有限价订单一种形式,限制了投资者的交易策略。并且由于限价订单必须严格按限价执行,如果限价与市价不匹配,订单将得不到执行,而委托人为促成交易,不得不撤单再委托,这样无形中增加了投资者的交易成本和交易系统的负担,而且市价可能会在撤单—再委托的时间差内发生变化,从而增加了订单的执行风险。此外,统一规定最小报价档位的做法使得低价格的证券买卖价差较大,提高了投资者的交易成本,证券投资基金更是如此。

②价格形成机制。目前我国沪深交易所均采用完全电子化的指令驱动交易制度,先进技术设备的采用使我国交易系统的委托处理能力很强,但单一的价格形成机制存在以下问题:首先,对于交易活跃的证券而言,指令驱动交易制度无疑是最经济的价格形成机制,而对交易不活跃的证券来说,由于没有做市商提供流动性服务,常常出现有行无市的流动性障碍。其次,指令驱动交易制度下,价格波动较大,在以散户为主的市场中,机构投资者可以利用资金、专业优势操纵股价,牟取暴利,损害中小投资者利益。

③开收盘制度。我国证券市场的开盘价格以集合竞价方式产生,符合国际证券市场的发展趋势,但由于各种原因停牌而重新开盘或正常交易时下午开盘均不采用集合竞价方式,从而降低了价格的信息效率,加大了价格波动幅度。另外,以最后一分钟的加权平均价为基础产生的收盘价容易受到操纵,不利于合理价格的形成。

④大宗交易制度。深交所率先于2002年推出大宗交易制度,是

我国证券市场在交易制度方面的一项重大创新。但因制度设计的种种缺陷几乎处于停用状态,迄今为止深交所仅发生 3 笔大宗交易,实施效果不显著,究其原因主要有三个方面:首先,场内交易加重了电子交易系统的负担;其次,信息披露过于严格,要求公布买卖双方的姓名,违背了匿名交易的初衷;再次,成交价格及申报与确认时间的规定对大宗交易者限制较多。

⑤交易时间。与国际主要证券市场相比,我国证券交易时间较短,交易时间为 9:30 至 11:30,13:00 至 15:00,实行中午休市制度,胡继之、于华(1998)通过对我国休市前后时段与正常交易时段的实证比较,发现中午休市前后阶段的交易量偏小、价格波动幅度较大,从而得出中午休市增加市场风险的结论。盘后交易制度空缺,投资者的交易时间受到较大限制。

⑥价格稳定机制。目前我国设立的涨跌幅限制制度本质上是一种事前的限制交易措施,而非事后暂停交易制度。通过设置固定基准价格的涨跌停板实施对价格的监督,凡超过涨跌停板的指令都被视为无效而为交易系统拒绝,这种制度对保证价格连续的作用有限,同时也降低了市场的流动性,因为一旦证券价格达到涨跌停板水平,指令簿就不再有新的指令加入,交易进入有价无市的阶段,从而市场的连续性无法保证,出现流动性障碍。而且由于证券价格变动的能量得不到及时释放,容易出现连续多日涨停或跌停的情况,阻碍了均衡价格的实现过程和投资者的正常交易活动。而停牌制度是股票交易的强制中断,其停牌时间长短取决于上市公司公告行为,由于交易所并不对公告信息进行审查,敷衍现象时有发生,信息的有效性令人质疑。

⑦信息披露制度。自 1998 年证券投资基金问世以来,证券投资基金、社保基金等新兴投资主体日益壮大,其影响力日愈明显。虽然

这些投资主体有专门的席位,但由于不具备证券营业部的身份,因此不需要公布其交易情况,这必然影响到市场公开信息制度的透明性。另外,《通知》对交易信息内容披露的规定(如成交总金额)过于模糊,涨跌幅的限制使得一些庄股有机可乘,不利于投资者对热点证券信息的掌握。

⑧风险对冲机制。到目前为止,我国的证券市场仍然是一个单边市场,即投资者只有在市场上涨时才能赚钱,市场下跌时只有亏损,造成这种现象的主要原因是缺少做空机制。① 做空机制的缺失,一方面异化了机构投资者的行为,不得不通过坐庄拉高股价实现赢利;另一方面使得投资者缺乏市场下跌时的有效的避险手段,市场下跌幅度越大、持续时间越长,投资者损失越惨重。

(3) 我国证券交易制度的改革与完善

为顺应国际资本市场发展潮流、提高我国证券市场的竞争力、满足投资者的多元化需求,改革、完善交易制度已成为我们面临的重大课题。

①订单与申报方面。针对我国委托制度的缺陷,为满足不同机构和个人的多样化交易需求,交易所应适时推出市价委托制度,市价委托具有速度快、交易量大的特点。从国外经验来看,个体投资者以市价委托为主,而机构投资者则以限价委托为主。在我国目前的投资者结构中,散户占据主导地位,而且实行完全电子化的指令驱动交易制度,价格变化频率较高,引进市价委托既为投资者提供了一项新的交易策略,又在一定程度上降低了订单执行风险,同时也减轻了系

---

① 尽管截止到2006年5月10日,有12只权证产品上市交易,仍然不能提供足够的规避市场风险的做空机制。

统的撤单压力。申报通道方面,分散报盘方式加大了证交所和券商的成本和风险,为此应引入集中报盘,既可以降低经营成本,又减少了通信系统压力。最小报价档位方面,为降低投资者的交易成本,增强市场流动性,应根据上市证券价格的不同分别规定最小价格升降档位,可将不超过10元的证券的最小价格升降档位设为0.01元,10元至20元的证券设为0.02元,20元至50元的设为0.05元,50元以上的证券设为0.10元。[①]

②改进价格形成机制。混合交易制度是证券交易制度发展的趋势,国外证券市场的价格形成机制非常灵活,指令驱动和报价驱动制度都得到广泛应用。我国目前证券交易仅采用指令驱动交易制度,不利于那些交投不活跃、流动性差或波动幅度较大的证券的交易。为满足不同证券和不同投资者的交易需求,有必要引入多种市场模式:首先,主板市场宜以指令驱动交易制度为主,报价驱动交易制度为辅。如前所述,指令驱动交易制度对交易活跃的证券而言是最经济的价格形成机制,但对交易不活跃的证券来说,流动性缺乏将导致价格失真,交易成本增加。目前我国证券市场总体而言并不缺少流动性,但这并不排除特定时期、特定证券缺乏流动性的可能。因此在保持指令驱动交易制度为主的前提下,引进报价驱动交易制度以解决交投不活跃证券的流动性问题就显得尤为重要。深交所于2004年12月6日公布并实施《深圳证券交易所上市开放式基金主交易商业务指引》,所谓主交易商制度,就是在市场出现一定时间内无合理的买方报价时,由若干主交易商负责维持报价,以维护交易的稳定运行,增强场内交易的流动性。上市开放式基金主交易商主要履行持续报价和持有一定的场内托管份额两项义务,因此这种制度实际已

---

① 刘逖:《证券市场微观结构理论与实践》,复旦大学出版社2002年版,第410页。

具有做市商制度的若干特征,可以说是为做市商制度积累经验,对于证券市场交易制度的创新具有重要意义。其次,借鉴全球二板市场代表 NASDAQ 的成功经验,深圳的中小企业板市场乃至今后推出的规范的二板市场宜建立以报价驱动制度为主、指令驱动制度为辅的混合交易制度。NASDAQ 市场兼顾了低成本和流动性,在采取报价驱动交易制度的同时也采用了指令驱动交易制度,并以此留住了诸如微软这样的知名公司,1998 年 NASDAQ 市场有 70% 的交易量由做市商完成,30% 的交易量通过 ECN_s 订单驱动完成。因此无论是中小企业板市场还是二板市场,其上市标准低于主板市场,市场风险较大,由市场本身内生的流动性不足应主要依靠做市商弥补,同时为节约交易成本,也应考虑采用指令驱动交易制度。

③适当延长交易时间。证券交易所的交易时间主要取决于交易量的大小,随着证券市场的快速发展,各国证券交易所的交易时间均逐渐拉长,特别是随着证券市场的国际化,各国公司纷纷到各国证券交易所上市,从而实现一天 24 小时交易。就我国目前而言,还不具备实行全天 24 小时连续交易的条件,可行的选择是取消中午休市制度,既延长了交易时间,又降低市场风险,减少价格波动幅度,使市场连续运转,各种信息得以及时释放,降低了信息不对称的程度。同时考虑增设盘后交易,目前沪市已针对大宗交易推出盘后交易,在一定程度上满足了大宗交易者的交易需求。此外还应开辟针对一般投资者交易的盘后交易,以吸引更多投资者。

④扩大集合竞价范围。对收盘、临时停牌后复牌、引发断路器后恢复交易等采取集合竞价,提高价格的有效性。以集合竞价方式产生收盘价是国际证券市场的普遍做法,有助于公平开盘价格的确定,防止收盘价的人为操纵。

⑤完善大宗交易制度。大宗交易制度有助于提高市场稳定性和

流动性,降低机构投资者的交易成本,并有利于满足投资者大宗证券转让的需求,增强交易制度的适应性。同时,有利于二级市场上兼并重组的实施,提高证券市场的资源配置效率。为此我们应结合我国证券市场的实际,汲取海外大宗交易制度设计的经验,完善我国现行的大宗交易制度。首先,交易方式方面,应改场内交易为盘后交易。一般来说,场内交易比较适合机构投资者比例较高、实行做市商制度的市场,如伦敦证券交易所的大宗交易全部采用场内交易方式。而场外交易和盘后交易则是全面采用电子交易方式的世界各大交易市场的首选。由于深沪交易所已全部实现交易的电子化,场内交易方式对我国并不适用,而场外交易与现行证券法规相抵触,因此盘后交易成为我国大宗交易制度的可行选择。其次,信息披露方面,交易信息依其性质可分为交易前信息即委托信息和交易后信息。依据前面讨论的交易方式即盘后交易,我国大宗交易的交易前信息是隐形化的,因此应严格其交易后信息披露的要求,但应遵循国际惯例,对证券名称、证券商名称、成交价格、数量、开盘价、最高最低价等信息应如实公开披露,至于买卖双方的姓名或名称应实行匿名以提高投资者参与大宗交易的积极性。再次,交易价格方面,应放宽对成交价格的限制,体现大宗交易的协议定价原则,赋予交易双方更多的定价权。但是我国证券市场还不够成熟,违规行为时有发生,因此应加强对大宗交易的监管。

⑥改进价格稳定机制。首先,放宽涨跌幅。由于涨跌幅限制降低了市场的流动性,多数成熟市场和部分新兴市场取消了涨跌幅限制制度。鉴于我国证券市场还不成熟且个人投资者居多,因此不宜取消该制度,但应考虑放宽涨跌幅限制。其次,引入盘中暂停交易和断路器制度。我国的停牌制度是一种事后采取的措施而不是盘中暂停交易,当交易出现突发性大幅异常波动时该措施并不能有效发挥

其稳定市场的作用,因此建议实行盘中停牌制度和断路器制度,以降低突发事件对市场造成的不良影响。再次,引入市价订单的保护价格制度。即对投资者下达的市价订单,如果其成交价格超过订单到达时价格(基准价格)的上下一定幅度,则超过该保护价格的部分不能成交。

⑦**完善交易信息披露制度**。2004年深圳证券交易所推出中小企业板块,《深圳证券交易所中小企业板块交易特别规定》将日收盘价格涨跌幅偏离值达到±7%的各前三只股票、日价格振幅达到15%的前三只股票、日换手率达到20%的前三只股票、异常波动股票以及相关的成交金额最大五家会员营业部或席位的名称及其买入与卖出金额纳入信息披露范畴,提高了信息披露的有效性。我们建议主板市场借鉴中小企业板信息公开的做法,扩展信息公开对象及范围,引入涨跌幅的偏离值、振幅及换手率等监控指标,将异常波动股票纳入信息公开范围。

⑧**引入风险对冲机制**。目前做空机制作为证券市场的风险规避机制已得到广泛应用,而我国由于做空机制的缺失,投资者无法通过做空来规避市场的系统性风险。随着我国证券市场发展的日益成熟,应及时推出做空机制,不仅有助于完善股价形成机制,发挥市场缓冲器的作用,还可为投资者提供多样化投资的机会和风险规避手段,为实行做市商制度奠定基础,同时也可为市场提供连续性,增加市场的流动性,有利于中国证券市场的长远发展。当然,建立做空机制必须有相关配套制度,如融资融券制度等。

⑨**整合沪深证券交易所**。随着信息技术的进步、资本流动速度的加快,全球证券交易所掀起了国内纵向合并、国际横向结盟的浪潮。在全球证券市场一体化的背景下,我国的证券交易市场仍处于相对分割状态,且其功能、结构、规则并无较大差异,从规模经济和效

率角度来看,整合沪深证券交易所,建立全国统一的证券交易市场是我国证券市场发展的必然趋势,也是加强我国证券交易所国际竞争力的必然选择。

第二章 证券交易所制度

2.1 证券交易所概述

2.1.1 证券交易所定义

证券交易所是依据国家有关法律,经政府证券主管机关批准设立的证券集中竞价交易的有形场所,证券交易所为证券投资者提供了一个稳定的、公开交易的高效率市场。证券交易所与证券经营机构不同,它是证券市场发展到一定程度的产物,也是集中交易制度下证券市场的组织者和监管者,它本身并不从事证券买卖业务,也不决定证券交易价格,只是为证券交易提供交易场所和各项服务,并对证券交易进行组织和管理,以保证证券交易活动持续、高效进行,凡符合规定的各类有价证券都能在证券交易所挂牌上市。

2.1.2 证券交易所的发展

证券交易所作为一个历史范畴,是社会化大生产的产物。但直到 18 世纪 60 年代以前,其作用远未得到充分发挥,交易所内交易的主要是国家的有价证券。19 世纪末,有价证券发行数量急剧增多,同时由于货币资本的迅速积累和食利阶层的增加,对有价证券的需求也越来越大。于是,股份公司的股票就取代了国家公债在交易所中的地位,进而使证券交易所在证券市场上的主导地位得以确立。在当今世界,证券交易所是一国及国际金融市场的重要组成部分,证券市场行情的疯涨和暴跌都会对国内、国际经济的稳定产生深远的影响。20世纪30年代以后,受国家干预经济等因素的影响,证券市场通过发行证券而聚集资金的功能受到一定的削弱,通过证券制度控制经济运行的功能得到加强。其结果是,证券市场的重心由发行市场转向流通市场,与此同时,政府证券市场的作用和规模在不断扩大。第二次世界大战后,国际化越来越成为证券市场发展的基本潮流和趋势。

证券交易所是市场经济发展的必然产物。它的产生和发展为证券买卖创立了一个常设市场,成为聚集社会资金、调节资金投向和转换的中心。各国对证券交易所的设立和运营都有比较严格的规定,证券交易所的设立须经政府批准,并应有完备的组织章程和管理细则,证券交易所应在指定的地点公开营业,经营业务应限于章程所规定的范围,不得擅自经营范围之外的业务,一切交易必须在场内公开作价成交,并每天向投资者及公众公布证券交易的行市、数量等信息。股票一旦在证券交易所上市,发行股票的企业便被视为高质量的企业,在社会上具有较高的信誉。

目前,世界上著名的证券交易所主要有美国的纽约证券交易所、英国的伦敦证券交易所、日本的东京证券交易所、中国香港的联合证券交易所、法国的巴黎证券交易所等。我国大陆地区目前有上海证券交易所和深圳证券交易所。

2.1.3 证券交易所的特征

综合各国关于证券交易所的立法规定,可以看出证券交易所具有以下四个特征:

(1) 证券交易所仅以证券作为交易对象

证券交易所是交易所的一种具体形式,主要用来实现大规模的证券交易。但是在市场经济高度发达的现代社会,大规模的交易活动并非仅以证券为对象,某些商品交易同样要借助类似于证券交易所的交易市场,从而导致统一的交易所概念的出现。一般来说,交易所是指依法设立,并用于买卖有价证券和依照标准买卖商品的各类有形市场。按照交易对象不同,交易所分为证券交易所和商品交易所两种。其中,证券交易所是进行有价证券买卖的有形市场,商品交易所则是进行某些商品大宗交易的场所。

有价证券是一种资本证券,与普通商品在表现形式和所反映的权利属性等方面均存在差别,这也在客观上导致了有价证券和普通商品在交易环节上的区别。因此,证券交易所和商品交易所在交易对象上明显不同,证券交易所不能进行商品交易,商品交易所同样也不能进行证券交易。

(2) 证券交易所拥有固定的交易场所

证券交易所是证券交易市场的重要组成部分,但与同属证券交易市场的店头交易市场等场外交易市场相比较,却有明显的区别。场外交易市场可以泛指除证券交易所外进行证券交易活动的市场,它可以没有交易大厅,没有交易柜台,也可以没有现代证券交易所惯常采用的电话、电脑等设备。但证券交易所必须具备相应的物质条件。以伦敦证券交易所为例,大楼底层是交易大厅,大厅内设有 16 个六角形平顶交易台,交易台配有一大排电脑终端设备,交易台里面的证券商每人身边都有十余部电话。

证券交易所有固定的场所和完备的设施,不仅是有关法律如《公司法》的强制性要求,而且也为了保证证券交易活动安全、合理和迅捷地完成。因此,拥有固定的交易场所是证券交易所的基本特征之一。

(3) 证券交易所是组织化的证券交易市场

证券交易市场有场内交易市场(证券交易所)和场外交易市场之分。两种交易市场所遵循的交易规则存在重大差别,例如,证券交易所遵循的"时间优先"规则就不能适用于场外交易市场。场外交易市场的交易规则通常就是普通的合同法规则,交易活动参加者的权利义务可直接依照相互达成的合同确立,每项交易成交的合同内容以及签订都会有所差别。证券交易所的交易规则却在相当程度上区别于依照《合同法》进行的证券交易。一方面,证券交易所的活动必须遵守国家统一确立的法定规则,证券交易所无权修改或拒不执行法定规则;另一方面,证券交易所的活动必须遵守证券交易所或有关行业协会确定的"自律规则",不得违反自律规范而参与证券交易活动。

(4) 证券交易所是一种特殊的法律主体

证券交易所作为证券交易市场的重要组成部分,无疑具有经济学理论上"市场"的一般属性。但是,证券交易所绝不单纯是市场的一种具体表现方式,同时也是一种特殊的法律主体。现代西方国家设立的证券交易所,大多数分别采用公司制和会员制两种组织形式。根据我国台湾《证券交易所法》第五条规定,证券交易所可根据设立地的商业情况以及买卖物品的种类,分别采取股份有限公司形式或者行业会员组织形式。无论采取哪种具体的组织形式,证券交易所都将在法律上享有权利和承担义务,具备作为法律主体的主要特征,并以法律主体的身份参与证券交易活动。正是由于证券交易所是法律主体，它才可能成为证券交易各方的交易活动的媒介，才可能在相当程度上起到调整证券交易关系的作用。

简而言之，证券交易所是有组织地进行证券交易的固定市场，同时具有经济学和法学上的双重主体性质。

2.1.4 证券交易所的组织形式

证券交易所按其组织形式划分主要有公司制交易所和会员制交易所两种。证券交易所是证券市场的核心，对于发挥其功能和作用来说，采用何种形式设立非常重要。

（1）公司制证券交易所

公司制证券交易所是以营利为目的，由各出资人共同投资入股建立发起的公司法人。公司制证券交易所是独立的法律主体，虽然证券交易所可以由证券商投资兴办，但在法律上与证券商相互独立。证券交易所也是独立的经济实体，它只为证券商提供从事交易活动所需的各种物质条件和服务。证券交易所的职员不得参与具体的证券交易活动，证券交易所的收入主要来源于收取发行人的上市费和证券成交的佣金，具体收费比例按照证券交易所的规定执行，亦可采取合同方式约定。目前，实行公司制的交易所主要有美国的纽约证券交易所、英国的伦敦证券交易所、瑞士的日内瓦证券交易所和中国香港的联合证券交易所。

由于公司制证券交易所是以向证券商提供服务为主要业务的经济实体，故其组织形式与股份公司相类似，通常都设有股东大会、董事会、监事会等机构。其中股东大会是证券交易所的最高决策机构，主要确定证券交易所的长期发展规划，决定董事会人选以及其他有关重大事宜。董事会是证券交易所的常设机构,其主要职责是审定重要业务和财务方针,拟定预决算及盈余分派计划,核定证券商名单,核定收取费用的数额,合议证券交易人员资格并办理有关登记手续,审定向股东大会提出的议案和各项报告,选聘和解聘高级职员等事项。监事会是由股东大会选举产生的常设监督机构,其主要职责是监督董事会执行股东大会决议,具体包括审查年度决算报告、监督证券交易所业务、检查交易活动所涉及的账目等。公司制证券交易所必须遵守本国公司法的规定,在政府主管机构的管理和监督下,吸引各类证券在集中的交易市场内自由买卖并集中交割,但它本身的股票虽可转让,却一般不在本交易所上市交易。

公司制证券交易所因其本身不直接参与证券买卖,在证券交易过程中处于中立地位,故有助于保证交易的公平与公正。同时,它对在本所内的证券交易负有担保责任,如有违约而使买卖双方中任何一方受损时,有负责赔偿损失的责任,故交易所设立有赔偿基金,从而有助于获得社会公众的信任,促进证券交易所的发展。但是,公司制证券交易所也有某些缺点:由于公司制证券交易所的收入主要来源于根据证券交易成交额提取的佣金,证券交易额的多少与交易所利益直接相关,证券交易所可能会为了增加收入而人为地推动某些证券交易活动,形成证券交易所影响下的证券投机,进而影响证券交易市场的正常运行;同时,有的证券交易参加者为了避开昂贵的上市费和佣金,可能会将上市证券转入场外市场交易。

(2) 会员制证券交易所

会员制证券交易所是以会员协会形式成立的不以营利为目的的组织,主要由证券商组成。我国上海、深圳证券交易所均为会员制事业法人。

会员制证券交易所相对于公司制证券交易所,主要有以下几个特点：

①**证券交易所的会员由证券商组成**。证券商主要是指经营证券业务的中介机构,如证券公司、投资银行等。在会员制组织形式下,只有证券商才有资格成为证券交易所的会员,因而证券公司同时具备证券商和交易所会员两种身份。不可避免的是,证券交易所会员作为证券商直接参加证券交易活动,其营利性的一面有可能导致证券交易过程中出现不公正现象。另一方面,由于参与证券交易活动的双方只限于取得证券交易所会员资格的证券商,非会员证券商若要进入证券交易所进行交易,必须首先获得原有会员的同意。这种状况是一种事实上的垄断,它不利于形成公平竞争的环境,也会影响证券交易服务质量的提高。

②**会员制证券交易所具有非营利性**。虽然交易所在证券交易中起到了媒介作用,但并不向证券交易各方收取相当于成交额一定比例的佣金。为了维持证券交易所的日常营业,证券交易所只向会员收取会费。会费的数额和缴纳由证券交易所以章程形式确定。证券交易所的非营利性,使得证券交易佣金和证券上市费比较低,有利于扩大证券交易所的规模和数量,防止上市证券流入场外市场进行交易。

③**管理方式**。在管理方式上,交易所实行会员自律、自治。证券交易所自行确立管理规则,立法机关和政府一般不加干预。但20世纪80年代后,各国政府对证券交易所的行政管理有所加强,逐渐形成了自律、自治和国家干预的双轨制管理体制。虽然政府对证券交易所的行政管理有所加强,但与公司制证券交易所相比较,会员制证券交易所仍具有自律、自治的特点。

④**组织结构**。在组织结构上,会员制证券交易所的最高权力机

构是会员大会而非股东大会,证券交易所的执行机构是理事会而非董事会。除此之外,会员制证券交易所和公司制证券交易所的组织结构基本相同。

从以上分析可以看出,公司制和会员制证券交易所各有利弊,接受何种形式的证券交易所也就意味着同时接受此种交易所的优点和缺点。从世界范围来看,早期成立的证券交易所大多数采取了公司制形式,后来多数国家和地区的证券交易所逐渐采取了会员制形式,20世纪90年代中期以后许多国家的证券交易所又开始向公司制改革,这种态势是与世界及各国经济生活的发展变化相适应的。

2.1.5 证券交易所的功能

证券交易所为证券买卖创造了一个有组织的经常性市场,其主要功能包括以下几个方面:

(1) 为证券交易提供场所

由于有证券交易所的存在,证券买卖双方有集中的交易场所,可以随时把所持有的证券转让变现,也可随时购进所欲持有的证券,保证证券流通的持续不断进行。

(2) 反映股票的供求关系

这是通过股票价格来表现的。股票交易集中在交易所内进行,股票的价格便能在很大程度上显示各种股票的优劣。如果股票交易是分散在不同的地点、不同的时间里进行,那么,各种偶然因素必然扭曲股票的优劣表现,因此资金的流动也就不可能准确地反映社会的需求。

(3) 降低证券投资风险

由于证券交易所为证券持有者根据需要随时投资或收回资金提供了便利,增强了证券的流动性,从而减少了投资者持有证券的风险,投资人就愿意通过购买有价证券,把他的资本投入到国家和企业的生产建设上。这样就可以把原来分散的短期资金集中为大量的长期资金,并通过证券交易所的运作分配给国民经济各部门和国家财政使用。同时,证券交易所和整个信用制度也是密切联系的,各种有价证券的发行,可以使短期的信用资金投入到有价证券,即转成了长期的信用资金。

(4) 引导投资合理流向

证券交易所为资金的自由流动提供了便利,并通过每天公布的上市公司信息和交易行情,反映证券发行公司的获利能力与发展情况,引导社会资金向最有利的方向流动,强化了资源配置功能。一般而言,在流通市场上成交量大、价位高而又稳定的证券较易受到投资者的关注,这些上市公司财务状况良好,经营稳健,产品有市场,收益有保障,若继续发行证券会有潜在的投资者,筹集资金比较容易。交易所就是通过这一自由流动机制来实现资金资源的优化配置,从而促进了经济效益的增长。

2.1.6 证券交易所的管理

不论实行公司制还是实行会员制,证券交易所通常都由交易所的股东大会或会员大会选出一个行政权力机构进行管理,这个行政权力机构下设若干职能部门处理日常事务。证券交易所的管理权限主要有三个:一是监督交易过程,对违约违纪的经纪人进行程度不同的处罚;二是制定和执行交易规则和制度,以保障交易依法有序进行;三是调节与仲裁交易过程中经纪人之间的纠纷。在运用上述管理权限的过程中,证券交易所必须坚持下列原则:第一,公开原则,即交易所要向投资者提供发行证券公司的全面、准确的资料。第二,场内交易原则,即交易所会员必须在交易场所内进行上市证券的交易。第三,信用原则,即交易双方和交易所本身都要接受政府的监督和管理,防止欺诈、操纵和垄断等违法行为的发生,实现证券交易所的公正、透明、高效运作。

2.2 世界三大证券交易所

2.2.1 纽约证券交易所

纽约证券交易所屹立于美国金融之都——纽约,原设于纽约华尔街和威廉街的西北角,后几经迁移和扩大,最后迁入目前的百老汇大街和华尔街转角处的现址。纽约证券交易所是一座古希腊式的建筑,具有欧洲文艺复兴时期的风格。这个建筑物看上去颇为平常,却是美国经济乃至整个世界经济的"晴雨表"。

(1) 纽约证券交易所的组织形式

自 20 世纪 90 年代以来,纽约证券交易所曾反复几次考虑从会员制组织向公司制转变,在坚守了 214 年的会员制组织后,最终在 2006 年 3 月 8 日转变为营利性的公司,并且在自家交易所挂牌上市。交易所实行公司制以后,将股份公司的治理结构全面引入交易所,董事会代替了原来会员制的理事会成为交易所的经营管理机构。

(2) 纽约证券交易所经纪人类型

纽约证券交易所的正式会员根据他们经营证券的种类和他们在纽约证券交易所起的不同作用,大体上可以分为以下几类。

①佣金经纪人或称代理经纪人。他们是投资银行或证券公司等机构的代表,或是独立经营的证券经纪人。他们专门代理顾客买卖证券,他们的报酬来自于各个顾客支付给他们的佣金。其所属的证券公司等单位,在公司办公室接受投资者的委托,然后通知他们以代理人的身份进行交易。所以,他们只按照投资者的委托指令进行交易,自己不承担任何风险。佣金经纪人是纽约证券交易所各种正式会员中人数最多的一种。

②独立经纪人。他们或者是投资银行的代表,或者是独立经营的经纪人,这种经纪人主要是在交易所交易繁忙时接受其他会员的委托而从事交易。通常佣金经纪人因业务量很大忙不过来时,不得不把自己所承担的业务委托给独立经纪人;一些会员因故未能上班,便把自己所承担的业务委托给独立经纪人;没有取得交易所正式会员资格的证券商,因自己不能直接进入交易所大厅进行交易,也把业务委托给独立经纪人。独立经纪人接受他们的业务而从事交易,从而从佣金经纪人或非正式会员证券经纪人那里取得佣金。

③零数经纪人。这种会员只从事零数交易。纽约证券交易所一般以 100 股为交易单位,100 股以上的成为整数交易,100 股以下成为零数交易。尽管零数交易实际上不在交易所内进行,但其价格则完全由整数交易的行情来决定,零数经纪人专办 1—99 股的证券交易,在交易所中发挥着拾遗补阙的作用。

④专家证券交易经纪人。在纽约证券交易所的交易活动中,专

家证券交易经纪人有双重作用：首先，专家证券交易经纪人以经纪人的身份协助其他经纪人经营业务，完成客户的限价委托。如前所述，在一般情况下，经纪人的业务比较繁重，他们对客户的限价委托无暇顾及时，就把这种限价委托再委托给专家证券交易经纪人，所以，专家证券交易经纪人又有"经纪人的经纪人"之称，但他们一般不直接接受客户的委托。其次，专家证券交易经纪人有维持证券市场供求平衡和价格稳定的责任和职能。在执行这一职能时，专家证券交易经纪人以自营商的身份在交易所内从事证券交易，他们通过卖出和买进证券为其所负责的证券"制造市场"。他们必须主动、及时、自觉地对证券市场变化的各种趋势和不平衡因素进行分析和预测，作出正确的判断。然后用自己账户的资金购进或卖出证券，以弥合市场供求的差距，使证券交易中的买价和卖价大体平衡而不致相差太远。

（3）纽约证券交易所的管理

纽约证券交易所管理机构为该交易所董事会。董事会是纽约证券交易所的最高管理决策机构。董事会负责作出决策，批准接纳新会员，维持会员风纪，管理会员行为，决定各种新证券的上市，分配指定交易专柜等。董事会由25名董事组成，12名代表交易所成员，由证券业推荐，另外12名代表一般投资者，1名为董事会董事长。董事长不能是该证券交易所会员，也不能跟一个经纪商或交易商组成联营，在任职期间不能从事其他业务活动。

董事会负责全面事务，执行该交易所对内、对外职能。董事会下设顾问委员会、会员申请审查委员会和工作委员会。交易所总经理由董事会选聘，下设三个副总经理，分别主管公共关系与市场部、业务部、行政管理和财务部。此外,总经理名下还有特别助理和仲裁参事各一名。纽约证券交易所的管理制度分为两部分:一是会员管理制度;二是证券交易管理制度。

①会员管理制度。对证券交易所会员的管理包括三个方面:一是制定和执行会员注册制度,确定会员的注册条件和接纳会员的标准,主持对会员申请人的考核;二是指定会员报告制度,要求会员按照规定的内容和时间向本交易所提供其证券业务的报告和统计;三是管理会员在本证券交易所的交易账户。

②证券交易管理制度。对参加证券交易所交易的所有证券活动的管理包括五个方面:一是制定和执行证券发行注册制度,明确证券发行者的责任,确定证券上市的最低标准;二是制定和执行证券交易注册制度;三是规定证券交易买卖双方的报价所应遵守的必要程序和规则并监督执行;四是制定和执行证券交易所的转账结算制度;五是制定和维持证券交易所的正常交易程序的其他管理制度。

2.2.2 伦敦证券交易所

伦敦证券交易所是世界著名的证券交易所,是世界主要证券交易中心之一,它起源于 17 世纪末的伦敦交易街的露天市场,是当时买卖债券的皇家交易所。1773 年该露天市场同设在英国格拉斯哥、利物浦、曼彻斯特、伯明翰和爱尔兰首都都柏林等地的交易所合并,统称为"联合王国和爱尔兰共和国国际股票交易所"。由于交易所的主要交易场所和行政管理中心在伦敦,因此人们仍然称它为"伦敦证券交易所"。伦敦证券交易所营业大厅的面积就有2.33万平方英尺。伦敦证券交易所在英国的证券交易市场中是鹤立鸡群的。英国全国共有 200 家证券经纪人公司,从业人员 1.5 万人。伦敦证券交易所的 124 家会员公司中,就有 110 家证券经纪人公司,占 50% 以上,另外有 14 家为证券批发商公司。伦敦证券交易所现有行政人员 2 030 名,交易所成员公司所属交易所经纪人有 4 500 多人。在英国的证券交易所中,只有伦敦证券交易所是全国性的证券交易所。

1986 年 10 月 27 日,伦敦证券市场开始进行全面的、根本性的改革。这场改革包括伦敦证券交易所自身的改革和英国政府对证券投资业务和证券市场管理方式的改革两方面。根据《1986 年金融服务法》,英国政府成立了证券投资委员会。国务大臣授权该委员会对从事证券和投资活动的自我管理组织以及从事各种金融服务的企业进行管理,该管理具有法律效力,从而把自我管理与法令管理融为一体,改变了传统的主要依靠"自律自治"的管理模式。1986 年 11 月,与伦敦国际证券业机构合并,改组并定名为"伦敦国际证券交易所"。伦敦证券交易所在 1986 年金融"大爆炸"(Big Bang)之后,又先后推出了"股票交易所自动报价"和"股票交易所国际自动报价"系统。这两个系统通过国际卫星线路与美国、东京、中国香港和欧洲等证券市场以及遍布全球的 1 万多个终端连接,两个系统加起来可处理 7 500 多种股票和政府债券交易,还可提供 2 000 页数据,其中不仅涉及股票交易本身,还包括全球各种最新经济指数、外汇牌价、金融期货及货币市场数据,供交易者参考。伦敦证券交易所在交易额方面仅次于纽约证券交易所和东京证券交易所,与纽约、东京并列为世界三大证券交易中心。但伦敦证券交易所的交易周转额却居世界第一位。据统计,伦敦证券交易所每天正式挂牌上市的证券多达 7 500 种,成交数为 2.5 万笔,全年股票交易额高达近 4 000 亿英镑。另外,伦敦证券交易所的国际化程度也是世界最高的,目前已有 525 家外国公司在伦敦证券交易所发行股票或存托凭证。外国股的交易量甚至超过英国本国股的交易量,1995 年即已达到 7 910 亿英镑,在伦敦证交所上市的欧洲债券也多达 5 500 多种。

2000 年前,伦敦证券交易所的组织形式为会员制,其领导机构为由会员选举产生的理事会。理事会负责经营管理、吸收新会员、指定交易规则、决定手续费比率以及仲裁有关纠纷,并监督交易所的业务和阻止投机活动。理事会下设业务、仲裁、人事、财务等专门委员会。其中业务委员会最为重要,它可决定证券上市与否。

2000 年,伦敦证券交易所进行了公司化改革,成为股份有限公司,股东多为交易所成员,每一股东拥有的股票不得超过 200 股,并于 2001 年上市。目前,其成员数为纽约证券交易所的 3 倍,约为 4 500 名左右。其理事会也相应改为董事会,董事会是其最高经营和管理机构。

2.2.3 东京证券交易所

东京证券交易所始建于 1878 年,当时称为东京股票交易所。它是当今日本最大,也是世界上最大的证券交易所之一,它集中了日本 90% 的股票交易,可谓日本证券交易中心之中心。

(1) 东京证券交易所的组织形式

东京证券交易所是依据 1948 年 4 月制定的《证券交易法》成立的社团法人,自 1949 年成立以来,东京证券交易所和日本国内的其他交易所一样,都是以会员制的组织形式运作的,其法律地位是私营的公用事业法人。东京证券交易所根据业务需要制定章程、业务规定、有价证券上市规程、信托合同准则等,并得到大藏省的许可。构成证券交易所的成员成为会员,会员是依据日本法律成立的证券公司。作为会员的证券公司必须以证券交易为主要业务,而且不受外国人控制。交易所根据章程组织会员,会员分为正式会员与经纪会员。正式会员必须是以证券交易为主要业务,而且是以本所市场的交易为重要业务的证券公司。正式会员可以直接按投资者委托在交易所进行交易。经纪会员必须是以充当有价证券买卖媒介为专业,而且以充当正式会员之间在东京证券交易所市场上的交易媒介为主要业务的证券交易者。此外,还有一名特殊会员,即日本协荣证券公司,负责各交易所间的买卖交易的协调工作。[1]

2001年11月,由于修改后的日本《证券交易法》允许交易所采用公司制的组织形式,东京证券交易所遂转制为股份公司。其董事会负责交易所的运营、管理等重要事项的决策。

(2) 东京证券交易所的管理制度

东京证券交易所在组织管理上吸取英国自主管理的自律原则,摒弃其管理较松的做法,并参照美国管理模式建立了严格的管理制度。例如,交易所规定,上市公司的股票必须先在第二部市场交易,然后才能进入第一部市场。第一部市场上市的股票,如果其指标下降至低于第一部市场标准,就降到第二部市场。

东京证券交易所的管理有四大任务,即:市场管理,提供现代化的设施;会员管理,审核会员,决定会员进出和会费负担;交易管理,负责交易的记录和交割;公布行情。

日本政府负责管理证券市场的机构有大藏省的证券局、财务局和证券交易审议会等,分别负责制定证券市场管理政策,对市场参加

---

[1] 李志君:《证券市场政府监管论》,吉林人民出版社2005年版,第45页。

者进行监督和指导,并对重要事项进行审议,提出建设性意见等。

2.3 证券交易所制度比较与发展趋势

2.3.1 证券交易所制度比较

从各种类型证券交易所的功能来看,主要体现在聚集证券、促成交易和市场监管三大方面,它们都围绕着一个根本目的:降低投资者的交易费用。交易费用降低则意味着投资者可以从中受益,所以,证券交易所的本源功能就是要保护投资者的利益。

从证券交易所发展历史来看,它是为适应证券交易的发展需要而产生的,直到20世纪30年代前,证券市场一直是由证券交易所和证券业协会担任监管角色。尽管1929年全球性股灾的爆发,迫使政府对证券市场进行干预,以立法的形式对证券交易所及其他证券市场的主体和行为进行规范,但各国立法仍对证券交易所依其章程、规则对场内交易主体及行为进行监管予以充分肯定。证券交易所的自律监管是证券监管体制中不可或缺的内容,这是由证券市场的内在规律决定的,也是市场经济发展的结果与必然要求。证券市场的高效益与高风险是并存的,对证券市场的监管是一项非常复杂的系统工程。在这一系统中,政府可以运用行政强制机制监管市场,划清市场行为合法与非法的界线。但是证券市场尚存一定的灰色区域,该区域内经济行为的性质并非黑白分明,法律规范往往涉及不到,政府行为也难以奏效。因此,必须借助证券商的自律行为,予以行业或道德约束,以维护投资者的利益,促进市场公平、公正竞争秩序的建立。证券交易所是场内交易的组织者、经营者,本身就是市场主体,不能代表政府进行管理,它对市场的监管只能是且必须是自律监管。①

从组织管理形式来看,证券交易所经历了和正在经历一个从会员制到公司制变革的过程。20世纪90年代以前,全球证券交易所几乎全部是会员制形式,这种类型的交易所是由会员出资组成的,这也就决定了大多数会员制的证券交易所都是非营利的服务性组织。进入90年代,在技术进步的推动下,会员制形式逐渐不能适应市场的变化,交易自动化的产生使得交易过程更加便捷,从而减少了对金融中介的需求,相应地,交易所服务对象的身份也在逐渐发生变化。同时,资本的国际化使各地的证券交易所突破了地域限制,在全球市场上成了相互竞争的对象。这些因素都使得会员制下的证券交易所筹资能力受限、融资成本过高,非营利性的组织结构也限制了它持续发展的能力,交易所只有采取以获得竞争优势为导向的商业治理结构才能获得竞争力,因此,交易所的治理结构也就发生了相应的改变,出现了公司化的发展趋势。十余年来,许多著名的证券交易所陆续开始改制,斯德哥尔摩证券交易所在1993年、赫尔辛基证券交易所在1995年、哥本哈根证券交易所在1996年、阿姆斯特丹证券交易所在1997年、维也纳证券交易所在1998年先后完成了从会员制向公司制的转变,1999年,纽约证券交易所也宣布改组为一个营利性的公众公司,2000年,伦敦、巴黎、奥斯陆、布鲁塞尔四家证券交易所完成改制。② 公司制的改革改变了交易所的决策机制,增强了交易所的筹资能力,带来了运行的高效率,在技术投资、产品创新和市场营销等方面的力度也得到了加强。

---

① 杨洁:"祖国大陆、香港和台湾地区证券交易所制度比较研究",《广西大学学报》2003年第2期,第26页。

② 孙成刚:"从中外比较看中国证券交易所组织模式的演变",《河南金融管理干部学院学报》2003年第2期,第15页。

2.3.2 证券市场的国际化发展趋势

证券市场国际化是以证券为媒介的国际资本流动,它是融资证券化和资本市场全球一体化的必然结果。近年来的金融创新使得以证券为媒介的资本跨国流动日益活跃。而证券市场是资本市场的重要组成部分,因此证券市场也正向全球化、国际化的方向迈进,世界各国原有封闭的证券市场将逐步转化为对外开放的证券市场。

(1) 证券市场国际化形态

按照资本流动方向,证券市场国际化可以分为两种形态:一是资本引进型,包括海外发行上市和允许境外投资者投资国内股市两种类型;二是资本输出型,包括允许国外企业国内发行上市和国内投资者投资于海外股市。

(2) 证券市场国际化的主要表现

①证券市场监管的国际化。各国证券市场管理机构加强了监管方面的合作与协调;各国证券交易所联合发起成立证交所同业协调机构,在协调各交易所的监管、合作方面发挥越来越重要的作用。

②证券市场运作机制的国际化。证券市场各环节如发行、上市和交易实现国际化,任何一个证券市场的行市都会对其他证券市场的价格走势起示范效应。

③证券发行主体和证券投资主体的全球化。国内发行主体可以到国外证券市场发行债券或股票,国外发行主体亦可以到国内证券市场发行或上市股票。同时,国外证券投资者可以进入国内证券市场买卖债券或股票,进行证券资产组合,国内证券投资者也可以到国外证券市场从事证券投资活动。

(3) 证券市场国际化的经济影响

证券市场国际化加快了证券资本在国际的流动速度,增大了资本流动的规模,促使资本流动在世界经济中发挥越来越重要的作用。证券市场国际化使得资金来源国际化,筹资者可以募集到融资成本更低的资金,投资者可以进行跨国证券组合来适当分散非系统性风险,从而增加投资收益,政府部门还可以利用国际证券市场为财政赤字和大型基础设施项目融资,大型国有企业可以引入海外资金进行股份制改造。

一个国家向境外资本开放证券市场,有助于消除制度壁垒,吸引外国投资,缓和国内外汇供求状况,改善国际收支;有助于提高国内证券市场的竞争水平和市场效率。但不可忽视的是,短期证券资本的大规模频繁流动会对一国国际收支状况、宏观经济及证券市场的稳定带来风险,有可能削弱中央银行货币政策和汇率政策的有效性,加大通货膨胀的压力。

2.4 我国证券交易所改革与发展

2.4.1 上海证券交易所

上海证券交易所成立于 1990 年 11 月 26 日,同年 12 月 19 日开业,为不以营利为目的的法人组织,归属中国证监会直接管理。秉承"法制、监管、自律、规范"的八字方针,上海证券交易所致力于创造透明、开放、安全、高效的市场环境,切实保护投资者权益。其主要职能包括:提供证券交易的场所和设施;制定证券交易所的业务规则;接受上市申请,安排证券上市;组织、监督证券交易;对会员、上市公司进行监管;管理和公布市场信息。

上交所市场交易采用电子竞价交易方式,所有上市交易证券的买卖均须通过电脑主机进行公开申报竞价,由主机按照价格优先、时间优先的原则自动撮合成交。交易主机日处理能力为委托 2 900 万笔,成交 6 000 万笔,每秒可完成 16 000 笔交易。[①]

经过十几年的持续发展,上海证券市场已成为中国内地首屈一指的市场,上市公司数、上市股票数、市价总值、流通市值、证券成交总额、股票成交金额和国债成交金额等各项指标均居首位。据中国证券登记公司的数据显示,截至 2006 年 7 月 31 日,上市证券 1 106 只,上市 A 股 824 只,总股本 6 934 亿,总流通股本 1 802 亿,总市值 34 943 亿元。[②] 一大批国民经济支柱企业、重点企业、基础行业企业和高新科技企业通过上市,既筹集了发展资金,又转换了经营机制。

上海证券交易所的最高权力机构是会员大会,理事会作为决策机构,每届任期三年,具有执行会员大会决议,制定、修改交易所业务规则等职能。

上海证券交易所下设办公室、人事(组织)部、党办纪检办、交易运行部、上市公司部、监察部、债券基金部、会员部、法律部、技术中心、信息中心、国际发展部、研究中心、财务部、行政服务中心等十五个部门,一个临时机构——新一代信息系统项目组,以及两个子公司——上海证券通信有限责任公司、上证所信息网络有限公司,通过它们的合理分工和协调运作,有效地担当起证券市场组织者的角色。

[①] 上海证券交易所网站,http://www.sse.com.cn/sseportal/ps/zhs/sjs/jysjs.shtml。

[②] 上证统计月报,2006 年 7 月,http://www.sse.com.cn/ps/zhs/yjcb/ybtj/sse_stat_monthly_200607.pdf。

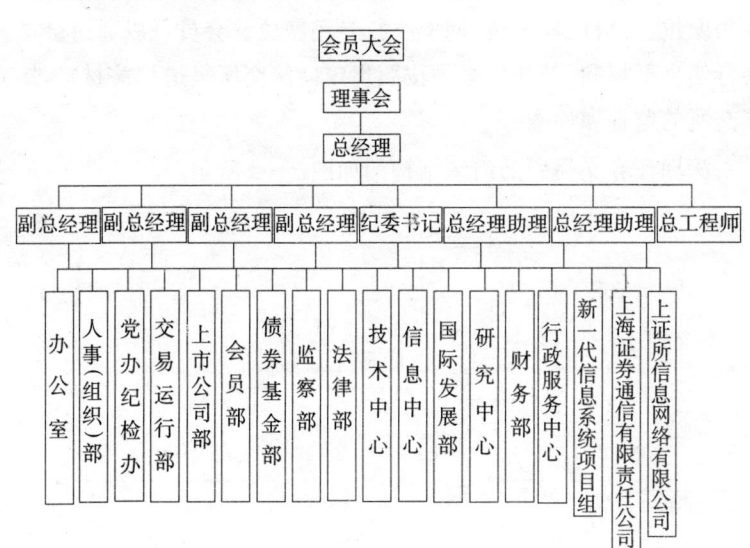

上海证券交易所组织结构如图 2—1 所示：

图 2—1　上海证券交易所组织结构

2.4.2　深圳证券交易所

深圳证券交易所地处中国深圳市,成立于 1990 年 12 月 1 日,是不以营利为目的,实行自律性管理的法人组织。深交所致力于创造公开、公平、公正的市场环境,保证证券市场的正常运行。主要职能包括:提供证券交易的场所和设施,制定本所业务规则,接受上市申请、安排证券上市,组织、监督证券交易,对会员和上市公司进行监管,管理和公布市场信息,中国证监会许可的其他职能。

深圳证券交易所是会员制事业法人。经中国证监会批准设立的、注册资本 5 000 万元以上(含 5 000 万元)的、承认深交所章程、遵守该所业务规则并接受监管、符合该所要求的其他条件的证券经营机构,可申请成为深圳证券交易所会员。会员可以向深交所申请交易席位,申请席位的更名、转让、终止等。深交所交易席位包括:普通席位、国债专用席位、基金专用席位、B股特别席位、代办股份转让专用席位、股票质押席位、网上委托专用席位。会员可以通过会员大会行使会员权利。同时,必须按照规定向深交所报送相关材料,接受深交所的监督和检查。

深圳证券交易所的组织结构图如图2—2所示:

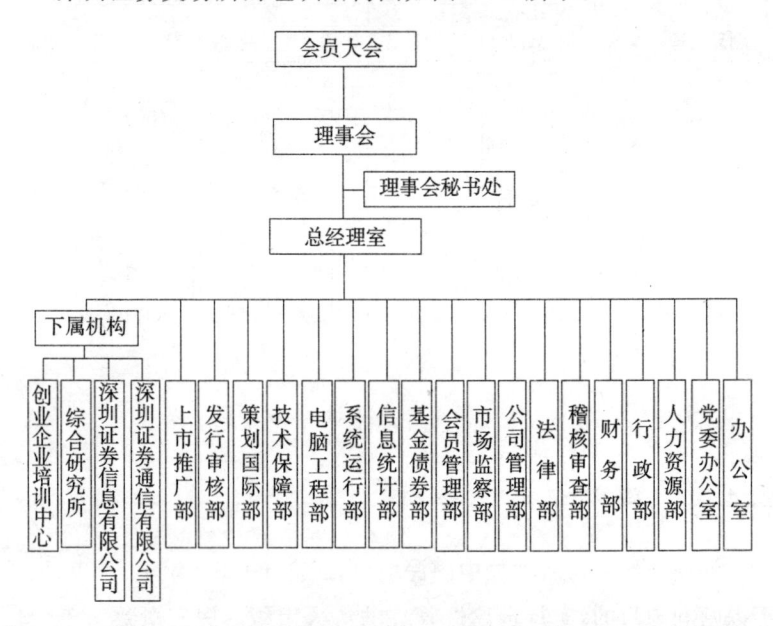

图2—2 深圳证券交易所组织结构

作为中国内地两大证券交易所之一,深交所与中国证券市场共同成长。截至2006年7月31日,深交所共有上市证券710只,分为股票(A股、B股)、基金、权证、国债(现货、回购)和公司债券五大类;上市公司达532家,来自全国31个省、市、自治区;会员215家,其中境内证券公司127家,境内其他证券兼营机构87家,境外特别会员1家,B股市场境外特许证券经营机构53家。[①] 十多年来,深交所成

---

① http://www.sse.org.cn/UpFiles/Attach/1468/2006/08/03/1112036960.html.

功地突破了地域的限制和观念的束缚,探索出一条在现代技术条件下建设证券市场的新路,在一个新兴城市建成了辐射全国的证券交易中心,并牢固地确立了全国性证券交易中心的地位。累计为国民经济筹资3 000多亿元,对建立现代企业制度、推动经济结构调整、优化资源配置、传播市场经济知识起到了十分重要的促进作用。

2.4.3 我国证券交易所改革与发展

1990年12月19日上海证券交易所正式开业,标志着中国柜台交易阶段的结束。深圳证券交易所已先期于12月1日试运行,在5个多月后也得到了中国人民银行的正式批准。沪深两地证券交易所的成立标志着集中交易市场的正式形成。在1997年8月14日沪深两地证券交易所划归中国证监会管理之前,沪、深两市充满地方化色彩,新管理体制的确立,使两市在一体化方面迈出了重要一步,发展明显加快。中国股市从最初的"老八股"到2005年底的1 381只股票,发展十分迅速,无论是在市场规模、市场功能、规范化水平上,还是在市场辐射范围、运作模式上,都取得了长足的进步。

十几年来,证券交易所始终坚持创新的理念,在资本市场创新方面发挥着引领和倡导的作用,尤其是2004年2月1日《国务院关于推进资本市场改革开放和稳定发展的若干意见》的提出,为证券市场的发展指明了方向,证券交易所根据市场发展水平和投资者需求,适时地推出各种金融产品,提高流动性,增加市场活跃程度,先后开发了ETF、LOF、权证等新产品,取得了较好的效果。在继续搞好现有产品的同时,证券交易所应开发更多的新产品,满足各类投资者特别是机构投资者的投资需求。交易所的创新也有助于推动整个资本市场的创新,起到了很强的示范效应。2006年1月1日开始实施的新证券法也为证券交易所下一步的创新、发展和壮大打开了法律空间。

一是明确证券交易所自律组织的地位;二是扩大证券交易所监管范围;三是为交易所组织形式的多样化创造条件;四是授予证券交易所证券上市审核等相关权力;五是调整参与证券交易的主体范围;六是扩大证券交易所的证券交易方式和交易品种;七是明确证券交易即时行情信息的权属。[1] 随着证券法的实施,我国证券交易所将会更加有效地做好市场组织、创新和监管工作,积极推进证券市场的规范、健康、稳定发展。

---

[1] 张育军:"认真贯彻证券法 全面推进深交所各项工作",《上海证券报》2006年1月4日。

第三章 券商制度

3.1 券商制度概述

3.1.1 证券商的概念和分类

(1) 概念

券商是证券商的简称,即证券经营机构,一般是指依法设立的、可在证券市场上经营证券业务的、具有法人资格的金融机构。券商不仅是证券市场上最重要的金融机构,而且也是证券市场的主要参与者,它承担着证券代理发行、证券自营买卖、代理买卖、资产管理及企业财务顾问等重要管理职能。

(2) 分类

券商有很多类型。按机构职能划分,主要分为两大类:一类是证券专营机构,即专门从事与证券经营有关的各项业务的券商;另一类是证券兼营机构,即这些机构除了经营其他金融业务之外,还兼营证券业务。按业务范围划分,可分为证券承销商、证券经纪商和证券自营商等。

需要说明的是,世界各国对证券经营机构的划分和称谓不尽相同,一些国家对金融业采取分业管理制度,规定证券业务由专门的机构承担,而另一些国家实行银行业与证券业混业经营制度,没有专门的证券经营机构。在证券专营机构的称呼上也不同,美国称投资银行,在英国则称商人银行。虽然这些机构也称"银行",但它们与一般的商业银行不同,不能办理存贷款业务。日本等一些国家则把专营证券业务的金融机构称之为券商。

我国在《证券法》颁布实施前,证券经营机构的类型可分为专营机构和兼营机构两类。从我国证券经营机构发展历史来看,大部分脱胎于银行机构。早期的证券经营机构主要是由银行或银行所建立的信托投资公司兼办,以后随着证券市场的逐步发展,才建立起一批专门经营证券业务的专营证券机构。1995年7月1日颁布实施的《中华人民共和国商业银行法》,明确规定了商业银行不得从事证券(除国债)业务,从而确立了我国银行业和证券业"分业经营、分业管理"的管理体制。为此,原来由银行或银行所设立的信托投资公司及其他不符合《商业银行法》规定的金融机构设立的证券经营机构都相继实行了银行业和证券业分离。其后,根据2005年10月修订的《证券法》第六条规定,证券业和银行业、信托业、保险业实行分业经营、分业管理,证券公司与银行、信托、保险业务机构分别设立。随着我国金融体制改革的进一步深化,金融行业"四业"分离、分业经营、分业管理的体制逐步建立起来。

3.1.2 券商制度

券商制度是指证券公司在组织架构和经营管理过程中所体现出来的一系列制度和安排。券商制度主要包括券商产权制度、法人治理结构的安排以及券商组织制度即组织结构。

(1) 券商产权制度

产权制度是在生产资料所有制基础上,有关产权界定、保护、流转等环节的一系列政策和法律规定的总称,而现代产权制度则是与社会化大生产和现代市场经济相适应的产权制度。建立健全现代产权制度,是完善我国基本经济制度的内在要求。产权是所有制的核心和主要内容。

建立健全现代产权制度,是构建现代企业制度的需要,券商产权制度是券商制度的基础。近年来,一些证券公司改革效果不理想,根本原因是产权制度改革没有到位,产权归属模糊不清,资产所有者虚置,责任主体缺位,证券公司的法人财产权没有很好地落实,政企不分现象严重。只有明晰产权归属,明确各方权责,形成多元化产权结构,券商制度才有扎实的基础;否则,就会流于形式,走样变形。

(2)券商法人治理结构

法人治理结构又称为公司治理(corporate governance),是现代企业制度中最重要的组织架构。狭义的公司治理主要是指公司内部股东、董事、监事及经理层之间的关系,广义的公司治理还包括与利益相关者(如员工、客户、存款人和社会公众等)之间的关系。

证券公司作为法人,也就是作为由法律赋予了人格的团体人、实体人,需要有与之相适应的组织体制和管理机构,使之具有决策能力、管理能力,能够行使权利、承担责任。这种体制和机构被称之为证券公司法人治理结构,也可以称之为证券公司内部管理体制。这种结构使证券公司法人能有效地运作,因而是券商制度的核心。

券商法人治理结构,按照公司法的规定由四个部分组成:

①股东会或者股东大会。由公司股东组成,所体现的是所有者对公司的最终所有权。

②董事会。由公司股东大会选举产生,对公司的发展目标和重大经营活动作出决策,维护出资人的权益。

③监事会。是公司的监督机构,对公司的财务和董事、经营者的行为发挥监督作用。

④经理。由董事会聘任,是经营者、执行者。

券商法人治理结构的四个组成部分,都是依法设置的,它们的产生和组成、行使的职权、行事的规则等,在公司法中作了具体规定,所以说券商法人治理结构是以法制为基础、按照公司本质属性的要求形成的。

(3) 券商组织制度

论及证券公司的制度安排,首先应考虑的是组织制度的安排即组织架构,因为它决定了公司的信息流、资金流与物资流,影响或左右着券商效率。国内证券公司较为传统的组织结构是金字塔式的层级组织,公司内部按各种职能不同,划分成各种相对独立的部门与科室,各部门与科室之间分工明确。这种组织结构的最大好处是分工明确、组织严密,使整个组织处于一种秩序井然的状态,不足之处是较易产生官僚作风,对外界需求的反应不灵敏,也不利于充分发挥员工的创造力,尤其是当这种组织处于一个客户需求经常变化的环境时,其弊病也就更加明显。换句话说,这种组织结构的适用对象是工厂和企业,不是一个需要大量智力劳动的行业。

证券行业正是一个需要个性化、智能化服务的行业,但国内证券公司目前在组织结构上大部分采用的仍是传统的金字塔式层级组织。当证券公司的组织规模较小时,这个问题不会成为公司发展的主要矛盾,但随着新一轮券商增资扩股与收购兼并浪潮的来临,证券公司的规模将会在较短时间内出现指数级的膨胀,若此时仍在原有的组织结构基础上采取增加部门或管理层次这种修修补补的方法来适应公司的规模增长,其结果必然是组织办事效率降低、反应能力下降和官僚作风盛行,最终降低证券公司的竞争力和创造力。解决的方法是重新设计公司的组织结构,即利用扁平式的组织结构来代替原来金字塔式的组织结构。

3.2 国外券商制度实践

3.2.1 美国

(1) 美国投资银行治理结构的实证分析

在西方投资银行中,美国投资银行以其完善有效的内部管理机制、锐意进取的开拓精神、推陈出新的创新意识而在全球市场中独占鳌头,因此我们选取美国十大投资银行为样本,通过对其股权结构、董事会结构、激励约束机制进行实证分析,试图得出美国投资银行治理结构的基本特征,并初步探讨治理结构中影响投资银行绩效的主要因素。

①美国投资银行股权结构特征。由于股权结构直接影响公司的治理结构,因此可把股权结构作为治理结构的一部分来讨论。

首先,美国投资银行的股权结构极其分散。其股权的分散性主要表现在以下两个方面:第一,在美国投资银行的股权结构中,机构投资者股东虽然占有较大比重,但却被为数众多的机构投资者所分散;第二,个人投资者所拥有的投资银行股权占重要地位。美国投资银行的股权分散主要缘于三个原因:一是1929年大危机以来,美国实行的银行业分业管理模式导致商业银行不能拥有投资银行的股票;二是美国的机构投资者为了分散风险而偏好多元化的组合投资策略,使其持股结构分散化;三是美国法规限制机构投资者对某一公司大比例持股,并在信息披露中对机构投资者的股票买卖增加了新的要求。

其次,美国投资银行的股权具有高度的流动性。投资银行的股权具有较高的流动性,主要是以下四个方面的原因造成的:一是高度分散化的股权结构使每个机构投资者直接参与公司治理的成本常常大于其可能获得的收益;二是大多数机构投资者在公司治理方面并不具有专业化水平,也不具备足够的信息;三是参与公司治理实质上是一种公共产品,其效用往往被其他机构投资者和散户投资者免费"搭便车";四是机构投资者比较注重短期利益。因此,一旦机构投资者所持股份的投资银行业绩欠佳时,他们便抛出手中的股票,从而使投资银行的股权具有高度的流动性。

最后,美国投资银行都有一定数量的内部持股。美国投资银行的内部持股大多是由实施长期激励策略或员工持股计划而产生的,这部分股权的流动大多是受到一定限制的。

综上所述,由于历史上的证券分业管理、法规上的限制以及机构投资者对组合投资的偏好,美国投资银行的股权极为分散。在这种高度分散化的股权结构下,机构投资者股东由于本身的短视性、信息和专业能力的局限性、参与治理的成本约束及其公共产品特性,一般不太愿意积极主动地参与投资银行的公司治理,转而采取买入和卖出股票的方式来表达其对投资银行经营效益的评判,使投资银行的股权具有较高的流动性。此外一定比例的内部持股也是美国投资银行的普遍特征。

②美国投资银行的董事会结构。作为公司股东大会的常设机构，美国投资银行的董事会和其他行业公司的董事会一样负责公司的日常决策。同时，由于美国投资银行内部不设监事会，因此其董事会还兼有审计、监督的职能。美国投资银行董事会一般具有以下四个特征：

第一，董事长普遍兼任首席执行官（CEO）。美国五大投资银行摩根·斯坦利、高盛、美林、嘉信、雷曼兄弟的董事长和首席执行官都是由一人担任，其中嘉信的董事长在1986—1998年一直担任首席执行官，直到1998年后董事长改为兼副首席执行官，而首席执行官的职位暂时空缺。在美国十大投资银行中，董事长兼任首席执行官的比重高达70%，只有帝杰、沃特豪斯、贝尔·斯·第恩斯三家公司的董事长没有兼任首席执行官。

第二，董事会中的外部董事占有重要地位。美国十大投资银行的董事会规模平均为11.4人，其中外部董事占68.4%，是内部董事的两倍多。例如，雷曼兄弟董事会9个董事中有8个是外部董事，摩根·斯坦利11个董事中有9个是外部董事。外部董事主要是指非执行董事，是指不在公司任职的董事。投资银行的外部董事一般都是公司之外某个领域的资深专家，他们具有某个方面的独特专长或是拥有广泛的关系网络；比较客观，也比较注重自身的信誉和市场身价；能积极参与对公司重大经营决策的建议和监督，在公司管理层的监督约束中起着重要作用。

第三，内部董事所占比重极小，但在董事会中身居要职。美国十大投资银行中的内部董事虽然所占比重极小，但这些内部董事在公司内一般都占据了最重要的位置。如摩根·斯坦利的2个内部董事,一个是董事长兼首席执行官,另一个是首席营运总裁(COO);美林证券的3个内部董事分别是董事长兼首席执行官、副董事长兼私人客户部总监、副董事长兼法律总监;帝杰的3个内部董事分别是董事长、首席执行官、财务总监。

内部董事身居要职,一方面有利于董事会所进行的公司重大经营决策活动,另一方面也说明了美国投资银行董事会与公司经理层之间的界限趋于模糊,它有利于减少董事会和经理层之间的摩擦,但不利于董事会对经理层行使有效的监督和制衡。

第四,董事会下设各种委员会以协助其更好地进行经营决策并行使监督职能。美国投资银行的董事会大多设有以下三种委员会:一是审计委员会,负责监督公司的内部审计程序、财务控制及其存在的问题,并与外部审计机构的审计监督相结合,保证公司的运作和财务报告等满足有关法律法规的要求;二是薪酬委员会,制定公司高级管理人员的薪酬水平和分配方案;三是提名委员会,对内部董事和高级管理人员进行系统的评价。

③美国投资银行对经理层的监督约束机制。美国上市公司(包括投资银行)并没有设立监事会的强行要求,投资银行对经理层的监督约束机制一般通过以下三个方面来实现:一是在董事会下设立审计委员会或其他类似的调查稽核委员会,部分代行监事会的审计监督职能。二是完善的信息披露制度。美国的证券立法对包括投资银行在内的上市公司的信息披露作了较详细的规定,公司必须披露的重大信息包括公司的经营成果及财务状况,公司的发展战略和计划,公司的股权结构及其变化、董事和主要执行官员的资历、信誉和报酬,一些可预见的重要风险因素,与雇员及其他利益相关者有关的重大事件。健全的信息披露制度本身就是对经理层的一种制衡约束手

段,也是对公司进行市场监督的基础,是股东正确行使表决权的关键。三是外部市场监督和制约。投资银行经理层的管理策略、经营行为及最终的经营成果都要接受市场的评判,投资者会根据自己的评判采用不同的投票方式,公司业绩和股价的不良表现可能会引发公司被兼并收购的危险,公司的经理层也有被取而代之的职业风险。这就是对经理层滥用权力、内部人控制的很好的外部市场制约。总之,美国投资银行对经理人员的监督制衡主要是以完善的信息披露制度为基础,将内部董事会的审计监督与外部的市场约束相结合来实现的。

④**激励机制**。为了有效地激励经营者提高公司业绩,增加股东回报,美国投资银行对高级管理人员都采用高工资、高奖励的办法作为短期激励,同时普遍运用股票期权等多种金融工具来强化中长期激励。一般来说,美国投资银行的激励机制具有以下四个特点:

第一,对高级管理人员实行重点激励,给予他们极为丰厚的待遇。以董事长兼 CEO 的现金收入为例,1999 年度,摩根·斯坦利的董事长兼 CEO(Pnrcelf, Philip J)总收入达 2 109.7 万美元,其中工资收入 77.5 万美元,奖金 1 211.3 万美元,股票期权等其他收入为 821 万美元;美林的董事长兼 CEO(Komansky David H)总收入为 1 955.1 万美元,其中工资收入 70 万美元,奖金 823.4 万美元,股票期权等其他收入为 703.76 万美元。概括起来,高管人员的收入结构具有以下特点:一是奖金数额远远超出工资总额。美国五大投资银行 1999 年度董事长兼 CEO 的奖金平均为其工资的 14.8 倍,其中高盛董事长兼 CEO(Paulson Jr Henry M)的奖金是其工资的 53.5 倍。二是股票期权等其他激励性收入在现金总收入中占有很高比重。美国前五大投资银行董事长兼 CEO 的股票期权等其他收入在其总收入中所占比重高达 40.2%。三是对高管人员的股票期权激励程度总体比较高。它主要表现在高管人员手中持有的大量未实施的股票期权,例如摩根·斯坦利的董事长兼 CEO 除已实施的股票期权外,手中还有到期尚未实施的股票期权 316 万张,未到期不可实施的股票期权 49 万张,加上已实施的股票期权 44 万张,共获股票期权 409 万股,占公司发行在外股票的 0.36%;雷曼兄弟的董事长兼 CEO 的这一比例更是高达 1.77%。[1]

第二,激励工具多元化。美国投资银行(如美林证券)在设计激励机制时广泛采用了流动性、收益性和期限互不相同的多元化金融工具,并通过这些不同金融工具的组合运用以求达到最佳激励效果。

第三,激励层次多样化。如美林证券根据员工在公司的不同职级、不同服务年限、不同工作特点,采取了多种不同的奖励计划,使员工从进入公司到离退职、从年轻新手到资深专家都能享受不同的阶段性激励。

第四,美国投资银行普遍采用即期激励和远期激励相结合、注重引导高管人员行为长期化的激励机制。例如,在保证员工基本薪酬不低于本行业平均水平的前提下,美林证券利用不同期限的金融工具进行组合,设计出以中长期为目标的激励方案。

美国投资银行采用的这种激励机制,使公司的成长性和高管人员、普通员工的个人利益紧密地联系在一起,并形成相互促进的良性循环,保证投资银行长期、持续、稳定发展。

---

[1] 王虹:"中外证券公司制度比较研究",《华中师范大学硕士学位论文》2002 年 7 月,第 7—8 页。

(2) 美国投资银行的组织结构

西方投资银行常常根据各自规模、业务要求和发展战略的不同而采取不同的组织结构形式,而且随着技术进步和市场环境的发展变化加以调整,以最大限度地提高组织效率,增强自身的综合竞争力。因此,不同时期的投资银行具有不同的组织结构形式,不同规模、不同业务取向的投资银行的组织架构可能大相径庭。本章试图通过分析美国大型跨国投资银行的组织架构,来探讨美国大型投资银行组织架构、运作机制及对我国的借鉴。

①美国投资银行的基本组织形式和类型。直到1999年5月高盛的发行上市,美国投资银行结束了长达一百多年历史的合伙制。传统上美国投资银行根据自身的业务情况倾向于采用比较简单的直线型、职能型组织架构。随着投资银行规模和业务范围的扩大,美国投资银行开始采用事业部型、矩阵型甚至多维立体型组织架构,一般采用按职能设置内部管理部门,按产品设置业务部门,按事业部模式设置地区管理架构的方式来设计公司的组织结构。目前美国大型投资银行有许多仍采用这种方式,包括巨型投资银行高盛。

20世纪70年代以来,美国投资银行业开始出现全球化和混业经营的趋势,投资银行面临新的挑战,其组织结构也面临新的考验,并在调整中出现一些新特征。

第一,投资银行的全球化使公司规模和业务范围不断扩大,投资银行的组织结构也趋于庞大和复杂,公司管理层进行产品、职能、地区三线协调的难度加大。面对这种情况,美国投资银行中的一些超级巨人如美林、摩根·斯坦利等开始在组织结构中加入"委员会模式",加强公司的统一管理。同时,为了提高各业务部门的积极主动性,扩大其经营自主权,将更多的业务通过设立子公司和联营公司的形式来开展,从而兼顾管理上的集中统一和分权要求。

第二,混业经营的出现加剧了美国投资银行业的竞争。为了应对新的竞争形势,以美林、摩根·斯坦利为首的美国大型投资银行开始改革自身的组织结构,一方面,在组织模式中引入"大部门架构",减少管理层次,拓宽管理边界,从而提高管理效率;另一方面,从以产品为导向到以客户为导向的战略转变,美林率先在组织结构设计中实行按客户类型划分业务部门,从而使以客户为核心的管理方法有了制度保证。

第三,随着投资银行技术手段的现代化、业务种类的不断增加、经营范围(地域)的进一步扩张,投资银行面临的各种风险也迅速增加,而且其危害程度和产生的连锁反应也趋于扩大。金融机构一夜之间倒闭、大型跨国公司瞬间破产的事例屡屡发生。为了有效防范风险,美国投资银行纷纷成立风险管理委员会,并在其组织架构中建立了一整套风险防范制度和措施。

由此,美国银行业出现一种新型、简单、快速、安全、高效的组织结构,下面我们对这种组织结构中的两个突出代表——美林和摩根·斯坦利的组织结构及其特征进行评析,并探讨对我国证券公司的借鉴意义。

②投资银行组织结构:美林模式。美林从最初的零售经纪商开始起步,经过原始积累和收购兼并,其经营范围不断扩展,资产规模迅速壮大。1971年,美林成为公众公司,1973年又改成集团控股公

司。如今美林已经成为拥有6万多名员工、资产规模达3 700亿美元、分支机构遍布全球二十多个国家、业务范围覆盖整个投资银行领域并向商业银行延伸的巨型跨国投资银行。

作为现代巨型跨国投资银行,美林的健康发展在很大程度上得益于其高效、严谨的组织结构。

首先是美林的组织架构。如图3—1所示,美林的组织结构可以分为四块:决策管理、内部管理、业务管理、区域管理。

——决策管理。美林的最高决策管理层主要包括董事会和执行管理委员会。董事会下设董事办公室、审计委员会、薪酬委员会等,主要负责公司的发展规划、战略管理和重大投资决策,对公司内部管理进行审计监督等。同时,它在全球范围内监管美林与公司及机构客户的关系,并加强引导以确保公司动员整体资源来满足这些客户的多样化需求。执行管理委员会负责公司具体政策、管理程序的制定,公司各种决策的执行,总体业务的策划、协调及统筹管理等。该委员会包括董事长办公室和总裁办公室的行政管理者,以及负责营销企划、技术服务、风险控制、全球业务、财务监管等方面的高级主管。美林执行管理委员会由平均从业年限达26年之久的十多名管理人员组成。

——内部管理。美林的内部管理是按职能部门进行的,重点是实现有效的监管和激励。监管主要是通过财务稽核、法律督察、风险控制来实现。分别由财务部、稽核部、法律部、风险管理部等负责。激励主要是通过人力资源管理来实现,由专设的人力资源部负责。内部管理部门直接由执行管理委员会领导,并与董事会下的审计委员会、薪酬委员会等保持经常性沟通以便董事会行使监督职能。

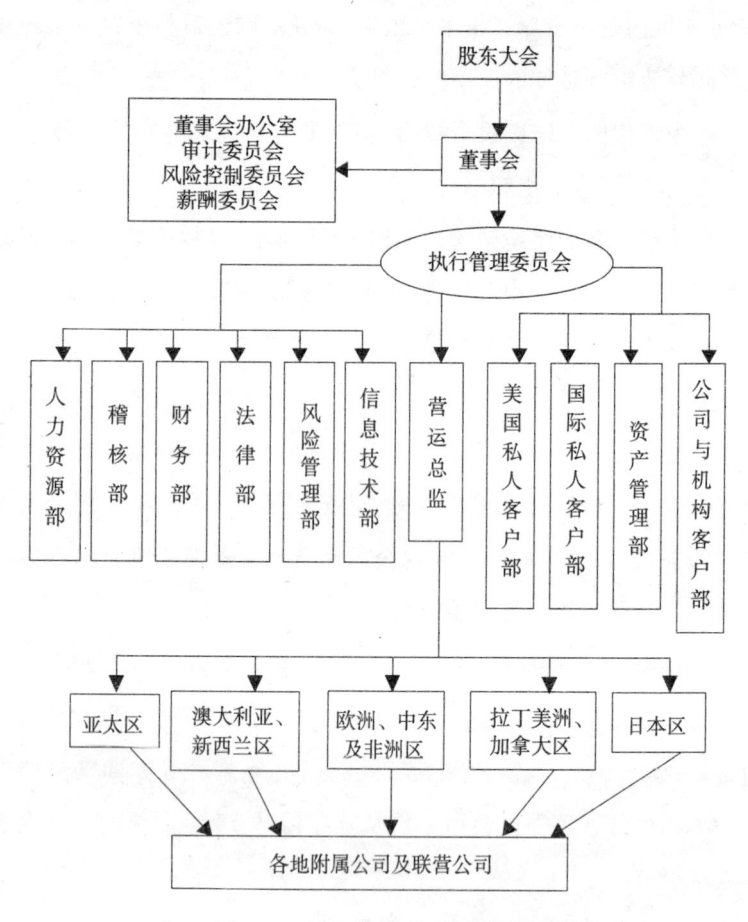

图 3—1 美林集团组织架构

——业务管理。美林的业务管理是按服务对象划分部门来进行的。1997年3月,美林宣布重整公司架构,按客户种类及其需求将公司全部业务划归四个业务部门来进行。这四个业务部门是:美国私人客户部、国际私人客户部、资产管理部、公司与机构业务部。美国私人客户部主要为美国国内及中小企业提供融资计划、投资、交易、信贷及保险服务；国际私人业务部主要为美国以外的私人客户提供融资计划、投资、交易、私人银行及信托服务；资产管理部主要是通过各种基金管理公司为全球机构及个人客户提供投资组合与其他各种资产委托管理业务；公司与机构客户部主要为全球各种公司、政府及其机构客户提供投资银行、交易及顾问服务。

——区域管理。美林的各项业务主要是依托分布在全球各地的附属公司或联营公司开展，客户业务也主要按地区划分。在区域管理方面，美林实施地区营运总监负责制，任命5个地区营运总监分别掌管以下5个地区的业务运作，即欧洲、中东及非洲地区，亚太地区，拉丁美洲、加拿大地区，日本地区，澳大利亚、新西兰地区。美林在各地区的业务种类非常齐全，从经纪业务到交易业务，从私人、中小企业的理财服务到政府机构的证券承销，都有很强的实力。美林的这一组织模式既不同于传统的直线型、职能型结构，也不同于按职能、产品划分的简单的矩阵型组织架构。总体来说，它属于一种多维立体型网络结构。在这一架构下，决策管理层一旦作出决策，业务管理、内部管理、区域管理三方面一起行动，并通过共同协调发挥专业分工和团队合作的优势，将有关决策高质、高效地付诸实施。

其次是美林组织架构及其运行机制的主要特点。美林这一新的组织架构反映现代证券客户至上、以客户需求为核心的管理思想，有助于公司致力于为客户提供世界先进水平的服务，为股东提供最高的回报，以及为雇员提供最佳的事业发展机会。美林组织模式的主要特点可以概括为以下四个方面：

第一，本部管理职能强调监管及风险控制。作为跨国集团，美林在全球范围内开展投资银行业务，需承受很大的政策风险和市场风险。为了协助各营运部门管理风险，美林集团无论在组织架构中的部门设置,还是在政策制定、业务开拓方面大多强调加强财务监管、评估及风险控制,在符合成本效益的前提下,尽力保证公司资产的稳健经营。

第二,业务管理强调以客户管理为中心。美林模式的最大特点是按照客户的种类及需求来归并业务部门,这不仅满足了全球大小经济实体资本流动的广泛需求,而且有助于企业内部各职能部门进行有效的整合,以提高整体实力及效率,避免各自为政、协调不力等现象发生。在具体操作上,美林尤其注意突出"一个中心、三线管理"的特点,即以客户种类为中心设立四个归口协调部门。在每个部门下面,注重加强产品、职能、地区三条线管理。一个大项目的完成最终需要调动三条线的力量,在归口部门统一协调下才能顺利完成。

第三,决策管理强调集中统一。美林集团的组织架构中包含了极具特色的委员会管理模式,这一模式作为集中统一管理的主要形式正在被越来越广泛地使用。一般来讲,设置管理委员会的优势有两方面:一是在集团决策中能采用集体智慧进行审议和判断,群策群力;二是有助于部门、计划和政策的协调。

第四,多维立体型的网络组织架构。在美林的模式中,按职能划分部门的内部管理、按客户需求划分部门的业务管理以及地区营运总监负责制的区域管理这三个系统相互交织成一体,并由决策层的执行管理委员会统一协调。所有的重要决策,均通过执行管理委员会沿三个方向推进,最终付诸实施。这种多维立体型的网络架构将多维专业化分工与集中统一协调的优势融为一体,是美林组织架构的最大特色。

③投资银行组织结构:摩根·斯坦利模式。首先是公司组织结构中的业务架构。和美林集团的组织架构相似,摩根·斯坦利的组

织结构也是由四部分组成:决策管理、内部管理、业务管理和区域管理。其中决策管理、内部管理、区域管理的运作及部门设置和美林集团的组织架构大同小异,不再赘述。下面主要讨论摩根·斯坦利的业务管理架构。

摩根·斯坦利的业务管理总体架构如下:

首先,公司将其业务按所提供的产品或服务划分为三大业务领域:证券、资产管理和信用服务。对每一类业务,公司都按照业务客户种类及需求划归业务部门:在证券类业务下,公司设有机构证券部、私人客户部和网上业务部三个部门,其中机构证券部由投资银行部、机构销售与交易部、全球研究部三个部门组成;在资产管理业务下,公司设有机构投资管理部和个人投资管理部。

第一,证券类业务。

——机构证券部。主要包括大型企业、政府、金融机构等在内的机构投资服务。该类由投资银行部、机构销售与交易部、研究部三大部门组成。

投资银行部:投资银行部下又分设企业融资部、政府融资部、并购重组部、市政债券部、杠杆融资部和特别融资部等部门。其中企业融资部主要负责企业的股票、债券融资及咨询服务,并致力于开发和维护全球范围内的机构客户。政府融资部主要为中央和地方政府代理发行各种证券并提供相应的咨询服务。市政债券部主要为政府融资部门发行的公债进行报价、分销,它和政府融资部联系非常密切。并购重组部主要为分拆、合并、重组等业务提供咨询服务。杠杆融资部主要为公司客户和其他公司进行贷款证券化和金融资产证券化设计。特别融资部是一个拥有10亿美元的私募股票基金,它为摩根·斯坦利添惠公司(MSDW)那些难以获得传统融资的投资银行业务客户提供特别融资服务。

机构销售与交易部：该部门下设股票部、固定收益部、外汇交易部、商品交易部4个部门。这些部门分别提供有关股票、债券等的经纪业务和借贷业务，提供各种形式的外汇交易服务，进行能源和金属商品现货和期货、期权、互换等衍生品的交易等。

研究部：主要从事有关股票、债券等高收益证券方面的研究，包括行业公司分析、市场分析、宏观经济分析和金融工程研究。

——私人客户总部：该部主要提供个人经纪业务、个人理财业务和个人信托业务。个人信托业务主要通过信托公司进行，它为个人提供汽车、住房等抵押贷款，为信用卡部发掘有信誉的潜在客户。个人理财服务是通过私人财产管理公司来进行，它为1 000多万美元以上的个人投资者提供理财服务。

——网上业务部：主要提供网上交易和其他网上服务。

第二，资产管理业务。资产管理业务一般是通过设立各种投资公司、基金公司、信托公司来进行。

——机构投资管理部。机构投资管理部负责机构投资者的资产管理业务。如MSDW投资管理公司为机构投资者设计多样化的金融产品和投资工具，提供其他增值服务，并为它们实行分账管理。私有资产投资公司主要对世界各地成长中的和发展完善的公司进行实业投资。由于该部门的投资遍布全球，并培育了很好的客户基础，它为投资银行部和资产管理公司的业务开展提供了广阔的空间。

——个人投资管理部。该部主要负责个人投资者的资产管理业务。如MSDW的全资子公司——MSDA TRUST FSB提供个人和公司信托服务并代理红利发放。

第三，信用服务类。摩根·斯坦利旗下的信用卡子公司Discover(Discover Financial Services Inc.)主要是通过发行Discover卡从事信用卡业务,服务对象包括个人及企业。

其次是公司组织架构的主要特点。通过对图3—2的分析,我们可以看到摩根·斯坦利的组织架构具有如下几个方面的特点。

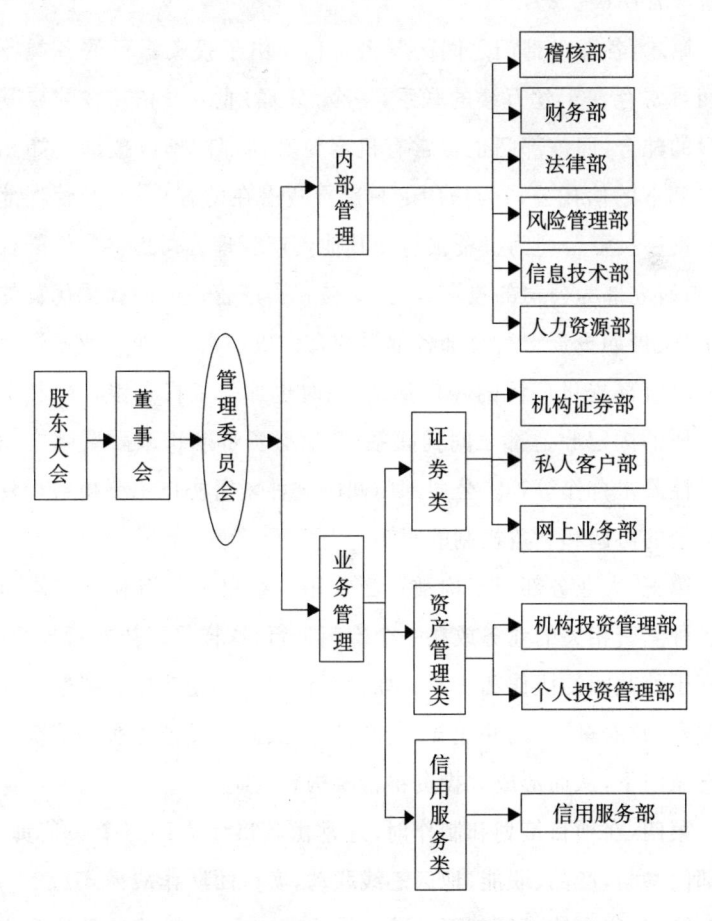

图3—2 摩根·斯坦利集团组织架构

第一,在划分部门时,按产品和业务种类划分与按客户划分相结合。MSDW的业务部门架构是这样设计的,即先将公司所有业务按产品或业务内容的种类划分为三大类:证券类、资产管理类、信用卡服务类。然后在每一类业务中按服务对象——客户种类(机构或个人)划分(归并)业务部门。在这两个层次下,再以具体的证券业务及具体的金融品种为划分标准进行细分,使各部门的专业分工和职能定位非常明确。

第二,各业务部门之间的紧密合作。由于投资银行的各类业务之间常常存在千丝万缕的联系,一个部门的业务开拓往往需要其他部门的配合,而该部门也常常有机会对其他部门施以援助。如私人客户部下的信托公司为信用卡总部寻找潜在的客户;资产管理部的私有资产投资公司为投资银行和其他资产管理公司提供广泛的客户资源;研究部为公司的投资银行、交易和资产管理部门提供优良的研究报告;再如投资银行总部各部门的合作更加密切,如企业融资部为杠杆融资部提供广泛的客户基础,同时也加强了投资银行部和交易部下属的固定收益部之间的联系;政府融资部和市政融资部之间的经常性紧密合作等等。公司部门间的这种紧密协作主要得益于管理委员会的协调和利益机制的驱动。

第三,大业务部门架构被广泛采用。摩根·斯坦利公司倾向于把各种紧密相关的业务放在一个部门进行,这样可以拓宽管理跨度,有利于彼此间的协作和协调。如投资银行部将企业的股票融资和债券融资、政府融资、购并业务、资产证券化、高收益证券服务等统统纳入自家门下,从而形成大投资银行架构。

第四,在项目策划和制作时,通常由归口业务部门牵头负责,相关部门参与,产品、职能、地区三线联动,实行团队作战模式。

第五,集中统一管理下的分权模式。一方面,公司非常注重集中统一管理,以便提高整体资源利用效率并强化风险控制。其中的管理委员会对三线的统一协调,是集中管理的组织保证。另一方面,公司对许多业务的开展都尽力采用分权模式。如设立各种相对独立的投资公司、基金公司从事资产委托管理业务，设立经纪公司开展零售经纪业务等。

④评析与借鉴。从以上对美林和摩根·斯坦利组织架构的分析，我们可以归纳总结出美国大型投资银行组织结构及运作机制的一些主要特点，其中有很多值得我国证券公司学习和借鉴。

第一，业务架构体现了以客户为导向的现代管理思想。在美林的组织架构中，业务部门主要是按客户来划分的，摩根·斯坦利的业务部门是按产品和客户两种标准相结合的方法设置的。这都反映了美国大型投资银行以客户为导向进行业务运作和管理的新思想。比较美林和摩根·斯坦利两者的组织架构，可以发现，美林的组织架构虽然表面上看似简单，业务管理只设了4个部门，但在实际运作中，它对管理人员和业务开拓者的要求非常高，而且非常复杂。因为每一类客户的需求是多样化的，靠一个部门的人员完成服务难度非常大。而摩根·斯坦利的业务架构虽然显得复杂一些，但它综合了按客户和按产品（或服务）划分部门的优势，在运作过程中，各部门的职能分工与协作更加明确。因此，我们认为，至少在目前阶段，摩根·斯坦利公司的组织模式似乎更适用些，对我国大型证券公司更具借鉴意义。

第二，集中统一下的分权制。无论是美林还是摩根·斯坦利，它们都在架构中加入了"委员会模式"以加强统一协调和总体风险控制，实现集中统一管理。与此同时，它们的业务运作又都是通过设立诸多彼此相互独立的附属公司或通过联营公司来进行，这是为了调动各业务单位积极性所采用的典型的分权模式。美国大型投资银行将业务的分权运作与集中统一管理很好地融入到组织架构中，这对正处于发展壮大阶段的我国大型证券公司来说，是值得参考的范例。

第三，强化风险管理。美国大型投资银行一般都在其组织架构中设有"风险管理委员会"。它们大多设在董事会或须向董事会报告，各业务部门都有对应的风险经理。管理委员会的集中统一协调更有利于公司整体风险的防范和控制。

第四，奉行大部门架构，实行扁平化管理。美国大型投资银行普遍奉行大业务部门架构，同时配合以适当的协作机制，使组织结构充分地扁平化，以拓宽管理跨度，提高管理效率。这是投资银行实现简单、快速、高效的组织管理的有效途径。

第五，团队协作。美国大型投资银行所实行的大部门架构，为团队工作方式留下了充分的空间。通过这种方式，公司可以把各有关方面的专家组合在一起，进行团队作战，从而有利于公司开拓大型综合类业务项目。当然，采用团队工作方式，必须要有到位的协作机制，如美林、摩根·斯坦利的以利益驱动、管理委员会统一协调为主的协作机制。

总之，美林和摩根·斯坦利的组织架构在很大程度上体现了美国大型投资银行最先进的管理思想。它们所倡导的大部门架构、扁平化管理、团队工作、集中统一下的分权模式、风险控制体系、以客户为导向的部门设置等对我国大型证券公司的发展具有很好的借鉴意义。

3.2.2 西方投资银行的管理制度

稳健、灵活的管理机制和成熟、有效的管理体系，是西方投资银行各项业务成功拓展的内在保障，无论是经纪业务中采取的经纪商制度、自营业务中采取的自营商制度，还是严谨的财务管理制度、较为完善的风险控制制度，都是西方投资银行持续高速运营的坚实基础。

(1) 经纪业务的管理

作为一项传统业务,经纪业务是西方投资银行的重要收入来源之一,占其净收入的比重在三分之一以上,即使是业务高度多元化的美林集团,其 1997 年的经纪业务佣金收入占净收入的比重也达到 29.75%。

①经纪业务的管理制度

西方投资银行经纪业务大多采用证券经纪人模式,包括两个层次:一是代理投资者买卖证券的金融机构,这是法人层次上的证券经纪人,即经纪商;二是受雇于经纪商、直接与投资者接触的证券从业人士,这是自然人层次上的证券经纪人,是狭义的证券经纪人。

证券经纪商的管理制度包括以下几种:一是对客户所有业务和包括货币、证券所有账款项目建立报告制度;二是建立与公司研究部门业务合作的协调制度;三是对客户使用评估程序和信贷限额管理制度;四是对所有货币、证券通过必要的协调后建立可靠、安全的保管制度。

证券经纪人直接与客户接触,提供代客交易、融资融券、投资咨询和保管客户证券等服务,在证券经纪业务中占有举足轻重的地位。因此,美国的证券制度特别强调对经纪人的管理。依据美国证券法规定,获取经纪人资格必须参加全国证券交易协会主持的考试和纽约证券交易所综合考试。通过考试并经全国证券公司协会批准后,才正式成为注册经纪人,才可从事证券代理业务。

②经纪业务的管理特点

第一,全方位服务,建立长期、稳定的客户关系。西方投资银行注重与客户保持长期而固定的关系,如美林公司就采取了以经纪人与客户之间的全方位服务为中心的经营模式,广布网点,主攻中产阶层客户，逐渐成为全美最大证券零售商。摩根·斯坦利公司于1977年成立私人客户部，将摩根·斯坦利的证券研究、产品开发和交易执行等职能结合起来服务于客户，其核心任务是建立起公司同富裕的私人客户之间长期而固定的关系。

第二，研究部门是经纪业务的重要支撑。美国经纪业务的一个典型特征是，研究部门在经纪业务中扮演着重要角色，经纪人除了接受委托代理交易外，另一重要职能就是为客户提供咨询，经纪人一般以研究部研究成果为支撑，研究质量和客户咨询质量直接关系到证券经纪业务的同业竞争实力。

第三，多种形式的保证金账户。客户可选择多种委托交易方式，包括限价、市价、止损指令和全权委托，与多种委托形式相对应的是多种形式的保证金账户，包括：现金账户、信用交易账户、联合账户、顾问账户、全权委托账户。

第四，经纪业务趋向综合性、服务层次性和差别化。西方投资银行的经纪业务模式逐步呈现出综合性、服务层次性和差别化的特点，综合性是指投资银行通过互联网、电话向客户提供服务；服务层次性和差别化是指针对不同的客户，提供具有公司特色的个性化附加创新服务。

（2）自营业务和资产管理业务的管理

自营业务是西方投资银行重要的传统业务之一，而资产管理业务则是自营业务的纵深拓展和扩张，两者在管理制度上既有相同之处，又各具特色。

①自营业务和资产管理业务的管理制度

第一，自营业务。西方投资银行自营业务采取自营商制度，具体包括一级自营商、自营商和自营商间经纪人。一级自营商在政府债券市场上具有特定的权利和义务，自营商间经纪人为自营商提供不记名的双向报价服务，自营商则按一级自营商和自营商间经纪人报出的价格决定自己的交易。如美国的自营商体系包括39个一级自营商、1 700个自营商(经纪人)和7个自营商间经纪人。

英国的自营商体系则包括19个一级自营商、3个自营商经纪人和3个证券交易货币经纪人。

自营商在证券市场中具有重要的造市作用(又称做市商)。因此，对自营商资格的审核也是相当严格的，要求其具备：雄厚的资本实力，保证有足够规模和足够品种的证券库存；较好的社会资信，通过货币市场不断融入或融出资金；必需的专业人才结构。

美国证券市场规定，一级自营商必须是受美国联邦储备银行监管的商业银行或是在证券交易所委员会注册的经纪人，其核心资本必须达到1亿美元以上，注册经纪人则必须拥有500万美元的合格资本和不低于警戒水平的自有资本。

英国证券市场规定，一级自营商必须是伦敦证券交易所会员，且必须是拥有英镑资本的独立实体，在资本方面则必须达到英格兰银行规定的基于风险暴露程度计算的资本充足率。

第二，资产管理业务。西方投资银行的资产管理业务是自营业务的纵深拓展，通过代理客户进行资产管理，既可发挥投资银行的专业和人才优势，又避免了本金风险，相对于投资银行其他业务而言，收益稳定，风险低，因此加强资产管理业务成为投资银行发展战略的重要组成部分。

西方投资银行资产管理业务的管理制度包括：高度重视私人客户，在原来机构客户部和私人客户部的基础上，将私人客户部再细分成国内私人客户部、国际私人客户部；将自营业务和资产管理业务人员、资金和证券账户严格分开；通过加强现有销售队伍的建设和兼并收购现有的资产管理公司来加快扩大资产管理的规模和销售网络的建设。

②自营业务和资产管理业务的管理特点

第一,业务范围扩大化。随着全球金融市场的联系日益密切,西方投资银行的自营业务和资产管理业务也随之扩大到了全球范围,主要体现为业务的全球化和业务品种的不断创新。例如,1998年摩根·斯坦利公司将自己的财产基金向个人投资者开放,并将机构基金和个人投资基金结合起来。

第二,投资决策集中化。虽然为了交易的便利,投资银行的交易人员分布于全球各个角落,但很多投资银行都设立了投资决策小组或顾问团,在其快捷决策后交付全球各职能部门执行。

第三,操作流程程序化。在信息搜集、分析研究、投资决策、交易操作、风险控制等方面,大型投资银行大多建立起了一套程序化、规范化的操作流程,不受个别人或是部分群体的主管影响,以保证公司业务操作的正常、顺利进行。

第四,评估、定价模型化。西方投资银行建立数量模型用于研究开发新产品、对现有交易品的定价、分析和投资组合等方面,以适应瞬息万变的国际金融市场,提高交易的精确度和灵敏度。

(3) 投资银行业务管理

证券承销是最本源、最基础的投资银行业务,西方投资银行承销的范围很广,不仅承销本国中央政府及地方政府、政府部门发行的债券,各类企业发行的债券和股票,外国政府和外国企业发行的证券,还承销国际金融机构发行的证券。自1995年开始,全球兼并收购活动风起云涌,兼并收购成为投资银行业务中新的利润增长点,各投资银行纷纷加大对兼并收购业务的重视和投入,此项收入增长十分迅速。

①投资银行业务的管理制度

西方投资银行在投资银行管理制度上体现为独立和协作的统一,如在发行融资业务方面,投资银行在项目承接过程中需要研究部的行业专家进行项目可行性研究,在收购兼并业务中需要研究人员利用专业知识策划兼并交易方案等策略;在与发行人签订协议后,需要由销售部组成规模庞大的销售网络,将证券迅速、方便地销售给投资者。但这种协作中又体现着高度的独立,这是由三部门的不同服务对象决定的,如投资银行部的服务对象是发行上市的公司;而研究部的服务对象是广大投资者,特别是中小投资者;销售部的服务对象则主要定位于市场中的机构投资者。

②投资银行业务的管理特点

第一,投资银行人员按产业进行分工。投资银行业务主要在产业内部发生,为更好适应市场化的需求,给客户提供更专业化的服务,西方投资银行对部门进行了重组,将投资银行业务人员由按地区分工改为按产业分工。如雷曼兄弟将投资银行专家按产业、产品和地区分组,每个组针对一个细分市场进行深入的研究和开拓。同样,以科技投资银行而著称的高盛公司的投资银行业务按产业的不同,划分了电信、媒体与娱乐、能源和电力、保健、高科技、房地产等行业部门,提供更加专业性的全球性服务。

第二,树立"以客户为中心"的服务宗旨。股票债券的发行承销是投资银行的传统业务,主要为机构投资者服务。由于机构投资者的需求在不同年份随市场和经济情况波动较大,所以国外投资银行十分重视同客户保持长期稳定的关系。美林证券在股票发行过程中,将各种金融服务结合起来,提供一步到位的融资服务,并且针对具体情况为客户提供量身定做的服务。雷曼兄弟也一直坚持"关系投资银行",不断增加客户数量,与客户保持了良好的关系,1992年以来,主承销了154笔客户的第二次发行业务。

第三,富有特色的投资银行业务。在业务拓展方面,西方投资银行在细分市场和优势确立上可说是各有特色:摩根·斯坦利和高盛擅长于包销证券;美林擅长组织项目融资、产权交易,在兼并收购中擅长敌意收购;所罗门·史密斯·巴林和第一波士顿擅长组织辛迪加包销证券、组织私人募债和公司购并。

(4) 研究开发业务管理

西方投资银行视研究部门为公司的"决策智囊",将公司的承销、并构、资产管理等各项业务构架于强大的研究能力之上。如美林证券曾连续6年被《机构投资者》评为全球最佳证券研究机构,对素以在承销业务上骁勇善战著称的高盛集团而言,专业方面表现优秀的行业研究亦是功不可没。

①研究开发业务的管理制度

第一,组织架构。西方投资银行研究部门组织架构大体分为两种格局:一是以美国、欧洲为代表的集中式,即投资银行拥有相对独立、分布全球的研究中心,但与其他部门保持紧密结合关系;二是以日本、韩国为代表的独立式,即研究方面在财务、人事等方面独立于投资银行。

第二,业绩考核和激励制度。对研究员的评价大体包括投资银行内部和外部两方面。在投资银行内部,研究部内研究员的上、中、下级和投资银行内部其他业务部门,如销售交易部、发行承销部要对其进行考评;外部考评主要是外部客户如基金经理等机构客户和私人客户对研究员的评价。

根据对研究人员的考评和业绩成果评定职称,根据职称级别给予研究人员固定月薪,年终根据业绩(包括对外部客户的服务和对内部业务部门的协作)发放年终奖。其他业务部门对研究人员在项目中的协作只承担差旅费和研究经费,并不另外支付薪资,协作业绩直接由研究部门的考评体现。

②西方投资银行证券研究的特色评析

第一,客户至上。对金融服务公司而言,客户至上是最基本的经营策略,大量事例显示,一家公司的80%的收入只来自其客户群的20%,因此国外证券公司十分重视同客户保持长期稳定的关系。如美林证券注重为客户提供量身定做的服务,将"以客户为中心"作为公司成功的关键。

第二,业务关联性强。业务关联性指对证券公司的多项业务进行纵向整合,发挥协同效应。以美林证券为例,承销、兼并、资产管理、研究开发等各项业务关联性较强(图3—3)。

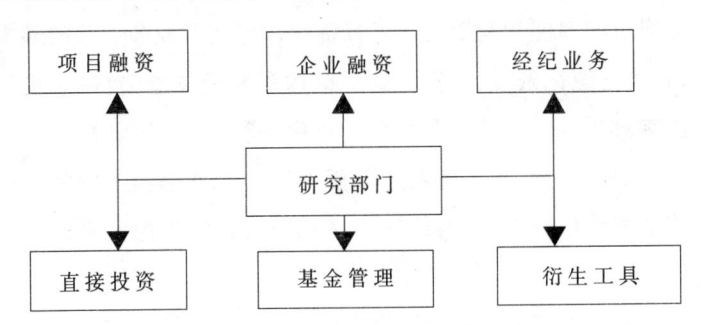

图3—3 研究开发业务与其他业务关联性

第三,独立公正。独立公正是证券研究的最高宗旨。研究员在本质上具有真正的独立性,研究员撰写的研究报告的宗旨是为广大投资者提供明智的投资建议,而不同于其他业务部门以赚取商业利润为目的。

第四,分布广泛的研究分支机构。根据《机构投资者》统计,美林证券、高盛集团、摩根·斯坦利公司都拥有广泛分布在全球各地的研究分支机构,为进军国际资本市场业务打下了基础。

第五,注重理性分析。国外投资银行的证券研究更注重基本面分析,包括公司所在行业发展趋势和公司内部财务状况分析,尤为强调财务报表、赢利预测的分析能力,在分析方法上,注重定量分析。

第六,研究各具特色。随着市场的不断扩大,细分是一种不可取代的趋势,证券公司对证券业务细分的同时,对证券研究也形成了不同领域的研究特色。

(5) 人力资源管理

投资银行是高度知识密集型产业。投资银行的人力资源管理是对人员的雇佣、开发、保持、使用和激励等方面所进行的规划、组织、指挥和控制的活动。

①雇员的雇佣和配置。西方投资银行对雇佣业务人员的基本要求是:较高的道德素质、完善的知识结构和专业技能、较强的实际运作技能。对职员的选聘按照严格的程序进行:首先核定投资银行各部门人员的需要量;其次确定所需要人员的质量;最后,按照上面所定的数量和质量要求,以内部选拔、外部招聘、猎头挖人等形式广纳人才。

②人员培训制度。人员培训分为评估、实施、评价三阶段。对人员培训事先作好组织、工作、个人的需求分析,而且对培训进行有效管理,如明确教育培训部门及其人员的责任,制定有效、系统的教育培训管理政策,提高教育培训人员的素质等。

③人力资源的激励。在投资银行的管理经营中,如何激励职员的工作动机、激发职员的工作热情,是经营成功与否的关键之一。人力资源激励的方向应与投资银行的组织目标相一致,而且激

励机制应力求公正,只有这样才能全面、有效地调动职员的积极性。

激励机制包括报酬激励、荣誉激励、成就激励。以美林为例,员工激励机制由保留普通股、受限制股票和非限定股票认购权、员工互惠基金等多种金融工具组成,并通过相应的奖励计划实施:员工可通过员工股票认购计划持有公司的普通股;高中级管理人员可通过持有美林证券的受限制股份和非限定股票认购权获得美林证券的长期奖励报酬;员工可获得美林证券发行的10年期高息债券,若员工表现良好并在10年内连续受雇于美林证券,则到期后可得到本息,否则公司将按照市场息率赎回;员工均可参与美林保荐的互惠基金,该互惠基金的投资对象不仅限于美林证券的普通股。

从以美林证券为代表的西方投资银行采取的员工激励工具和计划可以看出,其员工激励机制具有激励工具多样化、激励层次多样化、激励目标长期化的特点。

(6) 财务管理

西方投资银行财务管理的目标是使公司价值最大化,体现了稳健、高效、协作的原则,为其在全球资本市场运筹帷幄提供了保障。

①财务管理制度

西方投资银行财务管理部门在组织架构设置上体现了财金管理委员会、各地区资产负债委员会、各地区资金中心之间共同协作的特点。财金管理委员会由公司各部门的高级管理人员组成,负责制定资金筹集与运用的方针政策,对公司的资金筹集、资产业务及其流动性进行管理,并与各地区资产负债委员会合作,对公司全球资产运作进行协调,各地区资产负债委员会与公司分布于各地区的资金中心密切合作,以配合实施财金管理委员会制定的战略规划。

②财务管理模式特点分析

第一,融资渠道。西方投资银行的融资渠道可分为直接融资和间接融资。直接融资包括股权融资和债权融资两种方式,通过在国内外多个交易所发行普通股及优先股、债券来筹集资本;此外还可以利用间接融资渠道获取资金,如回购协议、发行商业票据及其他无抵押短期贷款、长期贷款、各种应付款以及出售未购买证券(交易负债)等。

第二,收益成本构成。西方投资银行业务收入呈现多样化格局,但在其收入构成中,利息和股息收入是最主要部分。如1999年美林证券的利息和股息收入为150.97亿美元,占总收入的43.28%。而在其成本构成中,借贷、回购、交易负债支付的利息所占比重最高。此外,非利息支出中薪酬及福利所占比例最大,反映了投资银行作为智力高度密集型产业的特点。

第三,资产负债管理分析。一是资产负债规模庞大,杠杆作用显著。西方投资银行的资产负债率一般都比较高,从资本充足率的倒数(股东权益乘数)来看,投资银行既具备自有资本抗风险的能力,又充分获得了杠杆收益。二是具有很强的短期支付能力,足以防御流动性风险。西方投资银行将流通视为生命,其资产中证券存货、转销合同一般占50%—65%,具有很强的短期支付能力。在负债及所有者权益中应付未购回证券、回购协议一般占总负债的45%—65%,负债结构中借贷以短期为主,流动负债占负债的主体。三是资金来源分散化,资金使用权相对集中。西方投资银行通过使用多种融资工具、从多个投资者处筹措资金、均匀安排到期时间的方式,实现资金来源分散化,有利于防止集中兑付的风险。四是采取稳健经营的战略,资金使用集中于低风险资产。投资银行高风险资产占的比重都比较低,一般在 10%左右,资金使用集中于低风险资产,这一资产结构状况反映了投资银行对控制风险与提高收益的兼顾,是一种稳健经营的战略。

(7) 风险控制制度

现代投资银行在业务发展过程中,如何恰当而有效地识别、评价、检测和控制每一种风险,对其经营业绩和长期发展关系重大。公司的风险管理是一个多方面的问题,西方投资银行在长期的管理过程中,已经形成了一套比较完善的内部控制制度。

①设立风险控制机构。西方投资银行的风险控制机构包括:风险控制委员会,由公司高层领导组成;专家评审委员会,参与对融资业务、创新业务、增设新网点等的审批;证券投资决策委员会,制定自营业务的投资原则、交易限额,进行重大的投资决策,并制定防范风险和控制风险的措施。

为了协调上述风险管理部门的工作,投资银行还设立了由风险管理部、公司信贷部和控制部门高级管理人员组成的风险控制和储备管理委员会,在风险管理过程中发挥着重要的监督作用。风险控制委员会和风险管理部独立于交易部门,对所有的机构交易活动进行总的风险监督,定期向董事会下属的审计和财务委员会汇报风险管理的状况,储备委员会负责检测与资产和负债有关的价值和风险。

②业务流程控制。从横向联系上看,业务部门要接受财务、行政二线的监控,但同时财务、行政要为业务提供各种服务。从纵向联系而言,从公司本部到中心级业务部门再到基层营业部,三级经营主体内部的业务、财务、行政三条线,又是上下对应的管理和制约关系。通过业务上三条线之间的制约机制,达到提高服务质量、控制业务风

险、完善预算约束的目的。

③稽核审计制度。西方投资银行具有高度独立性和权威性的稽核部门,一般直接隶属于董事会,并配备业务素质较高、不低于公司在册人数1%的专职稽核人员,对公司及所属机构的业务、财务、会计及其他经营管理活动的合法性、合规性、准确性和效益性进行监督。

④风险计量模型。西方投资银行在风险的测量、评价和管理过程中,大量使用计量模型。计量模型的使用有助于公司管理人员对公司资产的风险状况进行每日的动态检测,及时发现大额风险敞口,从而采取相应的补救措施。Value-at-Risk(VAR)技术是其运用最为广泛的工具,用于测定市场利率变动时相关投资组合可能的损失状况。

3.3 我国券商制度的改革与发展

3.3.1 我国券商制度的发展现状

(1) 我国证券公司的股权结构特征

证券公司的股权结构对于公司的治理结构和制度安排具有重要的影响。我们仅选取2002年年底的90家证券公司中比较具有代表性的20家作为样本,对我国的证券公司股权分布状况进行分析。在分析中,我们采用股东持股的百分比来表示证券公司的股权分布结构,用最大股东持股比例和前三大股东持股比例这两个指标进行衡量,从而反映出我国证券公司股权的集中度和分布状况(表3—1)。

通过对上述样本证券公司股权分布状况的实证分析发现,我国

证券公司的股权结构具有如下特点:

① 股权相对集中。总体上讲,我国证券公司股权分布的集中度较高。从表3—1可以看出,在前20家证券公司中,第一大股东持股比例平均为29.57%,股权最集中的是银河证券,为100%;最低是大鹏证券,为4.40%。在前20家证券公司中,前三大股东的持股比例高达54.27%。

表3—1 2002年国内排名前20家(以总资产计)证券公司股权分布

证券公司	总资产(亿元)	净利润(亿元)	第一大股东持股比例(%)	前三大股东持股比例(%)
国泰君安	361.72	0.19	16.38	37.49
银河证券	357.15	0.37	100.00	100.00
申银万国	334.29	0.03	19.93	48.54
海通证券	287.16	0.73	9.16	22.90
华夏证券	233.8	0.05	40.80	58.63
中信证券	186.4	1.1	37.85	57.07
广发证券	141.73	0.23	20.00	48.75
天同证券	126.23	0.05	14.62	28.37
大鹏证券	114.32	0.13	4.40	13.20
华泰证券	105.72	0.01	28.40	53.56
光大证券	102.42	0.02	51.00	100.00
湘财证券	97.96	0.58	23.86	56.47
招商证券	91.62	0.05	14.97	38.31
广东证券	89.42	0.03	27.31	76.31
国信证券	87.35	0.58	30.00	70.00
东方证券	74.14	0.06	31.00	51.00
北京证券	73.41	0.02	33.87	54.72
上海证券	69.77	0.01	66.67	100.00
长江证券	69.61	0.12	20.00	37.50
联合证券	66.99	-5.3	21.20	41.66
全行业平均	153.56	-0.047	29.57	54.72

资料来源:陈共炎,"析股权结构对证券公司治理影响",《经济理论与经济管理》2004年第3期,第16页。

② 各证券公司股权结构差异性较大。各个证券公司由于其历史起源和发展过程各不相同,股权的具体分布状况存在较大差别,我国证券公司的股权分布状况可概括为三种类型:

一是股权高度集中型。股权高度集中在少数几个大股东手中,分布落差很大。典型的例子有上海证券、银河证券和光大证券,其第一大股东具有控股权。

二是股权均匀分布型。股权比较分散,股东个数也比较多,且前几个股东往往以同等比例持股。这一类型比较典型的例子有天同证券、大鹏证券、国泰君安、申银万国和招商证券。从数据上看,这些证券公司具有下列共同之处:单个股东拥有股份的比重都不大,即使是最大股东的持股比例也在20%以下,其中大鹏证券的最大股东持股比例甚至在10%以下,最大股东不占有绝对控股地位;前三大股东的持股总和都不超过50%,其中大鹏证券的前三大股东的持股比例甚至不到15%,这意味着公司的股东数量较多。

三是股权相对集中型。股权相对集中在为数不多的少数股东手中,股权分布呈从高到低的阶梯式形态,其中最大股东拥有一定的控股权。这一类型比较典型的例子有国信证券、湘财证券、广东证券和华泰证券。

(2) 我国证券公司法人治理结构现状

法人治理结构的合理性体现为股东大会、董事会、监事会和管理层四个主体间存在着科学、有效的分权和制衡机制,使委托—代理的契约关系得以顺利履行。由于发展历史不长和先天性的体制缺陷,我国证券公司的法人治理结构存在诸多不足之处,而证券公司增资扩股导致的股东数量增加和股权分散化又对证券公司治理结构提出新的要求。在公司治理上,我国的证券公司还有很长的一条路要走。

从形式上看,我国的证券公司除单纯的国有控股公司外,在股份制类型的公司中,基本上设立了股东大会、董事会和监事会。但在法人治理结构的内部构造上,各个证券公司有很大的区别,在考察的样本证券公司中,部分证券公司长期存在董事长同时兼任总经理的现象,甚至包括规模较大的海通证券、华夏证券、长江证券等。

在董事会人员规模上,多数证券公司的董事会由12人组成,如国信证券、南方证券等,在这两个证券公司的高级管理人员中,总裁均为董事会成员。国泰君安证券因合并等方面的特殊原因,董事会的规模比较大,由19人组成,其中内部董事5人,外部董事14人。外部董事可起到监督管理、杜绝内部人控制的功效。但我国证券公司的外部董事却具有"中国特色",虽然董事中的外部董事占有较大的比重,但从其来源上看,几乎都来自于证券公司的股东单位。这就是说,在我国的证券公司中董事成员大都属于关联成员。

监事会的人数则从几个到十几个不等,同样,监事会的成员也多数来自于股东单位。例如,南方证券的监事会由9人组成,其中6人来自于股东单位,2人为外部监事,1人为来自公司稽核监察部的内部董事。

(3) 我国证券公司的组织管理制度建设

①我国证券公司的组织架构。我国证券公司由于历史起源相近,在组织架构和部门设置上,彼此也是颇为相似。对于大多数证券

公司来说,其组织架构如图 3—4 所示。

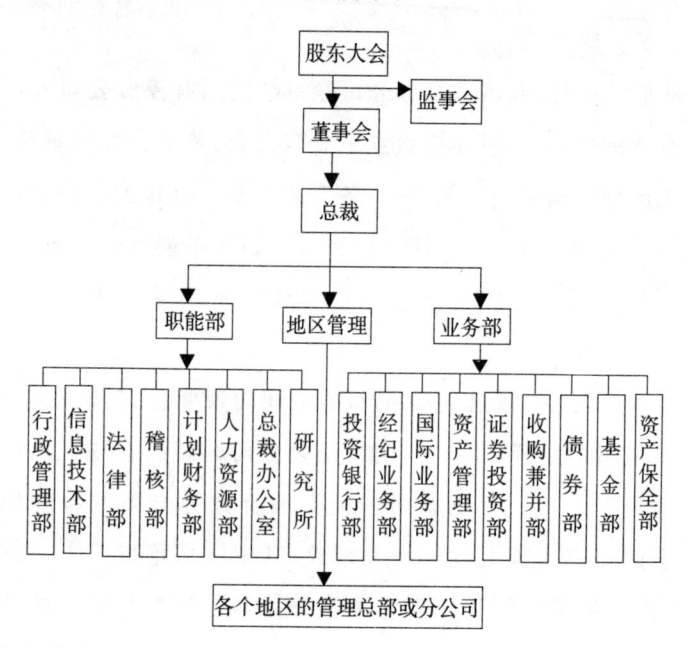

图 3—4　我国证券公司典型的组织架构

我们发现,各公司在部门设置上基本分为三大块:一是业务部门,主要包括投资银行部、经纪业务部、国际业务部、资产管理部、证券投资部、收购兼并部、债券部、基金部等;一些存在历史遗留问题和不良债权、不良债务的公司还设立有对实业资产进行清理、管理的资产保全部;一些具有开拓精神的证券公司如国信证券还设有从事风险投资的创业投资部。二是业务支撑部门和业务管理部门,主要包括总裁办公室、研究部、人力资源部、计划财务部、稽核部、法律部、信息技术部、行政管理部等职能部门。三是各地区的地区管理总部。

②证券公司组织层次关系上的不同模式。由于历史起源、经营规模、管理方式等方面的差异,各证券公司在组织结构的层次关系上也存在着不同的类型。我国证券公司目前在组织结构的各层次间关

系上，主要有三种模式：

一是集权式直线型组织结构。直线型组织结构是一种最简单、最基本的组织形式。其特点是公司高层管理人员和下级人员之间的关系是通过一种单一的指挥命令系统进行联系。这种模式具有决策权集中于上层机构、适宜众多员工在统一命令下统一行动、工作中较少出现意外事件的优点，其缺点是不能充分发挥下级职员的主观能动性。这种形式的组织结构一般在规模、业务技术含量较低的经纪类证券公司中采用较多，对综合性证券公司而言不具有普遍的适用性。不过，对于证券公司中某些具体部门来说，这种组织模式也有其小范围内的适用性和合理性。一般来说，为了防范经营风险，提高公司内部资源的整体配置效率，证券公司的下列部门比较适宜采用集权式直线型模式：内部资金调度和对外融资系统、监管系统、网络系统、基础研究部门以及自营业务部门等。实行统一的资金调度可以提高证券公司内部的资金配置效率；将对外融资集中到公司层面，不但能集中控制融资风险，也能降低融资成本。监管系统和基础研究系统是证券公司各部门共享的资源，集中起来才能发挥整体效用。而自营业务是证券公司最具风险的业务，不宜分散进行。

二是多层垂直型组织结构。这是一种典型的金字塔型的组织结构，目前我国大部分证券公司实行的是这种模式。在这种模式下，从总裁到部门经理，一般设置有六七个管理级别。这种组织结构最大的好处是分工明确、组织严密，使整个组织处于一种井然有序的状态；不足之处是易产生官僚作风，而且层次过于细化，中间管理层庞大，对市场变化不能迅速回应，尤其是当这种组织处于一个客户需求经常变化的环境时，其弊病就更加明显。显然，这种多层垂直型组织模式不利于证券公司业务的拓展，因为证券公司的各项业务都带有创新性，不像工业企业能形成固定的生产流水线和相对稳定的产品，也不像银行类企业主要从事相对单一的存贷款类业务。证券公司的业务种类繁多,业务之间关联度也高,每一项业务开展的对象、环境和方式都在不断变化。因此,在一线开展业务的工作人员都必须成为相对独立的决策者,就是说,证券公司的决策权应该分布在最高层和最低层。最高层负责公司总体发展战略的决策、全公司资金调度、人力资源配置和信息传输等;最低层则根据市场环境、所开展业务和投资者需要的多变性,进行独立决策;中介层主要起协调和信息传输功能。

三是分权式事业部型组织结构。事业部型就是按业务范围组成一个组织单位(称之事业部),每个组织单位都有其独立完整的责任公司体制。在事业部制下,各事业部原则上采取独立核算制,在经营上,各事业部类似一个独立的企业,实行责、权、利相结合的全面分权化决策。我国有些证券公司的地区分公司在一定程度上具有事业部模式的特点。事业部型组织结构的优点是,经营决策由独立的分部各自作出,总部负责公司战略决策或长期发展目标,注重总体业绩而不直接干预其经营,但可向分部提供咨询、法律和审计等服务,分部与总部具有良好的协同关系,共同追求企业整体利润的最大化。其缺点是,各事业部往往追求短期收益目标而忽视长期目标,追求局部利益而舍弃公司整体利益,往往注重利润目标而忽视其他非经济目标,如人才培养、研究开发等。

3.3.2 我国券商制度存在的主要问题

(1) 组织形式不完善

①管理层次较多,运作效率低下。在公司组织结构方面,美国投资银行实行集中统一管理下的分权模式,并注重大部门架构的应用,

使组织结构不断扁平化；我国证券公司则处于集权有余、灵活不足、管理层次多、运作效率低下的状态。

由于投资银行业务具有高度专业性、知识性的特点，客户的需求又是多样化、个性化的，为了更好地在一个快速多变的外部经营环境中把握稍纵即逝的商机，国外证券公司在组织机构设计上呈现出权力不断下放的趋势，从而给处于第一线的经营者更多的自由度和自主权。权力的下放具体表现在：一是不少重要业务通过成立子公司的方式来经营，子公司具有相当的独立性；二是组织机构的扁平化，大幅减少中间层次，使基层的业务员拥有更多的决策权。

我国的证券公司目前多数属于金字塔式的组织结构。在这种组织结构下，工作指令层层下达，要经历很多层次；业务信息反馈层层上传，也要经历很多层次。这不利于公司根据外部市场环境的快速变化作出及时、正确的决策，也不利于充分发挥下级人员的积极性和主动性。

②相关部门间的协作性较差。美国投资银行倾向于按照客户种类来划分部门，以应对客户需求多样化、综合化的竞争形势；我国证券公司则仍按产品或服务来划分部门，相关部门间的协作性较差。

在现代金融多元化的背景下，客户的需求是多种多样和不断变化的，为客户提供满意的服务，需要投资银行的不同部门相互配合、协调运作，这样才能牢牢地抓住客户，在激烈的市场竞争中站稳脚跟。

我国的投资银行业务正处于发展的初级阶段，市场细分还处于较低水平，因此，我国证券公司的部门设置主要是按部门性质设置，基本上没有考虑到客户的多样化需求，部门之间的协调性较差。在有些证券公司中，甚至出现同一业务部门的不同地区分部相互争夺同一个客户的情况，足见部门间协调性之差，这已影响到了公司的整体利益和外界形象。

③风险管理相对虚化。美国投资银行大多设有风险管理委员会,并有一整套健全的风险管理制度和先进的监控技术来保证公司的健康、安全运行;我国证券公司的风险管理则相对虚化,很难起到风险防范和控制的作用。

美国投资银行一般在董事会下设有风险管理委员会,该委员会与公司内部管理监控的职能部门保持密切的联系,并通过风险经理与业务部门随时沟通和协调风险的调控指标,从而实现对公司整体风险的严密监控。我国部分证券公司(如国泰君安证券)也设有风险管理委员会、风险管理部,但这只是少数,而且它们在风险管理部门的职能定位、配套制度措施、技术手段等方面,与西方投资银行相比还有很大差距。

(2) 股权结构不合理

①股权高度集中。股权结构是影响公司法人治理结构的重要因素。而中外证券公司尤其是中国和美国证券公司在这方面存在着明显的差别,具体表现在以下几个方面:

一是股权集中度不同。美国投资银行的股权结构十分分散,在按 2001 年的市值衡量排出的全美十大投资银行中,有 7 家投资银行的第一大股东持股比例不超过 5%,这十家投资银行的前五大股东的持股比例的加权平均数也只有 16.7%;而我国证券公司的第一大股东及前五大股东的持股比例都远远高于美国的水平。

二是股东类型上有区别。除大量的法人机构外,美国的投资银行还有众多的个人投资者,美国十大投资银行的个人投资者平均持股比例高达 54.5%,使股权更加分散;而我国绝大多数证券公司的股东全部是机构法人,不存在个人投资者(不包括公众上市公司)。

三是股东人数存在差异。美国各个投资银行的股东个数很庞大,最高的摩根·斯坦利公司有1 822个机构股东,除此之外,还有难以计数的个人投资者。而我国证券公司的股东数目有限,除国泰君安等公司的股东人数较多外,其他证券公司的股东数基本上在100个以内。

综上所述,我国证券公司与美国投资银行在股权结构上存在着明显的区别,美国投资银行的股权分布极为分散、集中度很低,而我国证券公司的股权结构则属于高度集中型。

②**股权流动性较差**。在股权流动性方面,美国投资银行的股权具有高度的流动性;而我国证券公司的股权除法人之间转让外,其流动性近似于零。

美国大型投资银行无一例外都是上市公司,这既使其股权分布比较分散,同时也使其股权具有较好的流动性。在美国十大投资银行中,平均有68.8%的股票属于交易比较活跃的活性股,如果投资银行出现公司治理上的问题,或者投资银行的业绩下滑,投资者就采用"用脚投票"的方式,抛出该公司的股票,由此对投资银行形成一种有效的外部约束机制。

与美国相对照,我国证券公司的股权流动性较差。我国证券公司的股份都属于国家股和法人股,特别是国家股基本上不存在流动性。由于我国绝大多数证券公司没有上市,不能通过证券市场这一高效的流通机制实现转让,即使在法人股之间较有限的转让中,转让的效率也十分低下。

(3) 法人治理结构不合理

①法人治理结构缺乏规范。实践中,我国证券公司在股东大会、董事会、监事会、高级管理层的组织设置及相互关系界定上各自有很

大的差异性和随意性。董事长的身份界定模糊,董事会和经理层之间、董事长和总经理之间责任分工不明确,因而公司董事会和经理层之间、董事长和总经理之间相互制衡、相互依赖的关系也没有得到体现。

②内部人控制现象严重。我国的证券公司在组织框架上具备了完备的监事会、董事会和管理层设置,但由于对公司治理结构各主体的权利和义务及相互制约的关系缺乏深刻的理解,作为国有企业的证券公司的国有资产所有者缺位,以及银证分业脱钩转制造成的产权结构复杂化等原因,致使监事会形同虚设,没有真正地起到分权和制衡的作用。同时由于缺乏健全的决策机制或程序,公司难以形成正确的发展战略和科学民主的经营决策。在我国的证券公司中,经营自主权主要由公司高级管理人员掌握,这种现象导致证券公司股东大会、董事会、监事会作用的弱化,在证券公司存在着较为严重的内部人控制现象。内部人控制在本质上是对股东大会合法权益的侵害。

③董事难以履行应尽职责。证券公司的董事应当具有相当的金融、证券专业知识和管理经验,但我国证券公司的董事基本上由股东单位选任,而股东单位多数是从事生产经营活动的企业,由于缺乏管理证券公司所具备的专业知识和经验,不"懂事"自然难以当好董事。

④董事会会议制度不能保证董事了解到公司全面、真实的情况。我国证券公司一般每年只召开一次或两次董事会会议,而就是这一两次董事会会议也仅仅流于形式,内容主要就是听取公司总经理的工作报告和财务总监的财务报告。董事会成员不能经常性地、深入地了解公司的经营状况,自然也就无法对公司的经营状况发表自己有价值的建议或意见。

⑤董事会的决策权集中于执行董事,不利于公司高级管理层发挥集体领导的优势。在我国,由于外部董事在董事会决议中难以发挥应有的作用,因而真正在董事会中有影响的主要是执行董事,董事会决议容易被少数执行董事的意见所左右,董事在董事会上不能真正地了解到整个经营班子对公司重大事项的意见和分歧,不利于发挥公司高级管理层的集体智慧和集体领导。

(4) 激励机制相对僵化

美国投资银行不仅使用高工资、高奖励的短期激励措施,而且灵活运用股票、期权激励及其他各种金融工具组合的中长期激励措施,我国证券公司的激励机制则相对僵化。

证券业属于高度知识密集型的行业,人力资源是公司最重要、最宝贵的资源,特别是高级管理人员对公司的作用不可低估。为了激发公司员工特别是管理人员的工作热情,美国的投资银行设计出多元化、多层次的激励手段,既有高工资、高奖励的短期激励,又有股票和期权等形式的中长期激励;既有较高水准的固有保障,又有体现能力和业绩的动态变化。因而,投资银行成为能人汇集的人才高地,投资银行业成为美国充满活力和竞争力的朝阳行业。

显然,我国的证券公司还没有建立起一套类似美国的灵活、有效的激励机制,激励机制显得比较单一,主要表现为工资、奖金等有限的形式,外加一些如住房等福利性措施,激励目标过于短期化。短期化的激励手段无法使经营人员的利益与公司的长远利益有效地结合起来,不利于公司的长远发展。在我国的证券公司中,还普遍存在人员的高频率流动现象,这与公司激励的短期性不无关联,虽然人员一定程度上的流动性有利于人才的合理配置,但过分的流动性则会对公司的长期、稳定经营产生负面影响。

(5) 管理上存在着体制缺陷

我国的证券公司多数从银行中脱胎而来,由于最初作为银行体制中的一个分支而沿袭了银行管理的体制。银行与证券分业后,开始实行所在地党委管理党群关系、由证券监管机构进行业务管理监督的特殊管理机制。这种机制一方面导致证券公司高级管理人员的选用同业务脱节,对于干部的管理不能充分反映证券行业的特殊性;另一方面对证券公司高级管理人员的外部监督也因为脱离了业务环节,容易产生疏于监督或监督不当的问题。由于监督管理体系不完善,加之证券公司内部治理结构的不健全,导致证券公司在日常经营和业务操作中屡屡违规。

3.3.3 我国券商制度的发展与创新

(1) 完善证券公司的股权结构

从前述分析可知,我国证券公司的突出特点是股权分布过于集中,股权的流动性较差,所以必须调整股权结构。

① 扩大公司规模,降低股权集中度。从经济学的角度讲,影响公司股权集中度的一个重要因素是公司的规模。在完全竞争的环境中,如果公司的规模较小,股东为了实现公司的控制权,理论上最低程度必须持有51%的股权才能高枕无忧。如果公司的规模十分庞大,某一个股东为实现对公司高比例控制权所需的资本资源将是十分巨大的,股东往往不具备这种实力,同时也不符合财富分散化的安全性原则,因此,最大股东只需保有对公司的相对控制优势即可。所以说股权的集中度和公司的规模呈反比,扩大公司规模是降低股权集中度的一条思路。具体的实现方式有:第一,兼并重组,我国证券

公司资本来源单一,资本规模较小,所以可以通过证券公司之间的兼并重组来实现资本的整合;第二,增资扩股,出于我国证券公司发展的内在要求,我们还应该在业内兼并重组的存量调整战略的基础上,实行增量和存量调整并举的积极型战略,允许有条件的证券公司实行增资扩股。

② **提高股权的流动性,使股权资源得到合理配置**。股权的自由流动是保证股东权益、制约经理人员的重要方式。在现代股份公司制度下,所有权和经营权是分离的,对于大多数的股东来说,他们不可能参与公司治理。在这种情况下,制约经理人的一种有效方式就是提高股权的流动性。股权流动性差是我国证券公司存在的一个突出问题,因此,当务之急是提高我国证券公司股权,特别是国有股权的流动性。

③ **培养核心股东,加强对经营者的监管**。发展核心股东,对于资本市场的稳定和形成有效的公司治理机制具有重要意义。在股权极度分散的情况下,由于单个股东持股比例很小,其参与公司治理所产生收益的绝大部分都不归他所有,存在着公司治理上的"搭便车"现象,所以没有很强的动力监督公司运作。成熟市场的经验表明,比较有效的形式是机构法人持有股份公司的大部分股份,例如在美国,目前最大的股东是养老基金、人寿保险、互助基金、大学基金及慈善团体等机构投资者。1990年,美国机构投资者控制了全美上市公司普通股中44.5%的股权,其中20家最大的养老基金持有上市公司约10%的普通股。在日本,自20世纪60年代以来,控制企业股权的主要是金融机构和实业公司,而且持股比重不断上升,到1990年法人持股比重增加到72.9%。在德国,最大的股东也是公司、创业家族、银行等,1993年德国机构法人持有上市公司的股权比重是67.9%。构筑我国证券公司治理结构时要增加机构持股比重,让机

构投资者参与证券公司的治理。

(2) 通过设立控股公司进行混业经营的探索

证券公司的制度建设处在金融管理体制的大背景下。近年来,国外的金融管理体制正经历着一场深刻的历史性变化,即从分业管理再度走向混业管理,最有代表性的例子是美国。1999年11月,美国国会正式通过《金融服务现代化法案》,允许银行持股公司升级为金融持股公司,允许升级后或新成立的金融控股公司从事具有金融性质的所有业务,即银行、证券和保险业务。不过,金融控股公司的混业经营是通过设立从事不同业务的子公司来实现的,各子公司在法律上和经营上仍是相互独立的公司,因而在混业经营的情况下,仍可实行有效的金融监管。

针对国外金融混业经营的新趋势,我国政府已明确表示,支持银行、保险和证券业加强合作,对于可能出现的业务交叉,将由监管机构在现有体制下通过加强合作、互通信息加以解决。可见,分业管理在政策上已出现松动迹象,我们应该积极稳妥地进行金融混业经营的探索,具体的途径就是设立金融控股公司,允许那些风险控制措施比较完备、经营规模比较大、资产质量比较好的大型证券公司试点设立金融控股公司。

金融控股公司在经营管理上独具优势。通过规模化和多元化经营,可以大大增强公司的竞争实力和抗风险能力,降低成本和提高效益,并为客户提供"一条龙"式的多种金融服务。金融控股公司代表了金融业未来的发展方向,我们应积极尝试。

事实上,在我国已经出现金融控股公司的雏形,典型的例子是中国光大集团和中国国际信托投资公司。中国光大集团目前拥有光大银行、光大证券和光大信托3家金融机构,拥有光大控股、光大国际和香港建设 3 家在香港的上市子公司,同时还拥有一家与加拿大合资的人寿保险公司,此外还是申银万国证券的最大股东(拥有其19%左右的股份)。中国国际信托公司的模式与光大集团相类似,它自身经营着信托业务,同时又通过全资或控股形式经营着银行、证券等金融业务和房地产、工业等非金融业务。这两大集团公司的实践,是推进我国从分业体制向高级混业体制演化的有益探索。

(3) 完善我国证券公司的法人治理结构

①理清股东大会、监事会、董事会之间的关系,依法行使各自职权。股东大会、监事会和董事会应严格依照《公司法》和国家颁布的一系列法规,履行各自的职责,减少直至消除越权或失权现象;同时,还应完善法人治理结构的工作程序,建立起行之有效的决策监控机制,"三会"的三种权力应相互监督、相互制约。我们认为,应该从权力运行过程的各个环节加强对权力的监控,这包括权力获得的制约——合法性制约,权力运行中的制约——合法性、合理性、科学性制约,权力运行结果的制约——有效性、公正性制约。从权力制约的程序来看,可以设置一整套包括预防性制约、限制性制约、禁止性制约、矫正性制约四个环节的制约机制。

②完善我国证券公司董事会的构成。确立合理的董事会构成,包括确定内部董事和外部董事的合理比例、执行董事和非执行董事的比例、股东董事和关联董事的比例等等,以便使董事会能够充分代表股东和其他利益相关者的利益。完善董事会的一个重要方面是增加外部董事中专家的比例,提高董事会的专业水准,使董事会能真正对公司的重大发展起指导作用,形成科学的决策,并发挥对经理人员的监督作用。

③建立健全董事会系统内部各种专业委员会。董事会下的专业

委员会可包括:财务审计委员会——由董事或董事聘请的外部专家组成,其主要任务是负责公司财务活动的审查和监督;审核公司的年度预算方案并制定年度财务决算报告;审核和评价外部会计师事务所的报告,使公司的经营活动符合股东和其他相关者的利益及法律规范;对财务负责人的工作进行考核并提出解聘建议。发展委员会——主要任务是负责研究和制定公司的发展战略、方针、政策;负责对提交董事会的重大投资建议进行评估;负责所处行业的调研,以及行业政策、制度建设等方面的研究,并向董事会提出建议和意见。报酬委员会——全部或大部分由外部董事组成,国外报酬委员会的主要职责是监督限制其他董事的报酬限额,有时也负责监督公司高级管理人员的报酬数额。由于我国的董事会成员大都是非受薪董事,因此报酬委员会的主要职责是调查行业内的工资水平,并确定主要执行人员,包括总裁或常务董事长、总经理、财务负责人的报酬额和报酬构成。通过这些专业委员会的设立,使董事的精力、经验和时间得到合理分配,充分发挥专家董事的作用。

④加强对内部人控制的制约。解决内部人控制问题,需要进行综合治理,因为形成内部人控制的原因,既有制度上的缺陷,也有个人方面的不足。因此,要从根本上解决内部人控制问题,需要从四方面着手:一是进一步完善产权制度。产权制度不完善是我国证券公司出现严重的内部人控制的制度性原因,在产权不明晰和资产所有者缺位的情况下,委托人没有权益的代言人,权力的中心自然偏向了代理人一边。二是建立一套有效的管理层激励机制。在缺乏管理层激励机制的情况下,管理人员的经营能力和付出劳动得不到合理的补偿,或者经理人员与股东的利益没有得到妥善的协调,这样会加剧经理人员和股东间的利益冲突和对抗,促成内部人对所有者利益的侵害。三是增加公司运作的透明度。如果公司的运营状况和经营业

绩透明度差,只有少数高层管理者了解公司的运行状况,就无法形成有效的外部监督,最终只能是内部管理人员说了算。四是正确处理管理人员个人权威和公司整体利益的关系。由于证券行业的高智商性和高竞争性,公司领导人的个人素质对公司的发展起着关键性的作用,而经营业绩的领先也能使高级管理人员更有成就感和价值感,主客观因素促使证券公司很容易树立起个人权威,当个人权威超过合理的限度之后,便演变成专制,使得各种监督机制失效。

⑤重视董事会秘书的作用。董事会秘书的主要职责包括:组织董事会和董事会下属各专业委员会会议和股东大会,并负责会议的记录和会议文件、记录的保管;负责公司和董事会之间的经常性的信息交流和沟通;负责公司重要事项、信息的披露事务,保证信息披露的真实性和完整性;准备和递交国家有关部门要求的董事会和股东大会出具的报告和文件;保证有权利得到公司有关记录和文件的人员及时得到有关文件和记录等。可见,董事会秘书是具有重要地位的,他是董事会各专业委员会之间以及董事会和公司之间信息交流的纽带,应重视并充分发挥其作用。

⑥建立科学、有效的激励机制,调动经理人员的积极性。激励机制的建设目标有两个:一是最大限度地调动经理人员的积极性和创造性,运用最优化的原则把企业中或社会上最优秀的人才选拔到企业管理的重要岗位上并长久地发挥其作用;二是激励经理人员行为长期化,使经理人员利益和股东利益相统一,实现证券公司的可持续发展。激励可以通过给予高额薪酬、升级、发放奖金等形式进行,还可以通过更为灵活有效的经理期权制度来实现,即当经理人员与公司签订合同时,授予其在任期内按既定价格认购及分期补入适当比例的本公司股份的权利,收益延期兑现。通过股权激励方式,能将经营者的利益与公司股东利益更紧密地挂钩,并与企业的长期发展结

合起来。

(4) 组织结构的创新：扁平化

我国证券公司现有的组织结构多数是金字塔式的多层垂直型。这种组织结构具有中间管理层次过多、无法迅速适应外部市场环境变化的缺陷。而证券公司的很多业务,如发行承销、财务顾问和企业并购等,面对的却是一个动态变化的环境,传统的组织结构难以适应市场要求,应该尝试组织结构的创新。

扁平化的组织结构是一种新型的组织模式。在这种模式下,组织层次较少,从公司最高领导到最低层员工的管理路径较短,而其管理幅度比一般的组织要宽,与传统的金字塔式组织结构图相比,这种组织结构显得较为扁平。由于信息传递的层次较少,信息在组织上下层之间流动的速度明显加快,从而提高了组织对外界变化的反应能力。不过,由于管理幅度的增大,对管理者的要求明显提高。

要达到组织结构的扁平化,需要对我国证券公司的现有结构进行重大调整,并提供相应的配套措施,包括以下五个方面:一是将公司内部业务相关的部门进行归并,使组织结构"扁"化;二是取消不必要的中间管理层次,使组织结构趋"平";三是适当下放经营决策权,使业务单元能根据外部环境的变化适时进行自我调整;四是提高管理者的管理能力和业务素质,以适应管理幅度增加后对管理者提出的高要求;五是推行团队化的工作方式,业务由一个个相对全能化的小团队来进行。

(5) 业务管理模式的创新

①大投资银行一体化的运作思路。投资银行业务是证券公司未来具有广阔发展前景和各证券公司将竞相争夺的业务领域。传统的

投资银行业务管理方式是,投资银行部作为一个相对独立而封闭的部门,从项目公关到实施的全过程基本都在其内部完成,业务竞争的手段主要依靠公关能力和公司资金实力,而相关的研发、投资等部门的资源和优势没有得到很好的利用。

在大投资银行一体化运作思路下,业务管理不再按业务种类进行严格的部门划分,而是根据业务的关联性,将相关部门有机地结合在一起,实现投资银行、研究、投资等部门协调运作和一体化的管理。大致思路如下:一是建立统一的大投资银行业务管理体制,将投资银行、投资和研究等纳入大投资银行这一业务框架内统一管理;二是建立以专业分工为前提,协同化的运作机制,形成以研究部门为支撑和动力、以投资业务为利润中心、以投资银行业务为重点和纽带的业务结构和协调方式;三是管理上既强调个性的发挥,又注重群体间的协调,坚持以人为本的管理理念,充分调动各部门及个人的创造性和积极性。

②证券交易网络化。网上交易是证券经纪业务的一种创新,与传统交易模式相比,网上交易打破了时间与地域的限制,降低了交易成本,拓展了市场空间,提高了市场信息的流动性,是证券交易模式上的一场革命。

网上交易形式的兴起和壮大,对经纪业务的管理模式将产生深远的影响:一是由于网上交易具有诸多优点和巨大的发展潜力,传统的营业部经营模式将受到挑战,业务网点具有虚拟化的倾向。二是网上交易的普及诱发出一种新的证券发售方式,即通过网络将证券发售信息传递给潜在的投资者,这相当于股票首次公开发行(IPO)的虚拟销售市场,从而为证券发行也提供了一个全新的渠道。

③强化研究机构的相对独立性。目前我国证券公司已普遍设立了研发部或研究所,但其独立性还有待进一步加强。这里的独立性

有两层含义:一是研究机构的地位需进一步提高;二是研究机构在研究内容上需保持一定的独立性。

西方投资银行中的研究机构多数是相对独立的部门,对公司内部其他业务部门和外部客户提供的研究报告是一致的,这样有利于保持研究报告的客观性、公正性,以维护研究机构的市场声誉,并为公司争取到更广大的客户。

目前,研究机构的发展趋势是市场化,并在市场化过程中增强自身的独立性。但是,市场化并不意味着研究机构从证券公司母体中分离出来,分离出来也不等同于市场化。从国外证券公司研究机构发展的历程来看,在不分离的条件下也可达到较高的市场化程度,并且对于证券公司的支持作用和在市场上的影响丝毫不逊于独立的证券研究机构。

④建立新型的风险—报酬管理机制。证券经营活动是一个收益与风险并存的过程,风险几乎存在于证券公司的每一项活动中。风险是客观存在的,它包含着损失和收益的双重不确定性。所以,风险只能防范而不能消灭。既然证券公司的风险管理不能消除风险,而只能通过合理地安排和实施一系列的决策、管理、操作程序,在保证赢利目标的前提下尽量避免和减少风险损失,那么,风险管理制度建设就应该同时兼顾收益和风险两个方面,致力于把防范风险和提高收益有机地统一起来。这就是我们这里要倡导的风险—报酬管理机制。

所谓风险—报酬管理机制,即在承认风险同时是获得报酬机会的前提下,以承担一定风险作为代价换取收益的经营模式。风险—报酬管理的创新性表现在:其一,它体现了风险管理积极的、进取的行为取向,克服了传统风险管理偏重防御而带来的影响;其二,传统风险管理几乎是消耗资源、增加成本的同义语,风险管理的效益无法直接体现,实施风险—报酬管理机制扭转了这一状况,风险管理和获得报酬融为一体,风险管理的价值得到了体现;其三,传统的内控型风险管理制度难以在防范、控制决策风险中奏效,而风险—报酬管理可使这类情形得以改观;其四,在承担风险的前提下获得收益是证券业的基本特性,以风险—报酬管理为主要利润来源是证券公司区别于一般工商企业的标志,实行风险—报酬管理,将引导证券公司的风险管理进入一个全新的境界。

　　风险—报酬管理的关键是风险决策,而任何风险管理及风险决策的执行都有赖于完备的组织体系和管理体系。证券公司的风险—报酬管理,需要内部各个方面的力量执行既定的风险决策,并在审计执行过程中采取具体管制风险的措施,对决策执行以及相关措施的落实进行严格监督等。

第四章 上市公司信息披露制度

4.1 信息披露制度的理论基础

在证券市场尤其是股票市场中,投资价值是一种市场导向的主要参数,投资的成功与否取决于市场对公司股票价值的预期,而投资者判断价值的依据是有关公司的信息。

现代证券投资理论的有效性建立在两个基本假设前提下:第一,证券价格对证券信息具有不同程度的敏感性;第二,存在着一种能够提供、传递信息并且保证信息质量的法律制度。经验表明,建立高效的证券市场管理体制需要对这两个前提加以关注。因为一方面,从市场成熟角度讲,它需要对一国市场的有效性进行实证分析;另一方面,从技术角度讲,它需要一整套投资者所要求、上市公司应当而且能够遵守的信息披露制度。

4.1.1 市场信息与证券价格相关性理论

(1) 市场信息与证券价格相关性理论介绍

确定证券价值的基本因素是风险与回报,证券的价值来源于未来可能产生的现金流量或回报。股票价格变动方向能够与公司经营业绩状况保持一致绝不是一种偶然的巧合,人们对未来前景的合理预期导致了证券现时价格的变化。当这种依据是公司未来商业和市场前景时,便是基本面分析;当这种依据是公司股价的历史走势与交易量时,便是技术面分析。许多学者从经济学角度进行了理论研究,并就市场信息与证券价格的关系形成几种主流学说:

①随机理论(random walk theory)。其含义是未来的措施与方向无法依靠过去的行为进行预测,用于证券市场时,它便意味着理论上的价格波动具有随机性和不确定性,昨天的证券价格不能说明今天或明天的证券价格。该理论只是道出了经济学家对证券交易价格未来变动规律的无可奈何,但并没有否定信息与证券价格之间的相互关系,它体现并且赞成这种关联性。

②有效资本市场假说(efficient capital market hypothesis, ECMH)。市场有效性的基本假设是所有的市场参与者在特定时间断面上所掌握的信息应该是一样的。在一个有效市场中,投资者都能够利用可获得的信息力图获取更高的报酬;证券价格能够完全反映全部信息。有效资本市场假说力图通过揭示证券价格与信息之间存在的内在联系,进而说明资本市场的效率与信息的互动关系。

③现代投资组合理论。该理论将投资风险划分为系统风险和非系统风险,投资者可以通过持有证券投资组合来化解或分散非系统性风险。投资者可以透过披露的信息,权衡不同证券价格所反映的投资回报与风险,寻求一种更为合理的证券投资组合。

(2) 有效资本市场假说

芝加哥大学教授尤金·法马(Eugene Fama)的研究发现:如果有用的信息以不带任何偏见的方式全部在证券价格中得到反映,那么可以认为市场是有效的。他进而阐述说,在一个有效资本市场,证券价格变动并不存在内在的联系,而且除了相关信息外,其他所有信息不会引起人们的重视。① 这便是金融学中的一个重要的理论——有效资本市场假说。1978年,詹森(Jensen)把有效资本市场假说归纳为:如果根据一组信息从事交易而无法赚取经济利润,那么资本市场便是有效的。② 从上述研究结论可以看出:市场有效性的基本假设是指,所有市场参与者在特定时间点上所掌握的信息应该是一样的。因此可以说有效资本市场假说的出现,为信息披露制度建立了理论基础,提供了可以检验的方法,并最终证明了法律制度所能实现的目的。

具体到证券市场,有效资本市场理论是关于证券市场价格在何种程度上,以何种速度反映市场信息的假说。市场价格反映的信息量越大,反映速度越快,市场越有效。证券市场有效性的程度取决于两个因素:可以获取的信息量以及信息传递和获取的速度,影响信息量与信息反映在价格上速度的两个主要因素是获取信息的成本和交易证券的价值。市场有效性考虑的问题既然是信息与证券价格之间传递的速度与方式,那么信息反映在价格上的速度有多快?使用信息从事证券交易有无获利的可能?有效资本市场假说根据证券价格对三类信息的不同反映以及反映的不同速度把市场分为三种情形:

①弱式有效市场。弱式有效市场的主要特征是:证券价格充分反映了历史上一系列交易价格和交易量中所包含的信息。该理论认为投资者不可能通过对以往价格的分析而获得超额利润。在这种市场条件下,历史信息已经充分且立即地表现在证券价格上,因此利用

---

① Eugene Fama, "Efficient Capital Markets: A Review of Theory Empirical Work," *Journal of Finance*, no. 5, 1970, pp. 383—417.

② M. C. Jensen, "Some Anomalous Evidence Regarding Market Efficiency," *Journal of Financial Economics*, no. 6, 1978, p. 126.

技术面分析无助于预测未来价格走势与交易量。历史价格是最容易获取的有关证券的信息,因此弱式有效是我们预期的一个证券市场表现出的最低层面的效率,一般情况下证券市场在初创时期很快便会表现出弱式有效性。

弱式有效市场对于信息披露制度的意义在于:

第一,弱式有效市场可能暗示了新的信息会在发布的瞬间充分地反映在证券价格上。但在弱式有效市场中有两种情况:一是延迟反应。新的信息在整个期间缓慢地反映在证券价格上,因此在此期间的某个时点上,价格对信息的反映是迟缓和不充分的,但如果事先可以根据理性判断出价格反映的全过程并提前采取投资行动,仍然有可能得到超额投资回报。二是过度反映或者反映不够。当价格对信息反映过度时,便意味着突破了合理的敏感度并使价格对信息产生扭曲;而当价格对信息反映不够或者未能出现应当出现的反映时,会使投资者怀疑市场的可信度。针对这些问题,信息披露制度必须做到:首先,确保具有信息内涵的、有用的信息披露具有良好的整体性和一致性,以使市场是对一个具有内在逻辑的整体化信息的反映,而不是对零零碎碎的片面、局部性信息的反映,这一要求体现在信息披露制度上便是要求信息披露的完整性即充分性,也就是说必须将与证券价值相关的信息全部公开,不得有隐瞒与遗漏。其次,确保信息披露的客观性、平衡性与准确性,不要用过分敏感的语言,以避免产生误导而使价格产生不合理的敏感反应,也不要对重大事实含糊其辞、遮遮掩掩,使价格无法充分反映信息的重要性,还要客观、平衡地表述事件,力求把其真实面目呈现于市场。再次,要坚持信息披露的重要性标准,不要事无巨细一律披露,使投资者因面对过多的信息而丧失了应有的敏感性,市场也会因充斥过多的噪音而变得反应迟钝。

第二，弱式有效市场仍然可以利用未公开的内幕信息和正在公开的信息赚取超额利润。弱式有效仅仅说明证券价格充分反映了所有过去的历史信息，并没有反映未公开的内幕信息和正在公开的信息，因而部分投资者可以凭借其信息优势获得超额利润。同时由于可以凭借的信息包括内幕信息和正在公开的信息，所以弱式有效市场存在着最大也是最多的可乘之机，从而它也就需要最大努力的信息披露监管。如果把信息披露监管也区分为弱式、半强式和强式，那么它所对应的应当是强式信息披露监管。

②半强式有效市场。半强式有效市场的主要特征是：证券价格反映了所有公开、有用的信息，包括与现在和过去证券价格有关的信息。在半强式市场上，价格对公开新信息的反映非常迅速，通常在几分钟之内。① 对目前信息的迅速反映构成了它与弱式有效市场的区别。大量研究证据都直接或间接地表明，已有的证据具有如此的说服力以至于得到如下的结论是合理的：半强式有效市场已经成为金融经济研究可以接受的工作性假设。

半强式有效市场反映所有公开信息，在此条件下投资者无法从已公开信息中获取超额利润，但仍可利用内幕信息获利。半强式市场的投资行为需要利用比弱式市场复杂得多的信息和推理。只有相当成熟的证券市场，在该市场上投资者普遍具有理性，信息传播途径通畅，覆盖面广，有广大的机构投资者，信息披露制度充分完善，并具有一批高素质的投资咨询机构，才能成为半强式市场。

半强式有效市场对信息披露制度的意义在于：

第一，半强式有效市场将所有公开、有用的信息及时以一种无偏

---

① J. A. Patell & M. A. Wolfson, "The Intraday Speed of Adjustment of Stock Prices to Earnings and Dividend Announcement," *Journal of Financial Economics*, vol. 13, 1984, p. 223.

见的方式反映在证券价格上,因此证券市场价格便是所有公开信息的公平反映,投资者按照这一价格买卖证券便不会付出太多或收回太少。这便要求证券监管者尽最大努力要求公司向公众提供更多的信息以使证券的价格更好地体现其潜在价值,从而更有效地保障投资者的利益。但同时半强式有效市场也成为批判信息披露制度的前提,因为根据信息披露规则要求,公开披露的信息已经成为公开可以获取的信息并且体现在证券价格之中,所以根据披露制度披露及提供的信息是一种重复与浪费。

第二,由于半强式有效市场强调股价充分而且立即地反映市场上所有公开的信息,因此虚假或误导性信息的披露也以同样方式体现在股票价格中,从而导致股价不真实地升降。这时投资者购买股票本身就是在购买欺诈或不实陈述,或者根据不实股价做出的买卖行为,建立在不实股价带来的虚幻错觉上。因为这些不实陈述已经"充分地,立即地"体现在股票交易价格上,这便是"欺诈市场理论"(fraud on the market theory),该理论的基础正是半强式有效市场。欺诈市场理论的提出为因不实陈述遭受损失而欲借法律手段寻求救济的投资者解决了举证责任上的困难,因为在该理论下,原告无须就其对不实信息的信赖提供证据,从而将举证义务从受害者身上转移开来。该理论使信赖成为一种法律上和事实上的推定,提高了信息披露违规的成本。

第三,由于半强式有效市场上股市对任何有关新信息的反映几乎是瞬间的,研究结果发现一般是在5—10分钟左右。[①] 为了使新信息在很短时间内充分反映在证券交易价格上,并防止在这一期间

[①] 李世谦:《公开资本市场监管问题研究》,经济管理出版社1997年版,第103页。

任何人可能的信息优势,信息披露制度一般要求证券交易所在公司发布重大信息的时候短时间地暂停证券交易,以保证市场充分地吸收这些信息并反映在恢复交易后的证券价格上,暂停时间的长短取决于信息的复杂性和投资者区域分布的分散情况。交易暂停对半强式有效市场是必要的,也是经常使用的交易规则。

在半强式有效市场中,由于公开可以获得的信息已经充分反映在证券价格中,投资者利用公开的信息进行证券交易,只能获得经风险调整而达到均衡后的平均投资回报率。因此只有利用未公开的内幕信息才可能获得超额利润。内幕信息交易是信息披露制度在半强式有效市场中必须认真面对的主要问题。

③强式有效市场。强式有效市场的主要特征是:所有的有用相关信息都反映在证券价格中,也就是说证券价格除了充分反映所有公开的有用信息外,也反映了尚未公开的或者属于保密的内幕信息。由于证券价格充分而且立即地反映市场上的所有信息,包括未公开的内幕信息,因此投资者无法以任何信息获得超额利润。它为人们描述了一种完美的理想状态:证券价格根据所有的信息(公开的和内幕的)自动作出充分反应与调整,证券管理部门可免于为禁止内幕交易而制定烦琐的规则;市场就如同一个理想的拍卖行,价格永远反映真实的潜在价值,按照市场价格进行交易的普通投资者也将享有包括内幕人了解的、未公开的信息在内的全部信息。

事实证明,强式有效市场形态在现实中是不存在的,比如市场对于收购要约公布的反应显示证券价格在公布之日有上升趋势。这表明在信息完全反映在价格上之前有人进行交易。[①] 在许多情况下,

---

① 也有人认为这可能是由于市场对购并宣布的预期而导致。

内幕人获利将大于非内幕人获利。几乎在所有的证券市场上,内幕交易均被严格禁止以保护投资者的利益。

在现实生活中强式有效市场虽然无法存在,但它却给信息披露制度一个有益的启示,也留给信息披露制度发挥功能的空间。① 它使信息披露制度必须致力于禁止内幕交易,同时强式有效市场的完美性促使人们在信息披露制度乃至整个证券法律制度方面对规范内幕交易进行不懈的努力。信息披露制度在有效地禁止内幕交易以维护证券市场公平的同时,也实现了证券市场的效率和金融资源的最佳配置。信息披露制度与强式有效市场的有趣关系正在于:信息披露制度使市场朝着强式有效的方向发展,虽然最终难以实现;市场的强式有效却使信息披露要求成为多余。因此,在人类追求完全有效资本市场的进程中,禁止内幕交易成为在现实市场条件下有效市场理论对信息披露制度的必然要求。

4.1.2 有效资本市场假说与强制性信息披露制度

(1) 有效资本市场假说对证券市场监管理论的影响

分析有效资本市场假说与证券市场监管理论的相关性,可以帮助我们获得对该理论的深入了解。

从政策层面分析,证券监管现实的目标本质上主要是解决投资者买入证券时支付了比其价值高的代价,或者在卖出证券时收到了比其价值低的代价的问题。如果市场是有效的,那么证券价格应当是价值的合理体现。因此,市场越有效,投资者越有可能以公平的市

---

① 在完全强式有效资本市场中,信息披露制度成为了多余。

场价格从事交易,也就越没有必要用监管手段确保价格的公平。进而言之,如果资本市场是完全充分有效的,价格在任何时点上就总是充分反映所有可获取的信息,"任何人都无法以其占有的信息在市场上获得超额利润,那么政府对信息披露的强制性要求就将显得多余的了"①。因此,理解有效资本市场假说,有助于看清中国证券市场的现实基础,并以此作为制定证券监管政策的依据。

从实践层面分析,首先,证券监管者总是以提高证券市场有效性作为讨论监管合理性的依据之一,因此,从理解证券监管力图实现的理想状态来理解证券市场有效形式是很有必要的。其次,证券监管者在实现市场有效性的时候,往往采取一些行政手段,这便产生了一些问题,行政干预对于实现市场有效性是否必要?会不会产生负面作用?如果必要,在什么样的限度内可以允许并且是合理的?有没有必要通过规则限制干预的空间?第三,证券监管者在日常管理事务中,经常以促进或者维护市场有效性作为行使其自由裁量权的依据,只有深刻理解有效资本市场理论,才有可能判断行使这种权力的有效性。

(2) 有效资本市场假说前提分析

有效资本市场假说认为:在一个有效市场中,投资者都能够利用可获得的信息力图获得更高的报酬;证券价格能够完全反映全部信息;市场竞争的存在使证券价格处于一个动态的均衡状态,而与新信息相对应的价格变动是相互独立的,或为随机漫步式的。可以看出,

---

① 高西庆:"强制信息披露制度与证券市场有效性",《上海证券报》1997年2月25日。

有效资本市场假说力图通过揭示证券价格与信息之间的内在联系，以说明资本市场的效率与信息的互动关系。然而，有效市场毕竟是经济学家创造出的一种理想状态，或者是为达到理想状态不可或缺的过渡性状态。为了使这一假说具有更直接、更深远的现实价值，我们必须讨论该假说的以下几个理论前提：

第一，证券市场必须是一个自由竞争的市场。

第二，所有有用的信息必须立即或者极少延误地、不带任何偏见地向市场和公众投资者公开披露。

第三，在证券交易过程中，没有交易成本。

第四，对证券交易各方来说，所有对投资判断有用的信息都可以无偿地获得。

第五，所有投资者对每种证券目前的价格和影响未来价格的信息的认识能达成共识，即所有投资者对信息的反应是相同或相似的。

如果一个证券市场能够同时具备上述五个理论前提，这便是一个完全有效的资本市场。然而到目前为止，有效资本市场之所以称为"假说"，而不是定律或规则，正是因为现实的资本市场很难同时满足这些前提条件。首先，完全自由竞争假设的焦点在于：证券价格的变化主要是由证券供需关系决定的，而证券供需关系的调整又是由于市场吸收了新的信息所引起的，但是现实中供需关系仅仅是影响证券交易价格的一个因素，市场中不完全竞争状态是普遍存在的。其次，现实市场中信息的传递并不总是及时的，由于传播媒体的传播速度以及其他因素的存在，很难保证所有市场参与者对同一信息的获取具有理论上的同步性，而且由于信息披露具有使其他公司受益却无法从其他公司获得对信息披露费用补偿的特征，在一个完全依靠市场力量约束的环境中,上市公司缺乏迅速、及时传播信息的动机。第三,信息成本与交易成本为零的前提在现实生活中是见不到的,这只是经济学分析的一种便利方法而已。第四,投资者的投资决策一致性意味着所有投资者对市场信息的反应是一致的,这要求所有投资者具有相同的心理预期。而事实上投资者根据信息所作出的心理预期存在两种情况:一种是同质预期①,一种是异质预期②。对同一信息,有人认为是利好,有人则认为是利空;对同一个市场,有人认为是牛市,有人则认为是熊市。试想,如果市场上所有投资者的反应都是一致的,那么证券市场上的买卖双方如何形成?从以上对有效资本市场假说前提条件的分析,可以得出结论:现实的资本市场很难完全满足这些理论前提,建立在完全有效证券市场假设基础上的证券监管无用论和自愿信息披露制度的主张缺乏有效的现实基础,在市场本身对信息披露的约束无效时,政府监管就成为必然的选择。非完全有效资本市场则恰恰为加强政府监管和强制性信息披露提供了理论支持。

(3) 有效资本市场假说的局限性

有效资本市场假设的局限性主要表现在:一是有效资本市场假说是建立在一系列的"市场完全性的假定"之上的;二是完全竞争状态是有效资本市场假说赖以存在的基础;三是任何投资者都不可能仅仅依靠市场信息一成不变地评价证券价格。这些局限主要是由于该假设对市场能力的过分倚重而导致的,表明在证券市场存在着市

---

① 同质预期的含义是一个理性的投资者作出何种决策,则其他所有的理性投资者将会作出同样的决策。

② 异质预期,即每个理性投资者所作出的决策是不完全相同的。

场机制本身无法克服的先天性缺陷,需要国家以立法的方式对证券市场进行适当干预。通过建立强制性信息披露制度,以法律手段强制上市公司全面、及时、准确地披露信息,将是医治资本市场有效假设局限性的一剂良方。

(4) 简短结论

围绕着有效资本市场假设展开的讨论之所以受到世界各国经济学界、法学界乃至证券市场管理层的普遍关注,其主要原因是它在证券市场管理应否采取强制性信息披露的争论中处于至关重要的地位。由于它同时具有支持和反对强制性信息披露的理由和可能性,因此迄今为止有关这一假设的探讨并未就政府应当在证券市场效率方面起什么作用得出统一的结论。毕竟,建立和完善强制性信息披露制度的过程也是法律界、经济学界对其有效性、合理性、公平性进行不断辩论、探索、求证的过程。

有效资本市场假设的有益启发在于:它在描述信息披露与证券价格之间关系的同时,也指出了与此相对应的证券管理体系和证券法规。对应弱式有效市场的应当是强式信息披露制度,即强制性信息披露法律制度。实证研究显示:"中国证券市场自1993年以来,总体已经达到弱式有效市场"[1];中国证券市场对公开信息已具有较快的反应速度,但未达到半强式有效市场。并在一定程度上体现了股市的高投机性和易为少数人所操纵。[2] 这种市场发

---

[1] 陈小悦、陈晓、顾斌:"中国股市弱型效率的实证研究",《会计研究》1997年第9期,第14页。

[2] 林国春、彭蕾:"中国证券市场的有效性与上市公司信息披露的规范化",《金融理论与实践》1997年第10期,第21页。

育程度和现实状况为我们主张强制性披露制度提供了有力的理论依据,并对我国改革、完善自己的证券监管制度具有不可低估的意义。

4.2 信息披露制度比较

上市公司信息披露制度又称公示制度或公开制度,指在证券市场上借助各种金融工具向公众筹集资金的证券发行公司在证券发行、上市、交易等一系列环节中,依照法律和证券主管机关或证交所的规定,以一定的方式向社会公众公布与证券有关的信息而形成的一整套行为惯例和活动准则。

4.2.1 主要国家及地区信息披露制度体系

(1) 上市公司信息披露的管理体制

上市公司信息披露的管理体制,是一国或地区对上市公司信息披露行为所采取的管理体系、管理结构和管理手段的总称,是上市公司监管体制的重要组成部分。狭义上,上市公司信息披露的管理体制主要指的是信息披露的管理机构组成及其监管职责划分;广义上,还包括确定管理机构监管职责以及规范上市公司信息披露活动的法律制度体系。

从监管部门职责划分来看,证券监管部门和证券交易所在上市公司信息披露管理中的地位和作用,既与一国或地区实行的证券监管体制密切相关,也与上市公司所披露信息的性质密不可分。上市公司在发行上市以后所进行的持续性信息披露,主要是由证券交易所进行监管,证券监管部门一般仅就重大事项或违规行为进行监管,证券交易所处于日常监管的第一线,发挥最主要的作用。

对于上市公司初次信息披露的监管,证券监管部门与证券交易所在职责上的划分主要取决于一国或地区的证券发行上市审核制度(表4—1)。

表4—1 上市公司信息披露监管职责划分比较

证券发行上市审核制度		初次信息披露监管	持续信息披露监管
注册制		以证券监管部门为主	以证券交易所为主
核准制	审批机构为证券监管部门	以证券监管部门为主(代表国家或地区:美国、日本、中国台湾)	以证券交易所为主
	审批机构为证券交易所	以证券交易所为主(代表国家或地区:英国、德国、法国、中国香港)	以证券交易所为主

资料来源:何佳,《中外信息披露制度及实际效果比较研究报告》,深圳综研字第0051号。

在核准制下,如果审批机构为证券交易所,则上市公司初次信息披露的监管职责主要由证券交易所承担,但通常证券监管部门也保留对上市公司有关违规行为进行问询和调查处理的权力。

(2) 上市公司发行信息披露

分析世界上一些典型证券上市公司的初次信息披露制度,主要有以下三个特点:一是以招股说明书为主要形式;二是上市公司在上市前发布上市公告,部分市场没有这一要求,有的市场上市公司在正式招股前可发布初步招股说明书,而多数市场只需要发布正式招股说明书,有的市场如中国台湾采取较为独特的方式(如以召开上市前业绩发布会的形式)进行上市前的信息披露;三是不同层次市场对招股说明书的内容要求并不完全相同,一般来说创业板市场上市公司招股说明书要求披露的内容要多于主板市场,特别是对公司业务发展目标的详尽描述、公司董事及主要管理人员的情况、风险因素的分析、风险警告说明等内容的要求较主板市场更为严格(参见表 4—2)。

表 4—2　主要证券市场上市公司信息披露形式

披露形式＼市场类别	美国	英国	日本	德国	法国	中国台湾	中国香港
招股说明书	Y	Y	Y	Y	Y	Y	Y
上市公告	N	N	N	N	Y	Y	Y
其他	初步招股说明书	AIM市场10通知	N	N	N	上市前业绩发布会	N

注：Y 表示有该种披露形式；N 则表示没有。
资料来源：同表 4—1。

（3）上市公司持续性信息披露

上市公司持续信息披露主要包括定期报告和临时公告(参见表 4—3、表 4—4)。

①定期报告。定期报告主要包括年度报告、中期报告、季度报告和月度报告。报告的性质不同，所要求披露的内容也不完全相同；市场不同，对定期报告披露的频率即报告间隔也不一样。其中，年度报告和中期报告的内容最为全面，也是各主要市场上市公司定期报告的主要形式；部分证券市场要求上市公司提供季度报告，但在内容上略少于年度报告和中期报告；而月度报告的披露内容最少，且只有个别市场要求上市公司披露月度报告。通常，创业板市场定期报告的披露频率要高于主板市场。

表 4—3　主要证券市场上市公司定期报告比较

市场类别	报告种类	年度报告	中期报告	季度报告	月度报告
美国		财政年度后90天内披露		季度结束后45天内披露	
英国	主板市场	财政年度后180天内披露	半个财政年度后120天内披露		
英国	AIM市场	财政年度后180天内披露	半个财政年度后120天内披露		
日本	东京交易所主板市场	财政年度后90天内披露	半个财政年度后90天内披露		
日本	Mothers市场	财政年度后90天内披露	半个财政年度后90天内披露	*	
德国	主板市场	*	*		
德国	新市场	财政年度后90天内披露		季度结束后60天内披露	
法国	新市场	财政年度后180天内披露	半个财政年度后120天内披露	*	
中国台湾	柜台买卖中心	财政年度后120天内披露	半个财政年度后60天内披露	季度结束后30天内披露	每月10日前
中国香港	主板市场	财政年度后150天内披露	半个财政年度后90天内披露		
中国香港	创业板市场	财政年度后90天内披露		季度结束后45天内披露	

注："*"表示具有该报告要求,但具体时间要求不详。

资料来源:同表4—1。

②临时报告。上市公司临时报告制度主要涉及两方面问题：一是披露标准；二是披露审查程序。临时报告的披露标准主要有两个：一是重要性标准；二是及时性标准。

前者衡量的是上市公司在发生什么样的事项时须进行披露，确定适宜并明确的重要性标准一直是各国或地区证券立法的理想，但是这一工作绝非易事。一方面，信息是否重要本身即有相对性，一件具体事项的发生对于不同的主体，因其规模、利润、资产、商业运营性质等不同，其重要性也不同；另一方面，确定重要性标准还存在一个平衡问题，即重要性标准既要使上市公司披露一切投资者合理投资决策所需要的信息，又不能使市场充斥过多的噪音。从实践中看，海外主要证券市场确定重要性的标准有两个：一是影响投资者决策标准，根据该标准，一件事项是否重要取决于其是否对投资者作出决策产生影响；二是股价敏感标准，根据该标准，一件事项是否重要取决于其是否会影响上市公司证券的价格。美国对重要性标准采用比较宽泛的双重标准制，即同时将影响投资者决策和影响上市证券市场价格并列作为判定信息重要性的标准，两者之间是或者的关系，只要符合二者之一便构成重大事项，信息披露的义务即告产生。日本采用投资者决策标准来界定重要性，将重要信息定义为"上市公司任何关于管理、营运财产的严重影响投资者决策的事实"。英国、德国、法国、中国香港和中国台湾对于重要性采用的是股价敏感标准。

后者解决的是上市公司在发生重大事项时应在什么时间进行披露，及时性是指上市公司毫不迟疑地依法披露有关重要信息。从上市公司的角度来看,及时披露重要信息,可使公司发生的重大事项和变化及时通知市场,使公司股价及时依据新的信息作出调整,以保证证券市场的连续和有效;从投资者来看,及时披露可使投资者依据最新信息及时作出理性投资决策,避免因信息不灵而遭受损失;从市场监管的角度来看,及时披露可缩短信息处于未公开阶段的时间,缩短内幕人士可能进行内幕交易的时间,减少监管的难度和成本。基于上述考虑,一些重要证券市场均将及时披露作为对上市公司临时报告的基本要求。

表4—4 主要证券市场上市公司临时报告及时性标准比较

市场分类	及时性要求
美国	1.美国联邦证券法要求,上市公司在发生可能影响投资者决策的重大事件时,须向其提交报告。该报告应于事件发生后5—15天内以8—K表格(外国发行人使用6—K表)的形式提交,具体时间期限视具体情况而定 2.NASDAQ市场规则规定,除特殊情况外,上市公司必须迅速通过新闻媒体向公众披露有理由认为会影响证券的价值或影响投资者决策的任何重要信息,上市公司还必须在通过媒体向公众披露重要信息之前通知NASDAQ。同时建议,上市公司最起码要在发布这样的信息之前提前十分钟通知NASDAQ
日本	立即公告,同时通知主管机关及证券交易所
英国	立即通知证券交易所,同时可向新闻媒体发布
中国香港	部分立即公告,部分经联交所审核后立即公告
中国台湾	一般在当日或此营业日前公告,向主管机关申报应在二日以内

资料来源:同表4—1。

从披露审查程序来看,根据证券交易所的上市规则及有关上市协议,对上市公司临时报告的审查主要由证券交易所进行,上市公司在发生某些重大事项时也须向监管机构报告。主要国家及地区证券交易所对上市公司临时报告的审查程序有两种模式：一种是事后审查，上市公司在发生重大事项时即时披露信息，同时向证券交易所及主管机关申报；一种是事前审查，上市公司在发生重大事项时要向证券交易所申报，经审核后才可公开披露。两种模式各有利弊，事前审查的好处在于证券交易所能较好地判断信息的重大影响程度，从而选择最佳的信息披露时机、方式，并采取合理的措施如暂停交易，但存在效率低、监管成本高的弱点，而且信息披露的时滞长。事后审查正好与之相反，具有效率高、监管成本低、披露更为及时等优点，但不容易在事前控制重大信息披露不规范的风险。香港联交所采取"部分事项事前审查、部分事项事后审查"的方式，即对于在一般性规定范围内的事项，上市公司可直接在指定报刊或指定网站上披露，而对于需要予以公布的交易及关联交易事项，上市公司须向联交所提交公告初稿，由其审查并按其意见修改后披露，因而能够较好地避免两种模式的弊端。

(4) 上市公司法律责任及民事救济

法律责任是上市公司信息披露制度体系的有机组成部分，主要证券市场都十分重视信息披露违规的法律责任，力求使违规者受到惩罚，利益受损者得到补偿，以维护市场的公平与公正。但上市公司对不同性质的信息披露，其应负的法律责任并不等同。截至目前，具有普通法传统的国家如英国、美国和加拿大等对于上市公司招股说明书下的法律责任及持续信息披露下的法律责任仍采用不同的标准和救济措施。长期以来，各国或地区在上市公司监管中一直强调对发行信息披露的监管,而相比之下持续信息披露未得到足够重视。反映在立法上,在前述所称的普通法传统国家,对招股说明书的民事责任通常采用普通法和制定法两种方式进行规定,伴随着较为充分的民事救济措施,形成了一种二元法律责任格局。在实践中,上市公司重大事项披露的违规行为涉及内幕交易、市场操纵或市场欺诈,由证券主管机关介入处理,除此之外,对上市公司持续性信息披露违规的处罚均由证券交易所进行。

概括起来,上市公司信息披露的法律责任主要有三种:行政责任、刑事责任和民事责任。确定法律责任的依据在各国或地区各有不同。规范上市公司信息披露的法律责任在美国主要是《联邦证券法》;在英国为《金融服务法》、《证券公开发行规章》及《公司法》;在日本主要是《证券交易法》、《公司法》和《有限公司法》;在德国为《有价证券交易法》、《证券发行说明书法》和《证券交易所法》;在法国主要为《民法典》;在中国香港主要有《保障投资者条例》、《证券条例》、《公司条例》、《失实陈述条例》、《盗窃罪条例》等,在台湾主要体现在《证券法》和《公司法》中。

除法律法规和行政规章外,证券交易所的市场规则或其与上市公司签订的上市协议中,也规定了上市公司违反信息披露规定应负的责任及证券交易所可采取的处罚措施。从主要市场来看,证券交易所的处罚是上市公司信息披露违规特别是持续性信息披露违规的处罚主体,对于上市公司在信息披露中违反上市规则或上市协议,证券交易所有包括警告、罚款、行业内通报批评、变更证券交易方式、认定上市公司有关责任人不具备某些执业资格、停市、取消上市资格、报送上级主管机关处理等多种处罚手段,对上市公司具有相当的威慑力和约束力。

4.2.2 我国信息披露制度体系

(1) 上市公司信息披露制度体系概述

当前规范我国上市公司信息披露的制度体系主要包括四个层次:第一层次为基本法律,主要是指《证券法》和《公司法》等基本的国家财经法律,还包括《刑法》等法律中的有关规定;第二层次是行政法规,主要包括《股票发行与交易管理暂行条例》、《股份有限公司境内上市外资股的规定》、《可转换债券管理暂行办法》等;第三层次为部门规章,主要是指中国证监会制定的适用于上市公司信息披露的制度规范,包括《公开发行股票公司信息披露实施细则》、《禁止证券欺诈行为暂行办法》、《证券市场禁入暂行规定》、《股份有限公司境内上市外资股规定的实施细则》、《公开发行股票公司信息披露的内容与格式准则》、《公开发行证券的公司信息披露编报规则》、《公开发行证券的公司信息披露规范问答》、《关于加强对上市公司临时报告审查的通知》、《关于上市公司发布澄清公告若干问题的通知》、《证券交易所管理办法》、《上市公司股东大会规范意见》、《前次募集资金使用情况专项报告指引》等;第四层次为自律性规则,主要是指证券交易所制定的《上市规则》。

总之,我国已初步形成了以《证券法》为主体,相关的行政法规、部门规章等为补充的全方位、多层次的上市公司信息披露制度框架。该框架从原则性规范到操作性规范,从信息披露的内容、形式到手段,都作出了较为合理的规定,基本与国际接轨。

(2) 主要监管部门及其相应的职责和权限

目前对上市公司信息披露进行监管的部门主要是证监会、两个交易所和中注协,但各自的职责和权限有所不同(表4—5)。

表4—5　中国监管部门的职责和权限划分

监管部门		监管职责	监管权限
中国证监会	发行监管部	审核境内企业直接或间接在境内外发行股票、可转换债券的申报材料并监管其发行活动;审核企业债券的上市申报材料	**处罚权:** 单处或并处警告;没收非法所得;罚款;暂停违法者从事证券业务或撤销其从事证券业务的资格 **调查取证权:** 进入违法行为发生场所调查取证;询问当事人,要求其对于被调查事件有关的事项作出说明;查阅、复制当事人和与被调查事件有关的单位和个人的证券交易记录、登记过户记录、财务会计资料及其他相关文件和资料;对可能被转移或者隐匿的文件和资料,可以予以封存;查询当事人和与被调查事件有关的单位和个人的资金账户、证券账户,对有证据证明有转移或者隐匿违法资金、证券迹象的,可以申请司法机关予以冻结
	上市公司监管部	指导、督促和检查证券交易所对上市公司信息披露的一线监督;负责与会计部协调处理上市公司信息披露中的财务会计问题,配合会计部起草、修订上市公司信息披露(定期报告、临时报告)的规则;组织收集、分析和处理市场和媒体对上市公司的情况反映;协调证券交易所与各地派出机构对上市公司信息披露、财务会计报告进行巡回检查和专项核查等	
证券交易所		深交所由上市公司管理部,上交所由上市部对上市公司的年度报告、中期报告和临时报告的信息披露进行监管,并对上市公司进行日常监管	**处罚权:** 警告;公开批评;公开谴责 **调查取证权:** 没有对上市公司的调查取证权,只能不断要求上市公司就可疑问题提供解释

中国注册会计师协会	拟定业务报备管理制度和业务检查制度,组织实施业务报备工作及年度业务检查工作;拟定对有关执业机构和执业人员职业道德、执业质量方面的投诉举报管理制度、办法,组织处理有关投诉举报专案查处工作,协调有关方面对行业职业道德和执业素质方面的监督、检查和处罚事项;拟定对违法违规的执业人员的处罚制度、办法,组织实施有关处罚处理工作等	处罚权: 对注册会计师:警告;没收违法所得;罚款;暂停执行部分或全部业务,暂停执业期限,最长为12个月;吊销有关执业许可证;吊销注册会计师证书 对会计师事务所:警告;没收违法所得;罚款;暂停执行部分或全部业务,暂停执业期限最长为12个月;吊销有关执业许可证;撤销会计师事务所 调查取证权: 没有对上市公司的调查权

资料来源:《证券法》、《股票发行与交易管理条例》、《违反注册会计师法处罚暂行办法》、《中国注册会计师协会秘书处机构设置及职责范围》、证监会网站、上海证券交易所网站。

由表4—5不难看出,在信息披露监管方面,证监会享有最为广泛的权力,也是最权威的监管者;交易所处于一线监管的地位,但其享有的权限较为有限;相对而言,中注协对上市公司信息披露的监管较为间接,主要是通过对会计师事务所的监督和管理实现。

(3) 上市公司发行信息披露

①招股说明书。招股说明书披露的基本原则是要求发行人将一切对投资者进行投资判断有重大影响的信息予以充分披露,以利于投资者更好地作出投资决策。凡对投资者作出投资决策有重大影响的信息,不论准则是否作出规定,均应予以披露。

招股说明书必须披露的事项包括:主要资料,释义,绪言,发售新股的有关当事人,风险因素与对策,募集资金的运用,股利分配政策,验资报告,承销,发行人情况,发行人公司章程摘录,董事、监事、高级管理人员及主要职员,经营业绩,股本,债项,主要固定资产,财务会计资料,资产评估,赢利预测,公司发展规划,重要合同及重大诉讼事项、其他重要事项,董事会成员及承销团成员的签署意见。

②上市公告书。上市公告书的披露采用强制性披露加自愿披露的方式,规定发行人对制度列举的各项内容应当进行披露。上市公告书必须披露的事项包括:要览、绪言,发行企业概况,股票发行承销,董事、监事及高级管理人员持股情况,公司设立,关联企业及关联交易,股本结构及大股东持股情况,公司财务会计资料,董事会上市承诺,主要事项揭示,上市推荐意见,备查文件目录。其中主要事项揭示是指公司股票发行是否发生或将会发生的对公司资产、负债和股东权益有较大影响的重要事项,已在招股说明书中披露的内容不再重复披露。

(4) 上市公司持续性信息披露

①定期报告。上市公司应当根据《公司法》、《证券法》及其他相关法律法规发布定期报告,定期报告包括:年报、中报、季报、月报。报告的性质不同,所要求披露的内容不完全相同,其中,年报和中报的内容最为全面,是上市公司定期报告的主要形式,其他报告形式可以适当简化。年度报告是上市公司在每个会计年度结束的 120 日内必须编制完成并立即向证券管理部门报送、同时向社会公众披露的定期披露文件。中期报告指上市公司在每个会计年度的前六个月结束后向证券管理部门报送,并在 60 日内向社会公众公告的定期披露文件。

②临时报告。临时报告制度弥补了定期报告信息披露滞后的缺陷,满足了投资者对公司信息披露及时性与迅速性的需要,上市公司在发生可能对公司股票市场价格产生较大影响或对投资者的投资决策产生重大影响的重大事件时,应立即将之向社会公众披露。

通过对中外信息披露制度体系的比较可以看出，海外成熟证券市场信息披露制度完备，可操作性强，具有完善、高效的责任追究机制以及较高的信息披露标准和严格的审核程序。我国证券市场尚处于发展初期，虽然在上市公司信息披露制度建设方面已取得了很大成绩，但与国外成熟证券市场相比较，当前我国在上市公司信息披露制度体系上还存在许多问题，这些问题将在下一节作详细分析。

4.3 我国现行上市公司信息披露制度的相关问题

4.3.1 信息披露制度环境存在的问题

(1) 信用体系

随着市场经济体系的逐步建立和完善，我国的经济发展取得了举世瞩目的成就。但由于我国符合市场经济的企业及个人的信用体系尚未健全，授信主体很难通过市场获得受信主体的真实信息。另外，经济转轨时期我国的立法及执法体系还不健全，企业及个人制造虚假信息几乎不受成本的约束，虚假信息的普遍存在进一步加剧了信用市场中的信息不对称程度，使授信主体面临严重的道德风险问题，造成我国信用市场的信息约束，也是目前我国证券市场上信息虚假披露泛滥的根本原因。

(2) 公司治理

在公司治理结构中，董事会功能不完善，董事兼任高级经理的现象严重,董事会无法行使其监督功能,独立董事制度极不规范,中小股东利益得不到有效保护。占绝对比重的国家股股东没有监督董事会的意愿和能力,监事会又受制于公司管理层,其行为很难独立。董事会、监事会内部各职能委员会功能不全,实质上不独立,比如审计委员会不能正常发挥其作用而使管理者由被审计人变成了审计委托人,薪酬委员会制定的管理者激励方案又会导致其产生制造抬高股价信息的强烈动机。股东大会、董事会、监事会、管理层以及职工大会不能真正发挥相互制衡的作用,没有真正履行各自的职责,股东对管理层是弱约束,致使管理层集决策权、管理权、监督权于一身,内部人控制现象严重。公司负责人和财务主管消极对待会计责任和信息披露责任,为内幕交易、操纵市场打开了方便之门。关于公司治理结构披露的规定针对性不强,披露时效相对滞后。缺乏具有权威性、完整性、合理性及有效性的内部控制标准体系。

(3) 中介机构

中介机构主要包括会计师事务所、律师事务所和券商,其中会计师事务所尤其重要。目前我国在这方面存在的问题,一是会计师事务所缺乏独立性,公司的外部审计监督很难发挥作用;二是会计师事务所体制存在问题,合伙制推行比较困难;三是会计师事务所规模普遍较小,业务收入偏低,注册会计师队伍素质不高,无法保证执业质量。

4.3.2 信息披露制度自身存在的问题

(1) 宏观层面

①有关法律责任规定欠缺。根据我国《证券法》及其他有关法律

规定,上市公司所有信息披露文件包括招股说明书、定期报告和临时报告均适用于统一的法律责任,符合信息披露法律责任规定的发展方向,这是其先进性的一面。但存在一定欠缺,主要体现在:一是《证券法》中仅就违反信息披露真实性和准确性的行为规定了民事赔偿责任,而未将违反信息披露及时性标准的行为纳入民事赔偿责任条款;二是从招股说明书的披露来看,投资者与上市公司之间存在一种契约关系,而严格来说对于临时报告的披露,上市公司与投资者并不具有契约或合同关系,因此在界定法律责任时,应针对不同人、不同标准规定不同的举证责任、抗辩事项和损害赔偿范围,目前我国的证券法规在这方面缺乏明确规定;三是我国现行的证券法规规定,违反信息披露规定的责任人要承担行政责任、刑事责任和民事责任,但对于披露行为违规如何认定、怎样追究责任人的民事责任、责任人之间的责任如何划分等问题,或未涉及,或规定过于原则、抽象,不易执行,给具体的司法实践带来困难。

②部分信息披露标准有待调整。我国对信息重要性标准的立法采取的是二元标准,即对招股说明书和定期报告适用"投资者决策标准",而对临时报告适用"股价敏感标准"。这一立法特征体现了当今世界对于上市公司信息披露监管的普遍性理解,不能认为其存在重大缺陷。因为在一个市场有效、监管健全的证券市场中,投资者决策标准与股价敏感标准并不存在必然的冲突,相反在很多情况下是一致的。

但是,从理论上看,投资者决策标准涉及的因素与考虑的范围远比股价敏感标准广泛,证券价格只是投资者作出理性投资决策所考虑的重要因素之一,而其他诸如发行人未来前景、市场整体状况等都是投资者需要考虑但无法为股价标准所容纳的因素,显然证券价格标准相比之下略为狭窄。另外,投资者决策标准要求上市公司站在投资人的立场上评价信息的重要性从而决定是否披露,此时公司必须考虑的不完全是信息披露对自己的影响,而更多的是考虑对投资者的影响,体现现代证券法"保障投资者利益"的精髓;而股价敏感标准仅仅要求上市公司考虑信息对证券价格的影响,虽然价格是影响投资者决策的主要因素,但由于侧重的是价格,因此体现的是"买者自负风险"原则。因此,投资者决策标准比股价标准更严格,也更符合现代证券监管的目标。从实践来看,由于重要性标准直接与市场操纵、内幕交易等法律责任密切相关,采用不同标准对受害人的经济损害程度是不一样的。采用投资者决策标准,受害人只需证明一则信息足以影响一般理性投资者的决策,就可以直接适用民法中已成型的制度设计,增加了其获得救济的可能性。而采用股价标准加大了受害人的举证责任,增加了其举证负担。

③部分立法形式欠合理。立法形式欠合理表现在上市公司信息披露制度中的初次披露和持续披露两部分,在《证券法》中本应将发行信息披露和持续信息披露分别列入专门规定证券发行、证券交易的章节中。然而,《证券法》却将关于发行信息披露的第六十九条列入第三节"持续信息公开"之中,将两种不同性质的信息混同一并规定。严格说来,这种立法框架是有欠科学的,有的信息披露义务人故意利用这种立法上的漏洞不披露对自己不利的信息或进行虚假披露,也有一些信息披露义务人因为难以充分理解该部分法规而造成信息披露不当。这些行为都可能误导投资者,造成其不合理的投资决策。

④现有法律中缺乏合适的诉讼机制。司法实践中,中小受害投资者在向不法行为人追究民事赔偿时,因为现有法律缺乏合适的诉讼机制,致使投资者的损失事实上得不到赔偿。从我国现有的法律依据来看,只有代表人诉讼制度有法律支持,但它在实际操作中有不

少困难。首先,由于证券民事诉讼一旦发生,股民人数众多,如何选定代表人在操作上十分困难,因为诉讼代表人需要具有相应的诉讼行为能力,能够正确履行代表义务,善意维护被代表的成员合法权益。其次,在诉讼过程中,人民法院可以发布公告,说明案件情况和诉讼请求,通知权利人在一定的期间向人民法院登记,但众多股民所遭受的损害数额可能不大,一些权利人为避免麻烦不来登记,并且在诉讼时效内也不主张权利,违法者受判决确定的赔偿额大大低于其违法所得利益,这样民事责任不但不能起到最大限度地救济受害者的作用,反而放纵了违法行为人。另外,诉讼期间若有变化,诉讼代表人需要召集其所代表的股东开会,取得其授权,这在股东人数众多的情况下很难实现,即便实现也要付出极高的成本。

(2) 微观层面

①**现行上市公司收购信息披露制度**。实际操作中,收购发生到披露这段时间,广大投资者在不知道事实发生的情况下进行正常交易,期间往往因有关传闻而导致股价的波动,这段时间越长,对广大投资者越不公平。另外,相关法规如《证券法》、《持股变动信息披露管理办法》、《上市公司收购管理办法》和证券交易所股票上市规则不尽一致,持股目的和计划披露过于简单含糊,不了解"一致行动人"之间到底有何关系,"一致行动人"持股动机如何和未来是否增持,收购后对上市公司有何计划,投资者难以作出信息充分的决策。

②**关联方关系及交易的披露**。按照国际惯例,上市公司的关联关系及其交易应作为法定的信息公开告知投资者。公司利用关联交易故意人为地做高或做低企业经营业绩,交易价格往往与市场价值背离,增加了市场风险。《关联方关系及其交易的披露》准则和中国

证监会对关联交易作出了一些解释,但不完善,尤其是目前我国公司实务中已存在为实现特殊目的而双向持股的现象,但准则未考虑双向持股的关联方关系。

③募股资金使用。目前我国有些上市公司在招股说明书中将拟筹集资金的使用方向描述成高回报、低风险,当资金到位以后,公司就任意变更筹集到的资金的投向,把资金投入到风险较大的项目,将自己对投资者的承诺抛在了脑后。项目成功,筹资人可以从中获得较大的利益,投资者却得不到额外的好处;项目失败,筹资人没有什么损失,而投资者将承担全部损失,也就是说,投资者将因筹资人的这种行为承受比预期更高的风险及利益损失。筹资人随意变更募集资金的使用方向不但损害了投资者利益,对公司本身的长远发展也不利,同时还影响到资本市场的资源配置效率。但是我国现行法规对这种行为却没有具体地加以规范,致使这种行为在市场上泛滥,严重削弱了投资者对证券市场的信心。

4.3.3 信息披露监管制度存在的问题

(1) 宏观层面

①监管框架的缺陷。我国证券市场监管现状基本属于政府监管。综观证券法律法规条文,涉及政府监管的条文量多且明确具体,监管方法多样化,管理程序细节化,处罚措施详尽化,对于监管机构的权限职责等也十分详细。强化政府监管固然很重要,但完全依赖政府来监管市场是不科学的。

②监管根本目标事实上的错位。各国都以投资者利益保护作为证券立法的根本目标和基本原则,我国也不例外。无论是一般证券法,还是具体的信息披露制度,都是以投资者利益保护为根本目标。

但在监管实践中,这一根本目标没有得以体现。尽管从文本上看,投资者利益保护是证券法一般立法和信息披露专门法规的根本目的,但在实践中投资者的利益并没有受到有效的保护。事实上,由于投资者所受的巨额损失没有得到相应的赔偿,也没有起到对潜在违规者的威慑作用。

③监管部门的职权设置不利于对信息披露违规的监管。交易所作为一线监管部门,主要通过上市公司提供的报告发现问题,发现问题后,可以要求上市公司不断解释以澄清疑问,但不能对可疑问题作出实质性判断。由于交易所没有对上市公司的调查权,所以对信息披露真实性的监管能力有限。证监会有更大的调查权和处罚权,但以证监会目前的人力和物力条件,也面临与交易所类似的专业性障碍,很难及时发现问题。

(2) 微观层面

①证监会和交易所监管存在的主要问题

一是不能及时发现问题。IPO中,由证监会负责信息披露监管,但从已经查处的案件来看,不少在招股说明书中就严重作假的不法行为并没有被及时发现。交易所对上市公司信息披露的监管主要是在持续披露阶段,尽管有两道防线,但两道防线各自本身就有许多漏洞,即使前后设防,也不能及时、有效地发现问题。

二是监管力量薄弱。负责上市公司首次发行股票相关信息披露材料审查的是证监会发行监管部,目前发行部在持续信息披露监管方面,人力明显不足,很难实现对上市公司持续信息披露的持续的监管。人力的相对不足势必造成分工的相对不专一,再加上岗位的变动,因此很难及时、有效地发现违法、违规行为。

三是处罚不力。实践中已经发生的多起证券欺诈案,如苏三山事件、琼民源虚假报告等等,没有一起对无辜投资者遭受的损失给予补偿;相反,实际上对违规上市公司处罚的直接经济后果和引起的股价下跌,进一步加剧了受害股东的损失。1998年被查处的红光实业案中,尽管证监会处罚的力度很大,但采取的仍然是行政处罚的办法,广大受害投资者却没有获得应有的补偿。① 为上市公司出具虚假的审计报告、资产评估报告和法律意见书的事件仍层出不穷,对许多作假的中介机构并没有完全按照规定进行处理。

②中注协监管存在的主要问题

一是行业监管体制有待进一步理顺。由于我国市场经济还不发达,经济条块分割和地方本位主义在一定程度上存在。为了本地经济利益,地方政府通过对地方注册会计师协会的控制介入注册会计师行业市场管理,进一步削弱行业自律监管体系的权威性。比如,地方政府为保证本地公司取得上市资格,就通过高估资产、虚报赢利、虚假包装来造假上市。如ST英达公司上市时,有关部门将其所在市轻工系统的一些无关资产作价并入公司,连同其他相关资产,虚增资本数千万元;永久股份公司上市时,经认定,有据可查的国有股本就多估约6 000万元,有关部门还给该公司增加一批富余人员,使其背上了沉重的包袱。②

二是行业监管人员不足。国际会计师职业发展的历史经验表明,注册会计师事业要有较大程度的发展和提高,必须要有一个强有力的具有权威性的行业组织。如美国注册会计师协会(AICPA)共有700余名专职职员致力于协会的日常工作;德国特许会计师协会

---

① 王利明:"我国证券法中民事责任制度的完善",《法学研究》2001年第4期,第18页。

② 马腾:"权威报告直斥监管层 股市黑幕大曝光",《21世纪经济报道》2001年第7期,第19页。

(IDW)仅有7 000余名个人会员和不到1 000名事务所会员,就配备有80余名专职人员来负责协会的日常工作;而加拿大注册会计师协会(CGA)仅有5.5万余名会员,就配备有160余名专职工作人员,每年还有700—800名来自于大学、会计公司、企业的独立自愿工作者参与协会工作。截至2006年底,尽管我国注册会计师协会已拥有15.4万会员,执业会员7万余人,但中注协的专职人员却不到200人。而作为执行《注册会计师法》所赋予监管职能的监管部,其工作人员仅为11人。

三是处罚力度不够。由于目前我国赔偿制度和刑事处罚制度的欠缺,使得注册会计师及事务所的违规成本极低,起不到有效的威慑作用。到目前为止,对注册会计师及事务所的处罚仅限于行政处罚,还没有会计师或会计师事务所因参与造假或重大失职,向遭受损失的投资者作出民事赔偿。而美国的"厄特马斯主义"[①]则认定注册会计师不仅对受损失的第三者负有赔偿责任,在其工作存在重大过失和欺骗时,还应对未指明第三者负责任,相比之下,我国的处罚力度过于宽松。

4.4 我国上市公司信息披露制度建设的建议

4.4.1 改善信息披露制度的基础环境

为了切实提高上市公司信息披露质量,须从以下三个方面入手改善信息披露制度的基础环境。

---

① 1931年厄特马斯公司对杜罗斯会计师事务所一案,确立了"厄特马斯主义"的传统做法。

(1) 信用体系建设

①**培养信用观念和意识**。在市场经济环境下,市场主体的行为准则首先是讲信用,无论是个人还是法人主体,都必须树立守信的意识,形成信用是一种财富,是市场经济通行证的共识和理念。在全社会树立并提高讲诚信的公德意识,营造良好的社会信用环境。

②**培育社会信用监督机制**。一方面要加大法律的监督作用,尽快建立和完善失信惩罚机制,加大失信成本,使不讲信用者或信用不佳者难以立足;另一方面要加强社会的舆论监督,形成诚信光荣、失信可耻的社会氛围。

③**建立开放的企业和个人信用信息系统**。加快信用立法进程,建立健全企业和个人的信用评级制度,规范信用信息的传递机制,借鉴国外资信评估机构积累的丰富的信用评估经验,逐渐形成一套科学的评估体系。

④**完善信用管理体系**。建立全程信用管理模式,实施事前控制、事中控制和事后控制的信用管理流程,最大限度地降低信用风险。

(2) 完善公司治理结构

在持续监管中应推动《上市公司治理准则》的实施,完善配套规章制度,明确公司股东、董事、监事和高管人员应当遵循的基本行为准则,提升上市公司治理水平。

①**积极稳妥地推进上市公司股权结构的调整**。随着股权分置改革的进行,尽快从根本上解决国有股流通问题,并应大力发展机构投资者,中小股东可以委托其进行投资活动,并切实解决国有股的所有者缺位问题,使国有股东能够真正参与公司管理,从而改善公司治理结构。

②改善董事会结构。改善独立董事制度,增加外部董事和独立董事在董事会中所占的比重,并增强其独立性;减少董事会与高层管理人员的交叉任职;在董事会内部分设各专业委员会,加强其职能并保持其履行职责时的独立性,如主要由独立董事组成的审计委员会全面负责与公司审计有关的事宜,将公司审计部置于审计委员会的领导之下;健全董事会的监督机制,在对董事长、经理进行监督的同时,应规定董事相互监视的义务,建立董事对第三人承担责任的规则。

③健全监事会制度。应对监事的任职资格作出限定,赋予监事会聘用注册会计师事务所检查公司财务的职权,强化监督职能;建立外部监事制度,即经过法定程序,由股东、公司职工等相关者以外的监事进入大中型公司监事会;应对监事没有忠实履行职务而造成经济后果的法律责任作出规定,当董事、经理损害公司利益而监事未忠实履行监督职责时,监事应承担连带赔偿责任。

④加强外部力量对公司的监督作用。首先,应强化债权人对公司的监督制约机制;其次,改善政府相关部门对公司的监督;再次,提高社会公众对公司的舆论监督作用。

(3) 加强对中介机构的监管

加强对中介机构的监管,引导其完善内部控制,忠实履行职责,提高业务水平,树立诚信和自律意识,培育市场自身约束机制。一是要完善以政府监管为主导的职业发展模式,明确监管部门的职能分工。二是在经济欠发达地区和小型企业密集地区大力促进个人独资事务所的发展,以个人承担无限风险责任的方式来提高注册会计师报告的真实性。三是加大对会计师事务所和注册会计师的违规处罚力度,建立和完善个人财产登记制度和共有财产分割制度。四是为了防止上市公司以降低审计收费来施压于会计师事务所，甚至更换会计师事务所，也为了防止会计师事务所以降低收费标准而招揽客户，有关监管部门应当要求上市公司在每年的年报（或内部报告）中披露（或说明）审计活动的收费情况，对于那些与行业收费标准偏离较大的收费，应解释偏离的具体原因。五是政府监管部门应鼓励会计师事务所跨地区执业，推进注册会计师事务所全国化而非地区化。

4.4.2 完善信息披露制度的建议

（1）宏观层面

首先，调整部分信息披露立法标准。如将信息披露的重要性标准由目前采用的投资者决策标准与股价敏感标准二元标准调整为统一的投资者决策标准。其次，完善法规体系，强化民事责任。建立和完善系统化的相关法规体系，健全信息披露的政策框架，加快《证券交易法》、《投资公司法》、《投资咨询法》、《信息披露法》等法律制度的建设。同时，加强和细化对证券民事责任方面的规定，明确不同违规行为所适用的司法程序，形成一个适宜的、畅通的上市公司信息披露法律追究和惩戒机制。再次，明确证监会和交易所等监管部门的职权划分，避免多头监管和监管缺位；规范处罚权；提高证监会和交易所行使职权的实际能力。

（2）微观层面

我国信息披露制度的具体规则很多，对信息披露行为的规定比较详细，不过还存在前文所提及的一些问题，针对这些问题，我们认为应在如下几方面作出改进：一是在上市公司收购方面，制度应要求大股东及时披露尽可能多的情况,为投资者提供更加充分的信息,同时要均衡考虑持股披露义务点的确定,既要顾及收购方的利益,又要顾及广大中小股东的利益。二是在关联方及其交易方面,对于故意隐瞒、迟延披露的问题,应加大惩治力度;对关联交易披露形式不规范的问题,需要制定关联交易披露的标准格式。三是要完善募股资金使用规则,以限制有些公司随意或恶意变更募股资金使用方向的动机或行为,保护广大投资者的利益,在募股资金使用方向确实已不适应客观环境时,上市公司应将筹资剩余退还给投资者,对于更好的投资项目可以重新筹资。或者可以考虑在证监会设置募集资金使用监管部门,由其代理广大中小投资者监督募集资金的使用,审查募集资金使用投向变更的合理性。

4.4.3 完善信息披露监管的建议

(1) 改进信息披露监管体系

借鉴国际惯例,将上市公司信息披露的监管集中到两个层次:一个层次是中央级的证券监管部门,负责对全国上市公司进行宏观监管,统一制定证券市场政策和上市公司信息披露规范。这里应注意加强研究工作,尤其是研究先进市场对上市公司信息披露监管的经验和做法,加以借鉴。另一层次是证券交易所,它遵循中央证券监管部门的规定,对上市公司的日常活动和信息披露进行具体、详细的监管。

(2) 建立上市公司信息披露监察员制度

由中国证监会及其驻各地派出机构委派信息监察员到各上市公司,对上市公司信息的生成和披露加以监督。信息监察员在企业中行使职权时应保持高度的独立性,不得持有公司股份,一切工资、待遇、任免、考核均由证监会负责。中国证监会应适时深入公司实地,实施严格检查。证监会还应与交易所协作,证监会发现问题立刻质询交易所,交易所发现问题马上上报证监会,形成联动监控。

(3) 改进监管手段

表 4—6 表明,交易所处罚的权威性较弱,而证监会的处罚对上市公司具有较大的震慑力;以内部批评为主的处罚手段的有效性非常有限,没有起到阻止再犯的效果。由于交易所处于监管一线,应增强交易所处罚的权威性,加大处罚力度,提高其处罚对上市公司的威慑力。

表 4—6　不同处罚手段导致再犯的统计分析

第一次处罚种类及次数	第二次处罚(再犯)种类及次数				
	内部批评	警告	公开谴责	责令改正	小计
内部批评	135	11	7	9		27
证监会处罚	26	2				2
公开谴责	50	1	1	4		6
责令改正	4	1	1			2

注:未表明处罚部门的均为交易所作出的处罚。(表中数据截至 2001 年 10 月)

(4) 加强对上市公司信息披露材料的审核

可以借鉴美国的做法,美国证券交易委员会对上市发行的信息披露材料进行形式上的审查,不对其是否可以给投资者带来收益作评论,而对持续性信息披露材料进行详细审查,只要发现有可疑之处马上听证、调查。一旦发现问题,证券交易委员会立即停止有关发行的效力,对有关责任人作出行政处罚或提出民事起诉甚至移交刑事起诉机关处理。

(5) 加强对信息披露媒体的监管

针对信息披露媒体信息内容缺乏权威性、可靠性，易误导投资者，信息内容一般未深加工、信息重复、价值不高，信息缺乏系统性和完整性等问题，一方面证监会要对信息披露媒体进行有的放矢的监管，另一方面由证监会建立完善的全国性信息发布系统，保证信息披露的统一性、准确性和充分性，使广大投资者能够方便、快捷、廉价地获取所需要的信息。

要改善信息披露监管，还应注意建立规范的证监会、交易所的信息公布制度，并保证信息传输渠道畅通，提高信息披露的时效性和信息分布的均衡性。同时，提高监管的科技含量及监管人员的综合素质也非常必要。

第五章 独立董事制度

5.1 独立董事制度的理论基础
——委托代理理论

委托代理理论是研究非对称信息条件下委托人和代理人之间经济关系的理论。根据詹森(M. Jensen)和梅克林(W. Meckling)的定义,委托代理关系是指这样的一种明确或隐含的契约,根据它,一个或多个行为主体指定、雇用另一个或一些行为主体为其提供服务,同时授予后者一定的决策权,并依据其提供服务的数量和质量支付相应的报酬。授权者就是委托人,被授权者就是代理人。

5.1.1 委托代理关系产生的原因

委托代理理论认为,委托代理关系存在一定的风险,该理论的假设条件是每个人都为私利所推动,当企业利润最大化的共同行为与个人私利行为不一致时,就会产生代理成本,即委托代理风险。委托代理风险有二:一是逆向选择,二是道德风险。

产生委托代理风险的原因有三个:第一,委托人与代理人之间的效用目标函数不一致。委托人与代理人的效用目标函数通常并不完全一致,存在着利益上的冲突,产生了激励不相容或目标不一致问题。第二,信息不对称。委托人与代理人所掌握的信息是不对称的,委托人关于代理人行为或关于代理人工作努力程度的信息是不完全的,代理人有动机通过损害委托人的利益而使其私人利益最大化。第三,契约不完全。不完全契约理论认为,委托代理关系是一种契约关系,但由于不确定性的存在,委托人和代理人之间不可能在事前签订一个完全契约来约束代理人的行为。

要减少代理成本,可以有以下两种方式:①使代理人承受部分风险的同时索取部分剩余收益,即使他成为委托人当中的一分子;②委托人必须采取一定的手段监督、制裁代理人。现代股份公司的发展使得股权结构分散,代理人持有小部分公司股票对其激励约束作用非常有限,因此股份公司重点采取监督、制裁代理人的方式来减少代理成本,即一个规范、有效的公司治理结构是上市公司所必需的,独立董事制度是完善公司治理结构的关键一环。

5.1.2 委托代理关系

委托代理关系一般是指代理的内部关系,即委托人与代理人之间的代理关系而言的。詹森和梅克林把委托代理关系定义为:"一个人或一些人(委托人)委托其他人(代理人)根据委托人利益从事某些活动,并相应授予代理人某些决策权的契约关系。"[1]约瑟夫·E.施蒂格利茨(Joseph E. Stiglitz)认为,委托代理关系是委托人(比如说雇主)如何设计一个补偿机制(一个契约)来驱使另一个人(他的代理人,比如说雇员)为委托人的利益行动。在委托代理关系中,委托人与代理人之间具有一种内部授权关系,它是基于代理权而产生的委托人与代理人之间的契约关系。

---

[1] Jensen Michael & William Meckling,"Thoery of the Firm:Managerial Behavior, Agency Costs and Ownership Structure," *Journal of Financial Economics*, vol. 3, 1985, p. 305—360.

委托代理理论认为,如果代理人能够完全为委托人利益行事,则这种代理关系不会产生额外成本,也不存在所谓代理问题。然而,代理人与委托人毕竟是不同的人,他们之间存在着两个方面不对称:一是利益不对称;二是信息不对称。在这两种情况下,委托人的利益都会受到损失。委托人为了防止代理人损害自己的利益,就需通过严密的契约关系和对代理人的严密监督来限制代理人的行为,这样做就必须付出代价,这种代价就是代理成本。代理成本过高时,也会使委托人本身的利益受到损害,这样,就需要建立一套既能够有效地约束代理人的行为,又能激励代理人按委托人的目标和为委托人的利益而努力工作,从而大大降低代理成本的机制或制度安排。

正是由于委托代理问题的存在,使得公司中的高级管理人员为了自身的利益很有可能损害股东的利益,因此股东为了维护自身的利益,完善公司治理结构,提出在董事会中设立独立董事,对公司的重大事项进行监督,于是产生了独立董事制度。

5.2 独立董事制度的国际比较

5.2.1 美国的独立董事制度

(1) 美国独立董事制度的起源和发展

独立董事制度发源于美国,也以美国的独立董事制度最为成熟,早期的独立董事可追溯到20世纪初期,当时美国公司自愿设立外部董事组成监督委员会。最初的外部董事基本上是公司的创业者,他们从"第一线"上退下来,但仍保留在董事会当中起监督与顾问的作用。1930年,美国证券交易委员会建议公开上市公司采用外部董事制度。1940年美国颁布《投资公司法》第10(A)条规定，投资公司董事会40%的成员必须由和投资基金顾问无关联的人组成，它包括辅助董事和独立董事两类人员。至此，独立董事制度第一次以法律的形式确立起来。

1940年《投资公司法》对独立董事的独立性条件很宽松，根据其第10(A)条规定的条件仅为外部人士即可，并无独立性的具体标准。1970年美国国会通过了《投资公司法修正案》，其核心在于增强董事的独立性。在修正案中，国会把独立董事必须的"独立"定义作了改动，从"非附属"变成了更加严格的"公正无私"。1977年，经美国证券交易委员会批准，纽约交易所引入一条新条例，要求每家上市的本国公司"在不迟于1978年6月30日以前设立并维持一个专门由独立董事组成的审计委员会，这些独立于管理层的董事不得有任何会影响他们作为委员会成员独立判断的关系"。1991年美国证券交易所也正式规定上市公司至少应有两名独立董事，并需成立监督委员会，其成员之过半数应由独立董事组成。1998年美国密歇根州对其公司法进行了修正，在世界上第一次以法律的形式规定了独立董事的独立性的具体标准。密歇根州公司法第450条对外部董事资格要求主要是能力(competence)与独立(independence)，并规定了独立董事的特别权力。[1]

从美国独立董事制度的起源和发展的历程我们可以看出，20世纪70年代以前美国独立董事制度并未形成具体的普遍遵行的制度规范。美国公司大多是根据公司特点自愿设立独立董事制度，而且对独立董事的独立性并不作严格的要求，在定义上对独立董事(in-

---

[1] Michigan Corporation Code 450. 1515. www.wayne.edu/Kes/corp/Michcode/Mich-toc.htm.

dependent director)与外部董事(outside director)并不加以区分。独立董事制度的发展,标志着美国现代公司制度的发展已进入分工制衡时代。独立的外部人士进入董事会的确使董事会的组成和功能产生了革命性的变化。各大公司的独立董事一般由以下人士组成:一是股东代表,70年代以来主要是机构持股者的代表,也有个别的个人投资者;二是相关公司的代表;三是有经验的相关公司领导人;四是大学商学院教授和社会知名人士。

(2) 美国独立董事的选任

独立董事是董事会成员,同样应遵照法律和公司章程的规定对独立董事进行选任。美国公司对独立董事选任主要在独立董事的资格审查、提名、投票方式等方面进行规定。

①独立董事的资格。独立董事的资格是指担任独立董事的条件,分为积极资格和消极资格。积极资格是指担任独立董事必须具备的条件,如必须具有公司一定数额的股份、须为本州或本国公民等;消极资格是指担任独立董事不得具备的情形,如未成年人、个人破产者、有巨额负债者、因刑事犯罪刑满释放不足规定年份者等。

20世纪以前,美国公司法常把资格股份和国籍作为董事的积极资格予以强制规定。关于独立董事的消极资格,美国《示范公司法》以及大多数州公司法都未规定独立董事的消极资格,相信公司的股东们有权利也有能力选任自己认为适合的董事。

在对独立董事资格进行考察时,一个总的原则是要求考虑独立董事所服务的组织的需要。这些需要受各种各样的因素的影响,包括公司规模、成长阶段、财务状况、市场、竞争和技术变化。同时考虑这些需要与一名独立董事在时间、经历、专长和信息方面的特点是否相对合理。另外,董事的品格与性格亦是要考虑的重要因素。

②独立董事候选人的提名。独立董事选任程序中首先的一步也是最重要的一步就是独立董事候选人的提名。美国公司一般的做法是由董事会提名董事候选人。如通用汽车公司董事会的职责之一就是"向未来的董事发出加入董事会的邀请"。① 《道·琼斯公司治理原则》规定董事会的基本职能之一为:"选择并向股东推荐进入董事会的人选"。现代美国大型公众公司一般在董事会中设立提名委员会,由提名委员会对董事、高级管理人员候选人进行提名。第一届董事的提名则沿用英国1948年公司法的规定,由公司组织大纲的签名者或他们中的大多数成员来决定。②

③独立董事的投票选举方式。独立董事的投票选举是股东大会的一项重要职能,美国公司更注重股东权利的保护,所以美国公司章程一般都规定董事由股东大会选任。《道·琼斯公司治理原则》规定:"股东选举公司董事",《美国商业圆桌会议关于公司治理和美国竞争力的声明》(1990年3月)也推荐独立董事应由股东大会投票选举决定。关于股东投票方式的一个重要的问题是累积投票制的采用。累积投票制是指,一个股东在选举董事时可以投的总票数等于他所持有的股份数乘以待选董事人数。股东可以将其总票数投给少于待选董事总数,而集中投给一个或几个董事候选人。这种方式有助于少数股东的代表当选为董事。③ 美国的伊利诺伊州率先于1870年采用了强制性的累积投票制,该州的《商事公司法》第28条作出了强制性明文规定,其他的一些州后来也纷纷采纳了这种累积投票制。但是,20世纪50年代以来,美国采用强制性累积投票制的州越来

---

① 李维安:《中国公司治理原则与国际比较》,中国财政经济出版社2001年版,第398页。
② 张民安:《现代英美董事法律地位研究》,法律出版社2000年版,第4页。
③ 张开平:《英美公司董事法律制度研究》,法律出版社1998年版,第147页。

少。至今只有加利福尼亚州、肯塔基州和密苏里州仍然采用强制性的累积投票制，而最先提出这一制度的伊利诺伊州则于1959年废除了这种强制性规定。目前大部分州是采取选择接受累积投票制。

从累积投票制在美国的兴衰来看，它实质上是大股东与小股东、股东与公司董事及管理层之间利益冲突性质不断演变的结果。在公众公司中，对立的董事会结构是对自由市场经济的巨大妨碍，尽管分别选举董事能给股东带来控制利益。不管是否采取累积投票制，独立董事都不应由小股东单独选举产生，这是公司股权平等原则的基本要求。

(3) 美国独立董事的职责

①独立董事的特殊权力。美国的大型公众公司独立董事在董事会中不仅人数占多数，而且其职权也相当大。纽约证券交易所上市规则规定：独立董事所发表的意见应在董事会决议中列明；公司的关联交易必须由独立董事签字后方能生效；两名以上独立董事可以提议召开临时股东大会；独立董事可直接向股东大会、证监会或其他有关部门报告情况，要求设立专门由独立董事组成的审计委员会。

②独立董事的一般权力。独立董事除具有上述特殊权力外，当然具有一般董事所具有的职权，他们与内部董事一起参加董事会会议，行使董事会的基本职能。关于董事会职能，各州公司法一般只有原则性的规定，如《特拉华州公司法》在第四分章第141节(a)段规定董事会的权力为："根据本章组成公司的业务和事务应当由董事会管理或者在其指导下管理，除非是在本章以下或组成公司证明文件中另有规定，如果在组成公司证明文件另有规定，则由本章授予董事会的权力和加于他们的责任就应当在被证明文件规定的范围内，由被

规定的人来行使或承担。"①

根据美国《修正标准商事公司法》的有关规定,董事会的职权是:宣布公司股利;选择、监督和解除公司的高级官员的职位;对公司进行重大变更,诸如公司章程的修改、公司合并、公司重要财产的出售等;提起法定诉讼。美国各大公司的章程或行业组织的公司治理声明对董事会的职权都有具体的规定。如美国《商业圆桌会议公司治理声明》规定,董事会的基本职能有:选拔、定期审核,并在必要的情况下撤换首席执行官;决定管理层的报酬;审核连续性计划;审核,并在适当的情况下批准公司的战略、财务及其他目标计划;就公司面临的重大问题,向管理层提出建议;监督内部控制、风险经营、财务报告及合法性的评估程序,并遵守以上程序;提名董事,并保证董事会结构及其管理能够实现有效的公司治理。

(4) 美国独立董事职权的行使

①一般要求。独立董事虽然是外部董事,但仍需要有一套合理的制度保证独立董事行使职权。董事会会议制度及董事会专门委员会制度是美国大型公众公司普遍推行的做法。根据调查,典型的大型公众公司董事会每年开会8次。董事会必须拥有足够的信息以充分履行其治理职能,独立董事应与内部董事具有同等的获取公司信息的权利。

②委员会结构。委员会在董事会中起着关键的作用,委员会的存在和构成是董事会独立性的重要指标。事实上,所有大型公众公司的董事会都以委员会结构运行,与大而全的董事会比较,这样可以保证其在某些关键领域更为深入。

---

① 卞耀武主编,左羽译:《特拉华州普通公司法》,法律出版社2001年版,第30页。

美国绝大多数大型公司都设有下列一种或几种委员会：审计委员会、执行委员会、提名委员会、报酬委员会和特别诉讼委员会。在标准普尔500家公司中，大部分公司都有三个重要的委员会：审计委员会、提名委员会、报酬委员会。

各委员会决议应以多数意见为准，董事个人不得以委员会名义行动，而且，美国《修正标准商事公司法》第8·2节对公司专门委员会的某些行为作了禁止规定。根据该节，下列事项行为必须由董事会而不是由委员会采取：授权分配利润；开始需要股东批准的行动；填补董事会或委员会的空缺；修改公司章程或细则；授权股份的发行或再购。

（5）美国独立董事报酬

在20世纪之前，英美公司法对于董事报酬的一般原则是，除非章程有特别规定，董事履行其职务不得请求报酬，董事会也没有确定自己报酬的权利。1969年《特拉华州普通公司法》修改时，在第141条增加了第(h)款，"除非公司设立章程或章程细则另有限制，董事会有权确定董事的报酬。"在第122节第(15)项规定，公司有权"支付年金并为其董事、官员和雇员们以及其下属公司的董事实施年金、利润分配、股票买卖特权、股票购入、股票分红、退休金、福利金、激励和补偿计划、信托和还赎等制度"。

由于独立董事发挥的作用日益增强，美国公司对独立董事的报酬逐渐由不支付到普遍支付。2000年美国大公司独立董事的平均年薪首次突破六位数，达105 032美元，比1999年的99 198美元提高5.9%，比1996年的65 689美元提高59.9%。独立董事一般以年薪和会议费的方式获得常规董事会工作的现金报酬，他们也会得到委员会成员费、委员会会议费或两者皆得。委员会主席可以得到额外的费用。自20世纪60年代以来,在美国执行董事中有两种流行的报酬方式:股票报酬与股票选择权,近年来也在美国独立董事中开始实施。从逻辑上讲,这肯定会影响独立董事的独立性,但美国许多公司仍不认为给予独立董事股票期权会使独立董事失去担任独立董事的资格。

5.2.2 英国的独立董事制度

(1) 英国独立董事制度的起源与发展

英国独立董事制度的起源晚于美国,但是,最早涉足公司治理原则的是英国。20世纪80年代,国际上几家引人注目的大公司相继倒闭,这一事件促使英国的财政报告委员会、伦敦交易所与几家著名的从事审计和管理规范的研究机构组成了由卡德伯里(Cadbury)爵士担任主席的委员会。1992年12月,委员会发表了题为《公司治理的财务方面》的报告,即《卡德伯里报告》(Cadbury Report)。同时,还提出了《公司董事会最佳做法准则》。其后,在1995年11月,为解决董事报酬等公司治理问题,在英国又成立了两个官方委员会,并同样以委员会主席的名字来命名他们的报告,即《格林伯里报告》(Greenbury Report)和《汉佩尔报告》(Hampel Report)。上述三个报告以及1987年4月发布的《非执行董事运作推荐规则》(Code of Recommended Practice on Non-Executive Director)构成英国独立董事制度的发展历程。

(2) 英国独立董事独立性的界定

英国公众公司独立董事会由执行董事与非执行董事组成,要求具有独立性。所以在英国,独立董事、非独立董事、外部董事在定义上并不加以区分。一般文件、法规习惯称独立董事为非执行董事（non-executive director）。

①伦敦证券交易所的定义。伦敦证券交易所要求所有上市公司遵循《卡德伯里报告》推荐的标准："独立于公司管理层，并与公司无影响其独立判断的商业或其他关系。"

②《汉佩尔报告》定义。汉佩尔委员会原则上同意卡德伯里委员会的定义，要求独立董事独立于公司经营者，没有会实质性影响其行使独立判断的任何商业关系或其他关系。

汉佩尔委员会认为制定更为具体的独立标准并不实际，一个独立董事是否具有独立性应由董事会作出判断，如果独立董事的独立性受到质疑，独立董事应提出自己具备独立性标准的事实与理由，所有独立董事是否具有独立性应在董事会年度报告中提出。汉佩尔委员会同时认为，如果一名独立董事并不完全符合独立性标准，他们仍可以为公司董事会作出有益的贡献。

(3) 英国独立董事的任免

①独立董事的选任。英国独立董事的选任与美国并无大的差异。独立董事应由规定的程序选出，一般由提名委员会提出独立董事人选，由股东大会投票选举决定。

独立董事任期有一定的限制，英国养老基金会与英国保险人联合会提出，所有董事任期不得超过三年，如果独立董事在公司任职过长，其与公司的关系则趋向密切，其独立性受到怀疑。另外，董事会的成员应进行部分更换，以适应新的挑战，独立董事的连任不应是自动的，而应重新选举。

英国对独立董事人才库的建立与培训很重视。英格兰银行、英国工业同盟、英国董事协会有人才储备。许多独立董事是其他公司的高层管理人员或退休的高层管理人员、行业技术专家、海外市场与政策的专家等。

②独立董事的辞职与任免。独立董事对公司股东负有完成其任期的义务。如果提出辞职,应说明理由,诸如健康、家庭等有关个人私事的原因可以免去具体披露的义务,这是对个人隐私的尊重。但是,如果是由于独立董事对公司政策的意见分歧或董事权力滥用而被免职,则应予以公开,以消除谣言,对股东负责。

(4) 英国独立董事的职责

英美公司法是一个制定法,从制定法上看,独立董事个人没有独立的业务经营权,他只是作为董事会的一名成员而共同参与公司决策,并同时负有法定的义务,所以英国独立董事权力的性质是作为董事会成员的受托人权力。

①权力的内容。《卡德伯里报告》指出:独立董事在公司治理中的两个重要职权是:一是评价董事会及管理层,特别是对公司总裁业绩进行评价;二是针对董事会及管理层、股东以及公司其他利益主体之间已发生冲突的事务作出决定,例如董事的任免、薪酬、公司收购防备措施等事项。

②职权的行使。英国独立董事行使职权也是以组成专门的委员会的形式进行的。《卡德伯里报告》就推荐美国的经验,建议组成三个专门的委员会,即审计委员会、提名委员会、报酬委员会,并要求三个委员会全部由独立董事组成。

(5) 英国独立董事的报酬

卡德伯里委员会认为独立董事除获得薪酬外,不应再从公司获取其他利益。薪酬的标准应反映独立董事对公司所作出的贡献。为保持独立董事的独立性,独立董事不应享受公司股票期权分配,并不得从公司取得退休金。汉佩尔委员会同意《卡德伯里报告》提出的独立董事不享受股票期权计划的观点,对独立董事应主要给予货币薪金,但同时又认为可以对部分独立董事给予股票薪酬。

这里要提起注意的是,汉佩尔委员会所指的股票薪金与股票期权是两个严格区别的概念:股票薪金实质是公司根据各个独立董事确定的每年货币薪金折合成公司股票数量支付给独立董事;而股票期权则是指公司根据董事会经营业绩目标,在未来某个时期授权董事会成员以一定的价格购买公司股票。

5.2.3 日本的独立董事制度

(1) 日本独立董事制度的起源与发展

日本早在昭和五十年(1975年)6月12日,由法务省民事局参事官室所发表的《公司法修正之问题点》,曾就董事与董事会的改进方案提出三个问题,分别为:董事的组成是否应有一定人数之外部董事;对于外部董事之职务及权限,有无必要有不同于其他董事的规定;外部董事与监事会之职务与权限,其关系为何。当时企业界以不易获得适当人才、董事间易产生无谓之对立、缺乏历史或社会基础及恐有导致董事会形骸化的忧虑等理由,一致反对立法实施独立董事制度。

其后日本于平成五年(1993年)修正商法时,引进外部监察人制度,当时原因可以从两方面考察,其直接原因是美国与日本为调整国际收支不平衡,解决彼此间贸易逆差问题。美国布什总统与日本宇野宗佑首相于1989年6月14日在法国所举行的高峰会议特别发表共同声明,表示将召开所谓《日美构造问题协议事后检验报告》,日本方面就商法中下列五项问题加以修正:改善公司账簿阅览之规定;扩大公开公司部门有关地区利益及损失的资讯;外部董事制度之采用;委托股票制度之自由化;股东集体诉讼及派生诉讼之减速化。其深层原因是由于日本公司治理模式曾经在20世纪80年代使日本企业国际竞争力蒸蒸日上,是被世界所仿效的成功公司治理模式,但80年代末期日本泡沫经济破灭,金融危机爆发,企业事件频繁发生,严重影响了日本企业在国际市场上的竞争力。1994年由日本经济同友会发起,并由企业经营者、机构投资家、法学和经济学研究者、新闻界、律师等17位专家组成的公司治理原则制定委员会,经过多次讨论,最终于1998年5月26日制定了由16条原则组成的《日本公司治理原则》,拉开了日本独立董事制度的序幕。

(2) 日本现行独立董事制度概要

虽然日本商法在20世纪90年代进行了三次修订,但并未将独立董事制度纳入商法法典,1998年《日本公司治理原则》对独立董事制度作了如下规定:

①独立董事的体制。《日本公司治理原则》提出这样一种体制:不是在董事会和监事会的二元化监视之下,采取强化外部董事这种半途而废的形态,而是把监察机能一元化于董事会,使监察成为真正立足于股东立场上的外部董事的中心职能,即监察机能一元化和强化外部者的机能。当然监督中的激励,即报酬制度的决定和实现也是一个重要职能。

②独立董事的运作。《日本公司治理原则》第4条规定:将与企业无直接利害关系的、独立的独立董事选进董事会,确立和强化独立董事充分提供信息的支持体制。所谓"独立的"纯粹是立足于股东的立场和其他利害相关者的观点上的独立。

为了吸收和反映来自社会各界的多种观点,董事会中的独立董事的人选,不应偏重于特定的背景和集团等人物,应该照顾构成的均衡。

为使独立董事进行准确的经营决策,必须确立对独立董事提供快速信息的体制。

为了更有效地发挥董事会的机能,设立多个作为内部机关的委员会,包括董事提名、经营者报酬、公司治理等委员会。各委员会中的独立董事应过半数,委员会主席由独立董事任命。总裁等代表董事的报酬只能由独立董事决定。

独立董事占董事会多数时,设置作为董事会内部机关的监察委员会。该委员会只由独立董事组成,在董事会进行业务执行的监视中,特别要帮助董事会把重点放在风险经营上。

③独立董事与监事会的冲突问题。与英美不同的是,日本《商法典》规定,监事专门负责监督职能,这必然要解决独立董事与监事会的冲突的问题。

日本《商法典》第273条至280条规定了监事的法律地位,并在平成五年修正《商法特例法》中引入了外部监察人制度。由于监事活动基本停留在对董事业务执行违法性的判断上,还没有涉及正当性的判断。可是在具体事例中,违法性和正当性的界限并不明确,事实上对董事业务执行所进行的正当性判断始于监察。在现行法规中,进行监察所要求的报告和调查对象不应仅限于董事的违法性,还应理解为包含董事所进行的决策行为。

日本公司治理原则提出了一个选择性方案,即:当一个公司中独立董事占多数时,设立由独立董事组成的董事会的专门机构——监察委员会,同时取消监事会;当一个公司独立董事不能组成监察委员会时,则保留监事会,与独立董事共同承担监察职责。

5.2.4 美、英、日独立董事制度比较分析及启示

(1) 美、英、日独立董事制度的比较分析

通过上述三国不同的独立董事制度的比较,可以得出以下四点结论:第一,独立董事制度可以在不同的公司治理模式下发挥作用。美国和英国是一元制公司治理模式国家,而日本是二元制公司治理模式国家,但并不影响独立董事制度应有的职能。第二,独立董事的独立性和职权的界定上有相似之处,但又随不同国情而各有千秋。第三,独立董事在行使职权时都是通过组成专门的委员会的形式进行的。第四,对独立董事的报酬形式多种多样,其中某些报酬方式尚存在争议,如股票期权。

(2) 对我国独立董事制度建设的启示

独立董事制度在各国的公司治理中,确实发挥了一定的积极作用,这说明该制度中确有符合现代公司发展规律要求的内容值得我们学习和借鉴。

①科学地界定独立董事。我国对独立董事的理解,多是从经济利益上考虑,一般认为,与公司没有投资和业务等经济利益上的关联关系的董事就是独立董事。我国的独立董事通常包括高校的教授、行业管理协会的成员、退任的政府官员,甚至还包括管理咨询公司的顾问、律师等。比较美国对独立董事的界定,我们发现,第一,我们没有从个人关系上考虑。独立性往往是与客观、公正相联系的,而客观、公正往往又是非常微妙的,董事与管理层的个人关系如师生关系、上下级关系、亲友关系等都会影响董事的独立性,导致决策与监督失效,因此在界定独立董事时,要充分考虑董事与管理层的个人关

系。第二,我国独立董事中包含灰色董事。管理咨询公司的顾问和律师都是灰色董事,他们与管理层存在雇用与被雇用的关系,难以保证其独立地行使职责。第三,我国独立董事中没有包括职业经理人员,而职业经理人员所具有的管理知识和经验又恰恰是独立董事履行职责所必不可少的。因此我国在独立董事的选任方面,还需要借鉴美国的做法,执行更严格的标准,以确保独立董事的独立性和胜任能力。

②积极培育经理市场和独立董事市场。美国独立董事制度的推行之所以颇有成效,是与经理市场和独立董事市场的成熟分不开的。美国大多数公司的独立董事由其他公司的经理人员担任,丰富的管理知识和经验使独立董事能较好地审视公司的重大决策,识别管理层的利己和欺诈行为。同时在经理市场和独立董事市场的约束下,独立董事能自觉地规范自己的行为。而我国的独立董事的人力资本价值主要由其学术成就和社会知名度来决定。许多独立董事仅仅满足于向公司提供咨询和顾问,无法形成对管理层的监督。而选任职业经理人员作为独立董事,可以提高独立董事在决策和监督中的有效性。当前,应以产权制度改革的深化为契机,积极培育经理市场和独立董事市场,建立起以职业经理人员为主的独立董事制度,充分发挥市场在选任和约束独立董事方面的有效性。

③成立独立董事提名委员会、任免委员会和报酬委员会。独立董事不能真正独立也与独立董事的产生及报酬机制有关,因此将独立董事的提名、任免、报酬三者的权力进行分散,将大股东、董事会和中小股东与这三个委员会对应起来。也就是说,如果由大股东成员组成独立董事提名委员会,则由董事会成员组成任免委员会,而中小股东则组成报酬委员会,这样使不同利益的代表者都能对独立董事的产生、聘任和报酬实施不同程度的影响,使独立董事在行使职责的

同时考虑到全面的影响因素,才能真正独立地发挥作用。

④建立独立董事制度法律保障。美国在制度保障方面的做法值得我们借鉴。1977年,纽约证券交易所在上市公司中强制推行独立董事制度,随后其他证券交易所也作出类似规定;20世纪90年代,《密歇根州公司法》更是以法律的形式予以规范,这些规章和法律有效地促进了美国独立董事制度的推行。我国独立董事制度的完善和发展需要在法律上予以确认和保障。

⑤建立和完善符合我国国情的独立董事制度。美国独立董事制度的设计是以股权高度分散为前提的,独立董事在一定程度上是所有者的代表,独立董事通过参与决策和监督高层管理人员的行为,最大限度地降低委托代理成本,以维护全体股东的利益。而我国的上市公司大多存在控股股东,大股东实际操纵和控制着董事会,并存在左右公司经营决策、损害中小股东利益的可能,董事会实际上成为控股股东利益的代表。我国引入独立董事制度是为了防止管理层欺诈,维护中小股东的利益。由于引入独立董事制度的基础(股权结构)不同,所要达到的目的也不同,我们在借鉴美国独立董事制度时,一定要加以改造,使之在我国特殊的现实环境下行之有效。

5.3 我国独立董事制度的建立、现状与问题

5.3.1 我国独立董事制度的建立

我国上市公司引入独立董事制度,其根本原因在于我国上市公司的治理结构存在诸多问题:股权结构过于集中,股东大会流于形式,董事会职责不清,监事会监督不力等,侵犯中小股东利益的事件时有发生。为了保护中小投资者的利益,加强对公司管理层的监督,

中国证监会要求上市公司在 2002 年 6 月 30 日以前必须聘请两名以上的独立董事。至此,独立董事制度在我国的推行拉开了序幕。

(1) 我国上市公司治理结构存在的问题及影响

近年来,我国对国有企业进行了股份制改造,以建立现代企业制度为目标的公司制改革取得了一定的成效,企业的治理结构也发生了相应的变化。但从传统的国有企业的治理结构向上市公司治理结构的过渡中,问题和矛盾也相当突出,主要有以下几点:[①]

①股权过度集中于国家股,股权结构不合理。我国的上市公司中,绝大部分是由国有企业改造而成。其中国有股或国有法人股为公司第一大股东的上市公司,占上市公司总数的 95％左右。在整个上市公司的股权结构中,国有股和国有法人股则占有绝对控股地位。在以国家股为主导的股权结构中,国家股权代表——政府的目标是多元化的,既有经济目标,又有政治和社会发展目标。而公司作为竞争性企业,它的首要目标必须,也只能是公司效益的最大化,否则它就无法在竞争性领域中生存。只要政府进入竞争性企业,这种冲突就已经存在于政府自身所具有的双重身份矛盾中,即政府一方面作为全社会和国民经济的管理者,另一方面又同时作为竞争性企业的所有者,这两种身份职能不同而职能冲突在所难免。

②股东大会流于形式,质量不高。我国上市公司的法人治理结构是采用内部控制模式,股东大会是现代企业制度运作中"三会四权"的最集中表现之地。但上市公司的股东大会质量却不能令人满意,一是股东大会的职权难以落实,二是股东的提案权常常受到限

---

① 邓菊秋:"论中国上市公司的治理机制",《工商学报》2001 年第 6 期,第 24 页。

制,三是上市公司的股东大会不能发挥应有的作用,形同虚设。①

③董事会缺乏独立性。由于我国的上市公司多半是由原来国有企业转制而来,董事会的成员基本上是以原来公司的高层经理人员为主,致使董事会被大股东把持或内部人控制,没有形成健全的董事会来保证公司的正常运作。根据何浚②的实证分析,我国上市公司中内部控制度为100%的有83家,占样本数的20.4%,内部控制度为50%以上的公司占78.2%。独立董事对公司的约束机制还很不健全。在董事会被国有大股东把持的情况下,董事会缺乏独立性,受制于上级主管部门,只需对上级主管部门负责,决策基本上从大股东或自身利益角度考虑。

④经理阶层缺乏激励和约束机制。由于我国上市公司的董事会受国有大股东操纵,由董事会聘任的经理人也大多来自于原国有企业或行政机关,并且享有一定的行政级别。绝大多数公司高级管理人员的报酬是工资加奖金,在西方极其普遍的年薪制和股票期权,在我国尚处在试点阶段。这样的报酬结构不可能对管理人员产生显著的激励作用。经理人员凭借其拥有的公司经营权,大肆进行职务消费,严重地损害了投资者的利益。与此同时,对经理人员也缺乏科学的约束机制。在上市公司的董事、经理人员由国有大股东任命的情况下,董事会与经理阶层基本重合,并且大多数公司中董事长与总经理由同一人担任,内部监督机制不能有效地发挥作用。《中国证券期货》杂志的一项研究结果显示,被评为1998年度中国上市公司最差董事会的10家公司中,有5家属于ST公司,并且这些公司董事会都或多或少存在"涉嫌造假、违规、肆意挥霍、中饱私囊"

---

① 夏冬林:"我国上市公司股东大会功能分析",《会计研究》2000年第3期,第31页。

② 何浚:"上市公司治理结构的实证分析",《经济研究》1998年第5期,第26页。

等行为。

潜在的道德风险和实际的利益损失迫使上市公司开始重视规范公司的法人治理结构特别是董事会的建设。

⑤缺乏有效的监督机制。实践中我国监事会既不"参政"也不"议政",监事会形式化的现象十分普遍。从监事会的构成看来,监事会成员大多来自公司内部。监事的工薪、职位基本上由管理层决定,其地位受制于公司董事会和经理阶层,不能达到公司治理的制衡作用。并且,监事会的行动缺乏法律依据。虽然我国《公司法》规定监事会有权检查公司财务,有权对董事、经理执行业务时违反法律、法规或者公司章程的行为予以监督,但法律没有明确规定监事会可以聘请律师、会计师,费用由谁负担等问题,也没有赋予监事会有效的监督手段和措施,监事开展监督活动难以在法律上找到可操作的依据。

上市公司治理结构缺陷所暴露出的问题导致投资者权益和信心受到伤害,影响证券市场的健康发展:一是上市公司股票价值失真,资本市场的资源配置功能难以有效发挥;二是上市公司资产流失严重,中小股东利益得不到保护;三是信息不透明和虚假信息使证券市场产生信任危机。

从微观上讲,完善公司治理结构有利于公司发展和企业的市场形象;从宏观上讲,完善公司治理结构有利于资本市场和宏观经济的健康发展。据麦肯锡公司发表的一份投资者意向报告表明,公司的治理结构在吸引外资方面扮演了一个重要角色,80%的大型机构投资者对于治理结构好的企业愿出更高的价钱。完善上市公司治理结构还有利于减少各种投机、违法、违规行为,保持金融市场和金融体系的平稳运行。相反,治理机制薄弱将会加大金融体系的风险,甚至可能导致金融危机。

(2) 我国引入独立董事制度的缘由

在我国，独立董事制度的出台是证券市场发展到一定阶段后，在一系列内因和外因共同作用下的必然结果。

①满足上市要求。一些大型国有企业在赴中国香港地区和美国等英美法系国家上市的过程中，为适应市场的上市要求，需要对其法人治理结构进行相应调整，设立了独立董事。最早设立独立董事的中国公司主要是为了满足上市的要求，例如吉林化学工业股份有限公司1995年5月同时在中国香港联合交易所和纽约股票交易所上市，根据中国香港联合交易所和纽约股票交易所的上市要求，必须设立一定比例的独立董事，因此，该公司在1995年5月就聘请了3名独立董事，占董事会成员的27%。类似的公司还有广东科龙、经纬纺织、兖州煤业、中国联通、中国石油等，都是在90年代根据交易所的上市要求先后设立了若干名独立董事。

②完善上市公司的治理结构。中国主板市场创建十几年来，一些本来业绩不错的上市公司逐渐沦为ST公司，甚至退市，使投资者蒙受损失，一个重要原因就是没有建立起有效的公司治理结构。目前国内上市公司上市而不改制、过度的行政干预、大股东滥用上市公司资源等现象比比皆是，政企不分使得企业无法以股东价值最大化为终极目标，国有资产的保值、增值亦无法实现。

③强化对管理层的监督。对董事会缺乏监督以及对管理层缺乏控制的治理结构已严重威胁到我国上市公司的持续、健康发展，在监事会监管不力的情况下，证券监管部门不得不寻找外力，以期在董事会中建立起对一股独大和内部人控制的制衡机制，引进独立董事制度就成为必然的选择。

④保护中小投资者的利益。我国控股股东占用上市公司的资

金、资产,或者通过贷款担保等方式将控股股东的经营风险转嫁给上市公司等问题相当突出。[1] 独立董事的设立,对于上市公司的日常经营和资金运作都有直接的制约,可以防止大股东侵犯中小股东的利益,促进上市公司和证券市场的健康、规范发展。独立董事以其独立性的观察报告和良好的市场形象,势必给广大投资者以信心。

⑤提高企业持续发展能力。就上市公司本身而言,独立董事的引进将使上市公司在激励和制约两方面达到双赢局面,强化对管理层的监督,并形成制约机制,促使管理层努力提高上市公司业务和管理水平,增强企业的持续发展能力。

(3) 我国独立董事制度的发展历程

我国独立董事制度的引入和运作是一个循序渐进的过程。1997年12月中国证券监督管理委员会发布的《上市公司章程指引》第112条已有规定,"公司根据需要,可以设独立董事。独立董事不得由下列人员担任:公司股东或股东单位的任职人员;公司的内部人员(如公司的经理或公司的雇员);与公司关联人或公司的管理层有利益关系的人员。"该条特别注明"此条为选择条款",也就是说并非强制性的规定。对独立董事的任职资格、选任方式、权利义务等也没有规定。

1999年3月29日国家经济贸易委员会、中国证券监督管理委员会发布《关于进一步促进境外上市公司规范运作和深化改革的意见》(以下简称《意见》),要求境外上市公司都应逐步建立、健全外部董事和独立董事制度,《意见》第六项规定:"公司应增加外部董事的

---

[1] 邓菊秋、杨继瑞:"如何保护中小投资者权益",《经济理论与经济管理》2002年第5期,第25页。

比重。董事会换届时,外部董事应占董事会人数的 1/2 以上,并应有两名以上的独立董事(独立于公司股东且不在公司内部任职的董事)。外部董事应有足够的时间和必要的知识能力以履行其职责。外部董事履行职责时,公司必须提供必要的信息资料。独立董事所发表的意见应在董事会决议中列明。公司的关联交易必须由独立董事签字后方能生效。两名以上的独立董事可提议召开临时股东大会。独立董事可直接向股东大会、中国证监会和其他有关部门报告情况。"这里,独立董事的权利得到进一步的明确。但这一规定仅限于在境外上市的公司,便于与国际惯例接轨,取得投资方的理解和信任,增加公司信用的含金量。

上海证券交易所在 2000 年 11 月 3 日发布的《上市公司治理指引(草案)》中提出,将来上市公司"应至少拥有两名独立董事,且独立董事至少应占董事总人数的 20%"。这个指引关于设立独立董事的要求不是强制性的。

2001 年 1 月中旬,中国证监会主席周小川在全国证券期货监管工作会议上明确表示,要把"在 A 股公司中推行独立董事制度,进一步完善法人治理结构"作为重点工作之一。同期,证监会通知要求"基金管理公司(包括正在筹建中的公司)必须完善公司治理结构,实行独立董事制度,其人数不少于公司全部董事的 1/3,并多于第一大股东提名的人数"。这是中国证监会首次对独立董事的人数作了规定。

2001 年 5 月,中国证监会发布了《关于在上市公司建立独立董事制度的指导意见(征求意见稿)》的通知。通知要求各境内外上市公司应当在 2002 年 6 月 30 日前,按照本指导意见的要求修改公司章程,聘任适当人员担任独立董事,上市公司董事会成员中应当有 1/3 以上为独立董事,其中应当至少包括一名会计专业人士。通知还对上市公司建立独立董事制度的可行性、独立董事的任职条件、任免程序及方式、具体职责、报酬机制等问题提出指导性意见。该指导意见使独立董事制度得到明确的定位。

2001年8月16日,证监会发布《关于在上市公司建立独立董事制度的指导意见》,基本规则是:各境内上市公司应当按照指导意见的要求修改公司章程,聘任适当人员担任独立董事,其中至少包括一名会计专业人士;在2003年6月30日以前,董事会成员中应当至少包括两名独立董事;在2003年6月30日前,上市公司董事会成员中应当至少包括1/3的独立董事。随后证监会发布《中国上市公司治理准则》,将独立董事界定为"与公司及其大股东之间不存在任何足以影响其作出独立、客观判断的关系的人士"。

5.3.2 我国独立董事制度的现状

(1) 独立董事的构成

从1995年开始,大部分新上市公司和极少数已上市的公司开始试聘独立董事。1999年年报显示,有18家上市公司聘请了独立董事,独立董事人数共有36人;2000年年报显示,已有56家A股上市公司设立了独立董事,占上市公司总数的4.92%,独立董事人数达到104人,约占全部上市公司董事人数的0.99%;独立董事占所属上市公司董事人数比例达到25.3%。[1] 在年龄构成上,总的来说,现任独立董事的年龄较大。60周岁以上的独立董事约占总数的30.7%,即有近1/3是在退休后担任独立董事的。处于40—49周岁

---

[1] 施星辉:"104位独立董事分析——他们是谁",《中国企业家》2001年第7期,第24页。

的独立董事约占 28.8%。在学历构成上,独立董事的学历高于非独立董事。另外,九成以上的独立董事拥有正高职称,这说明现任独立董事不仅拥有较高学历,而且普遍拥有本领域的丰富经验和相当高的专业造诣。在专业构成上,独立董事有着技术类和经济、管理、法律、金融、保险、财会等专业背景。显然,独立董事在弥补非执行董事的知识空白上有一定的作用。在职业构成上,高校教师和科研机构人员约占 50%,这与英美国家主要由企业界人士担任独立董事的状况有所差异。

(2) 独立董事的功能定位

我国在上市公司中引入独立董事制度亟待解决的是上市公司在控股股东和内部人控制的情况下,所产生的虚假信息和中小股东利益得不到合法保障的问题。独立董事的功能在于监督其他内部股东和经理层的机会主义行为和道德风险,虽不可能保证公司的发展决策和经营管理是最优的,但应该保证公司及股东的基本利益不被内部人侵害。我国独立董事制度的功能应该集中定位于对控股股东及其派入上市公司的董事、经营管理人员与公司关联交易的监督和审查。而美国独立董事在董事会中基本上是作为被选择的股东代表,根据股东和社会的利益去监督和监控公司的管理层,并且被期望利用他们的诚实和能力去审视公司的战略、计划和重大的决策。

《关于在上市公司建立独立董事制度的指导意见》中明确指出:独立董事应当独立于大股东,独立于经营者;独立董事还应当对重大关联交易、聘任或解聘高级管理人员,公司董事、高级管理人员的薪酬,独立董事认为可能损害中小股东权益的事项向董事会或股东大会发表独立意见。在《关于进一步促进境外上市公司规范运作和深化改革的意见》中又规定,"公司的关联交易必须由独立董事签字后方能生效",这表明我国监管机构把独立董事的功能定位在监督公司管理层、维护中小股东的权益上。

(3) 独立董事与监事会的关系

独立董事制度之所以有效,除了因其独立性(如独立董事产生程序上的独立性、人格的独立性、利益的独立性、行权的独立性等)外,还由于其监督功能的发挥具有天然的事前监督、内部监督以及与决策过程监督紧密结合的三大特点。由于公司董事会是公司的最高决策权力机构,而独立董事作为决策层的重要组成部分,他们具体参与了公司重大决策的全过程,包括重大决策事前酝酿、内部制定、最终发布等各个环节。相对监事会而言,独立董事制度具有监事会所无法具备的事前监督、内部监督以及与决策过程监督密切结合的特点。相比之下,监事会的监督按我国《公司法》所赋予的产生方式、权限范围与行权过程,则表现为事后监督、外部监督、非参与决策过程监督的特点。独立董事作为非执行董事或外部董事,尽管参与了决策全过程,但是有两大缺陷无法克服:一是时间上不可能得到充分保障(我国《公司法》规定董事会一年至少开两次会议,中国证监会《指导意见》中则要求独立董事为上市公司工作时间一年不少于15天);二是对决策执行过程的具体监督及其效果评价也无法做到及时和准确到位。监事会作为一种公司专职的常设性监督机构,在公司制定重大决策后,便可开始日常性的跟踪监控,这种经常性的监督能够将问题的发现概率大大提高,发现时间大大提前,从而保障决策的执行水准与效率,并尽可能地降低纠偏成本。监事会的事后监督涵盖了检查、落实、评价与反馈等多种功能,是对独立董事制度所具有的事前监督、内部监督及其决策过程监控以外的重要补充,也是股东大会赖以对公司决策层和管理层作出评价与取舍的重要依据。独立董事制度和监事会制度在监控功能上各有优劣,二者可以实现功能互补。

(4) 独立董事的职责

根据我国特有的股权结构和公司治理结构,独立董事职责更侧重于制约大股东的不正常关联交易,保护广大中小投资者的利益。其主要职责是:监督董事会的决策是否有损于中小股东的权益,监督经理层的经营行为(尤其是关联交易)是否侵害中小股东的利益,对上市公司披露信息的真实性进行监督。其履行职责的工作方式主要是依据上市公司经理层提供的经营管理信息,进行分析判断,对董事会的决议和相关经营行为发表独立意见,以维护中小股东的利益。如果独立董事认为有分析判断的需要,可以要求聘请社会中介机构进行审计和鉴证。

(5) 独立董事的权力

根据我国《公司法》的规定,董事一般具备八项权力,包括出席权、表决权、选举权和被选举权、召开临时股东会提议权、报酬享有权、请求赔偿权、监督权(对其他董事包括董事长执行股东大会或董事会决议情况的监督权)、参与行使董事会集体职权之权。独立董事在具有上述职权之外,还享有一般董事以外的某些"特权":一是监督权,对董事会及其成员和经营管理层及其成员进行监督,并且要以适当的方式发表评价结果;二是审核权,对公司的财务报表、关联交易和分红派息方案进行全面审查,确保公司在这些方面的行为符合法律和法规的要求,并且符合公司的整体利益和全体股东的利益;三是否决权,对公司的重大投资、交易和分配行为,独立董事应具有一票否决权,被独立董事否决的议案如果再议时,要由全体董事的三分之二以上同意才能通过,并且要在公开披露的决议中列明独立董事的意见。不论其是否同意董事会全体董事半数以上同意的意见，他（她）所发表的意见应在董事会决议中书面列明。公司的关联交易在提交董事会书面表决投票时，独立董事应当享有否决权，即必须由独立董事签字后方能生效。又如，两名以上的独立董事应当赋予提议权，即可提议召开临时董事会。独立董事可直接向股东大会、中国证监会和其他有关部门报告，必要时可以在报刊上发表其独立意见。

另外，应为独立董事提供相应的工作条件，保证其工作的顺利进行和工作质量的提高。包括如果独立董事需要，有权要求中介机构对信息的真实性进行鉴证；如果对董事会的决议持不同意见，有发表不同意见的渠道或机会；为独立董事与中小股东沟通、调查了解公司提供方便和条件等等。公司董事会秘书应积极为独立董事履行职责提供协助，如介绍情况、提供材料等。独立董事发表的独立意见、提案及书面说明应当公告的，董事会秘书应及时到证券交易所办理公告事宜。独立董事行使职权时，上市公司有关人员应当积极配合，不得拒绝、阻碍或隐瞒，不得干预其独立行使职权。独立董事行使职权时所需的费用由公司承担。

5.3.3 我国独立董事制度存在的问题

（1）独立董事的选择不规范

目前我国独立董事的产生方式，很难保证独立董事的人格独立性与行权独立性。外部董事产生多由上市公司大股东向董事会推荐，并由大股东操纵下的董事会"集体讨论"通过，后经一股独大操控下的股东会投票表决接纳。在这种方式下产生的独立董事在行使监督职能时，难免代表大股东的意志，从而丧失行权的独立性，使独立董事制度成了一种"外部装饰"。

我国现行公司法规定董事由股东大会选举、更换。从理论上说，独立董事既属公司董事，理应经过股东会选举，至少须经股东大会批准，除非公司章程授权由选举产生的董事会外聘独立董事。中国证监会在《关于在上市公司建立独立董事制度的指导意见》规定，上市公司董事会、监事会、单独或者合并持有上市公司已发行股份5％以上的股东可以提名独立董事候选人，并经股东大会选举决定。在一股独大治理结构下，实质上是大股东对独立董事的选择，中小股东的发言权流于形式，削弱了独立董事所应有的独立性和功能。

从实证研究结果来看，上市公司的现任独立董事由董事会提名的最多，约占被访者的60.0％；其次是大股东提名，约占26.7％；另有约13.3％的独立董事由管理层提名担任。独立董事的任命者也有三类：半数以上的独立董事由股东会任命，约占57.1％；其次是董事会，约占被访者的35.7％；尚有约7.1％的董事由大股东说了算。①

（2）独立董事不能真正"独立"

上市公司股权结构妨碍了独立董事的独立性。我国上市公司股权的集中程度相当高，董事会成员的70％左右来自于股东单位的派遣，来自于第一大股东的人数超过董事会总人数的50％。董事长兼任总经理的现象非常普遍，控股股东与中小股东的利益冲突十分激烈。尽管证监会要求独立董事独立于大股东和经营者，而实际情况并非如此。独立董事的聘请多是由董事会决定的，由于独立董事受董事会或大股东的"信托"行使权力，因此在履行职能的过程中很可

---

① 施星辉："32位独立董事问卷调查：怎么当一名合格的独立董事"，《中国企业家》2001年第7期，第25页。

能迎合董事会大多数成员而丧失独立性、公正性和科学性。

(3) 独立董事缺乏激励与约束机制

①缺乏与报酬有关的制度。对独立董事的薪酬是一个两难选择：如果不付给独立董事薪金，则不能激发独立董事的工作热情；如果支付独立董事薪金，则可能影响他的独立性。对于这个问题，中国证监会在《关于在上市公司建立独立董事制度的指导意见》中指出，上市公司应当给予独立董事适当的经济补偿。津贴的标准应当由董事会制订预案，股东大会审议通过，并在公司年报中进行披露。虽然证监会认为应该给予独立董事津贴，但缺乏实施细则，一无标准界定，二无出处说明，从而使上市公司无法可依。

②缺乏约束机制。我国目前独立董事市场尚未形成，声誉机制不能发挥作用，仅仅依靠个人的人格作为保障是不够的，在建立必要激励机制的同时，应有一些法律法规约束独立董事。

5.4 完善我国独立董事制度的思路与对策

5.4.1 完善独立董事任职资格

引入独立董事制度的关键是如何从制度设计上下工夫，完善各项相关的规则和制度，使之确实行之有效，需要明确的问题主要包括独立董事的任职条件，独立董事的产生，如何保证独立董事的权力，如何保证独立董事认真履行职责等。

(1) 明确规定独立董事的任职资格

我国上市公司可考虑将独立董事设置为两种类型：一类是独立

股东董事,即该董事在与公司不存在前述重要利益关系的基础上,必须拥有一定比例股权或作为持股5%以上股东的代理人,以体现国有资产、中小股东的利益;另一类是独立非股东董事,即该董事不仅与公司不存在重要利益关系,而且不拥有公司任何股权,以顾及中小股东、债权人、职工以及社区等其他利益相关者的利益。

律师是否可以担任独立董事?由于律师不是国家公务员,而是具有专门知识的专业人士,只要不具有不能担任董事的情形,就能担任独立董事。但是,为了避免利益冲突、维护股东权益和保证独立立场,已经担任公司法律顾问的律师一般不宜担任该公司独立董事。

(2) 积极培育独立董事市场

建议发挥社会中介机构的作用,即由监管部门委托具有一定资质的人才中介机构,对经过培训的人选进行资格认定,建立独立董事人才库,为独立董事培养后备人才,并实行开放式的独立董事资格认证制度和独立董事与上市公司双向选择制度,鼓励有序竞争。上市公司需要时,由中介机构推荐一批人选供其选择,尤其要注意拟选聘的独立董事是否已在竞争对手或潜在竞争对手的公司中任重要职务。这类独立董事很有可能失去其决策独立性或造成商业机密的外泄,影响公司的正常经营和发展。建立独立董事人才库是推动独立董事制度建设、完善上市公司治理结构的一项重要措施。证监会一方面应加强独立董事后备人才的培训工作,扩大独立董事的来源;另一方面应开发"独立董事人才系统"管理软件,建立独立董事人才数据库,以方便上市公司查阅独立董事及有关后备人才的信息。同时还应考虑与世界银行等有关国际组织合作进行独立董事及其后备人才的培养,以提高我国上市公司独立董事的业务素质和执业水准。

(3) 注重独立董事的知识结构

不仅要求独立董事是行业里的权威,最好还要是综合型人才,能够作出有价值的商业判断,而不是流于制造所谓"名人效应"。所以,公司在聘请独立董事时,应注重他们的知识结构,要求有专业侧重,并在自己的领域内有所建树。这样,在公司未来的发展中,他们会对公司的管理等方面从各自的专业角度发表意见,不至于"异口同声"。

(4) 独立董事应有足够的时间和精力履行职责

由于独立董事一般都是兼职,没有足够的时间和精力就无法保证独立董事提出自己的正确建议和行使独立董事的权力,独立董事也就成为虚设。因此,公司在聘用独立董事时要考虑两点:一是其年龄和身体健康状况;二是其兼职是否太多。

5.4.2 完善独立董事选择机制

选择独立董事的方式有三种:一是由股东大会选举产生;二是由股东大会和董事会指定某一董事为独立董事,该董事必须符合独立董事最低限度的条件;三是设立一个独立董事任命和提拔委员会。不管采用什么方法,独立董事的任命都必须经过正式的程序来产生,而且独立董事的任命必须有特定的任期。

(1) 建立规范化的独立董事选聘程序

证监会或证券交易所要制定出规范化的独立董事选择规则,如独立董事选聘标准和选聘程序、绩效考评标准和绩效考评程序,上市公司应把这些规则写进公司章程,或者章程细则,或者是一个公开的董事会治理原则,遵照执行。在规则中明确规定独立董事应由股东大会选举产生,股东大会拥有最终的决定权。因为独立董事候选人由谁来提名、如何选举产生,决定着他们将代表谁的利益,以何种立场去作出判断和行事。如果说独立董事是作为公司整体利益和中小股东利益的代表进入公司董事会,以控股股东及其派出的董事、高级管理人员及其他在公司中代表控股股东利益者为主要监督对象,那么就不应该由控股股东或其控制的董事会选择或决定独立董事候选人,在选举投票时,控股股东及其派出的董事应该回避表决。否则,如果让控股股东及其派出的董事在独立董事选举中发生决定性的影响,而选出的独立董事所要重点监督的正是选择他们的控股股东及其派到公司的代表,那么监督作用就难以奏效。因此,独立董事的产生必须摆脱大股东的控制,否则,独立董事制度的作用将大打折扣。

(2) 实行累积投票制和回避制度

独立董事与其他董事一样,最终应由股东大会选举产生,其产生过程涉及两个环节:提名和选举。从摆脱大股东控制角度,具体操作上,可以考虑采用累积投票制和回避制度。累积投票制可以保证中小股东在持股比例较低的情况下能选出代表他们意愿的独立董事,即规定股东在选举董事的投票中可投票数等于其所持股份乘以所要选举的董事人数,股东可以将这些票全部投给一个候选人或若干个候选人,每个候选人所得票数单独计算,以得票多者当选。但是如果在控股股东持股比例非常高的情况下,即使是累积投票制恐怕也难以发挥作用。因此有必要考虑采用回避制度,这样可以在一定程度上防止大股东既有提名权又有投票权的控制行为。比如,可以在公司章程中明确规定,由拥有董事会席位(例如公司第一、二、三位大股东)之外的其他所有股东提名并决定独立董事的人选,其选举结果报股东大会通过,以求制衡董事会中一股独大、决策一边倒的状况,制可以继续作为董事留任,但失去其独立董事的资格。这一点值得我们借鉴。

(4) 制定合理的报酬与激励方案

如果我们期望独立董事积极工作并以法律责任来督促他们,就应该让独立董事获得与其承担的义务和责任相应的报酬。由谁来确定独立董事的报酬、报酬的多少会产生不同的激励作用,但也会影响董事的独立性。董事越独立,他就越缺乏动力来努力工作;他越有动力努力工作,他就越不独立。有人这样描述这种怪圈:"如果我们把董事比做'经济行为人',他为服务所得的金钱报酬很难补偿他所花费的时间和精力。实际上如果金钱补偿对外来董事来说是足够多,那只能起到相反作用,他们若坚持对管理层施加制约,本身的报酬将受到威胁。"[1]不但没有动力去工作,独立董事还有动力去规避各种风险。因此,在独立董事的报酬标准的确定及支付的保障制度设计方面要充分考虑对其独立性的影响。

5.4.4 完善我国独立董事激励约束机制的思路

独立董事制度有效发挥作用的关键在于对独立董事的激励机制。根据前述欧美国家的实证研究结果,董事不论是来自公司内部还是外部,他持有公司股票的比例和公司的经营能力成正相关关系。这对我们是一种启示,除了董事会制度之外,与公司业绩直接挂钩的酬金制度等物质方式的激励机制对于完善公司治理结构同样十分重要。独立董事为了股东的利益而自主地对经营者的经营行为进行监督的激励机制并不充分,为此,有必要对独立董事同样采用以期权为

---

[1] 钟朋荣:"独立董事需要激励和约束吗",《中外管理》2001年第5期,第24页。

代表的业绩挂钩型酬金制度,使董事和股东的利益趋于一致,形成董事会成员(不论是外部还是内部)监督经营行为的激励机制。

(1) 完善独立董事激励机制的思路

成就感与荣誉感的获得可以构成对独立董事的激励,但有效的激励机制必须符合"充足利益率"的要求。薪酬激励往往是最常用、最具成效的激励方式,实践中可以设计几种独立董事的薪金报酬方式,如按实际提供的服务时间进行计酬、根据每届任职期确定固定的薪酬、按服务时间计酬并提供奖励或期权、固定薪酬并提供奖励或股票期权等,但在期权设计上可以将独立董事股票期权的授权和行权时间安排在其任职期满之后,不要违背独立董事不得拥有公司股份的规定。至于由谁来决定独立董事的薪酬多少,可以与独立董事的选择和决定程序同时予以考虑,即在选择和决定独立董事的过程中,必须同时提出各个独立董事的薪酬方案,在独立董事的选择和决定过程中一并对薪酬方案予以表决,一般来说,谁决定独立董事的选择和产生,就由谁来决定独立董事的薪酬待遇。

要使薪酬制度既起到激励作用,又不使独立董事对公司产生依附感,同时其承担的责任又要合理化,有两种办法可供选择:第一,采取固定报酬和其他激励措施(如股票期权等)相结合的方法。这一方法在制度上是有依据的,根据《关于在上市公司建立独立董事制度的指导意见》,直接或间接持有上市公司已发行股份1％以下是不违背独立董事的任职条件的,这就为股票期权激励制度留下了制度空间。第二,采取固定报酬加年终由股东大会决定的额外奖励,这一方法可以更加突出股东大会的监督和表决权。

参考国外企业的做法,根据我国的实际情况,具体的激励措施主要有以下四种:

一是固定薪金。独立董事的薪金应由两部分组成:一部分是每年从董事会领取固定数量的津贴,另一部分是每次参加董事会会议领取的车马费,这样会激励独立董事参加董事会会议。

二是股票期权。除向独立董事支付固定报酬外,还可以向独立董事支付股票期权。对独立董事实行股票期权,首先是要修改和完善配套的法律法规,其次是建立股票期权申报制度,再次是强化有关的信息披露要求,最后是强化反证券欺诈措施。当然,独立董事与执行董事和高级管理人员股票期权方案应有区别,以避免发生共谋危险。

三是建立独立董事责任保险制度。我国应援引国外有关独立董事购买保险的做法,由上市公司或独立董事协会为独立董事投保过失责任险,就除欺诈和故意以外的事项免除独立董事个人的诉讼和赔偿风险。

四是建立个人信用评估体系。有效的个人信用评估体系有助于信用意识的培养,为上市公司寻找适合自身的独立董事提供了有效渠道;同时防范了风险,拥有不良信用记录的人任职的机会将大大减少;更重要的是,独立董事在公司中的所作所为将被准确地记入信用档案,不守信的独立董事一旦发生非法获益或严重失职行为,将给自己留下不良信用的烙印,直接影响其未来发展。在付出的成本远远大于非法收益的情况下,独立董事将能更好地履行职责。

(2) 完善独立董事约束机制的思路

严格的法律约束与道德约束是保证独立董事客观、公正的重要条件。根据我国的实际情况,我们认为主要从以下几个方面对独立董事进行约束:

①强化有关独立董事的信息披露。股东有权利也有必要知道独

立董事的状况,以便了解其利益与自身利益是否冲突,另外,这些信息也将帮助上市公司的股东判断独立董事是否能够独立、有效地对公司的运作进行监控。就信息所涉及的内容而言,可以参考美国的做法,主要就以下事项进行披露:有关独立董事的基本信息(姓名、年龄、所处的现有全部职位及服务时间等),独立董事是否持有公司股份,未来可能引起利益冲突的信息。

②公布独立董事的绩效并进行评级。公开的业绩评价机制,可使独立董事更多地追求长期利益,关心上市公司的经营业绩和发展前景。应对独立董事建立一项专门的考核制度,如对其参加董事会会议的次数、董事会会议上的发言次数和质量、被采纳的建议等,把这些指标直接和其报酬挂钩,促使独立董事有效地行使职能。

③道德约束。道德约束十分重要,独立董事都是一些社会知名人士,他们会很重视自己的社会声誉,因为被收买可能名誉扫地,得不偿失。地位越高、声誉越好,越是难以被收买。建立开放、竞争的独立董事市场,促使独立董事重视自己的声誉和地位,约束自己的行为和努力履行职责。

④建立独立董事的责任制度。为了保证独立董事的独立性和公正性,对独立董事应有监督和问责机制。应当明确独立董事应承担的责任及法律后果。如果独立董事在上市公司的作用没有充分发挥,或者被大股东收买,作出不利于其他股东的决定,其受到的制裁不应仅仅是道德谴责,应该明确其法律责任。

第六章 证券评级制度

随着证券市场的产生和发展,特别是随着证券大量发行、证券交易业务日趋活跃、证券投资风险逐步暴露,证券评级制度也就随之产生和发展起来。证券评级制度在很大程度上保护了投资者的利益,维护了社会经济秩序的稳定,但是,证券评级制度并非作为超然独立的个体而存在的,它与其所处的经济、法律等环境有着密切的关系。证券评级制度的发展证明了证券评级是降低资本市场交易成本的一种有效工具,并已成为当代金融制度中不可或缺的组成部分。随着我国市场经济的迅速发展,特别是金融市场的蓬勃发展,证券评级制度也在不断地发展完善,并将在经济生活中发挥越来越重要的作用。

6.1 证券评级概念

6.1.1 证券评级概念

信用评级简称评级,通常根据评级对象不同划分为:证券评级、公司评级、金融机构评级、国家主权评级等种类。证券评级的评估对象包括债券、优先股、普通股、基金、商业票据、银行承兑票据、大额可转让存单、信用证等。作为评级制度起源的债券评级,不仅是证券评级的核心业务,其评级方法和惯例也是其他证券评级的重要参考和指导。

证券评级是指运用评估体系,通过对与该种证券有关的因素进行综合考察与分析,对证券的安全性、赢利性、流动性等方面的质量作出综合评价,并以约定的符号予以列示的评估活动。①

当然也有观点认为:证券评级的基本性质是信用评估,是关于证券偿还履约可能性的信用风险评估。而证券评级的判定结果则不仅是证券发行主体的信用风险等级,同时也代表着证券发行主体(企业)的一种社会信誉程度,特别是对企业信用评级的结果更是如此,这种社会信誉可以视为企业的一笔无形资产。②

6.1.2 证券评级分类

从不同的角度对证券评级进行分类有助于我们正确、全面地理解和认识证券评级。根据不同的标准可以作如下分类:

(1) 根据评级主体划分:机构评级和个人评级

机构评级指由机构投资者或专门机构对证券质量的评价。如证券承销商、基金组织等为了选择有潜力的证券发行人或确定合理的证券投资组合,往往对证券进行评级。通过更加详细的级别区分,选择有效的证券投资搭配。专门的评级机构的评级则是证券评级的主体,是维护市场秩序的有效力量。

个人评级指单独的个人投资者或专业人员根据自己的判断标准和掌握的信息对证券质量的级别评定。

---

① 梁琦:"西方证券评级制度比较研究及其对我国的启示",《证券市场导报》1999年第11期,第22页。

② 冯宗宪:《中国证券与信用评估研究》,陕西人民出版社1995年版,第68页。

(2) 根据评级目的划分：投资性评级、服务性评级和其他目的评级

投资性评级指为了进行资产的合理运用而由投资者自己进行的评级。美国的各种基金、企业资产运用部门在政府的引导下在本部门内部开展的评级就是投资性评级。

服务性评级是指评级主体为了向信息利用者特别是投资者提供投资信息服务而进行的评级。它包括投资银行、投资咨询公司、评级公司等为了向其顾客或公众提供投资信息服务而开展的评级，一般为有偿服务。

其他目的评级指除以上为本部门资产运用或投资者的决策参考服务之外的其他评级。如日本经济新闻社设立的债券研究会，为了研究在本国开展评级业务的必要性曾进行过转换公司债券的试验性评级，同样英国的埃克斯特公司在开展正式评级服务前，也事先对流通中的债券进行过试验评级。

(3) 根据评级对象划分：债券评级、股票评级和其他有价证券评级

债券评级着重于对债券未来如约偿还本利的可靠程度进行评价。债券是典型的评级对象，如政府机构债券、地方债券、金融债券、公司债券、外债乃至国债，几乎所有的债券都可以成为评级对象。

股票评级主要指对优先股的评级，有时也把根据股息和红利对普通股票进行分类排列看做评级。

其他有价证券评级指对出口信用证、可转让存款单、银行承兑票据、商业票据等有价证券的评级。

(4) 根据评级发起方式划分:委托评级和自发评级

委托评级是证券发行者主动向专门评级机构提出申请进行的评级。发行者可自由选择评级机构,甚至可向国际性评级机构取得评级。主动申请评级的目的是通过评级来扩大影响、拓宽证券销路、降低筹资成本。因此,发行者一般要向评级机构提供相应的评级资料,并要支付一定评级费用。

自发评级是评级机构或投资者在不与发行人取得联系的情况下根据收集到的公开信息所进行的评级。投资银行、投资咨询公司等金融服务机构的自发评级主要是为其顾客提供投资信息服务。而专门的评级机构除为投资者服务外,还带有维护投资者利益及证券市场秩序的责任。例如:在美国,对于欧洲债券和已评级的债券,无论有无发行人的委托,主要的评级机构都进行评级;日本的发债会根据评级标准对满足适债基准的企业所进行的评级,也属自发评级。当然,对于作为评级机构自发评级对象的证券来说则是被动的评级。在这种情况下,被评发行者是无须支付评级费用的。

此外还可根据评级方法的不同分为主观性评级、客观性评级和综合性评级;根据评级机构是否向证券发行者收取评级费用可分为有偿评级和免费评级;根据评级的时间不同可分为预备评级、发行评级和后续评级等。

6.1.3 证券评级制度分类

信用是社会经济生活发展的必然产物,是现代市场经济运行的基础。然而,自从产生信用活动,风险就伴随出现。为了避免和防范信用风险,信用分析和管理便应运而生。信用的历史可以追溯到古罗马时代,那时就已形成了一些信用分析的基本原则,在债务行为发生之前债权人要对债务人的品德声誉、借款用途、个人财产、偿债能力等进行调查,目的在于避免信用风险的发生。这些原则的基本内涵时至今日仍未有太大的改变,不过今天信用管理的适用范围已大大拓展了,大至国家小至个人,在发生信用活动时,都或多或少地运用着某些信用分析的基本方法。

在世界经济的发展过程中,特别是经济危机出现后,信用危机对本已十分脆弱的经济基础造成了巨大的冲击和破坏。人们需要了解有关经济实体的信用情况,进而需要更为准确、客观的信用风险评价方法,于是,作为一种评价手段,信用评级和信用评级机构产生了。在全球经济一体化的今天,信用评级在资本市场、金融市场活动中发挥着越来越大的作用。在金融市场中各种投资工具的风险水平不尽相同,投资者受所掌握的投资对象相关信息、自身投资知识、判断能力的多方限制,不可能对众多的金融投资作出正确的风险判断,同时获取相关信息和作出合理判定的成本也随着金融工具的日益创新和发展而不断增大。于是就需要有专业的评级机构,收集相关信息,并按照一套科学严谨的方法为投资者对投资对象进行分析研究,以作出相应风险判断,这是证券评级制度存在的基础。

(1) 市场需求型

证券市场的蓬勃发展,发达的公司债券市场的存在,是证券评级制度产生和发展不可或缺的基础条件,但并非有了证券市场就有了证券评级。证券评级是证券市场发展到一定阶段后,债券投资风险增大,为了保护投资者利益,维护市场秩序而产生的。有些发达国家(比如美国)企业资金的外部筹措,一直主要依靠发行公司债券,而银行借贷只占很小部分。在债券市场中,美国各大投资银行组织承销发行了大量有价证券,为推动美国资本市场起到了巨大的作用,并且赢得了投资者和企业的信赖。但是到20世纪20年代末至30年代初经济危机期间,美国出现了约占发行额40%左右的债券不能如期履行债务的状况,因此证券投资还本付息的风险问题引起社会公众的广泛关注。投资者非常需要一种可以区分投资对象风险状况的工具,因此一些个人和机构开始进行投资信息的收集和分析,出版各种有关证券投资的刊物,帮助投资者在众多的投资对象中作出合理的投资选择。正是由于证券评级活动可以在相当程度上反映出债券偿还能力的真实状况,即在取得较高等级的债券中发生因倒闭不能清偿的事件的概率相对较低,使投资者增加了对证券评级的信任,证券评级被大众所认识和接受。

(2) 政策驱动型

证券评级的发展除了市场发展的要求以外,政府政策的推动和促进也是不可或缺的。以美国为例:首先,美国法律对银行发展的限制。1933年的《格拉斯·斯蒂格尔法》和《1935年银行法》的出台,标志着自由银行制度的终结。投资银行业务与商业银行业务依法分离,同时禁止商业银行对活期存款支付利息,对利率和银行买卖证券的限制严重影响了银行的赢利状况。另外,美国法律也限制了银行在全国范围内的经营,分支机构在其他州的经营必须得到州一级政府的批准。1984年,平均每个美国银行只有2.6个分支机构。与全国范围内经营的大公司甚至跨国公司相比,区域性银行的实力往往相对弱小。因此大公司在融资时就必须在金融市场上寻找多家区域性银行,或是采用直接融资的方式获得资金。而根据企业公开信息进行的评级,就为多家银行提供了重要的投资情报,从而大大降低了银行重复收集和处理信息的成本。1933年公布的《证券法》中,禁止证券承销业者对有价证券进行评价,从此证券评估转由作为第三者的评级机构承担。而证券承销商在制定其销售战略时,对评级机构的评估给予了极大的重视,评级机构对证券的风险评估成为证券承销商制定销售战略的重要依据,投资银行对证券评级的需求大大增加了。同时美国政府还采取许多相关措施促进证券评级的顺利发展,比如美国证券交易委员会在1982年试行的一次性登记制度,这一制度是以评级机构的存在为前提的;同时该制度的施行也必须依赖于评级机构在资本市场上广泛、深远的影响,一次性登记制度使评级结果作为投资信息受到了广泛的重视。

政府部门对评级机构的重视和对评级结果的广泛利用,极大地促进了证券评级的发展。美国证券交易委员会规定,有价证券发行计划书中记载的评级情况,必须是美国证券交易委员会确认的5家评级机构,[①]这些信用评级机构被命名为"全国认定的评级组织"或称"NRSRO‐National Recognized Statistical Rating Organization"(穆迪公司、标准普尔公司、惠誉公司、D&P公司和MCM公司)[②]所作的评级。20世纪30年代初期,美国联邦储蓄保险委员会(FDIC)在制定保险公司投资合格证券标准时,就采用了评级机构的评级结果。1936年,美国财政部货币监理署规定要求所有在联邦注册的国民银行和在各州注册的会员银行利用信用评级结果进行投资的证券资产必须是取得一定等级的债券。1938年7月,又将银行的证券投资具体分为4组,并分别制定了各组证券的估价方法。以后又规定国民银行和加入联邦储备制度的州银行只可对评级机构评定的第4等级以上(Baa或BBB)的债券进行投资,对此外的债券则不允许投

---

① 2003年,美国证券交易委员会增加了一家加拿大评级公司——多美年证券评级公司(Dominion Bond Rating Service Ltd.)。

② 1991年MCM被Duff&Phelps收购,1997年底Fitch和IBCA公司合并后成为FitchIBCA。2000年FitchIBCA与Duff&Phelps合并成为Fitch。

资,并要求美联储利用信用评级机构对其会员银行进行定期评价考核。抵押债券或国外债券必须被评为 AA 级及其以上才可以作为贷款的担保。储蓄协会所作的规定,只允许投资属于最高的 4 个信用等级的债券,4 个最高信用等级的债券还必须是合格的流动性资产,富余的能力应用于向具有较高信用等级的借款人放贷等等。

6.2 证券评级系统及其作用

证券评级包括广义和狭义两方面内容。广义上,现代证券市场的证券评级包括两大部分内容:一是对发行证券的公司企业进行信用评级即公司评级,目的在于帮助投资者了解该企业的生产经营与资信状况,增加企业的透明度与公开性。其中包括对证券商和与证券业务有关的金融机构的信用评级,主要是对证券商的自身素质、经营水平、财务状况、赢利能力和信用程度进行全面分析和研究,帮助投资者选择优良的证券商,促进证券商改善服务与经营质量。同时,也为政府对证券商的管理提供重要信息和参考依据。二是对发行的证券本身进行评级,旨在分析该证券的投资风险和投资收益状况,帮助投资者进行决策。同时,为证券管理部门提供风险控制依据。狭义上,证券评级是对证券质量的一种评价。狭义的证券评级是由中立的第三者对证券进行质量评定及级别区分。债券之外的股票排序、信用证书评级、金融机构评级以及投资者自己开展的评级则属于广义评级的范畴。因此,证券评级就是对证券质量进行评级,并将评价结果以简单明确的符号区分出高低等级的信息处理活动。

证券评级系统包括评级的主体、评级对象、评级目的、评级程序和方法以及评级的结果等。

6.2.1 证券评级系统分析

(1) 证券评级的主体

证券评级的主体是指证券评级活动的实施者,包括投资者、专门评级机构以及开展评级业务的其他组织。投资者要作出证券投资决策,必然事先要形成对证券质量的看法,并将各种证券质量进行区别,以确定投资的先后次序。尤其是机构投资者作为评级主体以确定合理的投资组合、降低投资风险为目标,对证券的选择往往体现出各自的经营特色,因此评级的依据、方法都有自身的特点,与专门机构的评级有很大区别。专门的证券评级机构有完整的、较高素质的评级队伍,这是保证评级工作正常开展的基础。评级体系主要包括信息处理系统、专家咨询系统、信息公开系统、跟踪监测系统。评级组织包括由评级人员组成的专门负责某个项目的评级小组和投票决定证券等级的评级委员会。评级小组由熟悉业务的人员组成,具体负责实地调查和资料收集,并向评级委员会提交评级报告和级别建议。评级委员会在评级小组工作的基础上投票决定证券等级。

(2) 证券评级的对象

证券评级的对象包括债券、股票以及其他有价证券,这是广义上的理解。事实上,证券评级的最初对象是公司债券。随着资本市场的发展,新的金融工具不断被创造出来,投资、信用进一步证券化,使得证券评级对象范围也随之扩大。

①债券类。包括公司债(事业债)、地方政府债、政府机构债、短

期融资债、国际债券等。普通公司债券是最典型的评级对象,美国政府规定凡公募发行的公司债券一律都要接受评级,而且很多企业在发行公司债券时要获得两个评级机构的评级。至于私募债券,则只有在投资者提出申请时,证券机构才可以评级。对可转换公司债券的评级是在不转换为股票的前提下测定其偿还能力,因为当发生因债务问题致使企业倒闭时,转换公司债券的偿还顺序排在普通公司债券之后,所以可转换公司债券的评级级别往往要较普通公司债券低一个等级,它的评级方法与普通公司债券的评级方法大致相同。政府机构债券的评级对象包括对中央政府机构以及地方政府机构发行的债券,穆迪公司和标准普尔公司都进行该类债券的评级业务。国际债券是指政府、公司、团体或国际机构在本国以外发行的债券,包括外国债券和欧洲债券两大类。外国债券是由发行人在本国之外的国家发行的债券,其特点是发行者属于一国,发行地则属于另一国,而且债券面额不用发行者所在国的货币计值,而是以发行地所在国的货币计值。欧洲债券是由举债人在本国之外的欧洲资本市场上发行的,以他国货币计值的国际债券,其特点是举债人属于一个国家,发行地点在另一个国家,债券面值所使用的货币则属于第三国家,所以又称"境外债券"。

②股票类。包括优先股、普通股。股票评级包括对优先股票的评级和对普通股票的编列。

③其他证券类。包括商业票据、可转让存款单、出口信用证、基金等。商业票据是大企业为筹措短期周转资金而发行的票据,自上世纪70年代以来,商业票据发行不断扩大,特别是80年代因利率上涨,商业票据发行显著增加。银行承兑票据是由银行作为承兑者,承认到期付款的票据,因此,对于资金供给者而言,此票据安全性大,利息收入合理,有较强的流动性,对于资金需求者而言,此票据可成为

一种短期信用工具。可转让存款单是银行发行的、筹措社会资金的信用工具,它由银行开出并付款,以银行的信誉作保证,可以转让。出口信用证是银行(开证行)根据出口方的要求和指示,向出口方(受益人)开立一定金额、在一定期限内按规定条件付款的书面承诺,其特点是以银行信用为基础,开证行以自己的信用作付款保证,承担第一性付款责任,出口信用证的评级就是对其偿付能力的评价。基金是一种投资融资方式,它往往是由一些投资专家(机构投资者:如养老基金等)经营的具有投资分散、风险小、收益稳定的特点,基金评级是对基金的投资质量及投资安全性的综合评定。

(3) 证券评级的目的

证券评级的目的在于为投资者提供有关证券信用风险信息。而这些投资者过去由于各种原因难以及时和准确地得到风险信息,从而影响到他们的投资收益。

以债券评级为例,它就是通过测度因不履行债务而使债券本利无法如约得到支付的概率,来提供债券的风险信息。这里的测度是对债券本身或发行债券的企业进行的测度。当然,债券与其发行主体之间有必然的联系,假定有 A、B、C 三种债券,除不履行债务的预测外,其他条件完全相同。同一投资者在同一时点对三种债券的预期到期利率(即投资者对于无履约风险债券——政府债券所要求的利率)也相同,根据评级结果,A 债券评为 AAA,B 债券评为 AA,C 债券评为 A。说明 A 债券不履行债务的发生概率最低,B 债券次之,C 债券最高。

设 q 为债券的约定到期利率,r 为预期到期利率,d 为不履行债务的风险升水,则有:

$$d = q - r \qquad (1)$$

若已知 A、B、C 三种债券的约定到期利率分别为 8%、9% 和 10%，预期到期利率均为 6%，那么这三种债券的不履行债务的风险升水则分别为 2%、3% 和 4%。

(1)式中的 q 又与不履行债务概率 P_d 和因不履行债务得不到支付的比例 a 有关，即：

$$q=(r+a\times P_d)/(1-P_d) \qquad (2)$$

则(1)式即为：

$$d=q-r(r+a\times P_d)/(1-P_d)-r \qquad (3)$$

当 $P_d \to 0$ 时，q=r，这时 d=0，即无不履约债务风险升水；

当 $P_d \to 1$ 时，q>r，这时 d>0，即存在不履约债务风险升水。

需要指出，在这里评级测定的风险程度是指不履行债务的概率 P_d 和因此而得不到支付的比例 a。其中：

$$P_d=(q-r)/(a+q)=d/(a+q)$$
$$a=(q-r)/P_d - q = d/P_d - q$$

对于 P_d 的测度是根据试算发债者未来偿还债务的能力所作出的判断；对于 a 的测度则主要根据信托契约证书排定证券的优劣程度加以判断（即使是同一企业发行的债券，亦需根据有无担保、是否优先债等差异从而确定出清偿程度的不同）。而在实际评级中，是将两者 P_d 与 a 综合起来，以简略的信息记号来表示的。

在得到了 P_d 与 a 的信息（实际上已隐含在评级评别之中）之后，再加上 r，就可通过证券市场（包括投资者、发债者以及承购者等市场成员）确定出风险升水 d 的状况。

评级信息只是将个别债券的风险程度以简明扼要的方法告知投资者，但是它并不起推荐投资或决定债券价格的作用。在债券市场上，低风险（高级别）债券相对应的是高价格（低利率），而高风险（低级别）债券相对应的则是低价格（高利率）。

(4) 证券评级的程序

证券评级是一项系统性很强的工作,制定严格的评级程序可以提高工作效率。尽管各国评级存在一定程度的差异,但基本形成了一套约定俗成的程序。在各种有价证券中,又以债券的评估程序最为典型,具体步骤可分为:第一,债券发行人向证券评级机构提出评级申请,评级机构对发行人进行初步了解。第二,评级机构接受委托,双方签订有关协议。协议一般包括双方的权利、义务及收费等方面问题。第三,债券发行人根据评级机构的要求递交相关资料、文件。一般包括发债概况、资金用途、企业负债及发行股票状况、财务报表及发行条件等主要内容。第四,评级机构组成负责小组,通常由熟悉业务及负责财务分析的 2—3 人组成。对于涉外评估,还要选择熟悉该国经济动向的专家。负责小组对发行人所提供的资料进行分析并作进一步的调查和询问。第五,根据研究结果,负责小组编制评级报告,并依据内部设定的评估体系,确定该项债券的级别。第六,负责小组将拟订报告和级别提交内部评级委员会讨论并投票正式决定级别。第七,评级机构向债券发行人发出评级通知书。如果发行人对评级结果持有异议,可申请复评,并提交申请变更级别的理由书及相关资料,评级机构进行复评,复评结果将不可变更。

此外,评级机构在确定债券级别之后,还将对债券进行定期或不定期的复审。长期债券每年进行一次复审,短期债券一个季度一次。在企业财务状况发生重大变化时,经与发债人进行讨论之后,评级公司有权力对债券级别进行调整并向社会公布。

(5) 证券评级的方法

证券评级方法是保证评级质量的决定性因素,证券评级方法涉及的范围主要包括评级资料的收集、评级指标的设计及综合评价方法。证券评级的方法主要有定性方法、定量方法和综合方法。定性方法侧重反映评价者的主观意愿和认识水平。定量方法主要根据指标数据作出评价,灵活性差,但较客观。定性与定量相结合的综合方法在正确运用的情况下,会得到准确、客观的评价结果。

  债券评级是证券评级的核心业务,其他种类证券大多受到债券评级方法的影响。目前债券评级主要有两种方法:第一,完全客观评级。英国的评级被视为典型的客观性评级,评级以客观因素为依据,排除主观影响。评级依据债券担保种类、资本优先权比率、信托条款、海外资产比率四项指标。英式评级的特点是无论谁来评级,评级结果均保持一致。第二,主客观结合评级。美国的评级包含了评级人员的主观判断,评级不仅包括财务分析类的客观性的指标,而且包含了评级人员对评估企业的行业动态、管理水平等非定量因素的主观评价。尽管如此,有资料显示,这两种评级方法有 90% 以上的结果是吻合的。显然,二者在总体上是一致的。目前,后一种评级方法居于主流地位,主要包括以下内容:

  ——产业分析。产业分析的目的是为了判断该企业所属产业的发展趋势,是属于衰退产业还是上升产业,是较为稳定的产业还是对经济活动敏感的产业,并评定该产业的级别。进而对企业进行行业内部竞争力的分析。此外,发债企业的生产设备状况、劳动生产率、市场占有率及决策系统也是行业分析的重要内容。

  产业整体状况分析。分析被评级企业所在的行业所处的产业周期是朝阳产业还是夕阳产业,是发展稳定产业还是易于波动的产业。如果被评级企业属于新兴的稳定产业,就给予较高级别的评价;反之相反。当然,在对整体产业状况分析时被评级对象所在国家的产业政策也是需要特别关注的,对于符合国家产业政策、受到政策扶植的产业要给予较高的评价。

产业内部竞争状况分析。主要是分析被评级企业在所处行业中的地位,是在同行业中的相对水平的评价。主要通过生产能力排名、所占市场份额、生产设备状况、生产技术先进程度、经营管理水平、劳动生产率等指标进行分析。

——财务分析。财务分析是根据发债人提供的财务数据,对其财务状况进行定量分析。主要包括收益性、财务构成、财务弹性、清算价值等项分析。

收益性分析。收益性是观察财务健全性的最重要指标,也是判断资本筹措能力及经营方法好坏的标准。常用的指标有:销售额赢利率=息税折旧前盈余/销售总额×100%;长期资本付利前赢利率=税息前盈余/长期资本×100%。益性比率越高,表明企业支付能力越强。

财务结构分析。考察在收益变动条件下,企业履约偿债的可能性。常用的指标有资本化比率、有息负债比率、负债比率。其中资本化比率=长期债务/(长期债务+股东权益)×100%,这一指标最为传统,也最为重要。该比率高的时候,由于收益下降,企业容易发生支付困难。一般来说,资本化比率越低,债券级别越高。

财务弹性分析。考察企业通过经营活动获得资金偿还债务的能力。衡量财务弹性一般用现金流量比率、流动比率、销售债权周转率等指标。现金流量比率=(净利+折旧+延付税款)/长期债务×100%,这一指标最为常用。经营效率高的企业有较强的赢利能力,能够通过内部资金积累偿还债务而不必通过外部融资。因此,现金流量比率越高,企业的偿债安全性越高。

清算价值分析。清算价值是指企业破产清偿时,按照法定清偿次序对长期债权人所余的资产净值,即债权的最后保障。实际上,评级通常以企业继续存在为前提,因此,清算价值分析并不太重要。

——信托证书分析。信托证书是详细规定发债人与债权人之间权利、义务关系的文件。在以保护投资者利益为目的的证券评估中,它是主要的分析项目之一。信托证书分析一般包括对财务限制条款、债权清偿优先次序的分析等方面。财务限制较少及包含抵押、担保等条件的债券,评定级别相对较高。

第一,限制条款。限制条款是信托证书中最为重要的条款,是对债券发行人的行为进行约束、限制的规定。限制条款包括两类:一是普通限制条款,即任何信托契约中都包括的限制条款,如保证到期支付本息等;二是约定限制条款,由发债人与承销人协商制定的限制条款,如财务状况恶化的限制条款、资产处置的限制条款等。制定限制条款的根本目的在于保护债权人的合法权益,防止债务人的不良行为或发展状况而使债权人遭受损失。评价机构要根据对信托证书的限制条款及限制程度的高低进行评价,最终决定债券的级别。

第二,债券优先顺序条款。优先顺序条款是对债务人不能如约履行债务时,不同的债券持有人获得偿还的次序的规定。债券的偿还次序是影响评级结果的一个重要因素,同一发行人的有担保债在偿还顺序上优于无担保债,无担保债优先于劣后债。因此,要根据债券偿还的优先顺序给予不同的级别,偿还顺序优先的给予较高级别,反之相反。

(6) 证券评级的原则

①中立原则。评级机构作为沟通投资者与融资者之间的信息纽带,要求其必须站在中立的立场上,不偏向任何一方,客观地分析信息资料,真实地对证券作出评价。只有坚持中立、客观的评级态度和评级标准,评级机构才能够保证评级结果的真实、可信,从而客观地

反映被评级证券的质量水平。

②客观原则。评级的权威性首先取决于评级依据,即评级的资料必须能准确、充分、及时地反映评级对象的实际情况,评估人员所占有的资料不仅包括从报纸、杂志、电台、电视等公共媒介收集而来的,更重要的是要有实地调查得来的第一手资料。实地调查往往能取得更多的信息,其中感性的、真实的资料往往是反映证券质量的关键。实地调查是确保评级信息质量的重要条件,因此评估人员必须事先制订调查计划,设计全面调查提纲和调查表单,通过调查来补充和核实已经取得的资料。

③公开原则。证券评级的目的就是为广大投资者服务,尤其是为社会公众提供信息服务。评级结果及时向市场公开,有助于投资者据此确定合理的投资组合,同时通过确立跟踪评价及公开级别变更制度形成一种约束企业行为的机制,促进其改善经营管理。当然,某些评级信息的取得是有偿的,需要支付一定费用。

④科学原则。证券评级是一种科学的评价活动,评级机构的权威性关键要靠科学、完善的评级系统来保证。贯彻科学原则就是要设计合理的评级指标体系,遵循严格的评级工作程序。运用科学的评级方法和技术,确立规范的评级规章制度。特别应注意的是,要采用定性和定量相结合的评级方法,单纯地依赖主观判断或客观指标来评价都难以反映客观实际,不能令人信服。

(7) 证券评级的结果

证券评级结束后,评级机构应提供评级报告。评级报告主要包括发行人基本情况、证券发行概况、评级理由、评级结果等内容。

证券级别用专门的评级符号表示。评级符号因证券的不同而有所差异,也因评级机构的不同而有所区别。最常见的是将证券等级划分为三等九级,分别用英文字母表示为 AAA、AA、A、BBB、BB、B、CCC、CC、C。为了更细致地区分证券质量等级,可以在各级上使用"＋、－"进行微调。(见表 6—1)

表 6—1　美国三大评估公司对债券的评级分类

债券性质	级别			含义	质量说明
	Moody	S&P	Fitch		
投资级	Aaa	AAA	AAA	最高级	质量最佳,本息支付能力极强
	Aa	AA	AA	高级	本息支付能力很强
	A	A	A	中高级	质量较佳,支付能力较强,但易受经济波动影响
	Baa	BBB	BBB	中级	质量尚可,但易受外界因素影响
投机级	Ba	BB	BB	中低级	中等品质,具有一定的投机性,保障条件中等
	B	B	B	较差,半投机	具有投机性,本息缺乏足够保障
	Caa	CCC	CCC	差,明显投机	能支付本息但无保障,经济波动时可能停付
	Ca	CC	CC	差,风险大	投机性极强,本息基本没有保障,潜在风险极大
	C	C	C	风险极大	没有能力支付本息
			DDD	最低级	质量极低,易发生倒账,无未来性
			DD		资产无价值
			D		前途无望

6.2.2 证券评级的作用

证券评级的主要目的就是向投资者提供投资信息,使之避免因投资信息不充分而蒙受损失。随着证券市场的发展,评级活动与证券发行者、证券经销商、证券持有人、证券交易组织、证券管理机构等关系愈加密切,评级的影响和作用逐渐扩大到社会、经济的各个领域。

(1) 提供投资决策信息

证券评级结果一般都比较客观、准确,投资者可以直接利用这些信息作为参考依据,大大节省了信息费用。事实上,即使是具备证券分析评价能力的投资者,如信托公司、保险公司、投资公司、银行等,一般都直接利用评级信息来有效地进行证券投资管理,及时分散风险,提高证券投资收益。对广大的个人投资者来说,评级显得尤为重要,这些人一般缺少专门的知识,而借助评级信息,可以进行科学分析,确定投资方向和投资组合,提高投资的安全性。

(2) 规范筹资者行为

较高的评级意味着具备良好信誉,有利于扩大销路和缩短筹资时间,扩大证券发行者的影响,为证券销售和流通创造条件。另一方面,高级别的评级表明了证券风险较低,根据证券的风险—收益对等原则,低风险意味着投资者的低收益,筹资者的低成本,即取得高评级的证券可用低成本筹集到资金。之所以实行有偿评级制度,就在于它可以给发行者带来经济利益。此外,评级还使证券发行者拥有了与证券中间商讨价还价的依据,使证券以有利于发行者的条件发行。

(3) 为证券商提供决策的参考依据

评级信息对证券商选择服务对象有重要的参考价值。如果证券质量级别较高,则表明证券有一定的市场竞争力,证券商就可采取包销的方式发行,否则,只能采取代销的方式发行或不参与其发行活动。在承销证券时,也可利用评级信息为投资者提供咨询,以扩大证券销量。

(4) 维护证券市场秩序,提高证券市场效率

首先,证券评级通过向投资者提供关于证券预期收益和风险预测的信息,尽可能地消除信息的不充分性和非对称性,避免过度投机,保证证券市场的正常运行。

其次,评级使级别高、资信好的发行主体以较低的成本迅速筹集到所需的资金,而使那些级别低、资信差的证券失去吸引力,甚至被排挤出竞争的市场,这样利用优胜劣汰的市场机制可以促进筹资者增强信用观念和竞争意识。同时,将那些风险大的证券拒于市场之外,从而把可能给市场带来不良影响的因素消灭在萌芽时,起到保护市场秩序的作用。

最后,评级信息得到投资者的重视和利用,有利于资本市场自律性约束机制的形成。

(5) 降低整个社会的信息成本

专门的评级机构对不同类型、风险信用的证券进行评价,可以使一般投资者甚至大的机构投资者不必费力去了解发行人生产经营状况、清偿能力、证券保证条款等信息,而直接利用评级机构的评级信息作为决策依据。这样,信息生产与传递的专业化、程序化大大降低

了全社会的信息成本。

总之,证券评级对于保护投资者利益、正确引导资金流向、实现资源的合理配置、保证证券市场健康高效地运行有重要意义。

6.3 各国证券评级制度比较分析

如上所述,证券评级制度并非作为一个制度体系中超然独立的个体而存在的,它与所处的经济、法律等环境有着密切的关系。而具体国家之间无疑都存在着种种差异,因此,对证券评级制度进行分析和研究,就必须结合其所在国家的具体经济与法律环境、评级制度发展沿革与具体模式、评级机构设置等方面进行综合比较分析。

6.3.1 国外证券评级制度分类

从国际证券评级业的发展历史看,证券评级业的发展是随着信用评级业的发展而发展的,根据信用评级的分类模式大体可分为两种:一是市场驱动的证券评级业发展模式,代表国家和地区主要是美国、欧洲等;二是政策法规驱动的证券评级业发展模式,上世纪70年代末或80年代初发展证券评级业的一些国家或地区基本上属于这一类。

(1) 市场驱动类信用评级业发展模式

在市场驱动发展证券评级业的国家或地区,监管部门不直接对证券评级机构的设立、业务范围等进行监管,证券评级机构的生存与发展主要由市场决定。监管部门作为证券评级结果的使用者之一,一般根据证券评级机构在市场中的表现,作出认可某些证券评级机构的评估结果的规定。由于各国国情和立法传统等方面的差异,发达国家的市场驱动的证券评级业发展模式又分为英美法系模式和法国、德国等大陆法系模式。

①英美法系。美国的做法：证券评级机构是获得政府特许的,为私人部门所有,并且评级是独立进行的,其独立性、中立性和公正性是评级公司最重要的无形资产。1936年,美国货币监理署(OCC)命令银行只能持有投资等级的证券,从此监管者将风险评估工作交给了证券评级机构。由于监管力度不断加大,银行、保险、互惠基金和其他金融机构越来越关注证券评级,证券评级在美国资本市场上逐渐占据举足轻重的地位。由于美国有比较完备的信用法律体系,因此政府在对信用行业管理中所起的作用比较有限,但有关政府部门和法院仍然起到信用监督和执法的作用,其中联邦贸易委员会是信用管理行业的主要监管部门,司法部、货币监理署和联邦储备系统等在监管方面也发挥着重要作用。

②大陆法系。大陆法系国家的做法：法国、德国和比利时等一些欧洲国家的社会信用体系同美国存在一定差别。信用信息服务机构是作为中央银行的一个部门而建立的,而不是由私人部门发起设立的。在比利时,信用信息办公室根据一个记录有关分期付款协议、消费信贷、抵押协议、租赁和公司借款中的不履约信息的皇家法令建立起来,并作为比利时中央银行的一个部门。在比利时、德国和法国,商业银行向中央银行建立的信用风险办公室或信用信息局提供所要求的信息是一种强制行为。比如,德国银行和金融服务机构被要求向德国联邦银行的中央报告办公室报告负债总额达到或超过300万德国马克的借款者的详细资料。在以比利时、德国和法国为代表的一些国家,由于信用信息局是中央银行的一部分,因而对信用信息局的监管通常主要由中央银行承担,有关信息的搜集与使用等方面的管制制度也由中央银行提供并执行。

(2) 政策法规驱动类证券评级业发展模式

在政策法规驱动发展证券评级业的国家或地区,监管部门对证券评级机构、证券评级业务的推动和监管是证券评级业发展的主要动力,其中主要内容包括:参与发起设立证券评级机构、批准证券评级机构、核准业务范围、规定必须开展某项证券评级业务以及进行资格认定等。

在资本市场和证券评级业不发达的国家或地区,通过政策法规支持证券评级业的发展,是发展、培育资本市场的一个途径。同时,证券评级机构作为向公众提供风险信息的中介服务机构,在其发展的初期加强监管也有利于证券评级业的健康发展,但是过多的政策支持不利于证券评级业的长远发展。

6.3.2 美国证券评级制度

(1) 美国证券评级制度的沿革

证券评级于 20 世纪初首先出现在美国。在经历了 1929—1933 年的经济危机以及政府机构对证券评级的广泛利用之后,这一制度在美国的资本市场上深深扎根。1909 年美国的约翰·穆迪(John Moody)在其著作中用评级的方法表示作为投资对象的铁路债券各种牌号的优劣等级,这是美国最早的证券评级。其后,普尔出版公司(S&P 公司的前身)、标准统计公司和惠誉公司分别于 1922 年和 1924 年开始对工业债券进行评级。当时的美国资本市场在经历了 19 世纪的发行国债时代、19 世纪 30 年代的发行州债时代和 19 世纪 40 年代至 50 年代的发行铁路债券时代之后,广泛涌现出一大批个人投资者。1873 年经济危机以后,债券发行承包商的地位逐渐下降,取而代之的投资银行以其雄厚的金融资本开始涉足证券业务。投资银行不仅从事铁路债券的承购发行,而且还积极承购发行19世纪末美国工业化时期大量出现的工业债券,并且通过对美国国内及欧洲各国投资者的销售活动,掀起了一股证券潮,对美国证券市场的飞跃发展起到了重要作用。当时,有关证券投资的刊物出版活动随之盛行,投资者通过订阅这种由中立的机构发行的简易投资情报资料了解评级的情况。不久,评级机构把评级对象扩大到了由地方自治团体发行的债券,债券本身也开始以等级结构为基础,逐步形成了自己的一整套价格体系。

概括起来,美国的评级制度发展可以分为三个阶段:第一阶段,1929—1932年经济危机时期。这次世界经济危机极大地冲击了美国的资本市场,大量的债券因为不能按期还本付息而使投资者损失巨大,证券投资的风险凸现。当投资者回过头来分析证券评级机构的债券信用等级时,发现其评级结果与证券风险基本是一致的,证券评级制度开始发挥指示投资风险的作用。

第二阶段,20世纪30年代以后。经历了经济危机的冲击,金融当局对危机原因进行分析后得出的一点结论是:金融混业经营造成金融风险加大,产生并加剧危机。因此20世纪30年代开始,美国政府开始禁止金融机构兼营银行业务和证券业务。1933年的《证券法》禁止证券承销商对承销的有价证券进行评级。这样就使得投资银行对作为第三方的证券评级机构的需求增大。在这个时期,政府机构对信用评级逐渐重视,在银行监管、资产评估等领域大量采用评级结果和评级方法。

第三阶段,20世纪70年代。在这个阶段由于美国的持续高利率政策带来了企业大量发行短期商业票据的风潮,投资风险进一步加大了,比如宾夕法尼亚州中央铁路公司倒闭事件、纽约市政府无力偿还短期债券事件等一些美国证券史上著名的事件,使投资者对证券投资的信心受到了打击,同时也对指导作出投资决策的信用评级更加依赖,对评级信息的需求进一步扩大了。另一方面,在发行证券时证券发行人对证券进行信用评级,可以吸引更多的投资者,同时发行人付出了相应的代价,即向评级机构支付信用评级费用,也使评级机构的收入来源从以前的主要依靠向投资者出售评级报告,转为向证券发行人收取评级费用。此外,信用评级行业也随着自身的发展经历了行业的调整和企业的重组,许多不适应市场需求、技术落后、信用低下的评级公司被淘汰,评级市场不断向几家大的评级公司集中。

经历了上述三个阶段的发展,美国的证券评级制度逐步得到了完善,形成了比较成熟的证券评级制度。

(2) 美国证券评级制度的发展原因

证券评级制度在美国资本市场上得以确立的原因有以下三点:第一是社会经济发展对评级制度的需求。由于1929—1932年经济危机时期,大约占发行额30%—40%的债券不能如期履行债务,证券投资还本付息的可靠性受到了人们的极大重视。实践表明,评级机构的评级活动基本上反映出债券偿还能力的真实情况,在取得较高等级的债券中发生倒闭而不能清偿的事件的概率相对较低,评级与债务倒闭事件发生率之间存在着密切的联系,债券的安全与否完全可以通过评级予以测定。这一事实扩大了投资者对债券评级的信赖,大大提高了评级作为投资情报的价值。于是从1913年前后起,在发行过程中要求取得评级的债券比重逐渐增加,到了1920年以后,已有97%—98%的公募债券接受了评级机构的评级。另一方面,对于当时经济危机爆发的原因,一般认为是由于20世纪20年代后期投机的盛行、银行大量倒闭和不正常的证券融资所致;在吸取了这段历史教训之后,当局决定禁止金融机构同时兼营银行和证券业务。与此同时还于 1933 年公布了《证券法》,对有价证券的发行和销售实行了法律限制。1933 年《证券法》规定,禁止证券承购业者对有价证券进行评价。为此,投资银行在承购发行有价证券时便失去了对该有价证券的偿还能力向顾客作出评价的资格,转而由作为第三方的评级机构作出评价。对于评级机构所作出的评价,投资银行在制订其证券销售计划时,同样给予了很大的重视。

评级制度在美国资本市场上得以确立的第二个原因,是政府部门对评级结果的广泛应用。美国全国保险协会在制定保险公司投资合格证券标准时,采用了评级机构的评级结果。1936 年 2 月,美国货币监理署规定,国民银行及加入联邦储备制度的州银行所持有的证券资产必须是取得一定等级以上的债券;并决定将评级结果作为联邦储备银行对其加盟银行进行检查的标准;紧接着又将银行的证券投资具体地划分为 4 个组(即第 4 等级以上的债券为第 1 组,第 5 等级以下的债券为第 2 组,宣布债务倒闭的债券为第 3 组,股票为第 4 组),并分别划定了各组证券的估价方法。在 1949 年 7 月的货币监理署、存款保险机构、联邦储备委员会以及州银行协会的联合通告中,将上述 4 组分法改为 3 组分法,在估价银行资产时将被评级机构评定为 4 级以上的投资合格证券按购入价格予以估价,对不宜投资证券和报损证券则分别按 50% 和全额从资产估价额中予以扣除。在 1957 年的货币监理署通告中,除了继续对银行证券资产估价作出规定以外,还规定国民银行和加入联邦准备制度的州银行只可以对评级机构评定的第 4 等级以上债券进行投资,对此外的"不宜投资债券"则不允许投资。至此,债券评级开始带上官方色彩。目前,货币监理署对银行债券资产的估价标准进一步明确规定,只有由权威性评级机构评定的等级在 4 级以上的公司债券才可以作为合格的债券资产,按票面价值予以评价。除此以外,关于储蓄银行及各类年金基金、人寿及财产保险公司等机构投资者的公司债券投资,也有类似的规定。货币监理署等政府机构对评级结果的广泛利用,影响着金融机构等机构投资者的投资标准,成为评级制度得以在美国资本市场上扎根的重要原因。

1974 年制定的《退休职工年金法》,通过公共机构对评级的广泛利用,对评级制度的建立和普及也起到了促进作用。《退休职工年金法》是对不断增加的退休职工年金在法律体系上的完善。该法特别强调,必须对这一年金资产的运用持慎重态度。美国证券交易委员会在接受这一资产运用之后,一方面强调评级机构评级的重要性,另一方面引导年金资产运用者对所投资的债券亲自进行评级,从而建立起一套双重评级、双重审查的制度。

在美国曾经对按投资咨询法成立的投资咨询公司的财务标准进行过一次大的修改。按《证券交易法》规定,证券经纪人和交易商的净资本额应保持在 25 000 美元以上,其负债总额不得超过净资产的 15 倍。这里所说的净资本额即资产减去负债的纯资产额。在核定投资咨询公司的资产时,也要利用评级机构的评级。即在对资产中有价证券部分的价值进行估价时,关于期限在 90 天以内的短期证券,如果至少两个以上评级机构的评级结果均为 3 级以上则可基本按时价估价。关于普通债券,如果等级在第 4 级以上则可以按时价的 97% 予以估价。关于其他证券,则以时价的 70% 进行估价。

另一方面,在美国证券交易委员会颁布实施的 SEC62 条方针中,规定在美国证券交易委员会提供的资料及股东分红年度报告中,可以记载有关公司未来的发展预测。按照这一规定,有价证券的发行者在实际发行时,便可以根据自己的愿望在有价证券发行计划书中记载对于未来的预测。根据规定,有价证券发行计划书中记载的评级情况,必须是美国证券交易委员会确认的 5 家评级机构所作的评级。① 至于这 5 个评级机构以外的其他评级机构的评级结果,在经过上述评级机构的书面同意之后,也可以在有价证券发行计划书中予以记载。美国证券交易委员会对评级结果的广泛利用和评级机构的公证作用,加深了评级制度对市场的渗透,使得评级机构带上了浓厚的公共色彩。

同时,美国政府还采取许多相关措施促进证券评级的发展。比如,在法律中作出明文规定:对已评级的债券,可以通过提供简略形式并注明参考出处使得信息披露的负担最小化;已评定信用等级的债券交易可免去一些报告要求;根据州"蓝天法",达到两种最高信用等级的抵押债券与政府债券同等待遇等。另外还有"信息公开"(又称行政公开),其主要含义是政府有义务公开行使行政管理权过程中形成的各种信息,或者说公民个人或团体有权知悉并取得行政机关的文件、档案资料和其他信息。美国信息公开制度最重要的法律是 1966 年的《信息自由法》、1972 年的《联邦咨询委员会法》和 1976 年的《阳光下的联邦政府法》。这三个法律改变了过去行政机构对政府文件的态度,是美国政治、法律领域的一次革命性变革。核心思想是:原则上所有政府信息都要公开,保密例外;政府信息具有公共产品的性质,一切人获得信息的权利是平等的;政府对拒绝提供的信息负有举证责任,必须提供拒绝的理由等。在证券信用评级方面,美国证券评级机构主要依靠证券发行者提供的资料进行评价,也可以利用由其他认为可靠的途径获得的资料进行评价。美国政府对公司企

---

① 2003 年,美国证券交易委员会增加了一家加拿大评级公司——多美年证券评级公司(Dominion Bond Rating Service Ltd.)。

业发布各种信息(包括财务报表)有明确、详细的规定,故意提供虚假的或误导性的数据是严重的犯罪行为,评级机构获得的多数资料其他投资者也可以同时获得,因此,虽然证券发行者提供的资料是证券信用评价的基础,但评级机构并不对这些资料的真实性进行审计,资料的真实性由提供者自己保证。这些相关的政策无疑对证券评级制度的建立、发展和完善都起到了推动作用。

评级制度在美国资本市场得以确立的第三个原因是,20世纪70年代末以来通货膨胀的加剧、利率的上涨以及伴随而来的企业财务状况恶化和商业票据的大量发行。

1976年以后,在通货膨胀、投资资金回收不足以及高利率的情况下,企业对外部资金依赖程度扩大,美国企业的财务状况出现了负债比率上升、利润率下降的趋势。到了1980年后,在通货膨胀率有所下降的情况下,利率仍居高不下,从而导致企业财务状况迅速恶化。由于设备投资对负债的依赖程度过高,致使负债率不断上升,利息支付能力和债务的偿还能力下降,公司债券被迫降低等级的情况骤然增加。1980年以后,每100笔已评定等级债券当中被迫降低等级的件数,从通常的2件左右增加到5—6件。企业财务状况恶化以及被迫降级债券数量的增加,提高了投资者对风险信息情报的需求,并导致对评级需求的扩大。

随着20世纪70年代末利率的上涨和利率变化幅度的加剧,企业资本金筹措的重点开始从发行公司债券转向发行短期商业票据。在市场利率水平较高的情况下,企业的资金筹措不得不实行短期化。加上商业票据的资金成本大大低于银行贷款,因此商业票据的发行迅速增加。自1979年以来,整个企业负债当中短期负债的比率上升,其中特别是商业票据的发行和来自金融公司的贷款不断增加,加之金融公司本身资金来源的约40%也是靠发行商业票据筹措的,因此企业对商业票据的依赖程度达到了相当高的水平。实际上,如果不取得评级机构较高的评级,企业便不能在市场上发行商业票据。商业票据发行的扩大再次导致对评级需求的增加,这成为继穆迪公司、S&P 公司和惠誉公司之后许多新的评级机构产生的重要原因。

(3) 美国证券评级机构的设置

根据美国商法的规定,评级机构属于一般股份公司。证券交易委员会的立场是"评级机构的地位应由投资者予以确定,政府不得进行干涉,并不得以任何手段加以限制"。为了保证评级的公正,坚持向投资者提供准确的情报,评级机构极为重视自身的独立性和中立性。这样做对于投资者来说,有利于规避风险、保护自身利益;对于发行者来说,有利于按照优惠条件迅速实现发行,并为在更大范围内筹资提供了可能;对于监管当局来说,有助于有甄别地实施监管,提高监管效率;而对于社会来说,则可以降低信息成本,提高证券市场的效率,实现资源的合理配置。

目前美国的证券评级机构主要有三个:穆迪投资服务公司(Moody's Investors Service)、标准普尔公司(Standard & Poor's Corporation)和惠誉国际信用评级有限公司(Fitch),这三家公司也是当今世界最具权威、规模最大的评级公司。这三家评级公司采用的评级资料大体相同,工作程序也十分相近,但评级结果却不尽相同,各具己见。

①**穆迪投资服务公司**。穆迪公司是 1900 年由约翰·穆迪创立的历史最悠久的评级机构。该机构从 1909 年起先后对铁路证券和一般企业债券进行评级。经过近百年的发展,穆迪公司已发展成一家全球性的评级机构。

穆迪公司的评级特点:一是历史最长,规模最大,最具权威性;二是评级对象主要为债务性融资证券,如长期债、短期债等,另外其主权评级也最具影响力;三是评级方法更趋于定性分析,而不采用评分的方式。公司强调,评级没有固定的模式和简单的公式可循,遵循利用一切可以利用的资料和信息进行评级的原则。

②标准普尔公司。标准普尔公司是由普尔公司和标准公司于1941年合并成立的,是对各种股票债券进行评级的综合性公司。

标准普尔公司的评级特点:一是金融机构评级、证券评级是一大特色,在其评级业务中占有相当大的份额,另外主权评级在全球也具有较大的影响力;二是评级过程中定性分析与定量分析两种方法都采用,但以定量分析为主,在侧重统计性数据分析的同时,还通过行业内的比较来评定证券级别;三是评级内容相对集中,大量运用统计性指标,评价有比较统一的标准和参照系。

③惠誉国际信用评级有限公司。惠誉公司也是世界领先的国际评级公司之一,是继穆迪与标准普尔之后的第三大评级机构。惠誉成立于1913年(Fitch Investors Service),1978年与IBCA英国评级公司合并,更名为FitchIBCA,2000年FitchIBCA与Duff&Phelps合并,更名为Fitch,同年收购Thomson Bank Watch。该公司在伦敦和纽约都设有公司分部。

其评级业务主要有主权评级、金融机构评级、企业评级、结构融资评级,主要领域包括资产抵押证券、商业分期付款证券、住宅抵押证券、信贷产品、信贷基金等。

惠誉公司评级的特点:一是评级业务范围很广,几乎涉猎评级市场的各个方面,在企业评级市场上占有优势份额,在美国市场上其商业票据项目几乎占绝大部分;二是结构融资在其评级业务中占有重要地位,并发明了复杂的结构融资的评级标准,是对市场风险进行估价和对债券组合的易变性进行评级的第一个机构;三是广泛运用各种财务指标进行评级活动。

（4）美国证券评级制度的特点

①证券评级制度建立在发达的资本市场基础之上。毋庸置疑，美国证券评级制度能够发展完善并且充分、有效地发挥作用，是与美国拥有世界上最发达、规模最大的资本市场紧密联系的。美国早在独立战争时期就开始发行多种债券，这些债券的发行和交易，构成了美国最初的证券市场。虽然美国的证券市场起步落后于老牌的欧洲国家，但凭借其经济的迅速发展以及两次世界大战的特殊优势，迅速成长壮大。

②政府为证券评级制度的建立和发展创造了良好的外部环境。美国政府首先在全社会范围内维护评级机构的独立性和权威性，不对评级机构及其评级活动进行干涉和影响，承认评级机构的评级结果，并广泛推广使用评级结果。政府没有规定公司或债券必须进行等级评定，同时也未曾规定必须由哪一家评级机构进行评级，但把评级结果作为资本市场监管的重要工具，这些举措都极大地促进了证券评级业的发展。比如：美国政府规定保险公司、养老基金等大的机构投资者必须将其投资的一定比例选定为高级别的债券，从而防范投资风险。同时政府有关部门还通过"认可"几家信誉好、规模大的评级公司的评级结果，来规范和引导评级行业的健康发展和结构调整。比如1975年美国证券交易委员会对穆迪、标准普尔、惠誉等公司的"认可"（NRSRO），就有力地推动了这些公司业务迅速发展。

除了上述措施外，在评级资料信息的可获取性和可行性上，政府也采取了诸多促进政策。美国证券评级机构主要依靠证券发行人提供的资料进行评级，也可以利用其他可靠的途径获得资料进行评级，这些资料大部分都是公开的资料。政府对公司发布的各种信息包括财务报表都有明确、详细的规定，故意提供虚假的或误导性的数据是犯罪行为，评级公司获得的大多数资料其他投资者也能同时获得。因此，虽然证券发行者提供的资料是证券评级的基础，但评级公司并不对这些资料的真实性进行审计，资料的真实性是由提供者自己保证。

③评级机构保持独立性和中立性。评级机构在证券评级制度中居于核心地位，为了保证评级结果客观、公正、可信，评级机构应保持中立性和独立性。在美国，证券评级机构的中立性和独立性很强，各评级机构十分重视其中立性和独立性，依靠对有价证券的信用度进行中立和独立的专业判断来取信于投资者，在资本市场上立足。为了保持评级业务的独立性，美国的各评级机构都尽量避免在人员、资金方面与政府、金融当局以及与评级有利害关系的各方（发行人、承销公司、受托公司、投资者等）发生任何关系，以防止评级业务受政府、金融当局干预和利害关系各方的影响。评级机构的中立性由评级机构的独立性来保证和体现。此外，评级机构的中立性还体现在评级活动不受来自于任何方面的压力和干扰。评级结果直接影响证券发行人的筹资成本及其在资本市场的形象，发行人会通过各种方式干预评级，这类事件在美国评级历史上出现过多次。然而，评级机构始终如一地坚持向投资者提供准确的情报，基本上保持了中立性。

在美国评级史上，评级机构曾经长期不向证券发行人征收评级费用，只是到了 20 世纪 60 年代末 70 年代初，评级机构才开始向证券发行人收取评级费用，实行有偿评级制度。这一做法曾经受到批评，认为向发行人收取评级费用会使评级失去中立性。然而有偿评级制度实行以来，评级活动并没有失去中立性和公正性，也未受到投资者反对。因为评级结果的主要需求方是投资者，投资者的信任是评级公司生存的根基。如果评级机构因向证券发行人收取评级费用而在评级过程中失去了中立性，那么它就会失去投资者的信任，被投资者抛弃的评级机构也会被证券发行人抛弃，评级机构将无法继续生存。因此各评级机构十分重视保持中立性，不会因为向证券发行人收取评级费用而改变中立的立场。

美国法律禁止债券承销商向投资者散发它对所销售的债券的评价资料，对证券的评价由投资者根据证券发行人提供的公开资料作出。投资者分析、评价证券需要耗费很多时间和财力，而利用评级机构的风险情报，既可节省大量时间，还可降低费用，为投资者服务是评级机构生存的最终依据和经济条件。但是由于中立性的要求，评级机构也不会对投资者有任何偏向，否则会导致评级标准过严，提高证券发行人的筹资成本。就法律责任而言，评级机构只向投资人提供证券发行人的风险情报，对投资者的证券买卖行为不提出任何建议，投资者在参阅评级机构的风险情报基础上独立作出投资决策，并对其决策承担全部责任，评级机构对投资者的损失不负任何责任。美国资本市场上存在多家评级机构，评级机构之间的竞争也迫使各评级机构力求保持中立性和独立性。投资者在作出投资决策之前，一般要参阅多家评级机构的评级结果，一家评级机构是否保持中立是容易被投资者发现的。评级机构的收入主要来自于有偿向投资者出售评级情报。一家评级机构如果失去了中立性，购买其评级情报的投资者就会越来越少，从而威胁到该评级机构的生存。

④**评级方法科学、合理**。在美国，除了联邦政府发行的国债以外，其他所有证券以及具有固定收益性质的有价证券都是评级机构的评级对象。在长期评级过程中，美国的评级机构逐渐形成了一套科学、合理的评级方法。

第一，评级分析方法。证券评级过程从证券发行人或证券主承销商向评级机构提出评级委托时开始。评级机构收到发行人提供的资料后，就该项目组织一个评级小组，评级小组经过调查研究，制订出评级方案。评级小组的调研内容主要包括三方面，即行业分析、财务分析、证券发行条款分析。行业分析要判断企业所在的行业处于成长期、成熟期还是衰退期，是稳定的行业还是对经济周期敏感的行业。此外，要分析行业内的竞争状况、产品市场供求的发展趋势及企业在行业内的地位等。财务分析以证券发行人的财务报表为基础，计算财务比率，分析企业的赢利能力、偿债能力、管理效率等影响企业证券偿还的因素。证券发行条款规定了证券发行人与证券持有人的权利及义务，对证券投资者影响很大，在证券评级时是重要的分析内容。对发行条款的分析，主要是研究各项限制条款及证券偿还的优先次序对证券投资风险的影响。

美国的评级机构在评级时通常会使用数学模型，加上评级人员基于分析调查基础之上的主观判断。美国的评级机构认为，利用数学模型对过去的财务数据进行分析，仅仅是评级活动的出发点，如果不在此基础上对市场环境、国际竞争力、经营者的素质等各种因素进行调查分析和判断，则评级很难得出正确的结论。评级机构的这种做法得到了投资者、证券发行人与承销商、政府机构的认同。评级的对象是企业发行的证券，因此评级结果既受企业本身的经营状况和财务状况影响，也受证券发行条款的影响。由于发行条款不同，比如由于证券偿还优先次序不同，同一企业发行的不同证券评级结果可能不同。经营管理好的企业发行的证券评级结果不一定高于经营管理较差的企业发行的证券。证券评级是对企业所处的行业、企业本身的情况及证券发行条款作出的综合判断。

第二，级别的决定方法。评级小组制订的评级方案交由评级委员会讨论，然后以投票决定级别。评级委员会表决确定级别后，与证券发行人联系,在得到证券发行人同意后向投资者公布级别。如果证券发行人不同意评级机构评定的级别,可提出理由申请变更评级,但变更申请仅限一次。评级机构根据证券发行人的变更理由,对原来的评级方案进行审查,重新投票表决,确定级别。第二次表决确定的级别是不可变更的,证券发行人若接受,就按第二次决定的级别发行证券,否则就只能放弃公开发行证券。

第三,级别的复审。企业所处的行业、企业本身的经营和财务状况不断变化,企业证券的偿还能力也随之改变,因此企业证券初次评级之后,还需要定期及不定期进行复审。对长期证券每年进行一次定期复审。当企业所处的行业、企业的经营和财务状况发生较大变化时,需要进行不定期复审,调整证券级别。

正是因为美国的评级机构严守中立性和独立性,有一套科学、合理的评级方法,所以评级结果在证券市场上得到了广泛的承认和利用。政府部门利用评级结果,规定银行、保险公司、基金等机构投资者可以投资的公司证券范围;投资者在选择证券作为投资对象时,大都把各评级机构对该证券的评级结果作为重要的参考依据;对证券发行人和承销商而言,不取得评级机构的评级,就无法公开发行证券。就国民经济总体而言,评级机构在保证资本市场健康发展、促进社会资本有效配置方面发挥着重要作用,是证券市场不可缺少的中介机构。

6.3.3 德国证券评级制度

德国没有专门的评级机构,这一现象的成因是与经济体制内部的制度性安排密切相关的,特别是与德国金融业运行方式以及德国间接融资方式为主的制度安排有关。

首先,德国全能性银行在金融体系中处于支配地位。德国奉行的是社会市场经济体制,其指导思想是建立有法律保证的经济自由和有社会保障的福利国家的综合体。这里,银行和企业同样是作为独立自主的参与方进入市场,联邦银行和各级政府只能通过制定有关的法律和规定间接干预。但与美国相对微弱的银企关系不同,德国历史上的综合银行制度使银行通过股权操作和人事安排,实现了对工商企业的监督和控制。其具体的制度安排如下:

投资者融资形成投资基金,并由投资公司管理,基金的投资者与投资公司之间是一种契约式的合同关系。该公司一般由若干家银行持股,其中的控股银行是投资者的真正受托人。根据《投资银行法》的规定,银行可以利用投资基金所持有股票的代表权在股东大会上进行表决。与美国银企之间在市场基础上建立的信贷关系相比,这种银行参与企业内部管理的监控方式,更有利于银行准确把握企业的内部信息,并且成本更低,从而使评级制度丧失了其经济上的可行性。德国法律允许商业银行超越通常的银行储蓄、信贷、汇兑和结算的职权范围,从事证券市场等所有的投资、融资业务。而企业也十分愿意将公司股票和债券的发行交由有关银行做主承销,这样一方面银行可以通过投资基金购买企业所发行的债券,保证资金迅速到位;另一方面,银行通过买进或卖出企业在二级市场上的有关证券,可以使公司股票有较好的市场形象。银行在债券市场上同时作为发行者和投资者的双重身份,使得以"向投资者提供准确的情报"为宗旨的评级机构丧失了其存在的必要性。

其次,德国私人企业发行债券受到限制。原则上进入证券市场筹资是不受限制的,但直到 1990 年底,根据德国《民法》规定,除了联邦政府、州政府、联邦铁路局、联邦邮政局和"负担平衡基金"之外,其他借款人要发行境内不记名债券和记名债券均需获得官方批准。自20 世纪 70 年代以来,德国工业债券的发行总额下降了很多,公司债规模的逐年减少也是造成评级需求不足的一个重要原因。

最后,德国有不愿公开信息的企业传统。德国企业不同于美国企业,一般不愿公开其信息,对于那些要求企业公开其信息的筹资手段,往往不予选择。在德国,大企业中有许多是同族公司,它们更不愿将秘密的企业信息暴露给外部,因此依赖于公开信息原则的美国式评级在这里无法进行。

6.3.4 日本证券评级制度

(1) 日本证券评级制度的沿革

日本证券评级制度的确立可以划分为三个阶段:

第一阶段(1947—1959年),证券评级制度的初步形成时期。在这段时间里,日本发债委员会负责设立评级制度的准备工作。首先建立了发债调整协会(由大藏省会同政府机构、中央银行、商业银行、地方银行代表组成),主要负责决定各种债券的发行条件、发债额度、发债的顺序及其发行利率。然后建立了日本银行合格担保公司债事前审查制度(1949年6月开始实施,1956年1月废除),即金融机构可以用被制定为合格担保的公司债作为担保,取得日本银行贷款。合格担保公司债的品种以及发行条件由发债磋商会(由日本银行、兴业银行、受托银行及四家证券公司组成)选定。

第二阶段(1959—1966年),证券评级制度的初级发展时期。最初,由发债委员会的下设机构发债磋商会,将债券评定等级划分为A、B、C三个级别,评级的目的也只是为区分优质的债券和具他债券。评级的标准由资本总额、总资产净额和发行债券余额三项指标确定。1963年后,上述机构的评级标准进行了多次修改,在前三项指标后增加了自有资本比率和资本赢利率两项指标,级别也增加到四级(A、B、C、D)。

第三阶段(1966年以后),这段时间日本的评级制度出现了巨大的变化,即由重视债券发行数量到重视债券发行质量的变化。在评级基准中,取消了发债余额指标,增加了纯资金倍率基准。评级标准经过反复修改,最后确定为总资产净额、净资产倍率、自有资本比率、资本赢利率、股东红利率和付息能力六项指标,级别划分为四个级别(AA、A、BB、B)。资本金的取消是注意到有人对"企业规模越大,在资金分配上越有利"所进行的严厉批评而采取的措施,而级别分类的变动则是为了使评级符号设置逐步接近美国的标准。1977年,又全面提高了纯资产额的底数,以消除通货膨胀因素,并新追加了利息支付能力,以强化质的基准。早在20世纪60年代初期,日本的一部分银行及证券公司就已表示出对美国证券评估制度的兴趣并开始进行研究。但在1964年,美国为改善其国际收支,防止美元大量流出境外,采取了利息平衡税政策,使得日本在美外债发行基本停止,因此日本对证券评级的关心也逐渐淡泊。10年之后,美国取消了利息平衡税,日本政府和企业又重新进入美国市场发债,并不断获得美国评级机构的评级,从而对评级的关心重新加强。

与北美和欧洲市场不同,日本公司债的发行与银行贷款采取抵押(担保)原则,但受美、欧的影响,日本国内企业对公司债无担保的要求日益增强。在此背景下,日本大藏省同意批准一批有较高信誉的外国发行人和17家本国的符合严格财务标准的蓝筹公司可以发行无担保债券,到1987年4月,约170家企业获准发行直接无担保的债券,330家企业获准发行可转换债券。同时,日本企业到欧美市场筹资者日益增多。于是,引进美式评级制度、设立评级机构的要求便提到日程上来。1979年,日本经济新闻社附设的日本公社债研究所率先开展评级业务。随后在1981年又成立了御国信用评级社。

1985—1986年,又陆续成立了日本信用评级公司和日本投资者服务公司,美国穆迪公司也在日本设立了子公司。

(2) 日本证券评级制度的发展原因

①经济体制与相应的金融制度安排。战后日本建立了政府主导型的市场经济体制,强调技术立国,以获得世界贸易自由化的好处。为此政府制定了扶持具有出口竞争力产业的政策,以推动经济结构的改善和产业升级。而金融支持又是扶持体系中的重要一环,并由此建立起了以主办银行制度为基础的银企关系。由于产业资本对借贷资本的高度依赖,推动了银行垄断资本与工商业资本的相互融合,并进一步形成了以银行为核心的企业集团。在这些集团中,工商企业相互持股,同时也对银行持股,但只能是银行的小股东。另一方面,战后日本的金融市场处于政府的严格控制之下。政府不允许个人和非金融机构参与票据贴现市场和活期放款市场,严格规定债券发行总量、利息支付、每种债券的最低限额以及有效期限等。因此金融市场的规模较小,虽然初级市场较活跃,次级市场却相对呆滞。

在政府的强力扶持下形成的日本银企关系,造成了日本经济中银行作用显著,而证券市场的作用则相对微弱。因而日本银行同样可以发挥德国银行在银企关系中的作用,虽然如前所述,德国密切的银企关系是建立在自由市场经济基础上的。这也就同样解释了为什么在这一阶段日本没有美国意义上的评级机构,虽然存在发债会,但其评级的目的也不过是为了调整发债规模和决定发行条件,实质仍是为政府的金融政策服务。日本在建立现代评级制度之前,衡量发行债券的标准为适债基准。发行公募事业债时必须满足一定的标准要求,不符合要求的就不能公募发行,这个标准就称为适债基准,它是由发债的有关部门从保护投资者观点出发而制定的。普通公司债、转换公司债、附权债等不同债券种类有各不相同的适债基准,发行无担保债券必须符合相适应的适债基准。

②新经济体制促使评级制度变革。进入20世纪80年代以后,日本的经济体制发生了显著的变化。随着自有资金的增加,大企业开始大幅度降低对主办银行的借款依赖,更多地通过对外发行证券融资。而日本金融市场自由化和国际化的加快,则为日本企业的国际化和外国资本进入日本创造了条件。随着日本企业进入欧美市场融资以及外国公司进入日本市场融资的增多,参照美国模式建立专门的评级机构的要求也日益强烈,并最终导致了日本目前的评级机构的出现。随着债市场的自由化与国际化,放宽适债标准,评级制度得到了进一步的进展。1986年对日圆外债、欧洲日圆债全面实行评级制度(适债标准废除);从1987年开始,无担保普通公司债、无担保附保留财产转换公司债、完全无担保转换公司债,以及有担保普通公司债、担保转换公司债,只要取得资信评级机构的一定评级,即使不符合适债标准也可以发行债务。进而,放宽了国内公募普通公司债、转换公司债及附权债的适债标准,废除了数值标准,实行评级统一化,并从1990年起开始实施。由于适债标准与评级统一,加上确定转换公司债息票率时也利用评级,所以日本评级制度进一步巩固。

(3) 日本证券评级机构的设置

在日本政府放宽债券发行条件、债券市场扩大之后,设立美式评级制度指导的、真正现代意义上的评级机构才提到日程上来。1979年,日本经济新闻社附设的日本公社债研究所率先开展评级业务。随后在1981年又成立了御国信用评级社。1985—1986年,又陆续成立了日本信用评级公司和日本投资者服务公司,美国穆迪公司也在日本设立了子公司。

日本政府曾经批准六家资信评级机构在日本进行证券评级,这包括三家美国评级机构(穆迪、标准普尔、惠誉)和日本国内的三家机构:日本公社债研究所(JBRI)、日本投资家服务公司(Nippon Investors Service, NIS)和日本评级研究所(JCR)。三家日本评级机构证券评级历史较长,代表了日本评级业的发展状况。

① 日本公社债研究所。日本公社债研究所(股份公司,简称日债研)是以债券的评级、信用分析为中心进行专门调查研究的机构。1970 年以后开始对国内债券评级,此后以可转换公司债券为中心,积累了长期债券评级的经验。日债研的评级广泛用于从 1981 年开始的日圆国外债、从 1986 年 4 月开始的欧洲日圆债券(用日圆购买的欧洲债券)、从 1988 年 12 月开始的商业票据的评级。日债研严格遵守对发行者的保密义务,坚持其独立性,实行公正、中立的评级。日债研还积极配合金融、资本市场的自由化和国际化,进一步扩充评级业务。例如:关于养老金运用的评级、国家保险程度的多种复杂情报的提供等业务。

② 日本投资家服务公司。日本投资家服务公司(股份公司,简称 NIS)1985 年成立,主要从事债券、商业票据等有价证券支付本金、利息的可靠性,以及预备款、借入款、保证及保险契约等有关债务履行能力的评级与金融、资本市场、经济、产业、企业动向等的调查及其委托。与其他评级机构相同,该公司坚持独立、中立、公正的评级原则,同时还建立了严格的机密管理制度。

③ 日本评级研究所。日本评级研究所(股份公司,也称日本格付研究所)1985 年成立,主要从事的业务包括:第一,国内外资本市场的普通公司债、转换公司债、优先购股权的公司债评级以及它的调

查和评论；第二，进行金融市场的公司评级和调查、评论；第三，关于金融、资本市场的动向以及产业、企业动向的调查、研究；第四，关于各国政治、经济的调查、研究；第五，通过上述情报的公开发表、提供和出版，向投资者提供情报服务。

日本评级研究所除了把债券的评级及其宗旨定期整理发表在《JCR月报》上以外，还要发表分析各国经济金融状况的《JCR调查报告》，以及针对个别债券评级汇总的《JCR报告》。并且作为英文情报，除《JCR公司等级表》之外，该所还发行了《日本公司等级》，详细记载了评级研究所的评级和它的宗旨，以及产业分析及金融、资本市场动向。

该研究所评级的评级理念是：评级不是对发行者本身进行评价，而是对每个债券按照约定的支付本利金可靠程度进行评价。为此，对每个债券发行契约的内容进行探讨是必要的，从基本的发行者偿还债务能力也就是将来的获利能力以及财务健全的程度方面来探讨也是重要的。仅仅从发行者现在的规模、财务构成以及现在到将来的获利能力、数值形式方面来分析是不够的，因为在这些数据的背后，存在着很多重要原因。例如，发行者所属产业界的动向，在此产业界中发行者的位置，以及每个发行者的特征等等。评级就要对这些众多的原因进行深入研究、分析，并且对将来的动向加以假设和综合判断，对发行者的债务偿还能力进行评价，得出一贯性的、整体的结论。并且，对于决定发表的评级结果，在适当的时候进行调查分析，对于未预期到的变化，要迅速改变评级，然后再重新公布评级结果。

(4) 日本证券评级制度的特点

①评级制度发展带有明显的阶段性。战后日本经济开始逐渐恢

复,随着债券市场的发展,证券评级制度开始建立,但评级的主要目的是为政府的金融政策服务。后来随着经济的发展,特别是经济体制的变化,才开始引入美国较为成型的评级制度模式,建立真正意义上的现代证券评级制度。

②广泛接受美国证券评级制度和方法。基于二次大战后美日紧密的经济关系,日本经济领域受到美国很大的影响,特别是日本在20世纪80年代后经济转型期,在证券评级的制度和方法上广泛接受了美国的证券评级的制度、理论和方法,仿照美国的评级机构运作模式建立了日本的评级机构。

③证券评级机构从事广泛的信息咨询业务。在日本的证券评级机构的业务范围中,很多评级机构都有信息咨询业务。评级机构向公众提供大量的关于金融、资本市场的动向以及产业、企业的动向的调查、研究等有偿信息。

④日本信用评级公司在内部组织结构上的特色。为防止评级出现不公平的情况,首先限制股东的最高持股比例,规定任何个人持有该公司股份不得超过5％;其次是在公司高级职员的选聘上,专门成立一个由法律界、学术界、工商界和新闻界的社会知名人士组成的顾问小组,进行资格审查。

⑤评级定期有效。发行主体获得评级机构的评级后,在一定期限内(通常为1年)发行任何债券都可以使用这一评级结果。

⑥证券评级结果的特别用途。如前所述,日本证券评级制度起源于适债基准,因此其评级的目的不过是为了调整发债规模和决定发行条件,实质仍是为政府的金融政策服务,而不是以为投资者提供风险信息为主要目的。

6.3.5 英国证券评级制度

(1) 英国证券评级制度的发展过程

1965年英国政府修改了税法,对股息收入开始双重课税,因此一定程度上促进了证券市场的发展。但是不久爆发了知名的"斯莱特—沃克"事件,事件是英国的一家名为"斯莱特—沃克"而实为商业银行的公司为了筹集资金发行了大量的公司债券,但是由于公司倒闭而使债券无法兑付,使投资者损失惨重,也在债券市场上引起了极大的信任危机。基于上述原因,对公司债券要求进行评级的声音越来越强烈,商业银行和债券经纪人提出由第三方对资本市场中的公司债券进行安全性评级。1972年由保险会计师协会(The Institute of Actuaries)提出了建立英国债券市场中公司债券评级制度的具体方案,根据方案由保险会计师协会协同投资分析协会(The Society of Investment Analysts)共同成立了"实行公司证券评级制度联合研究小组",在1978年提出了"关于普通公司债券和劣后公司债券的评级制度"的最后方案,从而初步建立了英国的公司债券评级制度。但是英国的债券评级制度与美国的证券评级制度存在显著差别。

英国的评级机构将企业评级与企业债券评级分开进行而不对二者进行综合评价的理由是:"英国的评级目的仅仅在于对投资者的有价证券投资组合提供情报。至于是根据企业等级选择投资对象还是根据债券等级选择投资对象,则应当由投资者自己作出决定。"

按照联合研究小组的最终方案,埃克斯特公司作为评级机构开始对公司债券进行评级。该公司根据联合研究小组的研究结果,首先对流通中的债券进行了试验性评级,不久便开始对除去金融机构和不动产公司以外的、所有在英国证券交易所上市的公司债券和英国企业在欧洲发行的欧洲债券进行了评级。埃克斯特公司的评级方法是根据联合研究小组提出的有关企业财务状况的 3 项指标（企业规模、资本化比率、利息负担率）和有关公司债券信誉的 4 项指标（担保物品、资本优化权比率、信托条款、海外资产）进行不带主观意识的客观分析。根据评级必须独立于债券发行企业的原则，评级机构基本上不与发债企业直接面谈，完全依靠企业的各种财务报表和信托条款进行分析判断，因此被评级企业也无须缴纳评级手续费。对于评级结果，评级机构还要按月进行核查，并且通过该公司的定期刊物在广大投资者中予以公布。当然有些评级结果要在公开发布之前预先通知被评级企业，如果被评级企业对评级结果提出异议，也可以对评级材料作进一步的说明，评级机构根据情况对评级结果进行调整。对于那些对评级结果不予承认的发债人，评级机构会将其评定为暂定等级并对这一结果予以公布，并且评级结果原则上不再进行变更。

但是仅仅过了一年多的时间，埃克斯特公司就停止了证券评级业务，该公司停业的主要原因，首先是英国债券市场的发行额开始萎缩。70 年代末，公司债券的年发行额已经下降到不足 70 年代初年发行额的三分之一。造成债券市场萎缩的原因是当时英国的通货膨胀率非常高，投资者不再愿意投资债券；另外，由于 1973 年对税制进行了改革，公司债券在税收方面的相对优势开始下降，从而股票发行开始大幅度增加。其次是由于评级业务受到债券市场其他参与人的反对。埃克斯特公司的评级方法与英国大多数的证券交易商、投资银行以及清算银行的原有评级方法不同，因此就有了对评级方法的争论，并出现了反对评级的观点。甚至伦敦证券交易所在对债券上市标准和评级结果进行了对比以后，也对埃克斯特公司的评级方法表示反对。最后，与英国有关法律的冲突也是评级业务终止的重要原因之一。在"言论自由"的英国有诽谤法的存在，民主意识深入人心，因此民众普遍反对第三者以主观的形式对自己进行评价。尽管埃克斯特公司的评级方法采用了客观评价的做法，但人们仍然难以接受评价机构的评价业务，而具有大量主观因素的、美国特点的证券评级方法在英国就更加无法立足了。

直到1978年，英国才重新开始证券评级业务。目前英国的评级机构有欧洲评级公司和IBC银行分析公司，后者主要业务侧重于对公司和机构本身的评价，而不是对某一笔债务或是单纯的债务形式的评价，而前者已经与美国的惠誉合并，惠誉成为其主要股东。

(2) 英国证券评级制度的特点

首先，英国的证券评级制度完全依靠客观因素进行评级，从而排除分析人员的主观判断分析。因此英国的评级只要能够得到有关的评级资料就可以进行，并且无论评级人的自身差异有多大，评级的结果都是相同的。这与美国的评级方法中重视主观因素、依靠分析人员的主观判断并由评级委员会投票决定的评级方法有着非常大的区别。

其次，英国的评级制度对被评级对象的财务经营状况和债券信誉状况的评价是分别进行的，而不是通常的将两方面的情况进行综合评价。

最后，在英国只有一家评级机构，造成这一结果的原因是英国采用全部客观因素评级的方法，无论设立多少家评级机构，评级的结果都是相同的，所以，没有设立多家评级机构的必要。

6.3.6 各国证券评级制度的比较分析

第一，在以证券融资为主体的金融体制下，对评级业务有较强的市场需求,评级活动较易开展(美国)。反之,在以银行融资为主体的状况下(德国),评级活动就不大容易开展。

第二,证券信用评级的客体,或是偏重于证券本身(美国),或是偏重于证券发行体——企业(日本),或是二者并重(英国)。而从目前来看,美国的做法似乎更为科学和公允一些。

第三,证券评级的主体,或是以第三方身份出现的专门评估机构为主体,或是以银行为主体,或是以证券承购商为主体。而从超脱性、公正性来看,无疑以前者较为适宜。

第四,证券评级能否健康发展与一国的社会习惯、公众需要以及政府态度、法律环境有着重要的关系。只有当它能适应一国公众需要,不但能为法律所承认,也能适应当地社会习惯,并为政府及有关机构投资者所接受,它才能够比较正常地开展,否则就会难以生存。

从上述对各国证券评级制度的比较来看,一国评级制度的有无及其具体的实现模式,是与该国经济体制中的银企关系密切相关的。更进一步说,是由该国特定的经济发展时期的资源配置状况决定的。一般而言,在银企关系相对微弱、企业以直接融资为主的金融体制中,对评级的需求较强,其制度设计以美国为代表;若银企关系密切,企业融资以间接方式为主,则对评级的需求不足,其代表国家是德国和 20 世纪 80 年代以前的日本。

欧洲国家中,英国上市公司的证券可以豁免,不用评级。因此,评估在英国需求不大。但英国有很多证券在美国资本市场发行,必须经过评级,所以英国是很愿意接受证券评级的国家,而且具体的方法也与美国相似。但评级制度排除分析人员的主观判断,完全依靠客观因素进行评价。法国采取的是由管理当局直接推动的政府导向型证券评级,因为法国的企业大都是靠名牌融资,中小公司很难进入资本市场融资,资本市场吸引力不足,也因此少了证券评级发展的温床,没有形成评估制度。但负责评级的发债委员会内部非常关心美国式评级的方法,评估活动是广泛存在的。在德国,没有债券评级制度,因为公司债市场不活跃。采取银行兼营证券业务的综合银行制度,银行体系庞大,对公司债的评价在银行内部进行,所以,可以说德国实行的是银行导向型证券评级。

6.4 我国证券评级制度现状及完善

6.4.1 我国证券评级制度的现状

(1) 我国证券评级的发展沿革

我国证券评级活动开始于20世纪80年代末,证券评级从无到有,从小到大,大体经历以下几个阶段。

①初创阶段(1987—1989年)。1987年2月,国务院发布《企业债券管理暂行条例》,同年中国人民银行总行开始下达全国各地地方企业发行债券计划额度,未经批准,不得发行。这表明地方企业债券的发行和管理开始走向正轨。中国人民银行和体制改革委员会提出了在各地组建资信评估机构的设想和要求。1988年3月,中国人民银行金融研究所在北京召开了信用评级问题研讨会,就信用评级的理论、制度、政策、机构、程序和方法等问题,进行了较为广泛而认真的讨论。这个阶段,人民银行系统组建了二十多家评估机构,各地专业银行的咨询公司、调查信息部等咨询机构也开展了信用评级工作。

②清理整顿阶段(1989—1990年)。当时政府实行了"双紧"政策,中国人民银行总行为了贯彻国务院关于清理整顿金融性公司的决定,于1989年9月下发了《关于撤销人民银行设立的证券公司、信

誉评级公司的通知》。人民银行和专业银行设立的评估公司一律撤销,信评业务交由信誉评级委员会办理。这个阶段,评级机构萎缩,资信评估发展暂时滑入低谷。

③重新确立与扩展阶段(1990—1992年)。1990年7月,在南宁、大连、沈阳等评委办事机构的倡议下,10个省市参加了在桂林召开的全国信誉评级委员会第一次联席会议。会议就在中国建立信用评级制度的必要性、信评机构的性质和机构设置、服务对象、财务体制等问题进行充分的讨论并取得了基本一致的看法。同年8月,中国人民银行下发了《关于设立信誉评级委员会有关问题的通知》,就评委的有关归口管理作出了明确规定。至此,评估机构的组织问题基本得到了解决。1991年4月,在昆明召开了全国信誉评级委员会第二次联席会议,集中讨论了资信评级业务的规范化问题。1992年4月,全国评委第三次联席会议在海口召开,会上审定并通过了评级指标体系。在这个阶段,辽宁、吉林、黑龙江、陕西、北京、河南、深圳等地相继成立了信誉评级委员会或资信评级机构。评级业务也走向规范化和制度化,形成了一个粗具规模、比较完整的评级指标体系,提高和确定了资信评级工作的严肃性、权威性。

④调整阶段(1992—1996年末)。1992年12月,国务院下发了《国务院关于进一步加强证券市场宏观管理的通知》,对证券市场的管理体系、证券发行、上市程序及法规建设等方面问题提出了意见。虽然明确了债券信誉评级工作应作为债券发行审批的一个程序,但并未明确审批责任,只规定由地方人民政府负责审批,具体由哪些职能部门行使审批管理的职责并未确定。在这个阶段,全国除西藏等少数省市外,各大中型城市几乎都有资信评级部门。资信评估队伍基本建立,形成规模,进入稳定时期。

⑤稳步发展(1997年至今)。中共十五大的召开,确立了市场经

济的发展方向,明确指出发展资本市场的目标,使我国资本市场无论在地位,还是在规模上都进入了新的发展阶段。一些评级机构在新形式下也开始谋求机构的改革与业务规模的扩大,如机构重组、合资、引入国际评估指标体系等,评级机构进入了稳步发展阶段。

到目前为止,我国评级机构共有五六十家,几乎每个省、市、自治区都有自己的评级机构,其中绝大多数设在银行内部,少数为独立的民办公司。在这些评级机构中,运作较为正规、影响面较广的有上海远东资信评估公司、中诚信证券评估公司、大公国际和鹏元资信评估公司(原深圳市资信评估公司)等。我国资信评级行业虽然已粗具规模,也取得了一定的成绩,但从客观上讲,仍存在很多的不足和问题。

(2) 我国证券评级存在的主要问题

①市场规模小,市场利率缺乏弹性,评级需求有限。我国自20世纪50年代以来,为了满足工业化庞大的资金需求,人为地压低利率,采用信贷计划的方式分配资金。可以说,我国金融体制最重要的特征是通过银行进行信贷配给,社会信用基本上表现为国家信用,相应地,信用风险也由国家承担。我国的资本市场不发达,对证券信用评级业务需求不足。从西方国家信用评级的产生和发展来看,信用评级是市场经济的产物,发达的市场经济对信用评级业务产生巨大的需求,促进信用评级业的发展。我国市场经济的历史不长,市场发育不完善,证券市场发展的时间短,证券信用评级的市场需求不大,这是导致证券信用评级业务停滞不前的主要原因。

此外,我国债券市场不仅规模小,而且缺乏流动性;债券利率不是由市场决定的,而是被控制在高于银行存款利率的一定限度内,造成债券发行价格差别很小,筹资者得不到评级理应带来的发行价差,因而不愿申请评级。目前我国对债券发行采用实质性的审批制度进行风险控制,即通过地方政府或行业主管部门、中国证券监督管理委员会和证券交易所三级的审批,试图把高风险的企业排除在市场之外,但这样一来风险也由这些部门或机构来承担。一般投资者缺乏风险意识,对风险信息的需求少;而机构投资者由于预算软约束、缺乏监督,也热衷于投机而非规避风险。我国证券市场上机构投资者兴风作浪,恶性炒作的现象比比皆是,说明市场风险还未能真正约束机构投资者的行为,在此情况下,评级机构很难发展起来。

②证券监管部门对发展证券信用评级业务不够重视。国外发达国家的证券、银行、保险和养老基金的监管机构都把信用评级作为一个有效的政策工具。如在美国和日本,信用等级已成为银行谨慎管理的标准,商业银行不允许购买低于 BBB 级的证券;美国州级保险公司监管机构要求投资低信用债券的公司提供更多的准备金;美国议会常利用信用评级来立法。但我国证券监管部门对信用评级未给予足够的重视,信用评级并未作为证券监管者可资利用的政策工具。

③信用评级工作缺乏必要的法律规范。我国信用评级的对象主要是债券,相关的法律规范是中国人民银行针对发行债券和贷款企业信用评级而制定的,而我国的债券市场并不发达,债券的发行受到严格的规模控制,债券的市场机制不明显,债券信用评级的作用难以表现出来。由于我国证券市场是新兴的市场,对其他证券如股票和基金的评级,对证券市场主体如证券公司、上市公司的评级均没有相应的法律法规。此外,证券信用评级公司设立的条件、审批程序、对信用评级机构的日常管理等,都缺乏相应的法律规范。

④我国评级机构的独立性不够,影响其执业的公正。首先是机构设置不合理,大多数评级机构是中国人民银行地方分支机构的内部机构组成,在人员、资金、管理等方面的独立性难以保证;其次是评级过程中行政干预过强,评级委员会成员多是地方有影响的官员,有

部分人对评级工作不熟,主观性较强;第三是委托人与被评对象多为同一利益主体,影响了资信评级机构的独立性。我国在资金短缺、资金市场供不应求时期,银行并不急于寻找贷款对象,这就使银行不愿意出资购买有关希望取得贷款的单位的风险信息。而希望获取贷款的单位为了满足银行的贷款要求,倾向于自己寻找评级机构,委托为自己评级。这样委托人和被评单位成为同一利益主体,即评级机构与被评单位发生利益关系,导致评级机构丧失独立性,往往为金钱所左右。

⑤评级机构信息能力有限,评级结果的可信度差。专业化的信用评级机构的信息能力建立在公开信息(主要是企业财务报告)的基础之上。这可由以下事实验证:第一,评级机构变更企业或债券的评级,除了因为企业发生收购、兼并等特殊事件外,基本上是根据企业的财务报告;第二,评级机构变更评级的时间一般集中在企业发布年度报告后不久;第三,有研究表明,通过模拟评级过程构建的模型能预测80%的评级结果和级别变更,其数据完全来自公开的财务报表。发达的资本市场中企业会计制度健全,透明度高,信息披露较充分,信息标准化,易于理解;价格机制较完善,信息内化于价格中,通过流动性强的市场横向传播信息速度快、范围大、损耗小,市场参与者获得信息的机会平等,没有多少内部信息。因此,专业化的信用评级机构能发挥处理信息的规模经济优势,发挥风险监控的作用。

我国资本市场上公开信息有限,准确性不高,原因在于:第一,企业会计制度不健全、不规范,影响了市场公开信息的来源、信息的标准化和对信息的理解。例如,我国企业的成本会计制度有很大缺陷,成本被明显压低,导致利润偏大。第二,市场机制不完善,利率僵化,价格信号扭曲,不能及时、准确地反映企业的信息。第三,缺乏强制性的信息披露制度,企业的信息披露不充分、不及时。即使建立了强制性的信息披露制度,由于我国公有制条件下企业存在多层次的委托——代理关系,作为生产资料所有者的初始委托人没有动力对最终代理人——企业经理人员进行监督。加上企业的外部监控机制(如银行的监督或资本市场的监督)不完善,因而存在严重的内部控制问题,企业倾向于公开对自己有利的信息,隐瞒对自己不利的信息,外界很难对此进行监督,强制性信息披露的效果必然大打折扣。第四,受传统集权体制的影响,信息传播有限。我国历史上长期实行中央集权,计划经济影响根深蒂固,经济决策权都掌握在政府手里,在这样的体制下信息纵向传播,政府机构垄断信息来源,很少对外公布有关信息,人们早已习惯从"权威部门"获取信息,或热衷于传播各种小道消息,不信任其他的信息来源,这显然不利于独立、客观的信息中介机构的发展。目前我国许多信用评级机构都挂靠地方人民银行或专业银行,或借助行政手段开展评级业务,这并非偶然。评级机构陷入这样的两难境地:不依靠政府机构,难以获取信息与评级业务;完全依靠政府机构,又影响其独立、客观的声誉。

⑥评级机构的激励机制缺乏。目前我国的评级机构未能在降低市场参与者的信息成本、风险监控方面发挥较大的作用,更主要是因为评级机构本身就没有风险约束,没有动力耗费大量的成本收集信息,及时、准确地作出信用评级。由于评级业务有利可图,各地人民银行或专业银行纷纷成立自己的评级机构,借助行政命令,瓜分有限的市场,评级在很大的程度上带有强制的色彩。评级机构并不很担心由于向市场提供虚假信息而砸了自己的"饭碗"。另外,我国企业债券市场发展缓慢,其在企业融资中的地位是不确定的,对许多评级机构来说,未来评级收益的折现值较小,因此它们可能会不顾及自己的声誉,为了短期利益而牺牲长期利益。可见,金融体制中缺乏对评级机构利用信息进行风险监控的有效激励,评级机构的作用必然大

受影响。

此外,评估从业人员素质有待提高,也是我国评估业现存的主要问题之一。

6.4.2 建立健全我国证券评级制度的必要性

(1) 证券市场健康发展的需要

证券信用评级对证券市场的健康发展具有重要意义。首先,我国证券市场发展的主要目标是要不断减少政府的行政干预,加快市场化进程。证券信用评级的结果可作为政府管理证券市场的依据,这种间接管理方式有利于证券市场的市场机制的形成;其次,信用评级的结果作为有效的社会公共信息,可以大大减少整个社会的信息成本,降低信息的不对称,充分揭示市场风险;最后,信用评级可以确保证券市场的稳定运行。

(2) 市场监管的需要

证券评级制度为证券市场监管提供监管信息和依据,同时通过证券评级结果的公开,社会公众可以了解某一市场主体的信用风险水平,确定个体的投资取向,从而左右不同主体的市场份额,保证经济资源的有效流动。

首先,建立证券评级制度能增加信息透明度,形成市场约束。目前,我国经济领域供求双方存在明显的信息不对称问题,市场主体之间无法准确了解对方的财务状况及信用风险程度,这就极易发生不正当竞争,加大整个社会的经营风险,影响市场的稳定。通过建立证券评级制度,公开公布和传播信用评级结果,可在一定程度上降低信息不对称的矛盾,公众可以选择经营良好的市场主体作为投资对象,从而形成市场约束,既有利于保护投资者利益,也有利于将市场引入良性竞争,促进市场长期健康运行。

其次,建立证券评级制度可以为市场监管提供监管依据。建立证券评级制度,由超然独立的中介机构定期向市场监管部门提供市场中企业、金融机构等的综合经营状况和资产质量,便于及时发现风险、揭示风险,可以很好地起到风险预警的作用,达到审慎监管的目的。同时,监管部门可以根据不同的评级结果实施不同的监管措施,及时提醒某一市场主体进行整改,对问题严重的实施重点监管,以防范风险进一步扩大。

第三,建立证券评级制度有助于监管目标与市场主体自身的激励机制的有机结合。建立证券评级制度,就某一个市场主体而言,通过外部评级,可以较全面地反映其经营状况、风险程度、管理水平、发展能力。证券评级就像一面镜子,有利于市场主体认识自我,进行行业比较,通过寻找差距,促进其经营管理水平提高,达到自我管理、自我约束、自我发展的目的。

(3) 投资者的需要

证券信用评级为投资者提供了准确、低成本的信息。国外的一项研究表明,债券的信用等级与价格变化具有相关性,债券价格的变化在该债券等级变更大约一年后会有所反映。国际上,机构投资者进行投资决策分析时都以评级机构的评级结果作为参考依据。我国有大量中小投资者,通过企业的财务报表以及相关公开信息,对上市公司的资信状况作出判断并非易事,更需要信用评级的结果作为投资决策的引导。投资者可以从证券等级上了解证券发行公司的经营状况、偿债能力、经济效益等信息,通过比较各种证券的级别以及变动情况,进行证券投资交易,以降低投资风险。

(4) 企业融资的需要

证券信用评级可以为企业顺利发行证券提供帮助。证券经过资信评级,可以使公众了解这种证券的特点和优越之处,加强证券发行的宣传效果,扩大企业在市场上的知名度,这样证券的发行推销就容易被公众所接受,级别高的证券市场销路好,发行成本低,企业能及时筹集到资金。证券信用评级对承销商也提供了一定的帮助,《1933年美国证券法》规定,禁止证券承销商以文字形式向顾客提供有关对有价证券的评价事项,因此承销商需要利用第三方的评级结果作为其销售有价证券的政策手段。我国目前证券一级市场属于卖方市场,发行的证券供不应求,似乎没有必要对证券进行评级。但目前我国证券市场已出现增发股票跌破发行价、配股无人认购的情况,承销商要承担很大的市场风险,这种情况下承销商可以通过证券信用评级,促进配股和增发业务的顺利实施。

6.4.3 完善我国证券评级制度的措施

(1) 借鉴国外经验,加强评级立法

在评级机构自身发展的同时,我们还应尽快健全各种相关法律法规。从西方国家的信用评估立法来看,除《投资咨询法》和《资信评估法》这类基本法之外,还包括《公司法》、《证券法》、《注册会计师法》、《合同法》、《股份公司法》和《信托法》等一系列相关配套法律法规。这些法律法规不仅从总的原则上明确了评级机构的责、权、利,还从实施细则上确定了信用评级的业务范围、组织结构和对从业人员的素质要求等。除了立法健全之外,西方国家的执法也特别严格。由于评级有误,评级机构时常被卷入经济诉讼案件,或被课以巨额罚款,同时评级机构的负责人也常常负连带责任,这些都有助于保证评级的谨慎性和权威性。相比之下,我国的评估立法几乎还是一片空白,只有《贷款通则》和《证券法》作出了若干粗略的规定。《贷款通则》规定:"对贷款人的信用等级评估可以由有关部门批准的评估机构进行",这是我国首次以法规的形式提出资信评级机构的资格。2006年1月1日开始实施的修订后的《证券法》对资信评级机构的设立、从业人员资格、服务收费方法以及所承担的法律责任作了较明确的规定,如其中第157条规定:"资信评估机构从事证券服务业务,必须经国务院证券监督管理机构和有关主管部门批准";第170条规定:"对于专业的资信评估业务人员必须具备证券专业知识和从事证券业务或者证券服务业务二年以上经验";第172和173条分别就有关收费方法和法律责任作出了规定,并首次提出了资信评估机构制作、出具的文件有虚假记载、误导性陈述或者重大遗漏,给他人造成损失的,应当与发行人、上市公司承担连带赔偿责任的要求。然而《证券法》作出的这些规定只是从证券市场发展角度出发,并未就全面资信评估业作出法律规定。因此,信用评级的立法工作应尽快开展,为发展评级业提供法律指导,为严格执法提供法律依据。

目前《证券评估业务管理办法(征求意见稿)》正在讨论中,在推出新的管理办法的同时,应废止或修订一些过时的、不适应市场经济和评估行业发展的法规,如《企业债券管理办法》等。各项法律法规的逐渐完善,将有助于做大、做好信用评估行业,并使信用评估真正在资本市场发展中发挥作用。

(2) 建立评级行业协会,规范行业行为

建立信用评级行业协会,强化行业自律管理,政府和证券监管部门加大对证券信用评级机构的扶持力度。

行业自律性管理主要是国家行业主管部门借助于国内各家信用评估机构组成的全国信用评估协会,对各家信用评估机构进行的自律性管理。一是协助国家行业主管部门做好信用评估的资格审查和日常管理,组织从业人员的资格考试;二是制定全国统一的评级原则和总体指标体系,为形成全国统一的信用评估市场、增强不同评级机构评级结果的可比性提供有利条件;三是组织好评级机构之间人员、消息和学术研究等方面的交流,做好从业人员的业务培训,加强评估市场的管理;四是拟订同业竞争公约及行业职业道德规范和监督各评级机构执行,并规定各评估机构的评估结果必须在指定刊物公布,以利于社会各界沟通信息,降低社会信息成本,研究资信评估理论,指导各金融机构开展业务。

此外,政府和证券监管部门也要注重扶持证券信用评级业的发展,重点培育全国性的评级机构,引导开展跨地区评级业务,破除评级业务的地区分割。

(3) 规范发展独立的证券评级机构

①组建中立性评级机构。评级在金融当局或行政当局参与的情况下,容易使人怀疑是否对个别主体(发债者)区别对待;或当对地方政府债券评级时可能受行政干预,成为行政的附属物。当评级机构由投资者集团或发债者投资组建时,发行者要以高价(低利率)卖出债券,投资者要尽可能以低价(高利率)买入,这时无法形成合适的市场价格,评级保证资本市场顺利发展的功能就不能充分发挥出来。仅由投资者集团进行投资的评级,容易站在投资者的立场对债券给以超出必要的保守评价,诱导比适当价格更低的价格,从而扭曲市场价格,甚至阻碍资本市场的健康发展。因此,有必要建立中性评级机构。

为了塑造中立的评级机构,从长远看,国家要以法律形式规定评级机构不能参与企业的经营活动,不能充当投资银行或财务顾问的角色;并应割断评级机构和评级申请者之间的直接利益关系;同时不允许证券商在评级机构中拥有股份或评级机构参与证券买卖活动,使评级机构在评估业务上真正独立。

②建立独立核算、自负盈亏的评级机构。评级机构作为一个企业,应具有独立的法人地位,具有营利性质,有其收入和支出,并适应市场条件变化寻求发展。评级是个规模庞大的工程,它不仅要求从各种途径搜集大量的信息资料,而且需要有关证券分析、会计、统计、财务等方面的专家对这些信息资料进行分析处理,这些工作需要大量的时间和费用。如果把评级机构办成非营利性的官方机构,将给财政造成很大的负担,在财力有限、经费不足的情况下,难以吸引各方面的优秀人才。评级结果跟评级机构、评级人员的利益脱钩会使评级机构失去动力和活力,直接影响评级结果的准确性,从而使评级机构失去存在的意义。以营利为目的的证券评级机构,为了生存和发展,就要尽可能客观地进行评级,以树立自己的信誉。这是因为评级的价值取决于它的可信度,只有评级机构的判断可信时,投资者才会接受;只有大多数投资者接受了评级机构的判断时,它的评级才会得到市场认可,证券发行者才愿意支付评级费用。总之,评级机构为了生存,为了长期地获得赢利,它必须尽自己最大的努力使评级客观、公正,以期获得市场认可。

③对评级机构实行整体业务考核。评级机构具有相当的审查能力,才能对证券的可靠性进行衡量与判断,这样的评级结果才可信,才不会扰乱资本市场,才能发挥其应有的作用。评级机构应是经过整体考核的组织,应建立评级师资格考核制度,对评级从业人员进行业务考核,合格者发给证书方可参加评级工作,一旦发现任何受贿行

为,则吊销其证书,终身禁止从事此行业。对评级机构进行整体业务考核,包括有证的评级师人数与结构以及评级的程序、制度、业绩考核等,并以此为依据将评级机构分为若干等级。对发行量大的证券,要求有级别高的评级机构的评级结果,这样有助于消除评级机构目前区域性经营而引发的问题,又能给级别高的评级机构更多业务量,培育有潜力的权威性评级机构。

(4) 重视对评级机构的监管

信用评估作用的发挥和功能的体现有赖于良好的制度安排及有效的执行和监管,监管主要包括建立信用评估业务的许可制度、日常管理制度和退市制度,重点应该是评估机构认定、评估业务资格认证和评估业务程序的合规性,评估机构要对其评估过程承担相应的法律责任,建立违约惩罚机制。在这方面,首先应成立专门的监管部门负责对评估机构的总体性监管和协调;其次现有监管机构应根据评估业务种类分类监管,从而保证监管的专业化;第三要尽快建立行业协会,充分发挥行业协会自律作用,督促遵守行业规范和标准,协助监管机构监管;最后是鼓励同业竞争和互相的行为约束。

从国际惯例看,证券发行体和借贷企业在进入市场之前是否接受评级,是一种市场行为,它既没有法律上的规定,又没有行政上的约束。在成熟的市场中,一种证券或一个筹资企业不经过评级进入市场是较危险的,要想筹集到资金是困难的。因此,评级机构从客观上讲也是金融市场的守门人,对评级机构的监管也就显得很有必要。从我国的发展现状看,评级机构的存在和运作已是一种市场行为,评级机构要想扩大业务,必须以自己的评级结果的权威性为基础,并且评级结果要经得起时间的考验,这样评级机构才能获得生命力。基于这样的认识,对评级机构的监督就显得十分必要,一方面是市场监督,另一方面是政府监管。监管机构通过有效手段对各级评级机构的评级结果进行查验、考证,对公认的、信誉良好的、具有权威性的评级机构的评级结果给予社会确认,对较差的评级机构进行严格控制,直至淘汰。

(5) 完善现行的评级方法

①降低评分制在评级中的决定性作用。我国的信用级别评定带有很浓的客观因素判断,将属于一个整体的因素分割开来进行单独评价,分数加起来便决定了被评对象的等级。事实上利用数学模型对财务数据进行分析仅仅是评级的开始,如果不是在此基础上对市场环境、竞争能力、经营者素质等各种因素进行调查分析,特别是分析各因素之间的联系,则评级很难得出正确的结论。美国评级之所以成功,英国评级之所以失败,原因之一就是英国排除分析人员的判断,机械地进行逐个指标的评定,只要能得到有关评级的资料,便可以机械地进行评级,无论何人进行评级其结果都是一样的。美国虽然注重指标的状况,但评级时重视整体判断,评级结论依靠评委会分析、讨论、投票决定。综合性的分析需要大量分析人员,且对从业人员经验及专业技能的要求较高。但目前我国评级人才严重缺乏,尚不具备取消评分制的条件,因而要以评分制作为过渡,但这种教条式的评级方式应逐步被取代。为了评级更加真实地反映风险程度,尽量消除由于割裂分析打分带来的影响,应十分重视评级委员会的评级阶段,区别评级的审查阶段,做到审评分离。评级机构中不充分重视评级委员会定级环节的状况必须改变。

②确立正确的评级分析内容。现行的评级制度带有较浓的计划经济色彩,它的指导思想、框架设计、指标设置、评分比重都受计划经济体制的影响。现行评级方法主要是针对国有企业尤其是大中型国

有企业制定的一套评级方法,很少或根本没有对股份制等企业的评级予以考虑,评级指标体系与这些企业的要求相去甚远。财会体制的重大改革,使得考核评估发债企业的财务质量也产生重大差异。资本市场的开放、资本的国际化也要求修改、补充评级指标。国外的资金证券等金融商品在我国将逐步增多,我国企业也将到国外筹资。由于现行评级方法及评估指标与国际通用标准的差异,将使外国投资者举棋不定,错过筹资良机。由于我们不能立即取消评分制,这就对评估的内容及权重确定的科学性提出了更高的要求。

首先,重新确定评级计分比重。现行方法设计的评级内容从企业素质、财务质量、建设项目、发展前景和偿债能力5个方面来反映企业的信用状况。就当前实际情况看,重点应增加财务质量所占比重,降低建设项目得分比重。这是因为企业财务质量的好坏直接关系到企业经营效益,从而直接影响偿债能力;而建设项目主要考评项目的必要性、条件、资金落实等情况。就建设项目的必要性而言,往往直接加入了政策性的因素。其实,政策方面的间接影响应体现在财政方面的优惠政策上,在财务质量中会有所反映。就企业发行的长期债券看,一般都经过立项、设计、论证、预测和方案比较等,只是因资金不足而申请发债,因而对项目建设条件、必要性、资金落实可在评估报告中作一般介绍,而不必参与评估计分。

其次,补充发展前景的考核内容。现行信用评估对企业发展前景主要考核企业发展计划的制订与组织实施。这种发展计划与发展战略不一样,它一方面带有较浓的计划经济色彩,另一方面它立足于微观,主要从企业内部来考虑。随着经营机制的转变,企业被推向激烈的市场竞争中,仅从企业发展规划目标、生产规模、产量、产值、组织实施进行考核是不够的,应从大市场的宏观经济角度来判断企业,分析企业所属产业处于上升还是衰退阶段,因此发展前景中增加产业分析是必需的。就是说，对企业发展前景的分析既要考核发展计划的制订、组织实施，还要分析评估该企业所属产业是上升还是衰退产业，是稳定还是对经济波动敏感的产业。

最后，扩大偿债能力考核范围。现行信用评级方法虽然强调考核企业的偿债能力，但重点放在偿债资金来源上，这是不全面的。为了全面分析企业的偿还能力，既要考核企业债务的综合偿还能力，又要考察当期发债的偿还能力。因此可增补资金流量比率与周转资本比率指标。

资金流量比率。它反映企业每年创造的内部资金占长期债务的比重。对资金流量的要求，除了长期债务的偿还以外，还有资本支出现金分配等。以内部资金（资金流量）全部用于偿还债务是不现实的，但当其他条件一定时，该比率高，表明不必采取追加筹集外部资金或销售资产方法即可确保债务偿还。需要注意的是，资金流量比率会因长期债务偿还余额的平均偿还年限以及固定性短期债务余额的不同而发生变化。资金流量比率即使较高，如果长期债务的偿还期限已近，则偿还的宽裕度减少。另外，在资本集约型企业中，通过折旧产生的内部资金比例一般较大，为维持现有设备能力所需的资本支出较大。因此评级时往往需要从折旧费中扣除维持现有设备所需的资本支出额，然后再计算资金流量比率。

周转资本比率。它是周转资本与长期债务余额的比率。流动资产现金化并偿还流动负债后，剩余资产有可能成为偿还长期债务的财源，周转资本比率高则风险较小。

第七章 证券投资基金管理制度

纵观20世纪下半叶世界主要国家金融业的发展态势,有一个特别突出的现象不能不引起我们的注意和思考,那就是发展历史较短的证券投资基金业在世界主要国家持续、快速地发展,已经成为与传统的银行业、保险业比肩的行业,并逐渐形成三足鼎立的金融格局。无论是基金业最发达的美国,还是基金业较为发达的英国、日本等国家,基金业在金融体系中的重要性与日俱增,政府也越来越多地、有意识地调控基金业的发展,并借助基金业的发展实现自身的政策目标。

投资基金在我国的出现已经有近10年的历史了,但它真正被重视并得到较快发展还是近三四年的事。如果认为我国投资基金的发展已是一种客观必然,那么,我们所面临的任务就是在分析、借鉴发达国家投资基金管理制度已有成果的基础上,进一步扩大我国投资基金的规模,完善我国投资基金管理制度,推动我国投资基金的稳健发展。

7.1 证券投资基金管理制度概述

20世纪80年代末90年代初,我国即开始了国内证券投资基金试点工作,但较规范的证券投资基金直到1998年以后才出现,此后,证券投资基金无论在种类上还是在规模上,都呈现出快速发展的势头。随着证券投资基金实践和创新的不断深入,人们对证券投资基金的认识也不断清晰。

7.1.1 证券投资基金的概念及发展现状

(1) 证券投资基金的概念及特点

目前理论界和实务界对证券投资基金的概念主要有两种理解，一种认为证券投资基金是一种投资工具，另一种认为它是一种投资组织。从投资者角度来说，证券投资基金就像股票、债券一样，是一种投资工具，实际上，这是把证券投资基金理解成证券投资基金单位了，主要是口语化的结果，因为人们在买卖证券投资基金单位时往往简称为买卖"××基金"。从法理上说，证券投资基金应该是一种实行独立核算的投资组织。只有把它理解为一种投资组织，我们对证券投资基金的管理和运作的研究才具有实际意义，才能真正促使证券投资基金进行规范化运作，促进证券市场的规范化发展。如果只偏重于将证券投资基金作为一种投资工具研究，那么就有可能出现类似于在我国证券市场发展过程中，长期偏重于研究股票的融资功能，而忽视研究上市公司的运作与治理的现象，使得证券市场畸形发展，积重难返。因此，在这里，我们给证券投资基金下的定义是：证券投资基金是指按照共同投资、共担风险、共享收益的基本原则，运用现代信托关系的机制，通过发行证券投资基金单位，将投资者的分散资金集中起来投资于有价证券以实现预期投资目的的一种投资组织。

与一般机构或个人投资者相比，证券投资基金有着鲜明的特点：

第一，证券投资基金规模大。证券投资基金规模一般比较大，现在我国新发行的证券投资基金一般都在 20 亿元以上，而在美国，一只证券投资基金的规模可高达几百亿美元，大大高于一般机构投资者或个人的证券投资规模。

第二,证券投资基金可通过证券组合投资降低投资风险。风险分为系统性风险和非系统性风险,与公司有关的风险称非系统性风险,与市场有关的风险称系统性风险,非系统性风险可以通过投资组合来降低,而系统性风险则不行。对个人投资者来说,由于资金少,只能购买一种或几种股票,如果选择的股票不对,持有的股票价格惨跌,就有可能血本无归,很难做到分散投资,承担的风险就相对较大。由于投资基金汇集了许多投资者的资金,资金总额非常庞大,因而它可以做到分散投资,通过投资组合规避非系统性风险,并可以根据经济形势的变化不断地变动投资组合,以做到风险最小化、收益最大化。人们曾对美国90只投资基金在1970年至1974年的表现进行研究,发现投资基金收益率季节性变化的90%起因于系统性风险,因而非系统性风险对投资基金收益不起主要影响作用。

第三,证券投资基金具有专业化的管理。证券投资基金通常由专业化的投资机构负责管理,如基金管理公司、商业银行、投资顾问公司等。在基金管理公司中,专职的证券分析人士、专业证券投资组合人士和专业操作人员协同工作,通过专业化的管理和科学的投资决策机制,能较好地弥补个人投资者和一般机构投资者信息分析不足、操作技能不足等缺陷,为投资者带来更好的回报。

第四,通过证券投资基金进行证券市场投资可降低交易成本。首先,证券投资基金的资产规模庞大,是券商重点争取的机构投资者,可获得比一般投资者高得多的佣金折扣;其次,我国投资者来自于证券投资基金红利的收入,目前可以不交个人所得税,但来自于股利、债券利息的收入要征收个人所得税;再次,证券投资基金比个体投资者的信息更灵通,可降低交易中的信息不对称成本;最后,个体投资者委托专业机构理财后,可以腾出精力干好本职工作,有利于降低机会成本。

第五,证券投资基金可介入更多的投资领域。有一些市场和投资领域是一般投资者不便或不能进入的,如证券回购市场、银行间拆借市场、国外证券市场等,但证券投资基金作为一种金融组织,则被允许进入上述市场进行操作,从而使其投资领域远大于一般投资者,有利于其降低风险,增加收益。

(2) 证券投资基金的发展现状

20世纪70年代后,随着经济一体化、金融自由化和资本流动国际化,证券投资基金不论是在规模上还是种类上都呈现出前所未有的发展速度,证券投资基金日趋成熟,呈现以下重要特征。

① 规模化。在美国,各类开放式证券投资基金的总资产从1970年的476亿美元上升到2000年的69 652亿美元,增长了145.3倍;证券投资基金只数则从1978年的505只上升到2000年的8 171只,增长了16.2倍;证券投资基金持有人数量从1978年的870万人上升到2000年的24 350万人,增长了近28倍。2000年全球开放式证券投资基金的总资产达到121 525亿美元,比1995年的53 826亿美元增长了125.62%;证券投资基金只数则从1995年的34 992只上升到2000年的53 450只,增长了52.75%。可见,证券投资基金已发展成为发达国家金融市场和国际金融市场中一支举足轻重的力量,证券投资基金在一国金融市场和国民经济中不再是一种可有可无的金融产品(参见表7—1)。

② 大型化。就单只基金来说,其资产规模向大型化方向发展。到2000年底,美国单只基金资产的平均规模达到了9.05亿美元,有的高达近百亿美元。在1997年底时,美洲豹基金A的资产净值达到了93.35亿美元。我国的华安创新基金成立时就募集了50亿元

人民币。

③ **多样化**。随着投资者的投资偏好的不断细分和竞争的加剧，满足各种投资偏好的金融创新品种不断涌现出来，如股指期货、股票期货、远期交易、互换交易等，从而为证券投资基金的资产组合提供了更广阔的空间，激发了证券投资基金创新品种的不断涌现。现在的基金品种可以按不同的标准分成很多类别，如从组织形式上分为开放式基金和封闭式基金，从投资对象上分为股票基金、债券基金、货币市场基金、混合基金，另外还出现了对冲基金、伞型基金、交易所基金(ETFs)、基金股份、组合投资计划等。证券投资基金的创新和其他金融产品的创新相互推动，促进了金融创新和发展。

表 7—1　美国、欧洲主要国家及日本开放式证券投资基金资产增长

（单位：亿美元）

国家	1995	1996	1997	1998	1999	2000
美国	8 115	35 263	44 682	55 252	68 463	69 652
英国	1 544	2 013	2 357	2 837	3 710	3 768
法国	193	5 341	4 958	6 261	6 561	6 866
德国	1 345	1 378	1 469	1 957	2 370	2 407
卢森堡	2 854	3 382	3 906	—	6 593	7 274
瑞典	274	349	454	549	832	790
奥地利	334	395	449	637	757	764
意大利	799	1 300	2 094	4 397	4 785	4 188
西班牙	999	1 441	1 772	2 389	2 076	1 717
瑞士	446	482	534	691	825	827
日本	4 699	4 201	3 113	3 765	5 027	4 918

资料来源：U. S. A. ICI, *2001 Mutual Fund Fact Book*。

④ **国际化**。证券投资基金的投融资领域不再局限于某一国家，而是进入国际资本市场寻找资金来源和投资目标，将国际资本在全球范围内进行配置，因而证券投资基金不仅会影响一国的金融市场，

而且会影响全球的金融市场。特别是对冲基金,如量子基金、美洲豹基金A、长期资本管理基金等,通过杠杆原理,利用各种套利技术在国际金融市场上从事套利投资活动,酝酿了"英镑阻击战"、"泰铢阻击战"、"港币阻击战"等著名的经典"战役",并直接导致了1997年前后的亚洲金融危机,对各国金融市场形成了巨大冲击。

⑤ 投资者结构变化。证券投资基金的投资者结构从过去以中小投资者为主向以机构投资者和中小投资者并重方向发展。以美国为例,过去投资基金的主要投资者是中小投资者。现在,机构投资者的比重迅速增加。这些机构投资者包括银行以及其他信托机构、养老金基金、保险公司和基金会等。机构投资者之所以选择投资基金是因为它们与中小投资者具有同样的目的,希望通过基金投资降低风险,取得稳定收益或长期资本成长。投资者的结构变化一方面说明投资基金的确具有许多独特优点吸引着各类投资者,另一方面,由于机构投资者拥有雄厚的资本,一旦它们进入投资基金,巨额资本将会有力地促进投资基金的发展。

(3) 证券投资基金发展的背景因素

20世纪70年代后,证券投资基金的快速发展主要得益于以下方面因素:

①证券交易电子化。20世纪70年代以后,计算机、现代通讯技术的快速发展,导致了证券交易的技术革命,证券交易从手工委托向自助委托、电话委托以及网上交易演变,证券清算过户手续得以大大简化。互联网和卫星通讯技术的应用,大大提高了信息传播的速度,将世界各大金融市场联为一体,为证券投资基金管理人在全球的投资运作提供了可能和便利。

② 国际融资证券化。20世纪70年代后,随着信息技术的应用

和信息传递成本的降低,直接融资市场的投融资效率得以大大提高,交易成本得以大大降低,各种融资主体纷纷进入直接融资市场,通过国际债券或股票买卖融通资金,改变了过去银行信贷占主导的融资结构,促进了国际融资证券化的发展,进而促进了证券投资基金的发展。

③金融自由化。为了解决经济滞胀问题,美、英、日等国家在20世纪70年代后期相继采用了以稳定币值为最终目标、以货币供应量为中间目标的货币政策,其最主要的特点是政府对经济金融的调控方式从直接调控为主转换为间接调控为主。而要实现间接金融调控,就必须实现货币政策传导机制的顺畅,这就必须搞活微观金融,增加金融产品,使金融市场能灵敏地对货币政策作出反应,从而使金融当局能通过短期利率的变化或者其他手段的运用,通过资产组合调整效应、财富效应、预期效应等引起人们投资、收入和消费的变化,并进而引起货币供应量的变化。而要以货币供应量为中间目标就必须牺牲利率指标,即必须让利率实现更大范围的自由浮动。

正是在这样一种政策取向下,20世纪70年代中后期开始,各国都放松了金融管制,实施利率自由化,从而形成了一场席卷全世界的金融自由化的创新浪潮。美国在70年代实现了证券交易佣金自由化,在80年代初实现了利率自由化,这为美国的金融创新创造了宽松的环境,并最终为其在1999年通过《1999年金融服务现代化法案》,实行混业经营奠定了基础。日本在70年代后期实现了利率自由化,并在80年代全面推行金融自由化,最终于90年代建立金融混业经营模式。金融自由化的结果就是导致了金融分业经营模式向金融混业经营模式转换,进一步促进了金融产品创新,推动了资本国际化、金融全球化的进程,为证券投资基金进行全球性投资奠定了基础,并催生了如 QFII/QDII、对冲基金等新型的证券投资基金投资模式。

④证券交易国际化。伴随国际融资证券化,国际化证券交易规模不断扩大。进入 80 年代以来,全球股票市场规模继续扩大。同 1980 年比,1992 年仅纽约证券交易所日股票交易量就增长了 3.5 倍,达 2 亿股,市价总额增长了 2.25 倍,达 4.035 万亿美元。1980—1991 年,美国在海外的股票交易额从 179 亿美元增加到 2 731.6 亿美元,外国投资者在美国股票市场上的交易额从 750 亿美元增加到 4 113 亿美元。同期日本及其他国家的股票国际交易额也有较快增长。1989 年纽约证券交易所有 87 家外国上市企业(国内为 1 633 家),东京证券交易所有 119 家(国内为 1 579 家),伦敦证券交易所有 604 家(国内为 1 955 家)。不仅是股票市场,债券市场亦如此。仅欧洲债券的成交额就由 1980 年的 2 400 亿美元增长到 1990 年的 62 620 亿美元,是 1980 年的 26 倍。这无疑成为证券投资基金全球范围内迅速发展的重要因素。

金融市场的上述变化为证券投资基金的发展奠定了良好的基础,加上证券投资基金所具有的较强渗透力,目前各国或各地区的证券投资基金行业组织都在加强联系,克服证券投资基金国际间交流障碍,以推动证券投资基金国际化。当然,要真正实现证券投资基金国际化,还需各国或地区基金运作规则和基金市场管理制度的协调、对接,并形成共同遵守的国际惯例。此外,各国或地区证券投资基金经营管理水平及经营管理者的素质也不应有过大的差距。

7.1.2 证券投资基金管理制度的含义及其基本特征

(1) 证券投资基金管理制度概念

制度是一个涵盖面非常广、含义极为丰富的概念。不同时期、不同的学者从不同的角度可以对其作出不同的解释,如旧制度经济学派和新制度经济学派对制度的理解就存在较大的差异。按照通常的、一般的理解,"制度是一系列被制定出来的规则、服务程序和行为的道德伦理规范"①。由此可以认为,制度是在社会经济活动中由社会强制执行的、正式的社会行为规则,以及同样规范着人们行为的习惯、道德、文化传统等非正式规则的总和。②

从以上对制度的一般性解释中,不难概括出证券投资基金管理制度的含义为:有关支配证券投资基金资产管理的一系列规则、惯例和组织安排。它通过提供这些规则和组织安排来界定人们在证券投资基金交易过程中的选择空间,约束和监管人们的信用行为,减少证券投资基金交易活动中的不确定性,降低金融交易风险,进而保护投资基金交易各方的利益,促进证券投资基金发展。

证券投资基金管理制度的发展离不开法律的有效保护。例如在证券投资基金发达的美国,最初由于缺乏严格、完备的有关证券市场及投资基金的法律、法规,股市投资活动异常猖獗,各种欺诈、操纵股市及封锁信息的行为到处可见,股价暴涨暴跌,致使股市支撑不住,最终导致 1929 年的股市大崩溃,以证券市场上各种有价证券为投资对象的投资基金也随之纷纷倒闭,剩下为数不多的投资基金也被美国证券交易委员会视为有不良行为而备受冷遇。从这次股市崩溃中,人们得到的教训是:必须有严格、完备的法律规范,才能保证市场交易的公开、公正、公平,才能有效制止各种不正当交易行为,促进证券市场健康发展;同时也只有对证券投资基金的设立、运营、监督等

---

① 诺思:《经济史中的结构与变迁》,上海三联书店 1995 年版,第 225—226 页。
② 樊纲:"社会博弈与制度建立",《中华工商时报》1994 年 12 月 6 日。

制定具体的法律规范,才能保障投资者的利益,促进证券投资基金的健康发展。此后,美国制定、颁布了一系列法律、法规,对维护证券市场正常交易、促进证券投资基金健康发展的确起到了良好的作用。

(2) 证券投资基金管理制度的基本特征

证券投资基金管理制度之所以能促进证券投资基金的健康发展,就在于其具备的权威性、强制性、公正性。

① 权威性。投资基金管理制度中的法律、法规一经制定、实施,便具有法律效力,任何人都不得违背,否则将受到法律制裁。通过对证券市场正常交易活动的具体规范,人们必须遵守证券交易准则,基金管理机构在从事证券组合活动中同样不得违背有关规定。例如我国证券监督管理委员会在《关于加强证券投资基金监管有关问题的通知》中规定,基金管理公司不得利用基金资产进行内幕交易和操纵市场,不得通过关联交易损害持有人的利益;禁止基金管理公司运用基金资产配合基金管理公司的发起人、所管理基金的发起人以及其他任何机构从事证券投资业务,禁止基金管理公司故意维持或抬高基金管理公司发起人所管理的基金以及其他任何机构所承销的股票的价格。

② 强制性。从事证券交易者及证券投资基金一旦出现违法行为,将受到国家机关的强制性制裁。由于在基金投资者和基金管理人之间存在信息不对称的情况,因此基金管理部门在进行监督管理活动时,必须以保护基金投资者的权益为出发点,对给投资者造成损失的违法行为进行强制性的处罚,以确保基金管理人善尽其职,从根本上保护基金投资者的利益。例如美国 1940 年通过的《投资公司法》规定了对与经纪商、交易商关联的基金股份欺诈案件和欺骗行为

的处理。

③公正性。投资基金管理制度不仅是有效制止各种不法行为的手段,也是保护正当交易的工具,使参与证券市场及投资基金的人们都能得到平等竞争机会,获得对等的投资收益。由于投资基金管理制度中的法律法规所具有的威慑力量,各国在促进证券投资基金发展时,都是先制定有效的法律规范,使证券投资基金一开始就走上法制轨道。

7.2 国外基金管理制度实践[①]

7.2.1 美国投资基金管理制度

从世界范围来看,美国投资基金[②]尽管不是起步最早(其第一个投资基金诞生于1924年),但在目前,它无疑拥有世界上品种最多、规模最大、功能最全的投资基金市场。可以说,美国投资基金市场及其制度安排代表了世界投资基金发展的最高水平,也昭示着世界投资基金发展的最新趋势和基本方向。

(1) 20世纪90年代美国投资基金的发展概况

20世纪90年代,投资基金在美国金融体系中变得更加突出和重要。截至2000年底,美国投资基金总值共计6.97万亿美元,其中股票投资基金3.96万亿美元,债券投资基金8 080亿美元,货币市

[①] 本章中基金管理制度主要探讨基金公司内部管理制度,基金公司监管制度将在后面第十章中详细论述。

[②] 在美国,证券投资基金一般被称为共同基金、互惠基金、互助基金和投资公司等,考虑到人们的习惯,本书一律称为投资基金。

场投资基金 1.85 万亿美元，混合投资基金 3 500 亿美元；[①]投资基金数量也从 1990 年的 3 081 个增加到 2000 年底的 8 171 个（见表 7—2）。从保守型到激进型等多种投资目标的基金品种充分满足了投资者对基金产品的需求。

表 7—2　1929—2000 年美国投资基金的发展

年　份	1929	1940	1950	1960	1970	1980	1990	1994	1999	2000
基金数量（个）	19	68	98	161	361	564	3 081	5 330	7 791	8 171
资产总额（亿美元）	1.4	4.5	25	170	476	1 348	10 652	21 554	68 463	69 652

资料来源：William J. Baumol et al, *The Economics of Mutual Fund Markets: Competition Versus Regulation*, Boston: Kluwer Academic Publisher, 1990。

1990—2000 年，美国投资基金总资产年平均增长率为 19.5%，其中将近 50% 的增长来自于投资基金良好的经营业绩，包括未兑现分配的资产增值、股利再投资和资本利得再投资等，46% 的增长来自于投资者投入的新的净现金流量，其余的可归因于新基金的成立（见表 7—3）。

（2） 美国投资基金市场发展的背景及成因

美国投资基金业的迅猛发展得益于一个良好的经济环境和有利的经济条件、强劲的经济增长、低通货膨胀率、技术革新、惊人的股票收益（股价不断上涨）、适合包括基金在内的证券投资的相对低且稳

[①] 在美国，通常把证券投资基金分为四类：股票投资基金（也叫股权或股份投资基金）、债券投资基金、货币市场投资基金和混合投资基金。其中货币市场投资基金由于主要投资于期限少于一年的证券，因而也常被称为短期投资基金，而其余三类基金被称为长期投资基金。混合投资基金是指投资于股票、债券和其他证券的组合基金。

表 7—3 1990—2000 年美国新流向投资基金的净现金流

（单位：10 亿美元）

年份	股票基金	债券基金	货币市场基金	混合基金	总计	投资基金总资产
1990	12.9	6.8	23.2	1.5	44.4	1 065.2
1991	39.3	59.2	5.5	7.1	111.7	1 393.2
1992	79	70.9	−16.3	21.8	155.4	1 642.5
1993	127.3	70.6	−14.1	44.4	228	2 070.0
1994	114.5	−62.5	8.8	23.1	83.9	2 155.4
1995	124.4	−6.1	89.4	4.0	211.7	2 811.5
1996	217	2.8	89.4	12.3	321.4	3 526.3
1997	227.1	28.4	102.1	16.5	374.1	4 468.2
1998	157	74.6	235.3	10.2	477.1	5 525.2
1999	187.5	−5.5	193.6	−12.4	363.4	6 846.3
2000	309.6	−48.6	159.6	−31.8	388.9	6 965.2

资料来源：*2001 Mutual Fund Fact Book*, May 2001. Chapter3, U. S. Mutual Fund Developments, 1990—2000. www.ici.org.

定的利率。除此之外，日益完善的退休养老计划、新的销售渠道的扩展、一系列新基金的出现、购买基金成本的降低、货币市场基金高于银行存款的收益率等也都导致了美国基金业在 20 世纪 90 年代的大发展。

导致美国投资基金增长的一个重要力量是家庭对投资基金的需求大增。在美国，由于公司股票和金融资产相对较高的收益，许多家庭的投资逐渐从实物资产和有形资产转向了金融资产，并且表现出通过投资基金间接投资金融资产而非直接拥有金融资产的偏好。在 20 世纪 90 年代初，美国家庭的资产中几乎 40% 投资于实物资产，而到 1999 年底，这一比例只有 30%；相反，美国家庭的自主性金融资产（投资者直接控制的金融资产，discretionary financial assets）所占的比例从 1989 年的 34% 提高到了 1999 年的 44%。

1990 年美国持有基金的家庭数量只有 2 340 万户，2000 年这一数量就增加到了5 060万户,整体上看,几乎一半(49%)的美国家庭持有投资基金。在这5 060万户家庭中,有8 790万个个人持有投资基金,并且这些散户投资者持有投资基金总资产的绝大多数。到2000年底,散户个人持有5.5万亿美元投资基金的金融资产,几乎占80%(1990年这一比例为74%);而信托投资公司、银行、其他机构投资者仅拥有1.4万亿美元的投资基金资产(占20%)。

值得注意的是,除了家庭以外,机构对货币市场基金的需求也明显增加,越来越多的商业机构出现了借助货币市场基金进行资产流动性管理的需要(而不愿意直接持有流动证券)。

美国家庭持有投资基金的迅速增长,主要原因在于:

第一,强劲的经济增长为家庭对金融资产需求增加提供了支撑。[①] 1991—1999年,美国经济增长带来新增就业机会2 000多万个,致使失业率降到了30年来的最低点;与此同时,通货膨胀也降到了20世纪60年代以来的最低水平,并且,适中的通货膨胀使得利率水平也较为合理,企业的赢利水平也大为提高,从而促使股价大幅上扬。到20世纪90年代末,美国家庭的财富增加了一倍多,达到了42万亿美元。

第二,家庭持有基金的成本大大降低。投资者对基金的需求和基金管理公司本身提供的服务都大大增加,但持有基金的成本却大

---

① 有必要指出的是,强劲的经济增长固然为投资基金的稳定发展奠定了坚实的经济基础,但是,投资基金的发展也在相当程度上推动了美国经济的增长。比如,投资基金为某些短期债券市场注入了生机和活力,基金业提供的资本使企业有效降低贷款费用成为可能,中小企业成为直接的受益对象;再比如,股票投资基金投资于具有增长潜力公司的基金规模和数量的增长确保了许多新股发行融资,从而使得上市公司发行股票既便捷且成本低;还有,投资基金对市政债券市场的踊跃购买也降低了市政信贷成本,使得中央和地方政府节省了每年发行新债券的年利息支出,作为市政信贷的主要提供者,投资基金为学校、交通设施、公共事业和基础设施甚至增加就业都提供了大量的融资。

大降低了。1990—1998年,持有股票投资基金、债券投资基金、货币市场投资基金的成本分别降低了25%、36%、21%;如果从1980年算起,那么这一比例分别是40%、29%、24%。成本降低的原因:一是竞争,许多收费基金通过降低其销售成本以达到在与非收费基金竞争中取胜的目的;二是规模经济,许多基金管理公司随着基金资产的增加达到了规模经济,它们能够以较低的单位成本提供较好的服务。

第三,基金公司为家庭提供了更方便的基金购买渠道。为了满足投资者的需求,基金管理公司和基金销售商在传统的直接销售和通过经纪商销售的基础上,拓展了新的销售渠道。直接、零散出售长期投资基金的比例从1990年的23%降到了2000年的16%,通过机构或第三方(包括雇员养老计划、基金超市、收费金融顾问、基金互换账户程序、银行信托部门等)出售长期投资基金的比例则从77%增长到了84%。

第四,更多的基金品种适应了家庭投资的需求。20世纪90年代,基金管理公司为家庭提供了更多的基金品种。新的基金种类有行业基金、国际基金、基金的基金,另外,指数基金也得到了较快的发展,不少基金管理公司还推出了分类基金券。

第五,退休金市场在基金资产中的作用日益增加。随着美国退休金市场的全面发展,雇主资助养老金计划和个人退休账户对基金资产增加的贡献越来越大。1980年,美国基金总资产中来自固定养老金缴纳计划和个人退休账户(IRAS)的资产占1/5,1999年这一比例则超过了1/3。这一比例的增长一方面反映了固定养老金缴纳计划的扩张,另一方面也体现出投资基金自身在这些计划中的优势和良好服务。

(3) 美国投资基金管理制度的特征

20世纪90年代美国投资基金业的迅速发展,与其有效的制度安排是密不可分的,具体表现在以下几个方面:

① 完善的治理结构。一方面,投资基金公司由董事会代表投资者来管理,董事会的董事有义务监督基金公司日常的营运,因此,董事要对投资者的投资负责。基于此,法律明确规定,董事必须像一个谨慎的人关心自己的经营一样掌管基金,必须通过法定程序对投资基金以及投资顾问等各相关方的行为进行有效监督,法律上称之为"受托人"或"受托义务"。这同时意味着,作为一名董事,在开董事会之前,就应该对会议所要讨论的事项有一个充分的了解,这样才能作出正确、合理的判断,这个合理判断在法律上体现了董事的忠诚可靠。

另一方面,投资顾问负责根据基金募集说明书中所述的投资目标和投资策略来选择投资组合,投资顾问把投资指令发给经理人员,并且负责这些指令能被很好地执行。投资顾问和基金在签订顾问协议时就明确了投资顾问的职责,大多数顾问协议都是约定投资顾问根据基金年平均净资产的一定比例收取费用。投资顾问也受到法律的严格限制,尤其是在涉及自身和基金之间的关联交易时。

再一方面,投资基金的基金管理可以是基金的投资顾问,也可以是其他第三方。基金的管理公司负责基金与其服务商之间的业务往来,确保基金依法运营,并且还要进行一些日常的管理工作,比如财务的管理、提供信息披露等。

最后,根据证券交易委员会的新规定,投资基金董事会的大多数董事成员必须与该基金的投资顾问和主承销商是独立的,基金的独立董事代表投资者的利益,监督基金各方的行为。投资基金是美国法律唯一明确要求必须有独立董事的公司,这种保护投资者利益的制度安排有助于基金行业避免出现系统性的问题,并且能增加投资者对基金的信任。美国证券交易委员会很早就认识到了独立董事在基金治理中的重要作用,从2001年1月起,证券交易委员会修改和颁布了许多新的规则,旨在加强基金公司董事的独立性。新规则要求:独立董事必须占基金董事会成员的多数;独立董事可以推选或提名其他独立董事;任何独立董事的法律顾问必须是独立的法律顾问。除此之外,证券交易委员会还要求基金公司详细披露与董事有关的内容,包括个人简历、所持有的基金股份、有可能引起利益冲突的事项以及董事会在基金公司管理中的作用等。

② 健全的法律规范。美国投资基金是美国法规管理最严格的经济实体,投资基金不仅要对证券交易委员会、各级管理层、基金持有者公开披露其所有信息,增加透明度,而且其运作的全过程也要受到严格的监管。比如,《1933年证券法》要求基金公司向证券交易委员会提交有关基金所有情况的申报说明书备案,同时要求基金公司提供近期招股说明书,详细说明基金管理、投资策略、目标以及其他必要资料,并且还对基金广告的类型和内容进行了限制;《1934年证券交易法》规定了在购买和销售基金份额方面的各种反欺诈条例,规定投资基金发行及经销要受到证券交易委员会和国家证券交易商协会的监管;《1940年投资咨询法》对投资基金投资咨询者的各种活动进行了明确的规定;《1940年投资公司法》规定投资基金必须向证券交易委员会报批,在禁止自营、防止利益冲突、保持资产完整、避免基金公司和持股人不合理的收费或付费等方面也都制定了详细的条例。除此之外,《1970年证券投资保护法》、《1988年禁止内部交易和证券欺诈实施法案》和《1990年市场改革法》等对保证投资基金的正

常运作和管理也都发挥了重要的作用。

健全的法律规范对美国投资基金安全运作和稳定发展起到了较好的制度保障作用。美国投资基金不仅在诸多法规的规范下运作,而且还要接受许多机构(包括证券交易委员会、证券商协会、基金信托人和投资者等)的监督和管理。

③频繁的金融创新。金融创新是美国投资基金迅速发展的关键因素,在数十年的发展历程中,美国投资基金根据投资目标、投资方向的不同而不断地创设新品种,供投资者根据自己的投资目标、所能承受的风险及财务需求加以选择。比如,美国投资基金业设立的货币市场投资基金,其规避利率管制的功能吸引了大批甚至从不购买投资基金的中小投资者,大大加快了美国投资基金业的发展。货币市场投资基金的出现,也打破了传统的市场运行格局,引发了基金业的一系列革命。

20世纪70年代初,美国投资基金仅有7大类四百多个品种;而1999年投资基金已达33大类近万个品种。既有股票投资基金、债券投资基金、货币市场投资基金,又有专项投资基金,如稀有金属基金、国家抵押债券基金等;既有国内基金,又有全球基金。不同类型、不同投资对象、不同收益与风险组合的基金充分满足了投资者的各种不同需求。

④严格的信息披露。由于投资基金运作的高风险,为了保护投资者的利益,美国联邦政府通过证券交易委员会对所有投资基金实行严格的监管,对投资基金公司信息披露的要求非常详尽、非常严格。严格的信息披露制度要求基金管理者对基金的投资目标、风险和收益、所投资的资产类型和分散度、年度运作成本(包括投资管理成本和其他成本)、投资组合的清单(包括所利用的投资工具、每一份

资产的价值)等都要描述清楚。这同时也意味着在信息得到充分披露的前提下,一旦投资者选择了某一投资组合,就要同时承担其所带来的风险和收益。

通常情况下,美国证券交易委员会要求所有的投资基金必须免费向投资者披露两种信息:募股说明书和期间报告。募股说明书主要包括投资基金的投资目标、费用和支出、投资策略和风险分析,以及如何买卖基金股份的信息,基金公司在投资之前或初次投资被批准时必须公布募股说明书。期间报告主要是年报和中报,内容是投资基金最近的运营状况和一些其他重要信息,诸如载明投资所得、费用、资本利得、资产净值、操作费率、投资组合费率等事项和财务报告,投资者通过分析这些报告,就能知道该基金的投资行为是否符合募股说明书中所述的投资策略和目标,并可以此比较各基金的费用、稳定性和安全性,决定投资与否。

⑤先进的服务手段。美国投资基金以满足不同类型投资者的需求为目标,不断提供新的服务手段。如尽可能简便的投资方式:对固定分期购买者可直接从工薪单或银行账户上划款,对投资者所得红利或派现可自动再转买基金股份。基金的取款也很方便,对基金所得本金可以支票形式直接寄给投资者。基金公司还提供基金交易电话服务,通过传真机甚至连通个人电脑来传送重大信息。对投资者的买进卖出,基金公司要寄发交易确认单,而且根据基金的种类,寄发每月、每季或年度账单。除此以外,还要寄发业务通讯,帮助投资者了解经济形势及对基金的影响,说明各种基金税收方面的情况,评估基金的投资表现,对有关基金各方面的疑问进行解答。投资基金良好的投资业绩、多元化的投资组合和所提供的一系列先进的服务吸引的不仅是散户,而且还有广大的机构投资者。

7.2.2 英国投资基金管理制度

(1) 英国投资基金的发展概况

英国是世界上基金的发源地,1868年诞生的"海外殖民地政府信托投资"是世界投资基金的开端。英国早期的投资基金主要是投资信托基金即封闭型基金,1997年才正式产生开放式投资基金。1873年罗伯特·弗莱明开办了"苏格兰美洲信托",它专门对美洲新大陆的铁路债券进行投资,为美国内战后的经济重建筹集了大规模的资金。弗莱明聘请专职的经理负责基金的投资,基金管理首次成为能够为管理人带来利润的商业模式。英国早期基金的绝大部分是以对外证券投资为目的,并以国债为主要投资对象。

早期英国的投资基金以契约型基金为主体,从19世纪60年代开始,英国公司型基金发展的条件逐步成熟。首先,在法律方面,英国政府于1858年引入有限责任公司制。1862年,《公司法》开始生效,这使得有限责任公司和股份有限公司大量出现,并允许银行和保险公司也采取有限责任公司的形态,这也使得基金采用公司形态成为可能。其次,在经济环境方面,19世纪70年代美国的经济危机波及多国,许多国家的国债、公司债券和铁路债券无法按期支付预定利息,导致了英国基金无法向投资者发放约定的固定利息。原有基金架构在新的经济形势下暴露出僵化的缺陷,将契约型基金改为支付可变股息而并非固定利息的股份公司成为基金管理人可以借助的重要途径(见表7—4)。

美国的投资基金业是从英国引入的,但英国的开放式基金却是在学习美国基金品种特点的基础上诞生的。1870—1930年间,有二百多个基金在英国设立,但其中绝大部分是封闭式基金。1931年,以美国的开放式基金为模板的单位信托在英国出现。但当时单位信托的投资对象是固定的,这就制约了单位信托投资的灵活性。1935年设立的"外国政府债券信托"不仅具有开放式特征,而且基金契约赋予管理人可灵活地调整投资组合的权限,单位信托开始在英国大行其道。

表7—4　英国19世纪公司立法变动

① 1844年,英国通过立法允许设立股份公司(Joint Stock Company)
② 1855年,英国又通过了《有限责任公司法》(Limited Liability Act),但该法不允许银行和保险公司以有限责任公司的形式设立
③ 1856年《有限责任公司法》被并入新的《股份公司法》(Joint Stock Company Act)中,《有限责任公司法》被废止
④ 1862年,所有有关公司的立法被并入到新的《公司法》(Company Act)中

1997年之前,英国有两种主要的基金形态:单位信托和投资信托。单位信托属于契约型开放式基金,投资信托属于公司型封闭式基金。1997年5月,英国出现了第三种基金形态:开放式投资公司,它属于公司型开放式基金,集中了原有的单位信托和投资信托的优点(见表7—5)。

表7—5　英国证券投资基金的形态

名　称	类　型
单位信托(unit trust)	契约型开放式
投资信托	公司型封闭式
开放式投资公司(OEIC)	公司型开放式

尽管英国是现代投资基金的发源地,但是在第二次世界大战后至20世纪80年代,英国基金业的发展速度一直比较缓慢。在这期间的五六十年代,运作相对简单的单位信托吸引了众多中小投资者,并占据了英国投资基金业的主流地位。而属于封闭式基金的投资信托因存在长期折价交易、基金股份转让要通过经纪商、基金首次发行

后一般不能增发等劣势,使得投资者和基金推销商都不看好,开放式基金由此成为英国基金业的主流。80年代英国政府推出的国内交易的资本利得免税措施、90年代推出的与养老保险改革配套的个人股票投资计划(personal equity plan,PEP)以及1999年推出的与新的养老计划相关的个人储蓄账户(individual savings accounts,ISAs)极大促进了英国投资基金业的发展。

(2) 英国投资基金管理制度的特征

英国投资基金的主体是单位信托,并受《公司法》约束。而开放型投资基金由《开放型投资公司管理条例》来调整。因此,通过《公司法》和《开放型投资公司管理条例》形成了基金治理结构的框架,基金公司管理单位信托资产,由银行或保险公司作为托管人成为单位信托的法定代表人,代表投资者资产,并负责监督和确保基金公司进行有效投资。与英国基金发展历史相适应,形成了以附加董事为核心的基金治理结构,其基本内容和特征主要体现在以下几个方面:

①董事会由授权董事和附加董事构成。由于近年来开放式基金成为英国投资基金的主流,开放式投资基金的治理结构也更加趋于完善,要求必须设立董事会来管理其事务。董事会可以只设一名董事,但必须是经过金融服务管理局(FSA)授权的公司董事。所有的董事都要经证券与投资委员会(SIB)批准,应该是合适的、有一定经验的专业人士,董事应各司其职,并对投资者负责,即所谓的授权董事。授权董事的职责主要是处理基金公司的日常事务,如管理公司的投资,买卖公司股份,保证净资产的计算准确等。同时英国基金公司的董事还包括授权以外的董事即附加董事。

②董事会设附加董事。附加董事是指授权董事以外的董事,其基本职责是监督基金公司的运行,主要是监督授权董事是否有效地

履行自己的职责。如果附加董事认为授权董事工作有缺陷,就要求其加以改进。在特殊的情形下,他们能够而且应当替代授权董事。附加董事的功能甚至包括规划公司战略和市场开拓这些本属授权董事的事情。

③明确的托管人职责。英国的基金托管人应当是获得金融服务管理局授权的企业,通常是银行或保险公司。托管人必须与开放式投资基金及其董事没有利益关系,并保持一定的独立性。托管人托管基金财产,就对基金财产有产权。托管人可以指定新保管人来照看资产,但保持最终所有权。托管人有责任检查基金是否符合有关规定的要求。在很多方面,托管人的角色与单位信托的受托人类似。

④基金股东通过股东大会行使权利。根据英国法律规定,开放式投资基金公司每年应召开一次股东大会。基金股东通过股东大会行使其权利。在股东大会上董事会应出具年度和半年度报告,年度报告须经股东代表大会的批准。年度报告必须包括经审计的财务报告,审计师的报告和托管人的一致性报告构成年报的一部分。

⑤建立投资补偿制度。金融服务管理局负责审批单位信托和投资公司的设立,并对有关价格、市场营销和定价方面的事务进行监管。它规定了投资补偿制度,当基金破产时,投资人最多可获得48 000英镑的补偿。

7.2.3 日本投资基金管理制度

(1) 日本投资基金的发展概况

从传统上看,日本证券投资基金业以契约型基金为主体,被称为

"证券投资信托"。这与日本信托业的发达有很大关系。1922年,日本政府就制定了《信托法》、《信托业法》。1941年,野村证券在借鉴英国契约型基金结构特点的基础上,由野村证券公司作为委托人,野村信托公司作为受托人,开办了与现代证券投资基金相同的投资信托业务。1942年,日本监管当局在《民法》、《信托法》和《信托事业法》的框架下,允许山一、小池、川岛屋、共同、藤本等5家证券公司开办证券基金管理业务,初步构建起日本的证券投资基金体系。

在参考战前本国投资基金业发展经验的基础上,日本监管当局于1951年6月颁布《证券投资信托法》,建立了以契约型基金为主体的投资基金制度的基本架构。1951年底,日本共有山一、野村、大和、日兴等7家证券公司开办了投资信托业务。

日本投资信托业在20世纪50年代初获得了快速发展,其推动因素有三:首先,它符合中小投资者的需求,因此获得投资者的青睐;其次,朝鲜战争爆发为日本经济腾飞创造了契机,日本公司效益明显改善,公众收入也大大增加,有力刺激了证券市场的供给和需求;最后,日本股票市场在1952—1953年上半年处于战后首期牛市,投资者对证券市场的热情空前高涨。

从1953年下半年至60年代末,证券投资信托业的发展与日本证券市场的周期性变化息息相关。当证券市场繁荣时,证券投资信托业的发展就非常顺利;反之,证券投资信托业的发展就非常缓慢甚至资产减少。这主要是由于投资者对证券投资信托的热情随证券市场行情的变化而变化,并对证券投资信托业产生了影响。

此外,证券投资信托业运作的不规范也阻碍了其自身的发展,这一时期日本证券投资信托业普遍存在基金管理公司大股东滥用基金资产的现象。为了规范证券投资信托业的运作,业界人士和监管当局决定在投资信托的制度和运作方面出台应对措施。1966年,日本投资信托协会成员达成以下协议:减少母公司(证券公司)对子公司(投资信托管理公司)的干扰,实行投资信托管理公司自主管理制度;各投资信托管理公司加强内部建设和约束;大力发展单位型投资信托。同时,大藏省对《证券投资信托法》进行研讨,将"委托公司对受益人忠实义务"等条款列入修订后的该法。在上述政策的推动下以及日本经济重现繁荣、向外国投资者开放证券市场的背景下,日本投资信托业的资产规模从1969年下半年开始增长。

1970年,日本投资信托可以持有外国证券;同年,日本出现专门对外国证券进行投资的国际基金;1972年,日本又出现外国股票基金,基金品种和投资对象不断丰富。

20世纪80年代是日本债券基金迅速发展的时代。1980年出现的中期国债基金将长期投资与中期投资有机结合,并且在考虑不同投资者需求的基础上进行产品创新,受到投资者的广泛欢迎。90年代,由于日本股票市场低迷,债券基金和货币市场基金的发展速度远远超过股票基金(见表7—6)。

表7—6 日本投资信托业的净资产构成比例变化

(单位:%)

年 份	债券投资信托	股票投资信托	货币管理基金①
1989	22	79	0
1992	39	49	12
1997	46	25	29
2001	45	24	31

数据来源:日本证券投资信托协会网站。

---

① 货币管理基金是日本对货币市场基金的称谓,日本最早的货币管理基金于1991年中期出现。

(2) 日本投资基金管理制度的特征

虽然日本基金业以契约型基金为主体,但借鉴了美国的独立董事制度,因此,日本基金治理结构的最大特点是类似独立董事制度的监察人制度。1998年,日本研究美国、法国的基金制度后,认为基于与其他国家金融商品整合之考虑,有必要引入公司型基金,以保护投资人权益。因而通过的《证券投资信托与投资公司法》增加了公司型基金的内容,引入了与美国基金独立董事制度类似的监察人制度。

①设立投资人会议。根据《证券投资信托与投资公司法》,日本规定基金应设立投资人会议或股东会议,虽然没有明确规定投资人大会的召开时间,但由于董事任期为两年,投资人会议应至少每两年召开一次。每一投资单位为一票。为了防止投资人与会人数不足,当投资人不出席投资人大会且不行使表决权时,该投资人被视为同意赞成该议案。

②董监事会由董事和监事构成。在董监事会中董事由投资人大会选任,负责基金业务的执行,并作为法人对外代表基金。董事负责召集投资人会议、资产管理及保管以外的事务委托、合并协议、资产管理或保管契约的签订—变更—解约、资产管理报酬、保管手续费及其他资产管理或保管费用之支付。监事负有对董事及基金公司投资活动的监督之责。董事及监事执行职务不当对证券投资基金造成损害时,除应依据契约负赔偿责任外,还要对某些由于其监督不力造成基金投资者损失的行为负连带损害赔偿或连带补偿责任。

③董监事会设立监事(或监察人)。日本公司型基金与美国公司型基金相比,一个显著特点在于有一个监事或监察人制度安排。监察人的职责是监督基金的业务运作。监察人至少比董事多一人,使监察人在董事会中占多数,以确保监督董事的业务执行,并弥补投资人会议的功能不足。监察人任期为两年并有严格的资格限制,其消

极资格限制比较广泛,类似于美国的独立董事。

④设立会计监察人。会计监察人是由非利益相关的公认会计师或监察法人担任。会计监察人的职责是审阅、编制会计账目,要求董事或清算人提出与会计有关的报告,调查业务及财产状况,要求一般事务受托人、基金管理公司或托管人提出与会计有关的报告。

7.3 各国证券投资基金管理制度比较及启示

7.3.1 各国证券投资基金管理制度的比较

从美、英、日三国公司型投资基金治理结构的设计可见,为了确保董事会履行保护投资者利益的重要职责,都要求必须有能够代表投资者利益的外部人员参与董事会。同时,为了保证外部董事作用的有效性,对外部董事的任职资格、人数和行使的权利都作了明确规定。首先,在任职资格上,美国和日本都要求必须是与基金代理机构没有关联的外部人员,而英国则通过监管当局对附加董事的严格遴选和郑重委任以促使其在基金治理中保持公正和独立。其次,在人数上,美国和日本都要求董事会中独立董事或监察人要占50%以上,[①]以保证外部董事在涉及投资者利益的重大问题上决策的有效性。第三,在权利设置上,三国都赋予外部董事对内部董事进行监督及在特定情况下免去内部董事的权利。

但是,由于各国外部董事职责范围不同,其治理的成本与效率也

---

① 1999年7月,美国投资公司协会针对加强独立董事的独立性和决策的有效性提出了15条建议,其中第一条为"投资公司董事中至少要有2/3是独立董事"。2001年1月,美国证券交易委员会采纳了该条建议,但将2/3改为过半数。日本则要求监察人至少要比董事多一人。

有差异。从治理成本看,美国独立董事本身就是董事会成员,除了拥有与其他董事同样的权利外,在一些涉及投资者利益的重要方面还拥有独立审批权,直接参与基金公司的运作,其监督工作与董事会的工作一体化,因而治理成本比较低;而日本的监察人不参与基金的经营管理,不具有日常的审批职责,其监督职责的履行在一定程度上是重复董事会的工作,相对而言其监督成本比较高;英国的附加董事除了承担对授权董事的监督职责外,在公司的战略规划和市场开拓方面也有权参与决策,因而其监督成本介于独立董事与监察人之间。从治理效率看,美国独立董事由于直接参与董事会的运作,从而能够对基金公司的运作进行全程监控,其监督是事前监督,能及时发现问题,制止损害投资者利益的决策或交易,因而能够较为有效地保护投资者的利益;而日本的监察人和英国的附加董事由于不参与或不完全参与日常事务,没有充分的机会熟悉基金业务、了解经营状况,很难提出有深度的改进建议,不易发现内部董事和基金管理公司的舞弊行为,其监督往往是一种事后监督,难于像独立董事那样能在事前阻止错误决策或行为的发生。此外,美国通过为独立董事投保责任保险,保证独立董事在维护投资者利益时,能够不必顾及自己的诉讼责任,这有利于提高独立董事的监督效率;而日本则对监察人的诉讼责任作了严厉的规定,这在有效约束监察人的同时,却可能因监察人为了免除自身的责任、滥用监督权而损害基金的运作效率。

7.3.2 国外投资基金管理制度对我国的主要启示

(1) 契约型投资基金有效治理结构是强化托管人的监督功能

信托制度下的受托人在契约型投资基金的治理结构中演进为基

金管理人和基金托管人两个相互独立的主体,制度设计的目的在于通过经营和保管职能的分离,使上述两者之间形成相互制衡和监督机制,从而更为有效地保护中小投资者的利益。我国法律规定,基金管理人和基金托管人"在有充分理由"的情况下有要求对方"退任"的权利,但在实际运作中却普遍存在着基金管理人可以自由选任基金托管人的情况,这导致基金托管人的权利虚置和在监督基金运作上缺乏独立性。因此,应取消基金管理人对基金托管人的选择权,由基金投资者选择基金托管人作为代理人,监督和制衡基金管理人,这有利于最大限度地维护基金托管人监督权的独立性,确实维护投资者利益。此外,在加强基金托管人监督独立性的同时还应该强调其有效性,尽量减少基金托管人在监督基金管理人时可能产生的道德风险和共谋行为。

(2) 公司型投资基金治理结构能更有效地保护投资者的利益

从契约经济学的角度分析,不论是契约型投资基金还是公司型投资基金都存在着不完全契约[①]的问题,而契约的不完全性为基金代理人的机会主义行为留下较大的空间,公司型治理机制在弥补不完全契约缺陷方面较之契约型治理机制略胜一筹。

首先,契约型投资基金的管理人与公司型投资基金的管理人相比,前者具有更大的剩余控制权甚至是事实上的全部剩余控制权,这使得契约型投资基金的管理人在行使剩余控制权时更有可能作出有利于自身而不利于投资者的决策;而在公司型的治理机制下,这一问

---

① 所谓的不完全契约是指:契约无法规定所有可能发生的情况,即便能够准确预测,也无法用明确的语言进行描述,即使上述问题都能够得到解决,也无法为第三方(如法院)所证实。

题能够得到一定程度的弱化,因为公司型基金的投资者同时是基金公司的股东,可以通过董事会等机制间接地行使剩余控制权,限制基金管理人在行使剩余控制权时的道德风险,更好地保护自身的利益。

其次,在契约型治理结构下,基金代理人之间缺乏明确的处理程序和固定的规则,甚至存在着彼此之间的利益冲突,这容易导致问题无法及时、合理处理,进而间接地损害投资者利益;而在公司型治理结构下,投资者可以通过董事会协调基金代理机构之间的矛盾和冲突,在处理问题的灵活性上比契约型基金具有优势,更有利于保护投资者的利益。

第三,在契约型治理机制下,基金管理人只要不违反契约,就不会面临被撤换的问题。在公司型治理机制下,投资者可以直接通过股东大会对不称职的基金管理人进行替换,能够更为有效地激励基金管理人更好地为投资者服务。

因此,为了更好地保护投资者的利益,发展公司型投资基金应该成为我国基金业发展的方向。

(3) 独立董事制基金治理结构能够实现投资者利益最大化

近年来,越来越多的国家都通过立法或修改法案发展公司型投资基金,或将契约型投资基金改为公司型,其原因就在于公司型投资基金的治理结构更为有效,更有利于维护投资者的利益和提高基金的运作效率,特别是美国的独立董事全程参与基金董事会运作,从而以较小的治理成本实现较高的治理效率。因此,我们在引进公司型投资基金的同时,应考虑在基金治理结构中建立独立董事制度。在制度设计上,除了确保独立董事在董事会中的绝对多数和赋予独立董事明确的权利和责任外,对独立董事的选举等运作程序也要有严格的制度保障,以确保独立董事制度功能的有效性。

7.4 证券投资基金管理制度两大发展趋势

7.4.1 加强证券投资基金管理公司内部控制

"内部控制"的概念,源于1949年美国会计师协会发表的一份专门报告,是指公司出于保护资产、核查会计数据的准确性和可靠性、提高经营效率、促使遵循既定的管理方针而采取的方法和措施。美国注册会计师协会1958年将内部控制区分为两类:内部会计控制和内部管理控制。1988年引入了内部控制结构的概念,第一次将内部控制引申为一种结构和环境,认为内部控制的实质在于合理地评价和控制风险,因此可以称之为风险导向型的内部控制,从而将内部控制和风险管理有机地结合起来。

毫无疑问,加强内部控制对基金管理公司具有重要的作用。目前,在发达国家证券投资基金管理人的基金管理业务中,管理投资风险的技术和防范操作风险的制度已经共同构成了内部控制制度的基本框架。因此,深化内部控制制度代表着投资基金管理制度的发展趋势。

证券投资基金内部控制主要指基金管理人即基金管理公司的内部控制,是指公司为防范和化解风险,保证经营运作符合公司的发展规划,在充分考虑内外部环境的基础上,通过建立组织机制、运用管理办法、实施操作程序与控制措施而形成的系统。内部控制制度的主要内容包括:

——内部控制的法律、法规指引。内部控制是以相关的法律、法规为基础的。美国基金业几十年的发展形成了比较完善的法律、法规体系,包括:联邦证券法律、法规,如《证券法》、《证券交易法》、《投资公司法》、《投资顾问法》，以及美国证券交易委员会在法律基础上制定的细化法规；行业自律组织的规定；各专业委员会颁布的技术性准则，如美国联邦储备体系、纽约证券交易所等部门和机构颁布的法规。基金管理人主要由法律顾问专家、法律部门、监督稽核部门负责内控制度的法律、法规体系指引，开展各项业务。

——投资风险管理制度。该制度是投资基金运作中风险控制的核心，主要是利用风险量化技术来计算风险值，然后进行风险限额控制。第一，风险量化技术。它通过建立风险量化模型，对投资组合数据进行返回式测试、敏感性分析和压力测试，测量投资风险，计算风险暴露值。成型的风险控制技术包括方差风险计算法、系数风险计算法以及 VAR(value at risk)风险计算法等，特别以 VAR 风险计算法最为重要。第二，风险限额控制。在对风险进行量化的基础上，风险控制部门对每只基金的投资风险设定最大的风险临界值，对超过投资风险限额的基金及时提出警告，并建议基金调整投资组合，控制风险暴露。

——内部会计控制。内部会计控制是保证交易纪录的正确，会计信息的真实、完整、及时反映的系统和制度。第一，基本的控制措施包括：复核制度，包括会计复核和业务复核；通过凭证设计、登录、传递、归档等凭证管理制度，确保正确记载经济业务，明确分清经济责任；账务组织和账务处理体系。第二，合理的估值方法，即为保证基金资产净值的准确计算而采取的科学、明确的资产估值方法，力求公允地反映其在估值时点的价值。第三，科学的估值程序，是保证基金资产净值准确计算的另一项会计控制措施，主要包括数据录入、价格核对、价格确定和净值发送等程序。

——内部管理控制。内部管理控制是指内部会计控制以外的所有内部控制，包括组织结构控制、操作控制和报告制度。第一，组织结构控制指通过组织结构的合理设置，来加强部门之间的合作和制衡，充分体现职责分工、相互牵制的原则。第二，操作控制的主要手段，首先是投资限额控制。各基金都在招募说明书中公开披露其投资范围、投资策略和投资限制,据此,公司风险控制部门设定基金的投资限额。其次是操作的标准化控制。主要手段有操作书面化、程序标准化、岗位职责明晰化等。最后是业务隔离控制,主要是指各资产管理公司应将基金资产和机构投资者资产、个人客户保证金、自有资金等进行独立隔离运作。第三,报告制度。在日常交易中,前后台都必须分别编制每日交易情况的明细报告,分别向风险控制部门和上级部门报告。风险控制部门对于日常操作中发现的或认为具有潜在可能的问题应编制风险报告并向上级报告。

——违规行为的监察和控制。严格说来,违规行为的监察和控制属于内部管理控制的内容,然而因为其重要性,一般被单独列为基金管理内控制度的组成部分。第一,对于操纵市场行为的实时防范。利用联网的电脑系统,在线实时监控基金的投资、交易活动,防止利用基金资产对敲作价等操纵市场的行为。第二,股票投资限制表。为了防止基金介入内幕交易或陷入不必要的关联交易调查,各证券投资基金管理公司内部都有明确的股票投资限制表,所管理的基金不得购买限制表中的股票,从而避免了可能的违规行为。第三,员工行为的监察。这是为了防止员工涉及操纵市场、前置交易(front-running)获利、购买可能与基金资产存在利益冲突的证券等违规行为的监控制度。

7.4.2 发挥独立董事制度在公司治理中的作用

世界银行的实证研究表明:"独立董事与较高的公司价值相关,具有积极的独立董事的公司比那些具有被动的非独立董事的公司运行得更好,国际机构投资者将日益需要公司的董事会中包含越来越多的独立非执行董事。"可见,加强独立董事制度是基金管理制度发展的一个趋势。具体来看,独立董事在基金管理公司治理中的作用主要体现在以下几个方面:

(1) 有助于提高公司董事会的决策水平

法律对独立董事的任命、任职资格、权利、义务等都作了明确的规定。对独立董事的任职从选举程序、专业知识、工作经历和身体条件等方面进行了规范,从而保证了独立董事的综合素质,弥补了董事会成员专业知识结构不平衡的缺陷,提高了董事会决策的科学性;同时,独立董事为提高其社会声望、获得更大的经济利益和实现自我价值,依据法律赋予的独立性职权,尽可能地运用其专业知识和经验,为公司发展提供富有建设性的建议,为董事会的决策提供参考意见,从而有助于公司提高决策水平。

(2) 有助于强化董事会的监督职能

独立董事代表的是公司整体和全体股东的利益,在西方国家,尤其是美国,独立董事占公司董事会成员的多数,在董事会对一系列重大问题作出决策时,独立董事发挥着有力的监督作用;同时,独立董事既独立于公司、股东,又独立于其他一切与该公司有关的实体,可依据法律的规定,独立、客观、公正地对公司规范运作进行监督。

(3) 有助于防止内部人控制,保护投资者利益

董事会对公司的经营决策拥有监督权,其监督作用的强弱直接关系着投资者的利益,独立董事制度的核心是保护投资者的合法权益。通过引入独立董事制度,并用法律明确规定独立董事的比例及其职责和权限,赋予独立董事承担保护投资者利益的特殊监督责任,可改善董事会内部的组织结构,促进公司股东会、董事会和经营管理层三者之间的分工与协作,有效地防止内部人控制,保护投资者的利益;同时,独立董事制度的基础是独立董事的独立性,这从制度上保证了独立董事能从维护投资者利益的角度出发,独立、公正地评价公司的经营活动,并针对公司运作中出现的问题发表自己独立的意见,

有效防止公司经营管理层可能做出的违背投资者利益的行为。

7.5 我国证券投资基金管理制度现状及改进

7.5.1 我国证券投资基金业发展面临的环境

随着世界经济、金融的迅速发展,21世纪我国证券投资基金业的发展及其制度变革面临着全新的环境。

(1) 金融全球化深入发展

进入20世纪90年代以来,金融全球化已成为当今世界发展的一大趋势。这主要表现在,银行业的跨国经营和国际金融市场的全球化扩张不再仅仅局限于少数发达国家,而是开始向全球扩散;世界各国互相开放金融市场,金融机构和金融业务的国界、地域限制逐步消失;巨额金融资本按照国际通行的规则在全球范围内自由转移,资金流动的数量急剧增加,速度加快;全球金融业的关联度越来越高,正在逐步形成全球统一的金融市场和货币体系。

(2) 金融体系的不稳定因素增加

在国际金融自由化和金融电子化的浪潮下,资金流动的数量的增加和速度的加快进一步刺激了金融交易的扩大,大规模资金的过快游移必然加大金融市场的复杂性和管理上的难度,从而对一个地区、一个国家乃至全球的金融安全构成威胁。而且伴随着知识经济条件下虚拟金融资产的不断扩张,现代金融风险的整体形态与变化机理将出现重大变化,在风险规模、结构、传导机制、发生频率以及扩散速度上都会呈现出一系列新的特征:金融风险的数量增多,频率加快,风险规模与风险损失扩大;金融风险的传导速度加快,范围扩大,系统性影响加大;金融风险的诱发因素增多,不确定性增加,复杂性增强,风险的控制也日益脱离了金融业自身的意志和能力。

(3) 货币一体化趋势显现

经济、金融一体化的进一步发展必然会对金融、货币政策的协调和配合提出更高层次的要求,经济、金融一体化程度越高,对货币一体化的要求就越迫切。进入 21 世纪后,随着世界各国经济、金融出现的更高层次的渗透与融合,货币一体化将被提上议事日程。1999年欧洲货币联盟的推进和欧元的正式启动已经标志着这一趋势初露端倪。可以说,全球统一货币时代是一个历史发展趋势。

(4) 全球金融竞争日益激烈

金融市场的全方位开放、网上银行服务的全球化、金融业的全面市场化,使得金融业的竞争不再是行业内的竞争,也不再是国内同业间的竞争,更不仅仅是服务质量和价格的竞争,而是金融业与非金融业、国内金融业与国外金融业、网上银行与传统银行全方位、立体式的竞争。面对金融全球化所带来的严峻挑战和激烈的竞争,实现金融服务的现代化将成为一种必然选择。竞争将迫使金融机构根据市场变化和用户的需求,积极调整发展战略,开展金融创新。

(5) 金融发展与高科技的联系更加紧密

当前,世界金融的迅猛发展及金融创新的日新月异在很大程度上得益于先进的科技手段和研究成果在金融领域的迅速普及和大量应用,这不仅极大地提高了金融活动的效率,而且促进了金融业的创新与发展。随着网络技术的飞速发展,21 世纪的金融业在组织机构、经营理念、经营方式等方面都将发生革命性的变化,金融业也必将打上现代高科技的烙印,步入崭新的发展阶段。

(6) 加入 WTO 后中国金融业的对外开放

WTO 不仅仅是一个产业组织概念,它还是一个制度概念,是一个全球性平等互惠的贸易金融服务系统。加入 WTO,就是加入这种制度系统。在金融国际化的激烈竞争中,制度的优劣问题是更为根本的问题。在外资金融机构强大的实力背后,隐藏着其先进的制度优势。因此,加入 WTO 后金融对外开放将对我国的金融发展带来严峻的挑战和冲击,其中不仅有观念与意识的碰撞,而且有资金与客户的争夺,还有人才的流失等方面的问题。

7.5.2 我国证券投资基金存在的制度缺陷

20 世纪 90 年代我国证券投资基金发展的不规范阶段以及 90 年代末至今发展的较为规范阶段,我国政府对证券投资基金的发展功能定位均在不同程度上偏离了证券投资基金自身的特点与运行规律。

客观上讲,我国证券投资基金的发展时间较短,基金业运行主体——政府及监管当局、基金管理公司和投资者对证券投资基金的性质、运行规律的认识和把握不可能十分准确和清晰,加之证券投资基金业发展的内部机制和外部环境问题,证券投资基金业出现某些问题有其客观性。但是,不能以此否认我们在主观上对基金业发展定位问题上的失误与偏差,而这种失误与偏差对基金业的发展构成了长远和深刻的影响。

(1) 老基金的无序与新基金的黑幕

20 世纪 90 年代初,在世界投资基金业蓬勃发展、方兴未艾的背景下,随着我国经济体制改革的不断深化,尤其是在金融市场得到一定程度发展的条件下,中国投资基金业应运而生。中国投资基金以1997年11月5日经国务院批准、1997年11月14日由国务院证券委员会公布的《证券投资基金管理暂行办法》为标志,大致可以划分为两个阶段:1997年底以前为投资基金的初步发育阶段,这一期间由中国人民银行总行及其分行批准设立的投资基金称为"老基金";从1998年开始,投资基金进入了相对规范发展阶段,这一期间由中国证券监督管理委员会批准发行的证券投资基金称为"新基金",通过揭示老基金的无序和分析新基金的黑幕,可以看出中国投资基金管理制度变迁中存在的重大缺陷。

20世纪90年代初,一些省市在中国人民银行当地分行和地方政府的支持下开始尝试发行投资基金,从而拉开了老基金发展的序幕。

我国老基金的发展呈现出以下几个突出的特点:

第一,基金规模普遍较小,效率低下,缺乏抵御风险的能力。基金的平均规模只有7 610万元,最小的才1 000万元。

第二,审批机关主要是地方主管部门。90%的基金是经中国人民银行各省、市、自治区分行批准设立的,由于各地所掌握的标准不一样,所以基金的规格、质量、水平参差不齐。

第三,基金运作不规范。例如,在基金的发起设立方面,一般应该有两个或两个以上的独立法人作为基金发起人,而我国绝大多数老基金都是由独家金融机构发起设立的,甚至有政府参与其中,而且有不少投资基金的经理人不是独立法人。

第四,基金发行多在地方,然后通过地方交易中心与沪深两家证券交易所联网,在交易所挂牌交易,这使得基金的流通渠道既受到限制又不规范。从上海证券交易所和深圳证券交易所基金交易情况来看,上市数目、成交数量和成交金额都不是很大(见表7—7)。

表 7—7　上海、深圳证券交易所老基金的交易情况(1994—1997 年)

年　度	上市数目(只)		成交数量(亿)		成交金额(亿元)	
	上海	深圳	上海	深圳	上海	深圳
1994	12	8	56.73	181.15	117.34	240.15
1995	12	10	107.21	134.58	305.67	204.51
1996	15	10	128.01	346.28	497.38	1 069.12
1997	15	10	55.57	173.15	219.53	588.38

资料来源:中国证券监督管理委员会编,《中国证券期货统计年鉴(1998)》,中国财政经济出版社 1998 年版。

第五,基金投资混乱,规避风险能力差。除了投资于股票市场、国债市场外,还有不少基金投资于房地产市场、期货市场。从 1994 年基金的投资情况来看,大多数基金投资于股票市场的比例在 20% 以下;有一半以上的基金投资于实业,甚至有的基金(如沈阳公众、沈阳农信、大连农信)100%投资于实业;还有不少基金在投资的名义下,实际上在从事发放委托贷款、资金拆借等银行业务,背离了基金的投资原则。①

第六,没有完善的市场监管机制,投资者的利益缺乏保障。在这一期间,我国只出台了《深圳市投资信托基金管理暂行规定》和《上海市人民币证券投资信托基金暂行条例》两部地方性法规。法规的不健全,直接导致投资基金业缺乏监督、管理和制约,也难以从根本上保护投资者的合法权益。

很显然,在这一期间设立的投资基金是一种混合型基金,它的不规范之处,既有基金运作方面的问题,也有基金托管方面的问题;既有基金经理人经营方面的问题,也有管理层监督管理方面的问题;当然,还有市场环境方面的问题。这些问题的存在严重制约了投资基

---

① 萧灼基:《1995—1996 年中国金融分析和预测》,中华工商联合出版社 1997 年版,第 79 页。

金作用的有效发挥。因此,规范老基金已成为我国投资基金管理制度完善和发展的重要内容。

1997年11月14日,国务院证券委员会发布了《证券投资基金管理暂行办法》,结束了我国投资基金业五年多的探索发展历史,我国投资基金业进入规范发展阶段。

然而,2000年10月的《财经》杂志刊登了一篇题为《基金黑幕——关于基金行为的研究报告解析》(以下简称《基金黑幕》)的长篇报告,这篇报告以大量的事实揭露了两年多来基金存在的严重的对倒、倒仓、与券商联手建仓等违规行为。中国证监会对牵涉其中的10家基金管理公司进行了核查,结果发现不少基金管理公司确实存在着一些《基金黑幕》所揭露的问题。

这一基金黑幕事件所暴露出来的问题是严重的:

第一,基金管理公司的内部运作和管理问题产生的根源则在于我国基金管理人的素质不高、管理能力低下以及基金运作外部环境的恶化。

第二,由于我国股票市场上上市公司的整体素质较差,许多公司上市后业绩即呈现下滑趋势,缺乏投资价值,从而在投资对象上制约了投资基金的选择。这不仅影响了基金的投资信心,而且影响了基金的收益。

第三,我国证券市场上长期存在的浓厚的投机气氛对投资基金有较大的影响。证券投资基金尽管崇尚理性投资,但如果投资与市场主流(投机)的投资理念与方式相逆,往往不易获得成功。于是,投资基金迫于业绩压力,在具体运作中就有可能改变原来的投资理念,甚至不得不加入投机的行列。

第四,我国证券市场上较普遍地存在着内幕交易、上市公司利润操纵等不规范行为,尽管投资基金主观上也希望通过规范化运作获得合法收益,但是在不规范成为市场的明显特征时,投资基金的主观愿望往往难以付诸实践,有时甚至在利益的驱动下不得不突破规范化的界限。

第五,我国基金业立法滞后。[①] 要么是无法可依,要么是执法不严,缺乏严密、公开、准确、及时的信息披露制度和交易全程监管体系以及自律组织,而且监管手段落后,缺乏效率。

新基金暴露出的种种问题表明,我国基金业发展的相关制度还存在严重缺陷,如果制度缺陷得不到弥补,就不能从根本上消除基金黑幕等问题。自2004年6月1日开始实施的《证券投资基金法》写进了许多创造性的内容,其中对于基金持有人大会、基金管理人赔偿机制等规定,都是之前的法规中未见的。我们认为,证券投资基金法的实施,不仅对基金本身提出了更高的要求,同时,对证券市场也将产生重大影响,更为重要的是,证券投资基金法将投资人的权利提升到了一个前所未有的高度。

(2) 开放式基金与封闭式基金

世界投资基金的发展历史显示,投资基金自诞生以来,经历了一个从以封闭式投资基金为主到以开放式投资基金为主的变迁过程。目前,经济发达国家的投资基金主要是开放式。我国也正在"复制"这样一个过程。

前几年我国设立的投资基金中,几乎全部是封闭式基金,而在其运作中暴露出的问题即不规范,既有基金运作本身的问题、基金经理

---

① 我国已有的有关基金的法规、规章主要有中国人民银行颁布的《设立境外中国产业投资基金管理办法》、《信托投资公司管理办法》,证监会颁布的《证券投资基金管理暂行办法》和《开放式基金试点办法》。这些法规、规章存在的问题是:立法层次不够,效力有限;内容未能充分体现基金业发展的实际要求;多头立法,缺乏统一规划等等。

人经营方面的问题和监督管理方面的问题,也有市场环境方面的问题。尽管我国封闭式基金的运作中出现了这样或那样的问题,但不能据此否定封闭式基金存在的价值。相反,应该正视存在的问题,总结经验教训,为封闭式基金的健康发展创造更好的环境和条件。

与封闭式基金相比,开放式基金在制度环境和条件方面自然有更高的要求。我国开放式投资基金所面临的制度环境还存在以下几点缺陷:

第一,现有金融市场(包括资本市场和货币市场)的深度和广度不足。从理论上讲,开放式基金是与开放程度较高、规模较大、流动性较强的金融市场联系在一起的;而封闭式基金则可以投资于开放程度较低、规模较小的金融市场。尽管开放式基金和封闭式基金都是通过在证券市场上投资于不同的证券品种来达到分散风险、为投资者谋利的目的,都要求证券市场必须达到一定的规模,并且拥有满足一定质量要求的多样化的证券品种,但是,对开放式基金而言,这些条件几乎是必不可少的。证券市场的规模小、品种单调、质量低劣(缺乏投资价值),显然不适合投资基金尤其是开放式基金的发展。

显而易见,从中国金融市场的现状及发展趋势来看,健全和完善满足开放式基金发展需要的金融市场还要假以时日。

第二,缺乏较高素质和管理能力的基金管理人。开放式基金与封闭式基金投资运作的特点不一样,对投资环境的要求不同,投资理念也有很大差别。在一定意义上可以说开放式基金的管理难度更大。而且开放式基金是一项综合、复杂的投资活动,投资业绩(主要表现为投资收益)除了取决于投资或管理技术的积累程度,还与其市场营销推广能力、与投资者的关系及其市场表现密切相关。这就要求开放式基金的管理人必须是一支既拥有深厚的理论知识,又具有丰富的实践经验的专家团队。然而,目前我国还十分缺乏这样的专家。尽管1998年以来我国证券投资基金取得了不错的投资业绩,其中有不少成功的经验,但也少不了包括优先配售新股在内的特殊扶持政策的作用,基金管理人的管理水平并没有完全得到市场的检验。

可以说,我国现有的基金管理人还难以独立胜任管理开放式投资基金的重任。因此,提高基金管理人的管理水平和理财能力已经成为当务之急。

第三,不具备较高效率的避险工具。众所周知,证券市场的风险可以划分为系统性风险和非系统性风险两部分,分散化投资和建立证券投资组合固然可以在相当程度上规避非系统性风险,但对于减轻系统性风险却无能为力。系统性风险只能通过投资于风险补偿工具来规避。因此,对于风险管理在投资管理中占据重要地位的开放式基金来说,有效的避险工具是必不可少的。这对于一个系统性风险较大的金融市场[1]来说,显得尤为重要。也正是因此,在国外成熟的资本市场上,一般都有比较完善的期权、期货等金融衍生工具,为基金投资提供了大量的赢利机会以及防范风险、规避风险、对冲风险(尤其是系统性风险)的便利条件和有效手段。

我国证券市场目前尚处于初级发展阶段,分散化投资对规避风险的作用还很小,特别是有效规避系统性风险的股票指数期货、期权等衍生金融工具尚未发展起来。在这种状况下,基金管理人即使清楚自身所面临的各种市场风险,也无法进行有效的规避和防范。

第四,尚不具备完善的法规、有效的监管和行业自律。明确投资基金的主管机关,完善社会监督机制(如会计、审计等),发挥行业协会的功能,加强投资基金公司的自律行为,是开放式投资基金运作的

---

[1] 实证研究结果表明,在美国等发达国家的证券市场上,系统性风险仅占总风险的20%—30%;而在我国证券市场上,系统性风险占总风险的65%—70%。

关键。一个成熟的投资基金市场也应该是一个法制健全的市场,法制健全与否对投资基金的发展极为重要。从国外投资基金的发展情况来看,健全的法制对投资基金的发展起到了保障和促进作用。

我国尽管1997年11月经国务院批准、由证券委发布了《证券投资基金管理暂行办法》,2000年10月12日中国证监会发布了《开放式证券投资基金试行办法》,《证券法》和《信托法》已经出台,基金业的基础性法规——《投资基金法》、《中外合资基金管理公司暂行办法》等也已出台,但是这些法规中,有的具有临时性法规的性质,而且与国际惯例差距较大,有的经实践证明与基金的理财原则相冲突,尚有待于进一步修改和完善。

第五,信息披露难以及时、有效。相对于封闭式基金,开放式基金更要求让投资者及时、准确地了解基金管理公司的运作情况。这就需要开放式基金及时、真实地公开披露其信息。

(3) 对冲基金与私募基金

尽管在半个世纪以前就诞生了世界上第一只对冲基金,但直到最近两三年国人才对对冲基金有了初步的认识和了解。对冲基金的英文名称为 hedge fund,意为"风险对冲过的基金"。经过几十年的演变,对冲基金已成为一种新投资模式的代名词,即以最新的投资理论为基础,利用复杂的金融市场操作技巧,以及各种金融衍生产品的杠杆效应,承担高风险、追求高收益的投资模式。

比照国外对冲基金,我国期货投资基金实际上已经存在,存在方式各不相同。由于国家没有相关规定出台,目前业内称其为期货私募基金,随着期货业的复苏与扩容,期货私募基金存在发展的内在需求。因此,尽早出台相关法规,使其规范发展势在必行。

就我国而言,对对冲基金进行适当的监管是必要的,因为资本的流动不仅要自由,更要有序。对冲基金尽管不受政府管制,但受贷款给它的金融机构和投资者的严密监督和约束。在不能直接干预对冲基金操作的前提下,严格规范、限制金融机构对对冲基金的贷款,把金融业透明度较高的监管扩大至对冲基金,以改善对冲基金的暗箱作业方式,可能是一种理想的选择。同时,有必要建立必要的防范机制,注意对市场的不平衡进行及时和自觉的调整,注重培育、发展、完善国内金融市场,在不制约对冲基金发展的前提下将其导向健康的发展方向。

从以上分析来看,对冲基金基本上是按照私募基金的方式运作的,在一定意义上可以说,对冲基金就是一种典型的私募基金。

私募基金是在我国投资基金的发展过程中出现的一种新现象。私募基金是指以非公开方式、面向少数机构和个人投资者募集资金而设立的基金。私募基金的销售和赎回都是基金管理人通过私下与投资者协商进行的,因此,它又可以称为向特定对象募集的基金。显然,私募基金是为成熟而富有的投资者提供的一个特殊的投资品种。

在中国,一直处于地下的、隐蔽状态的具有私募基金性质的机构已经有很多。由于缺少法律依据、法律规范和法律保障,这些私募基金只能以各种改头换面的形式存在。据估计,目前我国各种名目的私募基金规模已远远超过在证券交易所挂牌的封闭式基金,达2 000亿—5 000亿元。[①] 其资金来源主要有三部分:一是国有企业自有或其他用途的资金;二是股份公司及其他私营、民营企业的流动资金;三是个人"大户"的资金。我国私募基金的异军突起,实际上是对现有规则的一种冲击和突破。它直接源于强大的投资理财需求,是适

---

① 王连洲:"让私募基金在规范中发展",《证券时报》2001年4月2日。

应巨大的市场需求而发展起来的。

随着我国证券市场的发展以及私募基金规模的扩大,其存在于财务杠杆基础上的金融风险可能会逐渐显露出来。我国私募基金目前存在的主要或最大的问题是缺乏法律依据和法律保障。为了吸引客户,大多数私募基金都对客户作了私下承诺,如保证本金安全、保证年终收益率等,这些私下承诺的私募基金严重违反了有关法律法规,实际上近乎于非法集资。在这种情况下,即使有书面合同,委托人的利益也难以得到法律的保护。因此,私募基金的数量越多、规模越大,越需要合法的、严格的外部监管。通过公开化、合法化以及有效监管使私募基金得到规范发展应该是一种合理的选择。

总之,投资基金管理制度变迁的过程,就是不断地解决投资基金发展中问题的过程,就是不断地规范和完善投资基金的过程。在这个过程中,良好的金融市场特别是资本市场环境、完善的监督管理体系对投资基金的发展至关重要。

7.5.3 我国证券投资基金业发展的历史性反思

(1) 地方政府和基金发起人将基金视为自身的筹资工具

1990年初至1997年,我国证券投资基金的发展是在没有中央政府的推动、没有任何先期试点的情况下产生的,具有显著的自发性、区域性、地方利益和个别机构利益驱动性的特征。部分地方政府和金融机构出于改善区域经济发展状况的考虑,将证券投资基金视为本地区或本单位的筹资工具,待资金募集进来后往往又滥用资金,首先是为自身的利益服务而不是为基金投资者的利益服务。

(2) 证券投资基金的功能定位偏差

①市场管理部门将证券投资基金作为救市的重要工具。我国股票市场是典型的资金推动型市场和政策性市场,因此政府经常采取的救市工具包括发布政策利好消息和增加股市资金供给。随着投资者的逐步成熟,政策救市的作用逐渐减弱,在这种情况下,证券投资基金用做救市重要工具被提上议事日程。

然而,基金是市场化投资工具,基金资产属于投资者所有,而并非政府所有。因此,政府将基金资产用于救市不仅直接损害了基金投资者的利益,而且还间接损害了基金行业的长远利益。此外,证券投资基金在行政压力下进入证券市场,对证券市场的短期发展是一个正面因素,但从长期来看却可能是一个负面因素。

② 过分夸大证券投资基金稳定市场的作用。基金业管理部门和市场参与者对基金业的推出给予了极大的热忱,各方都希望借证券投资基金之手稳定我国证券市场。毋庸置疑,成熟的证券投资基金业具有理性投资的特点。但是从目前我国证券投资基金业发展的外部投资环境看,可供选择的优质投资对象较少,持续经营能力出众、具有较强赢利能力的上市公司少,许多上市公司的经营能力低下,甚至存在会计信息造假等欺诈行为,这在客观上促使基金业进行短期投资并选择趋同的投资对象。

施东辉的研究[①]表明,我国证券投资基金投资组合的趋同性,表现出强烈的羊群行为和持股雷同特征,这在一定程度上加剧了我国股价的波动。

---

① 施东辉:"证券投资基金的交易行为及其市场影响",《世界经济》2001 年第 10 期,第 23 页。

(3) 基金管理公司的经营思路存在重大缺陷

①基金管理公司的投资活动受到大股东强有力的干涉。我国基金管理公司的大股东大部分是证券公司、信托投资公司等金融类企业和部分大型国有企业。而它们同时又可能是基金的主要发起人，并在证券市场有着规模巨大的投资。这样，在现阶段基金业的运作水平和监管水平下，基金管理公司的投资活动自然受到大股东强有力的干涉。而从美国《投资公司法》来看，杜绝基金与基金管理公司关联方的关联交易是保护投资者利益的核心内容。

②基金管理公司没有将基金管理行业视为长期赢利的商业模式。美国证券投资基金业的发展经验告诉我们，只有以专业的态度、高超的投资水平为投资者服务，基金管理公司的品牌方可为投资者所认可，投资者才会踊跃认购该公司管理的基金。如美国的先锋投资集团、富兰克林投资集团等都是管理着数千亿美元资产的超级基金管理公司，又如美国20世纪20年代诞生的马萨诸塞投资者信托现在仍然在运作。可见，只要基金运作良好，基金管理公司是可以获得长久的利益的。

在我国，基金管理公司则往往只注重短期的赢利，不注重将该行业作为长期赢利的商业模式培育。如果基金在投资者的心目中丧失了诚信形象，基金的规模必然萎缩。如果管理的资产达不到适度的规模，基金管理公司的赢利水平也会受到影响。

(4) 投资者对证券投资基金的认识模糊

基金管理公司争取投资者是证券投资基金业发展的重要基础，从另一个角度看，投资者对证券投资基金的认识程度对基金业的发展有重要影响。

在我国证券投资基金业的发展过程中，投资者曾经对基金的认识出现两次比较大的错误。第一次是老基金发展阶段，投资者将基金单位当做股票炒作，基金股票化导致基金在二级市场的疯狂的、不理性的炒作，最明显的例子发生在1999年10月28日，基金湘证(500016.SH)规范后上市伊始出现异常剧烈的走势，盘中成交价一度达到两位数，收盘价达到6.20元，日涨幅达到520%，全日换手率达到90%以上。第二次是新基金初级阶段，许多投资者认为基金是专家管理、专业投资，因此必定可以获得较高的收益。事实上，国内外学者对基金业绩评价的结论都说明大多数基金无法战胜市场，这也正是实行被动投资策略的指数基金在美国大行其道的原因。

7.5.4 我国证券投资基金管理制度的改进措施

(1) 切实保护投资者的利益

从世界基金业的发展历程来看，对投资者利益的保护无不被各国的金融管理部门放在极其重要的位置，保护投资者的利益成为基金立法和基金监督、评价的基本原则。

第一，保证信息的充分披露，增加投资基金运作的透明度。在一个公开的市场上，充分、及时、准确的信息披露是对投资者最大的保护。因此，一方面要加强监管，包括内部监管(通过建立独立董事制度来实现)和外部监管(通过监管部门、行业协会和外部审计等来实现)，并建立各种必要的损失保险、补偿制度；另一方面要真正做到公开披露信息，不断提高基金业的行业信用。

第二，明确契约型基金当事人之间的法律关系。明确规定契约型基金的主要当事人、基金受托人和基金保管人的市场准入条件和职责以及基金当事人之间的法律关系，并在法律上赋予基金投资者保全基金资产和监督基金管理人投资运作的职权,有助于维护基金投资者的合法权益。

第三,在公司型基金中建立独立董事制度。独立董事制度是指在公司型基金董事会中应当有一定比例的成员为独立董事。独立董事最重要的职能是监督公司型基金的内部董事或执行董事。独立董事不是虚设的职位,他们必须站在投资者尤其是中小投资者的立场上,为保护投资者的利益尽职尽责。独立董事应当承担相应的民事和法律责任。

第四,法律应明确规定保护投资者的措施和条款。《证券投资基金法》要明确规定,基金受托人、基金保管人和基金管理人应当加入投资基金业协会。投资基金业协会具有执行法律、行政法规,制定行业规则,组织业务培训,监督和检察会员行为,为会员服务等职责,从而使得行业行为能够得到较好的自律与规范。特别是因基金受托人、管理人以及其他人员的不正当行为而对投资者的利益造成损害时,相关责任人应该首先负民事赔偿责任。

(2) 完善基金管理公司的治理结构

为了完善我国基金管理公司的治理结构,除了在立法上对基金管理公司的持股结构和基金管理公司控股股东之间的持股结构作出必要的限制性规定,理顺基金管理公司内部监察稽核部门和风险控制部门与其他部门的关系外,另一个重要的方面就是在基金管理公司中引入独立董事制度。

独立董事制度是关于独立董事的选聘、法律责任、激励措施、组织方式等的一系列法律、规定、制度的总和。在董事会中,独立董事是特殊的成员,在公司治理结构中,独立董事又是特殊的群体,它对于提高公司的管理能力、加强公司信息披露的真实性以及保证资本市场的规范、有序等都有极为重要的作用。

我国基金管理公司的独立董事制度,应在借鉴国外基金业成熟经验的基础上,避免国内上市公司独立董事制度运行中存在的问题,除了在对基金管理费、托管费等重要费用的确定等方面赋予独立董事明确的责任和权利以外,对独立董事的选举、任命等运作程序也应有严格的制度保证。当然,也要为独立董事制度营造良好的内、外部环境,包括强化基金管理公司内部制约机制,建立、健全相关的法律、法规,建立独立董事的适当标准,强化监管,使独立董事名副其实,强化股东会、董事会以及监事会的职责和功能等。

(3) 建立投资基金的评价体系

建立投资基金的评价体系并对投资基金进行客观、公正的评价,是对投资基金进行有效监管的一个重要手段。

目前,我国对投资基金的评价主要是要求基金管理公司进行必要的信息披露:每周公布基金的单位净值和净资产排名,每季度公布投资组合以及中报、年报等等。这些都是主管机关硬性规定的,但包含的信息是远远不够的。可以说,我国目前还没有建立一个有效的投资基金评价体系,也还没有对投资基金进行评价的中介机构。随着我国投资基金业的迅速发展,投资基金的种类和数量日益增多,投资基金评价体系的建立应该尽快提上议事日程。特别是在我国投资大众的投资理财意识还比较薄弱的情况下,大力扶持、有效开展投资基金的评价工作,让投资者更好地了解股票、债券、存款和基金之间的关系,了解证券市场和投资基金的风险—收益特性,具有重要的现实意义。

(4) 推动投资基金管理制度创新

一种经济制度或金融制度是否能够不断发展,是否能够适应经济或金融形势不断变化的客观需要,关键取决于制度本身是否具有不断创新和突破的能力。

① 基金业法律制度的创新。基金业监管有两个层面的问题:首先是立法,其次是法律的实施。立法包括整个基金业的内部监控机制、外部监管机制、信息披露、责任追究等各个方面。对于私募基金来说,在给予合法地位的同时,要完善必要的信息披露制度和健全严格的风险控制机制。基金监管的国际经验表明,完善的法制是基金业健康发展的基本保证,通过规范市场秩序从而消除投机的制度根源,促进基金短线投机向中长线投资的理念转变。我国基金业正面临一个大发展的关键时期,不同组织形式的基金经理人和不同风格的基金管理公司将进入我国基金市场,在分别规范基金组织与基金管理公司制度的基础上,还应对契约型基金组织和公司型基金组织区别对待;在赋予监管部门一定程度的准司法权的基础上,还要重点考虑基金持有人对相关责任人不道德行为开展集团诉讼的现实可能性。

② 基金组织形式的创新。近年来,在美国持续的企业重组和组织创新中产生了一种新的组织形式——业主有限合伙制(Master Limited Partnership,MLP)。这是一种介于公司制企业和合伙制企业之间"人资两合"的组织形式,一名无限合伙人和数名有限合伙人出资组成,无限合伙人在 MLP 企业中承担无限责任,而有限合伙人仅以出资额承担有限责任,无限合伙人对 MLP 企业享有近乎独裁的经营管理权,同时享有 MLP 企业的管理费和经营收益的一定比例分成(美国一般为 5%—25%)。我们可以对 MLP 进行适当的变革,用于基金组织形式,即在这种基金中,由投资者与基金管理人分别担任有限合伙人和无限合伙人,因投资者(有限合伙人)仅以出资额为限承担有限责任,基金管理人(无限合伙人)出资少或不出资,但对基金风险承担无限责任,无限责任的强大约束能够有效地保证基

金管理人为基金和投资者利益最大化谨慎、勤勉地工作,实现自身与投资者的双赢结局。目前我国进行有限合伙基金试点仍存在许多法律障碍,主要是《合伙企业法》没有为有限合伙的存在和发展留下空间,为此可适当修改《合伙企业法》。

第八章 证券市场自律制度

"法制、监管、自律、规范"八字方针,是我国证券市场的基本方针。自律对于投资者、券商、各类中介机构、上市公司、证券业协会、证券交易所、证监会等证券市场参与各方全部适用。我国证券业自律制度尚处于起步阶段,本章旨在通过对国外证券市场自律制度的讨论和借鉴,推动我国证券市场自律制度的形成与完善。

8.1 证券市场自律制度的概念

8.1.1 证券市场自律

"自律"源于德国康德的伦理学,在康德的伦理学中,"自律"同"他律"相对。自律指不受外界的约束,不为情感所支配,根据自己的良心,为追求道德本身的目的而制定的伦理原则。他律指根据外界事物或情感冲动,为追求道德之外的目的而制定的伦理原则。

"证券市场自律"源于英国证券市场的管理方式。英国是实行自律型管理体制的典型国家,这一体制得以在英国形成和发展,有其重要的历史原因。

历史上,英国的证券交易所最早采用公司制的组织形式。公司制证券交易所的组织形式决定了证券交易所的经营以营利为目的,这种组织形式内在地要求证券市场健康、稳定和发展。这样,维持证券市场的正常运行就自然成为证券交易所和证券业协会自身的行为规范,由此就形成了自律管理的传统。

就整个世界的证券市场发展来看,伦敦证券交易所起步较早,在当时没有相应的法律、法规的情况下,主要依靠证券交易所和证券业协会制定的规则来规范市场的行为,因而伦敦证券交易所及后来的其他英国证券交易所都对本所业务制定了严格的交易规则,并且拥有较高水准的专业证券商,采取严格的注册制度和公开说明书制度进行自律,由此形成了伦敦证券交易所的完全自治、不受政府干预的传统。同时,由于证券交易所的自律管理严格,证券业协会自律性组织的作用发挥比较充分,英国证券市场的发展比较规范,故政府也就一直很少对其进行干预。英国采用自律型管理体制,使市场参与者具有更大的灵活性,提高了证券市场的运行效率。

8.1.2 证券市场自律制度的含义及结构

一般而言,证券市场自律制度即是指像英国这样的证券市场自律管理制度,即证券市场参与者组成自律组织,在国家有关证券市场的法律、法规和政策的指导下,通过行会、公会、协会等组织形式制定共同的行为规章制度,实行自我管理、自我约束和自我规范的行为,目的是维护投资者的合法权益,促进市场公平、公正和竞争秩序的建立。自律组织共同的特点是:自律组织与政府监管机构相分离(尽管总是存在政府对自律组织的监管和授权),一般由业内人士参与其运行,适当的情况下也可以有投资者参与。

从广义上来讲,证券市场自律结构应该分为上、中、下三个层次,上层是政府设立的全国性的证券监督管理机构如证券委、证监会的自律,中层是证券交易所、证券业协会的自律,下层是证券商、上市公司、证券中介服务机构等的自律。这里的自律既应包括上层组织对下层组织的自律管理,更应该包括各个证券市场参与者对自身活动的自我管理、自我控制。从这一方面来看,可以这样定义:证券市场自律是以建立规范化的、健康的、稳定发展的证券市场为目标,分解到各组织与个人的任务、责任及其自觉实践。目标和自觉实践是它的两个基本特征。

证券商和上市公司的自律行为主要包括风险管理和内部控制制度,是企业为了保证业务活动的有效进行,保证公司实现既定的目标,针对公司各级机构、各级部门、各级人员的经营活动进行风险控制、制度管理和相互制约的政策和程序的总称。风险管理是指在企业内部的组织设置上实行合理安排,通过一系列的政策、管理与操作程序,尽量避免或减少由于各种不确定因素而导致的各种经济损失。内部控制是指组织为了达到其特定的目的,制定一系列政策、制度、措施、程序、方法,而这些政策、制度、措施、程序、方法相互配合、相互补充、相互制约,形成一个完整的整体,这就是这个组织的内部控制制度。内部控制制度是风险管理的一种手段,主要对应于操作风险,用于避免证券商在日常经营及业务管理中,由于营业差错、舞弊、授权制度不完善、组织体系不健全、职责分工及业务程序不合理而造成的损失。但是内部控制所规范的内容远远超过风险管理的内容,它主要包括内部财务控制制度和内部管理制度两个方面,除了防范风险的目的之外,它还要以提高公司的经营管理效率、促进公司经营方针的贯彻和经营目标的实现为目的。

限于篇幅,本章只讨论证券业协会、证券交易所、证券商和上市公司的自律,即中、下两个层次。对于中层,侧重讨论证券业行业协会、证券交易所等自律性组织对证券市场的自律管理;对于下层,重点讨论以证券商、上市公司为主的机构对企业自身的风险管理和内部控制。有关上层的内容,即政府设立的全国证券监督管理机构,将在后面第十章中详细探讨。

8.2 发达国家的制度实践

由于各国证券市场发展的历史环境不同,文化传统方面也存在一定的差异,反映在证券市场自律管理方面也有所不同。

8.2.1 美国

(1) 自律组织的自律管理

根据美国1934年《证券交易法》第3条a款第26项对自律组织的定义,美国的自律管理体系,主要由全国性的证券交易所、已注册证券商协会、证券登记机构和证券结算机构及依第15条b款成立的市政府证券法规制定局构成,其中负责证券商监管的自律组织,主要有全国性证券交易所及证券商协会。目前美国共有九个国家证券交易所及一个全国证券商协会。

①证券交易所。根据1934年《证券交易法》,交易所被赋予自律管理职能。该法案的第6条b款第1项,要求证券交易委员会在对交易所进行注册登记时考虑以下因素:即该交易所是否具备相应的组织机构和能力来保证其会员和相关个人遵守该法案、证券交易委员会的规则和交易所本身的规则。法案的第19条g款第1项也要求交易所承担保证其会员和相关个人遵守有关法律的职责。鉴于纽约证券交易所在证券市场中的重要地位,我们主要以其为例来考察交易所的自律管理。

根据1934年《证券交易法》第6条b款规定,全国性的证券交易所对会员证券商管理及规范的职责如下:第一,遵守1934年《证交易法》,并强制会员及其雇员遵守该法、该法施行细则及交易所的规则;第二,依该法第 6 条 c 款的规定,有权核准及驳回会员的入会申请,禁止不具特定资格者入会或限制会员人数;第三,交易所应公正地代表会员选出合适的董事及设立管理机构;第四,交易所应在会员、发行人及其他相关人员之间公平分配各项合理费用;第五,应防止欺诈及操纵行为的发生,基于促进公正与公平交易的原则,促进从事管理、清算、交割、资料处理等相关人员之间的协调与合作,并促进自由、公开的市场及完善全国性市场制度,保障投资人及公众利益,绝不歧视任何市场参与者;第六,当会员及其雇员违反该法、该法施行细则、交易所规则时,应予以适当惩戒,包括暂停营业、限制业务活动、罚款、谴责、禁止或暂停其雇员的业务行为以及其他适当的处罚。

纽约证券交易所的管理部门由三个部分组成:执法部、会员公司监管部和市场监管部。执法部主要负责对会员公司的违法行为进行调查和起诉。会员公司监管部通过对会员公司的财务状况、运营和业务行为进行定期检查来监督其是否合法。市场监管部则负责监督会员、会员公司以及它们的客户的交易行为是否合法。

在保护顾客账户的利益和安全时,纽约证券交易所主要采取监督会员公司的财务、运营方面是否诚实守法的方式,交易所还通过对会员公司进行年度审计来确保它们具有充足的运营资本。另外,会员公司还必须每月提交其财务状况和业务行为的报告,并进行每季度详细的分析。纽约证券交易所通过其自动财务监督系统对所提交的资料进行处理,对会员公司进行持续评估并确定它们是否具有异常的变动趋势。

②全美证券商协会。美国《1938 年证券交易法修正案》在把其对证券市场的管理扩大到柜台交易市场(OTC)的同时,授权建立了证券机构的行业管理协会——全美证券商协会,并要求其在证券管

理委员会注册登记,在证券管理委员会的监管之下管理证券商。全美证券商协会为美国最大的自律团体,其功能主要是规范及管理纳斯达克股票市场(Nasdaq Stock Market)交易以及其他在柜台市场交易的证券商。其会员包括所有在美国公开从事证券业务的证券商。依《1934年证券交易法》第15条a款规定,证券商协会对会员的权责为:第一,实行及遵守1934年《证券交易法》,并应强制会员及其雇员遵守该法、该法的施行细则、地方政府有价证券规则制定局制定的规则和协会的规则;第二,依该法第15条a款的规定,有权核准及驳回会员入会申请,禁止不具特定资格者入会;第三,应公正地代表会员选出合适的董事及设立管理机构;第四,会员、发行人或其他使用由协会营运或控制的设备或制度的其他相关人员,应公平地缴纳合理的费用和其他规费;第五,应设计防止欺诈和操纵行为的发生、促进公正与公平的交易原则,促进证券管理、交易、清算、交割、资料处理的相关人员间的协调合作,开放市场并使其完善、自由,保障投资人和公众利益,绝不歧视任何市场参与者,管理权限不得超过该法的授权,或涉及与该法、协会无关的事项;第六,应在会员及其雇员违反证券交易法及施行细则、地方政府有价证券规则制定局的规则和协会的规则时,予以适当惩戒,包括暂停营业、限制业务活动、罚款、谴责、禁止或暂停其雇员的业务行为以及其他适当的处罚。

全美证券商协会于1996年进行了前所未有的重大组织架构改组,以防止会员所组成的全美证券商协会在规范会员时产生与证券市场发生利益冲突的情形,并提升其自律功能。全美证券商协会重新改组为全美证券商协会股份有限公司(National Association of Securities Dealers, Inc.),并于1996年设立两家独立的子公司,将管理证券商的功能与纳斯达克股票市场的交易功能予以分离,分别赋予全美证券商协会法规股份有限公司(NASD Regulation, Inc.)

及纳斯达克股票市场股份有限公司(The Nasdaq Stock Market, Inc.)。此番改革的主要目的在于确保全美证券商协会的自律功能,达到保证投资者利益的最终目的。

全美证券商协会法规股份有限公司承担了全美证券商协会大部分的管理责任,成为美国证券业最主要的自律管理者,负责管理监督5 500多家会员证券商、超过63 000家分支机构及535 000名注册证券从业人员,全美证券商协会法规股份有限公司同时也负责制定纳斯达克股票市场的规范。

全美证券商协会法规股份有限公司履行管理职责的主要措施有:对证券从业人员进行培训、注册和考试;对证券公司进行现场检查以确定其是否遵守联邦证券法规、地方政府有价证券规则制定局的规则、全美证券商协会的规则;对纳斯达克股票市场股份有限公司运营的市场进行自动监督;对证券公司在发行证券中的承销行为进行监督;与政府主管机关及企业合作,以解决可能影响投资者、公开发行公司及证券商权益的问题。除此之外,也提供仲裁与调停服务,以解决投资人和证券商的问题,同时也提供电话咨询的服务,让公众了解证券商的背景资讯。

为建立完整的管理体系并完善其功能,各自律组织的核查报告和管理资讯除报送至证券交易委员会外,也互有交流,以达到资讯互换及资源共享的目的。根据1934年《证券交易法》第17条b款第2项规定,如果自律组织的会员同属于两个以上自律机构,自律组织对其所属会员证券商所完成的各种核查报告,应其他自律组织要求,负有提供的义务。例如,对于同属于太平洋证券交易所、纳斯达克股票市场股份有限公司或纽约证券交易所的会员证券商,虽然由纳斯达克股票市场股份有限公司或纽约证券交易所执行实地核查,但是太平洋证券交易所有权向核查该证券商的自律组织调阅核查报告。

（2）证券商和上市公司的自律管理

美联储前主席格林斯潘认为："监管不可能总是正确的，也不可能对所有的监管目标都行之有效。外部监管永远不可能替代银行自身的谨慎管理以及市场对银行的监督。"这句话同样也可以运用于对证券商和上市公司的监管，即使行政监管及自律组织的自律管理对券商和上市公司的监督管理程序都是最佳的，它们也只是风险控制的第二道防线，从根本上来讲，只有证券商和上市公司内部建立自律制度即自我监控的风险管理和内部控制机制才能维护整个证券业的稳定。具体而言，内部风险管理控制具有四个重要功能：保护证券商和上市公司免受市场风险、信用风险、流动性风险、操作风险及法律风险的侵袭；保护金融业免受系统性风险的侵袭；保护公司客户免遭巨额的与市场无关的损失（比如公司倒闭、挪用、欺诈等）；保护证券商及其特许权免受不利的信誉风险。

美林公司和高盛公司同为美国十大投资银行之一，是证券商又是上市公司，以下以它们为例讨论国外券商和上市公司的自律经验。

①组织结构。美国的投资银行都是采取集中统一管理下的分权制组织结构，注重大部门结构的运用，同时实行业务经营扁平化以减少中间层次。它们的管理架构中都加入了委员会模式以加强统一协调和总体风险控制，实行集中统一管理。同时，它们的业务运作又是通过设立诸多彼此相对独立的附属公司或联营公司来进行，子公司具有相当大的独立性。通过各种子公司方式可以比较有效地控制风险，各个子公司以其资本为限开展业务，承担有限责任，在控股集团内部建立了"防火墙"，可以很好地防止风险相互传递和扩散。

②外部董事。在英美公司法中由于强调股东的自治监督以及公司法不区分有限责任公司和股份有限公司的现实，因而形成了公司

只有董事会和股东会,而无单一委员会制的治理结构。在这种制度下,外部董事就主要承担起监督的责任。

美国十大投资银行的董事会规模平均为 11.4 人,其中外部董事占 68.4%,是内部董事的两倍多。外部董事一般是公司之外某个领域的资深专家,他们具有某个方面的独特专长,而且也比较客观,比较注重自身的声誉和市场身价,能够积极参与监督公司重大经营决策,在公司管理层的监督和约束中起着重要作用。

③董事会对经理层的监督约束机制。一是在董事会下设审计委员会或其他类似的调查稽核委员会,部分地代行监事会审计监督职能。二是完善的信息披露制度。公司的信息披露包括:公司的经营成果及财务状况;公司的发展战略计划;公司的股权结构及其变化;董事和主要执行官的资历、信誉和报酬;一些可以预见的重要风险因素;与雇员及其他利益相关者有关的重大事件。

④内部风险控制组织。在内部风险管理中,由风险控制组织负责建立风险控制体系。根据美林公司 2003 年年报,美林公司风险控制的组织结构包括审计委员会、执行委员会、风险监督委员会、公司风险控制委员会和其他公司治理组织。审计委员会全部由独立董事组成,授权风险监督委员会制定风险控制政策。风险监督委员会定期向执行委员会和审计委员会报告或提供公司最新的信用和市场风险报告。执行委员会制定公司的风险承受水平,授权变动风险组合的结构,保证公司承受的风险被控制在公司可承受的范围内。风险监督委员会由公司高级管理人员组成,财务部总经理担任委员会主任,委员会负责识别、测量和监督公司的风险。风险控制委员会负责公司的市场风险和信用风险控制。

根据高盛公司的 2003 年年报,公司建立风险控制体系,制定风险控制程序,监督和控制各项业务活动的风险暴露头寸,各项业务必须上报公司风险控制委员会。风险控制委员会批准交易风险参数、公司和业务部门的风险承受水平,检查每个业务单位的市场风险承受限度,批准已被选定的新兴市场和业务部门的市场风险限度,批准主权信用风险限度,根据信用评级确定风险承受限度,检查各种风险分析方案的结果。根据公司总的风险限度,各业务部门风险控制委员会制定本部门的市场风险限度。根据每项业务的风险限度,业务部门经理分析每个交易小组的风险限度,每个交易组长是控制这项风险限度的第一责任人。公司财务部每天监控公司和各业务部门的风险承受限度,如果发现有违反风险承受限度的情况,立即报告风险控制委员会。

⑤**控制技术**。美林公司在风险控制技术中,非常重视流动性管理。美林公司流动性管理的首要目标是确保按时偿还全部一年期以内的到期债务,并且不以新债务偿还旧债务。为了达到流动性管理目标,在资产负债结构方面,美林公司充分保证资产负债的期限匹配,同时限制每种期限负债的数量。公司保持充足的融资渠道,不断使融资渠道分散化和全球化,减少对每个融资渠道的依赖性,限制每个融资渠道的融资数量。

高盛公司的风险控制技术更突出 VAR 值(风险值)的运用。高盛公司的最高管理层是公司风险控制的第一梯队,风险控制的首要工作是制定风险承受限度。根据公司的资本基础和总体赢利能力,确定其风险承受限度。高盛公司测量市场风险的主要工具是 VAR,即在一定时期和一定置信水平,由于市场不利波动造成公司交易头寸的损失额。公司同时还使用其他风险分析方法,保证承受的风险是可控的。

在风险控制组织结构框架内,风险控制技术是公司有效控制风险的工具。在一定程度上,风险控制技术水平的高低决定着赢利水平。

8.2.2 英国

英国在传统上属于自律管理模式的典型,证券市场的管理以"自律原则"闻名,其主要特点是对证券交易所及其会员采取自由态度。在证券立法方面,没有系统调整证券市场的专门法律。

英国的证券业自律管理分为两级:一级由证券交易所协会、没有立法地位的收购与合并问题专门小组和证券业理事会三个机构组成,其他政府机构如贸易部、公司注册署等也实施监督管理;二级是证券交易所的管理。

①证券交易所协会。证券交易所协会主要管理伦敦及其他交易所内的业务,它所制定的《证券交易所管制条例和规则》是各种交易的主要依据,除此之外,还有一些关于批准新上市及发行公司进行连续的信息公开的规定,以及在收购合并时公司财务公布的规定及其他特殊的规定。

②收购与合并问题专门小组。这一机构由参加伦敦城工作小组的9个专业协会发起组成,主要从事有关企业、公司收购合并等问题的管理,是一个非立法机构,它的管理规则是《伦敦城收购与合并准则》。这一准则不是立法文件,但它对上市证券公司的股权收购行为的规范是十分重要的,如果企业在收购文件或招股书中有欺骗、隐瞒等违反《伦敦城收购与合并准则》的行为,同样会负刑事责任。专门小组得到证券交易所、贸易部、英格兰银行及其他专业机构的支持。

③证券业理事会。证券业理事会是1978年由英格兰银行提议成立的一个新的自我管理机构,是一个私人组织,由10个以上的专业协会的代表组成。这一机构是英国自我监管的中心,主要负责制定、执行有关证券交易的各项规章制度。它成立后,对《伦敦城收购

与合并准则》进行了修改,并建议对英国《公司法》中关于内幕人士交易规定和上市规定等条文进行了修改,推行一些新的规划,如《证券交易商行动准则》、《基金经理人交易指导准则》、《大规模收购股权准则》等等,这些规则不仅由它制定推行,而且由它负责解释和监督实施。

④证券交易所。证券交易所通过制定《证券上市指南》规定了证券上市的条件,并可制定规则,明确公司必须达到赢利能力的等级,以此作为批准证券上市的依据。证券交易所作为自律机构,有权对其会员和上市公司进行处罚,如撤销会员资格、拒绝新证券上市、中止现有证券的交易、罚款和公开谴责等。此外,证券交易所还对其成员——经纪商和交易商实行广泛的监督,包括会计监督、财务监督、审计和定期检查。

8.2.3 德国

(1) 自律组织的自律管理

德国证券市场既强调立法管理,又注重自律管理。传统上,德国没有对证券市场进行全面、广泛管理的联邦机构和州权力机构,德国证券市场由银行提供服务,证券业为综合银行业务部门之一,使得德国由此形成了证券业与银行业混业经营的局面。德国证券商的自律组织,主要有证券交易所与证券商同业公会。

①证券交易所。德国有八个地区性证券交易所,法兰克福证券交易所(FSE)是德国最大的证券交易所。虽然1585年法兰克福证交所即已创设成立,但是1896年6月22日《证券交易法》(*The Stock Exchange Act*)通过,该交易所再度于1945年9月重新展开业务运作。故其法源依据应为1896年的《证券交易法》。在职权方面,

交易所监管当局可以在职责必要且没有特定理由之下,要求企业、允许参与的交易者或官方交易所经纪商提供交易信息或相关文件,或从事调查;假如有证据证明违反交易法规的行为或损害合法交易及结算,也可要求交易参与者揭露因为非法交易获利的客户资料;交易所监管当局可以发布任何为了避免法规违犯或减少不合法行为的必要命令。在职责方面,当交易所监管当局认为必须撤回或撤销官方经纪人的指定,建立或决定交易价格的准许或企业许可时,必须通知交易管理委员会;另外,交易所监管当局必须努力确认反限制竞争法案被遵守,并通知违犯反限制竞争法案的主管当局;未经授权,不得私自揭露或使用职务上获悉的信息及利害相关的机密资料(特指交易业务秘密或个人资料)。

德国法兰克福证券交易所的组织架构主要包括交易管理委员会、一般管理部门、交易控制室、股票经纪商协会、道德委员会、仲裁小组、上市证券委员会、自由交易委员会和制裁委员会。它的自律运作方式主要由上述组织各司其职。第一,交易管理委员会负责拟定交易所行为与组织的规范及细则、费用表,并监督管理职员。第二,一般管理部门负责管理在交易管理委员会监控下的交易所事务,并针对公司及个人从事交易之许可与否的决定,执行交易所规则及执行惩戒权力。第三,交易控制室收集和评估与交易所交易相关的所有资料,监管经纪商交易活动;还负责保证经纪商遵守交易义务及经纪商符合法定资本准备金。第四,股票经纪商协会主要由官方经纪商处理交易股票的特定议题,其主要角色如同中介者一般,处理买卖双方在股票交易所里的证券交易;也需要稳定官方的股票价格。第五,道德委员会专门负责法定规范及专业行为规则遵行状况的观察。第六,仲裁小组以解决会员间的各种争议为职责,一旦交付仲裁,除非有民诉法特别原因存在,不履行一般司法程序。第七,上市证券委员会负责上市申请相关问题,自由交易委员会则处理不在官方市场上市的证券。第八,个别交易所制裁委员会有权制裁故意或过失违反证券交易所的规则或命令和在业务活动中滥用权限,或侵害对方信誉的市场参与者,但不包括官方证券经纪商。

②证券商同业公会。以法兰克福证券商协会为例。法兰克福证券商协会的自律功能,主要由官方经纪商稳定合理且均衡的股票市价,并根据配额调整市场供需的稳定。其次,自由经纪商可在执行银行间的证券交易之余,积极报价,以协助官方经纪商确定市场价格。

在德国,由于银行从事一般证券业务并无特别限制,加上多年来德国兼业银行业务稳定发展,即使曾发生银行倒闭的个案,也通常与银行经营证券业务无关。因此,德国对于银行的内部控制与内部关系人交易等法令,向来是非常松散的。但自从德国爆发数宗内部关系人交易的丑闻之后,引发人们对原有制度中仅依赖自律运作的可靠性之质疑,使得德国终于制定了新的证券交易法,成为世界主要金融中心中最后一个加入打击内部关系人交易的国家,并与欧盟相关规范取得一致。

(2) 证券商和上市公司的自律管理

德国企业与英美企业的区别主要在组织结构上,德国企业设立董事会、监事会和股东大会三个领导机构,由监事会行使监督权,而在英美法系国家中,这一权力的实施主要靠董事会中的独立董事来完成。2003年2月德国出台了《德国公司治理指针》(简称《指针》),要求监事会由企业所有者与员工代表组成,其主要任务是监督审计董事会工作。根据企业员工人数的多少,员工代表占监事会成员的三分之一到二分之一,目的是共同参与决策,监督经营工作。《指针》

特别对监事会应该成立审计委员会,处理会计、风险管理等方面作了一系列规定,确保监事会对公司财务账目真实性的监管作用。

8.2.4 证券市场自律制度的发展趋势

证券市场行业自律制度有着政府监管所无法代替的优势。因为政府的监管存在缺陷,要求行业自律组织管理成为一种补充。政府的监管具有两面性,在维护市场秩序、规范市场行为、协调证券市场发展的同时,其负面影响也比较明显。政府机构对证券商进行监管时,面临的一个最重要的问题就是存在明显的信息不对称现象,从而增大政府监管成本,降低监管效率,阻碍证券业的创新与发展。

但是,证券市场行业自律制度也有自身的不足之处,从历史角度看,政府监管是在过去行业自律制度基础上的完善,既然先有行业自律制度后有政府监管,可见行业自律制度必定有其局限性。比如说由于没有专门或独立的证券立法为前提,同时又没有专门或权威的行政权力监督机构作后盾,因而对市场的监管尤其对突发或重大事件的监管显得力不从心。另一方面,由于自律规则的强制性不够,使得对投资者的保护程度也大打折扣。此外,由于没有集中统一的管理机构,难以协调各证券市场的发展,容易造成混乱竞争的局面。还有一点不容忽视的是,证券商和交易所参加市场管理固然能提高管理效率,但同时由于证券市场运作又涉及其本身的切身利益,所以有些时候在制定规则或执法方面难以保证其超脱、公正的态度和立场。

正是由于自律组织有它的优点和局限,所以虽然传统上美国对证券业实行的是政府集中统一的管理,证券交易委员会集准立法权、执法权和准司法权于一身,对全国的证券发行、证券交易所、证券商、投资公司实施全面监督管理,但随着证券市场的发展,目前也已逐步建立了一个高效的行业自律管理体系。而作为行业自律管理体制代表的英国,随着《金融服务法》的出台,金融服务管理局的建立,逐步走向了以行业自律和政府监管相结合的新自律监管体制道路。2002年4月德国通过一项金融机构合并法,将原本分别负责监督银行、保险业务、证券期货业务的三个主管机关合并在一个新的金融监管机构——联邦金融监管局(BAFin),联邦金融监管局成立后,整个金融体系都在其监督之下,除了保护消费者权益及监督企业偿债能力的功能外,也希望维持德国经济稳定,并提升竞争力。

尽管我们强调行业自律制度的重要性,但是一个富有效率的证券监管体系始终应该是政府集中监管与自律管理的有效结合,它们之间是相互依赖、相互补充的辩证关系,无论是集中型管理为主的国家,还是自律型管理为主的国家,法律都要求政府对自律管理组织进行监督和管理。因此,以政府监管为主、行业自律制度为辅的证券监管体制是克服市场失灵、实现证券监管目标的最佳体制结构。首先,要强调政府集中立法管理,将政府监管置于整个证券监管体系的首要地位。美国的资本市场的管理体系是举世公认有效的资本市场管理体系。美国的成功经验告诉我们,以统一立法和政府集中管理为主要特征的政府监管作为证券市场的基础,能够保证证券市场的公平和效率,充分保护投资者尤其是中小投资者的利益。其次,也要充分认识到自律管理具有成熟的历史实践基础和不可替代的现实作用。任何证券市场都离不开自律机制对证券市场的变化作出灵活而迅速的反应。

自律制度存在不同的模式,自律组织也各不相同,并且管理的程度也有所不同。但是,从世界各国证券市场的发展来看,无论是哪种模式、哪些组织,行业自律体系构成的主要方面基本还是一致的:首先是证券商自身的内部控制机制,这是保证证券商合法经营的最基础的一环。其次是证券机构的行业协会,可以通过其章程对有关监管法律未予明确规定的部分加以规范,约束会员的行为,保证证券市场的健康运作与发展。第三是证券交易所,作为证券商进行证券交易的场所,它有能力和条件直接对证券机构的业务行为进行第一线的监管,可以起到较好的自律管理效果。另外,中央证券登记结算公司在处理证券交易完成后的结算、交收工作中,也能够监察到证券交易中的部分活动,可以发现其中的违规行为并报告给有权机构进行处罚。

目前,行业自律制度还处于不断完善之中,为此,国际证监会组织(IOSCO)自律监管组织咨询委员会于2000年5月发布了题为《有效监管的模型》($Model\ for\ Effective\ Regulation$)的报告,全面阐述了一个有效的行业自律管理体系所应具备的特点。该报告认为,在一个复杂的、动态的、不停变化的金融服务业里,自律管理既包含私人利益,又包含政府监控,是一种效果较好、效率较高的模式。尽管一个有效的行业自律体系依赖于市场结构、市场交易品种、交易方式、市场参与者、自律组织、自律管理体系的目标及其在整个证券监管体系中的地位等诸多因素,但仍可以找出一个有效自律管理体系所必须具备的重要特征。

有效行业自律体系包括以下要点:第一,具备专业知识的自律组织。由于金融市场变得日益复杂,行业自律组织必须对金融服务行业及其管理框架具有浓厚的兴趣和较为完备的专业知识。第二,契约关系。行业自律组织及其会员以及各自律组织之间主要保持一种契约关系,这种契约关系使得它具有不同寻常的力量。首先,自律管理可以超出一国范围之外,通过契约关系联结全球各个市场,发挥政府监管所不能替代的作用。其次,自律管理可以实施一系列基于道德伦理的行为标准,而不必像政府监管那样,一定要局限于法律所允许的范围之内。第三,自律组织为了谋求自身利益,难以真正做到自我约束、自我管理，所以必须保证自律组织的透明度和可质询性，自律组织必须确保它们及其会员的行为遵循行业标准和道德规范，程序合法合规、正直诚信、公平勤勉。因此，自律组织需通过各种方式，如互联网、大众传媒和出版物等，将其规则、标准等向社会公布，如果可能的话，自律组织需将其计划向监管机构备案，向公众公开，以接受公众的监督和质询。第四，相对于政府监管来说，灵活性是自律管理的主要优点之一，为此，证券监管体系必须允许自律组织以创新、及时和敏锐的方式对不可避免的变化作出反应。第五，自律组织是一个平台，可以将不同利益集团联系在一起。随着证券市场的发展日益全球化，市场监管之间的合作与信息共享越来越重要，监管合作可以在自律组织之间以及自律组织与政府之间展开，而快速发展的通讯技术则为这种监管合作和信息共享提供了高质量、便捷和实时的手段。第六，政府监管与自律管理的关系，如前文所述。

不断加剧的竞争压力使得放松管制成为市场的客观需求，但与此同时，市场日趋复杂性和潜在的巨大风险又要求将原来的分散监管转变为集中监管，貌似矛盾的这两个趋势使得证券市场的发展变得扑朔迷离。放松管制意味着自律管理将发挥更大的作用，而集中监管则意味着自律组织的空间进一步缩小。行业自律管理制度究竟何去何从？此外，交易所在市场竞争的压力下，正在寻求由非营利组织向营利性组织转变。换言之，交易所的组织形式正在由会员制向公司制转变，这使人们对它们能否继续扮演自律角色，有效发挥一线监管职能而心存疑虑。但不管怎样，行业自律管理将一如既往地起到政府监管无法替代的作用，始终是证券监管体系中不可或缺的重要组成部分。自律组织和政府监管机构之间通过加强交流和沟通，相互配合，相辅相成，建立良好的协作关系，有利于提高市场监管水平，提升监管效率。

8.3 我国证券市场自律制度的缺陷与完善

8.3.1 证券市场自律制度的沿革

随着我国证券业的发展,在监管体制逐步完善的同时,也逐步建立起了对证券机构进行自律管理的组织体系,它们主要由证券交易所、证券业协会等机构构成。

1990年11月26日新中国第一家证券交易所——上海证券交易所成立,并于12月19日开业。同年12月1日,深圳证券交易所投入试运行,1991年4月11日经国务院授权中国人民银行批准正式成立,同年7月3日正式开业。自这两大证券交易所成立之日起,便受政府主管部门和地方政府的委托,对证券市场,包括证券机构的正常运行、规范发展,承担了一部分监管职责。它们颁布并组织实施了各种证券交易规则和管理条例,制定了会员管理规则,对会员从发行、经纪和自营等主要业务行为,财务风险的控制,合法合规情况,内部控制制度等方面进行监督。中国证券业协会于1991年8月28日成立,是依法注册的具有独立法人地位、由经营证券业务的金融机构自愿组成的行业性自律组织。在其职能中规定有"拟订自律性管理规则,监督会员遵守证券法律、法规,加强行业管理"。但证券业协会成立以来,主要在行业管理对外交流等方面做了一些工作,而并没有能够形成对会员有效的自律管理机制。

1998年7月在中国证券业协会第一届第八次常务理事扩大会议上通过了《中国证券业协会会员公约(试行)》和《证券从业人员行业守则(试行)》两个自律性文件,这表明我国证券经营机构在加强行业自律、规范经营行为方面迈出了一大步。不少地方也成立了地方性的证券业协会并颁布了地方自律公约,协会的自律管理职能在逐步得到发挥。

1999年12月,按照《证券法》的规定,中国证券业协会进行了调整和改组,根据《证券法》的要求,新产生的中国证券业协会开始在证券商的自律管理方面发挥作用。

2000年,沪、深证券交易所经中国证监会批准,出台了新的《股票上市规则》。新规则的出台,不仅有利于增强上市公司高层管理人员的责任意识,强化和细化上市公司的信息披露制度,提高其透明度,而且有利于加强对上市公司的一线监管,进一步规范上市公司的运作,这是在加强证券市场法制建设、保护中小投资者的合法权益方面迈出的重要一步。

2001年2月,中国证监会颁布了《证券公司内部控制指引》,要求证券公司建立、健全内部控制机制和内部控制制度,许多证券公司根据这个指引对原来已有的制度进行了完善和调整。2003年12月,中国证监会对此指引进行了重新修订。

2002年7月,中国证券业协会第三次会员大会召开,此次会议对协会的职能定位、工作任务、优势以及行业内成员与政府监管机构、与社会各界的关系等进行了重新认识和定位。证券业协会的职能首次明确为自律、服务和传导三大功能。这是中国证券市场行业自律组织一次具有重要意义的会议。随后,中国证券业协会证券经纪业委员会、中国证券业协会证券投资基金业委员会、中国证券业协会分析师委员会、中国证券业协会投资银行业委员会相继成立,证券市场自律体系初步建立起来。

8.3.2 证券市场自律制度现状及问题

(1) 证券交易所与证券业协会

虽然一直强调加强证券机构的行业自律管理,但从法律上明确各个自律管理机构的自律管理职能却是在《证券法》公布之后才实现的。《证券法》生效之后,从法律上明确了各自律管理组织的地位,使自律有法可依。依照法律,目前我国对证券市场具有监管职能的自律组织主要有证券交易所、证券业协会等。

①证券交易所。1997年12月10日,国务院证券监督管理委员会发布的《证券交易所管理办法》第六章"证券交易所对会员的监管",详细地规定了证券交易所对会员在资格审查、交易席位的管理、自营业务与代客买卖证券业务、财务状况以及内部风险控制等诸多方面的监管权力,对违规会员可采取制裁及处罚措施。1998年6月5日,中国证监会又下发了《关于加强证券交易所会员管理的通知》,一方面加强了证券交易所的自律管理职能,另一方面也加强了中国证监会对证券交易所自律管理的监督。根据上述法规和文件,上海证券交易所和深圳证券交易所也分别制定了对各自会员管理的规章制度。如上海证券交易所于1998年8月5日发布了《加强会员管理的暂行规定》,对会员的各项业务和风险控制等都作了详细的规定,并明确了相应的监管措施。我国《证券法》在第五章"证券交易所"中就证券交易所的各个方面进行了详细的规定。第一百一十条规定:"进入证券交易所参与集中交易的,必须是证券交易所的会员。"第一百一十八条规定:"证券交易所依照证券法律、行政法规制定上市规则、交易规则、会员管理规则和其他有关规则,并报国务院证券监督管理机构批准。"

②证券业协会。我国《证券法》第八条规定:"在国家对证券发行、交易活动实行集中统一监督管理的前提下,依法设立证券业协会,实行自律性管理。"第一百七十四条规定:"证券业协会是证券业的自律性组织,是社会团体法人。证券公司应当加入证券业协会。证券业协会的权力机构为全体会员组成的会员大会。"证券业协会依

法设立,同时,该强制入会的规定也使证券业协会在监管证券经营机构方面有了充分的组织基础。另外,《证券法》第一百七十六条还规定了证券业协会所应履行的职责,其中既包括"协助证券监督管理机构教育和组织会员遵守证券法律、行政法规"、"制定会员应遵守的规则"和"监督、检查会员行为,对违反法律、行政法规或者协会章程的,按照规定给予纪律处分"等条款,直接赋予了证券业协会对证券机构进行自律管理的权力和手段。

我国证券市场经过十余年发展,已经初步建立了自律管理体系,证券交易所和证券业协会的自律管理职能得到了重视,自律管理作用也得到了一定的发挥。但整体而言,我国证券市场仍然是一个新兴市场,并处于转轨阶段,市场的发展主要由政府主导和推动,市场的监管也主要依靠行政权力,尽管从机构种类上讲,我国的证券业自律管理机构比较完整,但其自律管理职能的发挥却一直未尽如人意,实践中还存在一些值得重视、有待改进的问题。

第一,证券市场自律管理在法律上缺乏应有的地位。我国《证券法》所规定的证券市场监管,基本上是以行政监管为主,自律管理未作系统性表述。表现在两个方面:从自律管理组织的定位来说,没有明确证券交易所是自律性管理机构,而在成熟证券市场,交易所是最重要的自律管理组织,其在一线监督职能和地位在法律上是十分明确的;从自律管理权力来说,证券交易所、证券业协会享有的法定监管权力十分有限,而且,在强调证券市场行政监管权力的同时,将原本属于自律组织的权限归入行政监管职能范围,这一方面削弱了交易所的自主性,另一方面增强了行政处理的风险性。

第二,在主体资格上,证券市场自律管理组织独立性不够。由于历史原因和特殊的国情,现阶段,我国证券交易所和证券业协会都带有一定的行政色彩,还缺乏应有的独立性,不是真正意义上的自律组织,通常被看做准政府机构,是被授权的自律组织。相应地,证券交易所、证券业协会实行的自律管理,也经常被理解成政府监管的延伸,很难发挥真正意义上的自律管理作用。

　　第三,证券业协会在自律管理方面缺乏行之有效的手段,使它的自我管理、自我约束功能显得软弱无力,造成管理效率低下,在一定程度上形同虚设。在协会的自律公约里,也可以看到"会员如有违反以上规定者,将视情节轻重予以以下处分"的条款,但那些惩治的措施往往是隔靴搔痒,执行效果不力,完全不能对违规者起到震慑作用,使协会在证券行业中难以树立真正的威信。究其原因,在职责分工上,自律管理与政府监管的权限划分不够明晰。在对证券市场监管过程中,自律组织与证券行政主管机构对证券市场监管的权力边界不够清晰,职责分工和监管机制还没有理顺,出现了缺位或越位。此外,证券交易所和证券业协会同为自律组织,二者的分工和协作关系也没有完全理顺。

(2) 证券商和上市公司

　　证券商内部风险管理并非新课题。早先证券行业的经营环境较为宽松,券商风险意识普遍淡薄。从 2001 年下半年起,证券市场持续下跌,巨大的系统性风险出现,风险管理也被突出地摆到证券商面前。券商开始强调内部控制的重要性,并在风险管理方面进行了一些尝试。然而,层出不穷的券商违规案例依然暴露出券商内部风险管理极其薄弱。

　　在证券业迅速扩张的时代,内部风险控制薄弱的缺陷尚能被高额的利润所掩盖,但在证券业持续不景气,证券公司步入"微利时代"的时候,这一缺陷将是致命伤,扩张时代遗留的问题将会显现甚至爆发。

在外部监管不断强化证券商内控的背景下,券商实际上的风险管理工作收效甚微,究其原因在于,作为一个"新兴加转轨"市场,中国证券市场缺乏有效的共同治理、成熟的市场化运作方式以及清晰的监管标准、风险意识的倡导等;加之券商融资渠道单一化,产品创新受抑制,传统业务增长乏力,"堵而不疏"的外部监管难以奏效。在这种大环境下,券商并不关心和重视内部控制能够对公司带来的利益,以及内部控制失效对公司造成的损害。

同样,上市公司会计造假、信息披露虚假、高层管理人员贪污挪用公款等丑闻层出不穷。其原因固然是多方面的,除了政府有关部门监督不力,中介机构严重失职外,上市公司缺乏完善而有效的风险管理和内部控制机制大有关系。

证券商和上市公司在风险管理和内部控制方面存在的问题基本上是一致的。

第一,法人治理结构不完善。根据2006年1月1日生效的《公司法》,公司实质上采用的是日式"二元制治理模式",即由股东大会分别选举产生董事会和监事会,董事会代表股东行使法人财产权及决策控制权,监事会受股东的信任行使因产权分割派生出的监督权。虽然实际上已经建立了由股东大会、董事会、监事会以及经理层构成的法人治理结构,但在实际工作中各个管理层的职责划分并不明确,内部决策机制不顺畅,在公司领导层面上相互牵制机制不健全,监事会缺乏独立性,并未对董事会和经理层进行有效的监督和制约。而在美式独立董事制度引进之后,虽然在形式上法人治理结构已经非常完善了,但是这种结构并没有发挥其应有的作用,又在理论和实践中引发出一系列问题。其一,监督权力重叠,监督权越位和缺位现象出现,降低了公司的效率;其二,公司运作的交易和代理成本提高,使股东遭受财产上的损失。监事会制度未能与独立董事制度实现有效结合,所以很难严格按照《公司法》、《证券法》、《证券公司内部控制指引》等有关法规进行运作。

第二,高层管理者风险控制意识不强。目前绝大多数券商和上市公司重业务、轻管理,在内部管理和内控建设中存在模糊认识,风险意识淡薄。公司内部对违规行为的处罚,也往往以"是否造成损失"作为评判标准,当违规没有造成经济损失,甚至产生经济效益时,往往对存在的违规行为既往不咎,甚至为了经济效益而鼓励这种违规,因此,发现的问题几乎得不到有效整改。大多数公司都有整套文字上的内部控制制度,但是内容雷同,大多数公司都设置了内部风险控制委员会或投资决策委员会等控制机构,但在从事重大资产管理或公司重大决策时,根本没有按既定程序运作,往往由总经理或董事长全权决定,内部控制形同虚设。从我国已经披露的上市公司财务报告舞弊案例来看,绝大多数由于公司权力层的违规操作造成。

第三,内部控制制度不完善。国外证券公司一般都设有独立的风险监控部门,并以它为核心建立严密的风险管理体系,主要成员包括公司的高层管理人员。其风险管理体系一般包括五个基本的组成要件:综合性的风险测度方法;详细的、层次化的风险控制规章制度和参数系统;强大的监督和报告风险管理信息系统;灵敏的风险反馈和纠错机制;完整有效的风险管理组织系统。由于证券商主要面对的是市场风险,所以国外券商在进行风险管理时主要采用两种比较实用的市场风险管理技术:一是测度市场风险的 VAR 值法;二是"压力实验"法。我国券商在风险管理体系的建设和风险管理技术的运用上明显滞后。即使设立了独立的风险管理部门,其风险管理活动实际上也难以奏效。多数证券公司所制定的内控制度,其实是在不断复制监管部门所出台的各类风险管理条例,主要目的是为了应付监管部门的监管,至于风险管理技术的运用,则多属空白。国内其他上市公司也存在同样问题。

第四，缺乏上市公司内部控制标准及评估工具。中国注册会计师协会《内部控制审核指导意见》(2002)，规定了内部控制评价的范围、程序方法和报告等一般性要求，却没有涉及评价内部控制的操作性工具，这就不能回答应该对上市公司哪些控制内容和要点进行测试，以及根据什么标准确定测试结果对应的评价类型。

8.3.3 证券市场自律制度的完善

（1）证券交易所与证券业协会

第一，妥善处理好自律管理与行政监管之间的关系。目前我国已经形成了以《证券法》和《公司法》为核心，以行政法规和部门规章为补充的证券市场监管法律法规体系，有一大批从事证券监管的法律、会计、金融、计算机专家和具备专业知识的证券从业人员。政府应该把那些属于在证券市场发展初期暂时行使的权力还给市场，逐步从这些权力中淡出。这无论是从经济角度或政治角度考虑都是必要的。因此，现在政府监管机构应该设计逐步放权的方案，建立一种放权的过渡安排，让自律组织逐步衔接到位。我国证券市场应充分发挥证券交易所和证券业协会的一线监管优势，发挥其在政府和市场之间的桥梁和纽带作用，建立起自律管理和行政监管相协调的格局。同时，证券交易所和证券业协会的自律管理活动本身应接受政府监管。

第二，通过外力强化自律。相对于国内其他市场而言，证券市场在许多方面是比较先进、比较完善的市场，在自律管理方面也应该起到先导作用。不可否认，自律机制容易软化的一个重要原因是证券从业人员的自身利益冲动，但在我国产权制度改革还没有完成的情况下,这种情况很难避免。尽管自律组织的管理弥补了政府监管的不足,完善了监管体系,但是自律组织的自利倾向仍然不容忽视。因此,政府监管机构在授权自律组织负责对证券业的一线监管的同时,也要限制自律组织的自利弱点,建立相应的制度安排,以保证自律组织在有效行使权力的同时不会出现不公平的行为。可行的方法应是在充分发挥自律组织的自我管理作用的同时,通过强化对自律组织的监管,以确保其自律职能的有效发挥。

第三,尽快完善证券业自律管理的有关立法。目前,作为自律管理组织之一的证券交易所的自律管理权还属于行政授权,而不是法律规定。法定自律是更为高级的自律制度,能够提升证券交易所自律管理的效力,保证自律管理的权威性。此外,还应在法律法规框架下对自律组织管理的方式、方法、处罚措施等方面作进一步的细化。

(2) 证券商和上市公司

第一,完善法人治理结构。应当强化监事会的独立性和专业性,强调监事会对董事会决策科学性的全程监督,通过法律赋予监事和监事会更多的制裁权力。而独立董事应重在制衡执行董事,强调保护中小股东利益,体现专家治企和决策民主化。独立董事和监事应分别从决策者和监督者的身份,发挥对高层经理人员的有效激励与约束作用,防范道德风险和逆向选择。

第二,加强对券商和上市公司的行政监督。管理部门应督促各券商和上市公司高层管理人员充分重视内部控制的重要性,不断强化内部控制意识,使公司职员尤其是高层管理者充分认识到内控优先的实际意义,坚决杜绝恶小而为、因小失大的行为。

第三,系统建设企业内部控制制度。一是建立与公司内部组织结构相适应的多层次的风险管理框架,包括董事会、管理层、各业务职能部门一直到各个风险控制单元或关键控制点等多级控制结构，同时也包括总公司与分公司或母公司与子公司之间的风险管理结构。二是建立风险管理的实施机制，充分运用现代化的财务管理手段，围绕风险识别、评估、预警报告等环节，使风险控制程序制度化、科学化。具体包括建立风险预警指标体系，对公司风险进行科学的识别与量化，掌握确定公司风险的总体水平和各业务种类的风险水平。三是建立责任追究制度，使违反制度付出的成本高于可能获得的收益。四是加强内部审计的作用，转移内部审计的主要职能。内部审计部门的设置要高于其他职能部门，而且直接向公司的股东大会负责，这样才能保证内部审计的独立性和权威性。同时，要把内部审计工作的主要职能从查错、防弊转移到对公司的管理作出分析、评价和提出管理建议上来。

此外，国家有关部门应当加快对各项法律法规和指标体系的制定和完善工作，使券商和上市公司的各项业务活动和自律管理有法可依、有据可评。

第九章 证券市场投资者保护制度

9.1 投资者保护制度概念

9.1.1 投资者保护的含义

按照国际证监会组织（IOSCO）的定义，投资者保护（investor protection）是指投资者应当受到保护以免被误导、操纵或者被欺诈，包括内幕交易、前置交易和滥用客户资产等。据此，本书将投资者保护的内涵界定为：由国家立法机关、司法机关、行政机关或者其授权的监管机构以及自律型监管组织，通过法律、法规、行政或者自律手段对投资者的权益进行保护，以使投资者能够在证券市场中公平地获得相关信息和投资机会，免于受到公司控股股东和内部人、证券欺诈行为以及过度监管和不当监管所带来的侵害和损害，有效降低投资者投资风险的监管行为。

作为一种监管行为，对我国证券市场中的投资者保护主要针对以下方面：

（1）公司控股股东或者内部人对外部投资者的侵害

各国证券市场发展过程中，都或多或少地存在公司控股股东和内部人侵害外部投资者权益的现象，如控股股东和内部人将公司的利润或者现金流转移,不按照市场价格进行资产置换,在企业管理职位的选聘上任人唯亲,建立自己的权利帝国,过高地支付管理者报酬等。从这个意义上说,公司治理在很大程度上是监管者实现外部投资者权利免受内部人侵犯的一套机制(La Porta 等,1999b)。

(2) 证券欺诈行为对投资者的损害

在证券市场中,上市公司与投资者之间、具有资金优势和持仓优势的投资者与其他投资者之间、证券中介机构与投资者之间存在着信息不对称。虽然信息披露可以减轻信息不对称的程度,但是要真正完全、及时、充分地进行信息披露,在实践中是相当困难,甚至几乎是不可能的。信息不对称的存在使得虚假陈述、欺诈客户、内幕交易与市场操纵成为可能,这些行为都会损害投资者的利益,如何避免这类损害成为投资者保护的重要内容。

(3) 证券经营机构对投资者利益的侵害

投资者欲进行证券交易只能通过证券经营机构进行,因此投资者必定要与证券经营机构,如证券公司直接发生委托代理关系。由于监管措施不当、信息不对称等因素的存在,投资者一般处于相对不利的地位,有可能发生证券经营机构侵犯客户利益的现象,比如证券商挪用客户资金,不优先处理客户交易指令,或者由于经营机构自身的经营风险产生对客户不能清偿等问题。

(4) 过度监管、不当监管对投资者的损害

监管者在实现社会福利最大化时也存在着信息不完全和信息不对称问题,监管者也不可能知道确定的、真实的社会福利函数以及政策制定技巧,或者说,社会福利函数的确定和政策制定技巧的获得是有成本的。再者,由于通常来说监管机构本身的影响和重要程度都直接与产业的重要程度、机构的规模、预算的规模以及机构中高层职位的薪金有关,而且监管机构的收入或经费也是被监管产业重要程度的函数,这样就有可能出现过度监管。此外,如"管制的俘虏理论"所表述的,不同的利益集团支配了整个监管过程,并最终使得监管机构适应它们的需要。因此,证券监管政策对投资者而言并非一定是适当的、能切实保护其利益的,大量的过度监管和不当监管是实际存在的。

9.1.2 投资者保护理论

按照政府立法和执法在投资者保护过程中的作用,可以将当今投资者保护问题的主要理论流派划分为契约论、法律论和不完备法律论三种。

(1) 契约论

契约论认为,投资者通过和公司签订契约就可保护自身合法利益,因此,政府只需保证契约执行即可。

(2) 法律论

法律论主要以 La Porta、Lopez-de-Silanes、Shleifer 和 Vishny 等为代表(以下简称 LLSV),主要观点是法律在投资者保护方面至关重要,是决定投资者保护水平差异的最重要因素。LLSV 分析了多个国家投资者保护水平的情况,发现法系差异决定了投资者保护水平差异,进一步,法律规则的变化提高了投资者保护水平和公司外部融资能力。

(3) 不完备法律理论

讨论投资者保护问题,不得不提到当前一种新的理论——不完备法律理论。2002年7月,伦敦经济学院的许成钢与美国哥伦比亚大学法学院的皮斯托在《不完备法律理论——一种概念性分析框架及其在金融市场监管发展中的应用》中提出了不完备法律理论,正引起欧美经济学界与法律界越来越多的兴趣与关注。不完备法律理论对监管,特别是对金融市场监管提出了新的见解,可以进一步诠释投资者保护问题。不完备法律理论受到了不完备合同理论的启发,将这一理论用于法律分析,这种运用虽刚起步,但极具潜力。该理论的出发点是,除合同之外,法律也是内在不完备的,事实上,法律上的不完备问题比合同中的不完备问题要更为深刻。不完备法律是指,如果所有可能造成损害的行为都能准确无误地由法律详细规定,则认为法律是完备的,否则,法律就是不完备的。运用在证券市场上,不完备法律理论很好地解释了证券市场监管理念的引入,且凸显了证券市场监管的重要性。

9.1.3 建立投资者保护制度的意义

(1) 对投资者的保护可以带来更多投资

在现代股份公司的构成中,投资者因持有公司的股份、为公司注入资本金而成为公司的股东。股东与公司之间的契约是一个不完全契约,契约中既无归还本金的规定,也无股利的事先确定,股东拥有的是剩余索取权。股东的索取权排在债权人本息、雇员薪金、供应商账单和政府税收之后,承担着风险。从这个意义上讲,股东的利益是最没有保障的。员工付出努力后就会得到工资,甚至可以威胁公司停止工作;贷款者拥有把公司资产作为贷款抵押品的权利,拖欠债务是明显的违反合约,法庭会受理。而投资者一旦投入资金就不能撤回,实际上他们的投资基本上已经沉没,资产专用性程度高,再利用的价值很低,这对投资者十分不利。为了吸引投资者不断地投资,需要对投资者权益进行有效的保护。

(2) 对投资者的保护能够促进资本市场发展

如果投资者凭借一系列的法律可以维护他们的合法权利,如自由转让股份,不受经理阶层的约束选举董事,当董事违背信托职责时有权起诉董事等等,就会促使社会公众积极参与股票市场操作,从而推动资本市场的发展。如果投资者的利益受到侵犯而又无法诉诸法律,就会严重地打击投资者的信心,投资者就会退出市场,从而导致资本市场的萎缩。因此,没有较强的投资者保护和市场的监管,资本市场不可能得到充分的发展,整个市场经济体制也难以有效运转。

(3) 对投资者的保护有利于投资者对公司的控制

投资者对公司进行投资时就获得了对公司的控制权,即拥有对公司重要事项进行投票的权利,如合并、清偿、董事会的选举等。投资者对公司控制的程度取决于法律保护的程度,在法律体制较薄弱的国家,股东的投票权常常被虚化,如俄罗斯有些企业经理经常以解雇威胁雇员股东投管理阶层的票,不通知股东参加股东大会或企图阻止股东投票,其结果是大量的资产转移到了私有化后的公司的经理手中,妨碍了大量的外部资金注入公司。

(4) 对投资者的保护能够抵御金融危机

对投资者的保护程度与金融危机的深度相关,尤其是在危难时期更需要对投资者进行保护。当内部人(管理阶层)更可能滥用投资者资金的时候,外部人(投资者)就会重新估量他们所面临的风险,变得不太愿意借款或投资。研究表明,在亚洲金融危机时期,对投资者保护最弱的国家,如印度尼西亚,货币贬值和股市下跌的幅度最大;对投资者保护标准较高的国家能更好地抵挡市场的动荡。

9.2 国外投资者保护制度实践

9.2.1 美国

(1) 美国早期证券市场的发展

美国证券市场产生于18世纪末。早在独立战争中,各州政府为筹集战争经费便发行了债券,1789年至1790年间,联邦政府发行了8 000万美元的联邦政府债券,交换人们手中持有的州政府债券。这一举措不仅维护了联邦及州政府的声誉,也大大增加了债券的流通性,促进了债券的交易,被看做是美国证券市场正式形成的标志。此后,银行、企业等亦开始发行债券,证券市场日渐活跃起来。1792年5月17日,24名经营证券买卖的商人达成协议,彼此之间优先交易,而且商定对客户收取统一的佣金,这就是美国最早的证券市场。经过70年的发展,1863年纽约证券交易所在此基础上成立。进入20世纪,美国证券市场走向国际。1921年,美国证券交易所在纽约成立,有价证券交易的规模也迅速扩大。1923—1929年,美国有价证券发行量增长了1.5倍,股票价格提高了2倍,到1929年8月,交易量上升到近900亿美元。[①]

[①] 陈共、周升业等:《海外证券市场》,中国人民大学出版社1996年版,第38页。

然而,早期的美国证券市场基本上属于自发性市场,联邦政府没有任何监管措施,只是一些州颁布过所谓"蓝天法",要求证券未经许可不得发行,但有许多州并未严格执行该法。总的来看,证券的发行和交易几乎没有限制。由于政府对证券市场缺乏必要的监管措施,没有严格的法律来规范交易行为,致使证券市场上欺诈、投机现象猖獗,一些没有任何内在价值的股票债券却被抬到相当高的价格,投机分子以及操纵市场的内幕人士从股价的暴涨暴跌中牟取巨额利润,而广大中小投资者则深受其害。终于导致1929年10月的华尔街股市大崩溃。

(2) 没有市场监管措施的恶果——华尔街股灾

1929年,美国实际经济形势不妙,然而9月份的投机浪潮却将道·琼斯股票价格指数推到了386点的数年来最高点,是1926年的3倍之多。10月24日,形势急转直下,纽约证券交易所惨状空前。到11月份,道·琼斯指数跌到只有198点,随后的两年股价继续暴跌。1932年11月,道·琼斯指数跌到了只有41点,在纽约证券交易所上市的股票市值之和从1929年9月1日的896亿美元,跌至1932年7月1日的150亿美元,投资者共损失了近750亿美元。[①]

在经历了股市风暴之后,1932年美国又卷入了另一场更为严重的金融危机之中,股价的暴跌使那些贷款炒股的投资者无力偿还贷款,对银行丧失信心的储户纷纷挤兑存款,这样造成了大量银行经营困难。1932年11月,整个银行系统彻底瘫痪。然而,正是这场灾难给了联邦政府一个惨痛的教训:没有法律来规范证券的发行和交易,证券市场就不可能健康发展。

---

① 陈共、周升业等:《海外证券市场》,中国人民大学出版社1996年版,第126页。

(3) 美国证券市场投资者保护体系不断得到补充和修正

在吸取1929年世界性的经济大危机引发证券市场崩溃的教训后,从1933年开始,美国加强了证券法规的管理以规范证券市场。建立了一整套专门的证券管理法规,其中包括1934年《证券交易法》、1935年《公用事业控股公司法》、1939年《信托契约法》、1940年《投资公司法》、1940年《投资咨询法》、1970年《证券投资者保护法》、1984年《内幕交易制裁法》、1993年《证券法》等。这些法案的通过、实施是为了加强美国证券市场管理部门的权力,改革的目的是:以行政手段,创造一个公平的投资环境,使中小投资者不必担心受骗或被大投资者阴谋吞噬,从而增强中小客户对股市的信心。随着美国对证券市场管理的成功,日本、韩国、加拿大、埃及、以色列、巴西、新加坡、马来西亚等许多国家仿效美国采用了这种集中立法型管理体制。

——1935年《公用事业控股公司法》。为了避免一些公司利用控股方式垄断公用事业,损害投资者和消费者的利益,1935年的《公用事业控股公司法》规定,任何一个控股公司都必须到证券交易委员会注册,定期提交报告。必须经过证券交易委员会批准后,控股公司及其子公司才能进行股票和公用事业财产的收购,且收购行为必须符合该法的规定。控股公司发行证券,亦必须通过证券交易委员会的审批以确认其发行是否符合该法规定的条件。

——将证券的场外交易(OTC)纳入证券交易委员会的监管体系。针对证券的场外交易迅速发展与缺乏法律规范之间的矛盾,联邦政府于1936年颁布了《马诺尼法》,主要目的是加强场外证券交易的管理。该法规定场外市场上的经纪人和证券商可以组织全国性的协会,在证券交易委员会注册登记后,依据有关法律和规章进行自我管理。根据此法的精神,1939年成立了全国证券商协会,主要负责对活跃在场外市场中的经纪人和自营商进行监管,防止欺诈行为和操纵市场的行为,促进场外市场的公平交易,建立和维护自觉自愿的商业道德。

——加强对投资公司的监管。1940年通过了《投资公司法》和《投资咨询法》,两部法律对投资公司的注册登记、定期报告提出要求,授权证券交易委员会对互助基金、投资公司向社会提供的任何新的服务进行审查,从而将投资公司纳入证券交易委员会的统一管理之下以规范其行为。

——加强对内幕人士交易的监管。由于所谓内幕人士利用内部情报进行证券交易以获利或避免损失,或将此情况透露给别人的案件日益增多,危害亦越来越大,美国在1984年通过了《内幕交易制裁法》,规定有上述行为之一的即构成欺诈罪,证券交易委员会或受到损害的投资者可以依据该法提起诉讼,并将违法者的罚款从30年代的每条罚款1万美元提高到100万美元,以制止其利用内部情况牟取不法利润。

(4) 保护投资者协会(SIPC)成立

1970年,美国国会以很快的速度通过了《证券投资者保护法》(*Securities Investor Protection Act of 1970*),在该法的基础上建立了证券投资者保护协会(Securities Protection Corporation,SIPC)。证券投资者保护协会是一个非营利性的管理投资银行经营风险的保险组织,以保护广大投资者利益为管理目标。该协会的最高机构是董事会,董事会由7人组成,其中1人由财政部任命,另一名由联邦证券交易委员会任命,其余5名由总统任命。根据《证券投资者保护法》,所有在证券交易委员会注册的投资银行以及大部分全美证券商协会的会员都必须成为证券投资者保护协会的会员,并按照其经营毛利的 0.5％的比例上缴会费。证券投资者保护协会将会员公司上缴的会费集中起来，形成一笔庞大的投资保险基金，基金投资在美国政府发行的国债上，获利甚高。当投资银行遇到财务困难或破产时，对客户进行债务清算。另外，如果证券投资者保护协会在特殊时期面临保险资金紧张的情况下，可以获得通过证券交易委员会向财政部借款 10 亿美元的特权。

证券投资者保护协会对投资者的保护措施如下：第一，配合证券交易委员会和联邦证券交易所对投资银行的经营状况进行监督；第二，当证券交易委员会或联邦证券交易所发现某一投资银行已经陷入或正在陷入财务困难或债务危机时，则立即通知证券投资者保护协会，由证券投资者保护协会负责进行具体调查，如果调查结果认为经一番努力可以扭转该投资银行的局面，则证券投资者保护协会帮助投资银行重新安排组织经营，甚至给予资金援助；第三，如果调查的结果确认该投资银行既无力承担对其客户的经济责任，又难以摆脱濒临倒闭的困境，则证券投资者保护协会将通过法院对该投资银行宣布破产，并负责指定财产接管人，对破产的投资银行的资产和财务进行全面清理。财产接管人的接管事宜主要有三项：第一，将客户委托的财产确认归属，并予归还；第二，完成投资银行交易合同中未完成的交易项目；第三，清理全部资产，按照破产法规定的清偿顺序向债权人清偿负债。

如果财产接管人清理后的资产不够清偿负债，证券投资者保护协会有义务承担清偿的责任，即对投资者进行有限赔偿。在证券投资者保护协会成立之初，规定最高赔偿金额为每人现金与证券合计不超过 50 000 美元，到 1980 年，赔偿金额为每人现金与证券合计不超过 500 000 美元。

从美国证券投资者保护协会的建立到 1980 年的十年间，它成功地完成了142次投资银行的清算,从而为美国证券市场的稳定发展和对投资者的保护起到了重大作用。

9.2.2 英国

(1) 1986年金融"大爆炸"

在"大爆炸"之前,伦敦证券交易所沿袭的是私人俱乐部体制。其主要内容如下:一是实行职能的专门化,只有交易所的会员公司可以进入伦敦证券交易所进行交易,非成员机构拥有会员公司的股份不能超过10%(1982年增加到29.9%);二是实行单一资格原则(single capacity),将证券交易所的成员区分为经纪人(broker)及证券交易商(jobber)两种,交易所成员只能选择二者之一;三是实行最低佣金制,如对投资者的第一笔7 000英镑的交易收取1.65%的佣金,对其次的8 000英镑的交易收取0.55%的佣金等等;四是限制会员的资格,禁止外国公司和银行、保险公司等成为交易所会员。

这种陈旧的经营机制使得伦敦证券交易所的交易费用高居不下,妨碍了券商实力的扩大,日益成为伦敦证券市场进一步发展的桎梏。随着20世纪80年代初伦敦证券市场上机构投资者的逐渐增多,要求废除固定佣金制、降低交易费用的呼声日益高涨。70年代末80年代初,由于受到纽约和东京证券市场的有力挑战,伦敦证券交易所的业务日益流失。为了改变这种极端不利的局面,1986年10月27日,伦敦证券交易所宣布实行各界期待已久的重大改革,这次改革被称为金融"大爆炸"。

金融"大爆炸"的主要内容,一是允许本国和外国银行、保险公司以及证券公司申请成为交易所会员,允许交易所以外的银行或保险公司,甚至外国公司100%地持有交易所会员公司的股份;二是以双重资格(dual capacity)取代原先实行的单一资格,交易所成员公司可以兼任证券交易商和证券经纪商双重身份、双重职能;三是借鉴纽约证交所的经验,取消最低固定佣金制,实行自由议定佣金制度。

金融"大爆炸"的另一项重要内容是通过了《1986年金融服务法》,该法明确规定:凡在英国从事证券投资业务,如开设证券交易所、从事经纪业务或信息咨询业务都必须得到证券投资委员会(SIB)的批准和认可,并服从和接受其监督和管理,从而在法律上确立了证券投资委员会在监管金融市场和金融服务业的权威性和管理体制的基本框架。证券投资委员会主要通过证券行业的自律组织对证券市场进行管理,但没有直接对违规机构处以罚款或其他处罚的权力,唯一的手段就是取缔不服从管理的自律组织。

(2) 英国证券市场投资者保护体系

英国对证券市场的管理是以证券交易所自律型管理为主,政府很少干预。英国没有制定全面管理证券市场的法规,在其他法律中,则有一些关于证券市场活动管理的条文,如《公司法》中有关公开说明书的规定,1958年《防止欺诈(投资)法》中关于证券登记的规定等。政府一般不设专门证券管理机构,英国贸易局只对非交易所会员的证券商有一定的管理权,英格兰银行也只对一定金额以上的证券发行行使同意权。

自律不是放任自流。英国证券市场的自律型管理机构,一是英国证券交易所协会——它管理着全国的证券业。二是企业收购和合并专门小组——它是由英格兰银行提议建立的研究小组,目的是起草"关于管制企业收购的规则"。三是证券业理事会——这是一个由十多个专业协会的代表组成的私人组织。主席由英格兰银行任命,其他成员中有3名代表着投资者和一般公众的利益。这一机构在英国的自我管理体制中占有中心地位,它的主要任务是制定、解释和实行证券发行和交易的规则,这些规则有《证券交易商行动准则》、《基金经理个人交易指导》、《大规模收购股权准则》等。

英国虽然主要依靠自律方式来约束证券市场,但对一级市场和内幕人士交易等方面,政府仍进行必要的立法管理。为了适应证券市场的发展趋势,英国加强了对证券投资业务的立法管理和监督。《1986年金融服务法》是一个管理证券业务的法案。该法案在设立投资公司的批准权、证券经营业务、上市和非上市证券的管理等方面都体现了对保护投资者利益的重视。

9.3 国外投资者保护制度比较与借鉴

9.3.1 不同监管体制下投资者保护比较

前章已述及,下章将进一步详述。目前世界范围内证券市场监管体制可分为三种类型,一是高度集中型。它以美国为代表,特点是有全国性的专业监督机构,有专门的证券市场法律。二是高度自律型。它以英国为代表,特点是依靠证券市场参与者组成的自律型组织实施自律管理,同时通过一些间接的法规监督证券市场。三是中间类型。这是一种折中型监管体制,它既强调立法管理,又注重自律管理。德国是中间型监管体制典型代表,其特点是没有相对独立的机构统一监管证券市场的运作,也没有统一的证券法。当然,从发展趋势上看,各种体制有优势互补、相互融合之势。

不同类型的监管体制对投资者保护状况存在一定差异。

集中型的监管体制具有统一和专门的证券市场法规,证券市场的参与者和监管者均有法可依,而统一的监管机构又能增强监管的权威性,使监管者能够独立、公平、公正、客观、严格地监管证券市场,并从总体上协调全国证券市场的发展,有利于保护投资者利益。但是集中型的监管体制也有自己固有的缺陷,对于不断发展变化的证券市场和证券交易品种、交易行为的监管显得滞后且效率低下,同时也会带来较高的监管成本。集中型体制中的自律组织对证券市场的违法、违规行为的惩罚权限非常有限,依靠集中型的监管机构直接实施监管很难做到及时发现和处理问题。

相比之下,自律型监管体制允许证券商和其他市场主体参与证券市场监管条例的制定和修订,相比证券法而言更为灵活、合理和符合实际,同时对违法、违规行为也可以作出迅速而有效的反应。但是,由于缺乏专门的立法和管理机构,自律型监管体制权威性较差,且实施监管的取向有可能倾向于市场的有效运转和市场主体的利益,投资者的利益难以得到充分的保护。

中间型监管体制有利于发挥集中型和自律型体制各自的优势,弥补各自的缺陷,因此,世界上大多数实行集中型和自律型监管体制的国家近年来已逐渐向中间型过渡,中间型监管体制本身也在演化。比如中间型监管体制所缺乏的证券市场的全面性管理机构也已经出现。随着中间型监管体制的逐步完善,对投资者保护的功能也将得到加强。

9.3.2 国外证券投资者赔偿制度比较

证券投资者赔偿制度是世界各国普遍建立的一种中小投资者保护制度,它是投资者保护体系的重要组成部分。以下就各国投资者赔偿制度的概况、法律基础、组织模式、资金筹集、赔偿范围和最高赔偿金额、赔偿条件、赔偿程序等主要方面进行比较。

(1) 国外投资者赔偿制度概况

保护投资者(尤其是保护中小投资者)是证券市场监管的核心内容,也是证券市场健康运行的基础。一个完整的投资者保护体系包含了丰富的内容,大体可以划分为对投资者作为上市公司股东利益的保护和作为证券交易者利益的保护两个方面(参见图9—1)。

投资者在证券市场上具有双重身份。一方面投资者是上市公司的股东,享有股东的权利。但作为上市公司股东,中小投资者在信息、资金、专业知识方面与公司管理层及大股东相比均处于劣势,各国主要通过完善公司治理和强化外部司法监督机制来保护中小投资者在这方面的利益。

另一方面,作为证券交易者,中小投资者与证券公司之间存在着严重的信息不对称,证券公司的经营不善或者违法、违规经营对投资者利益可能构成损害,当证券公司破产时,投资者可能会遭受现金或者有价证券的损失。各国主要通过加强对证券公司的监管来保护投资者在这方面的权益。同时,世界上大多数证券市场发达的国家还建立起了投资者赔偿制度,作为最后的保护措施。

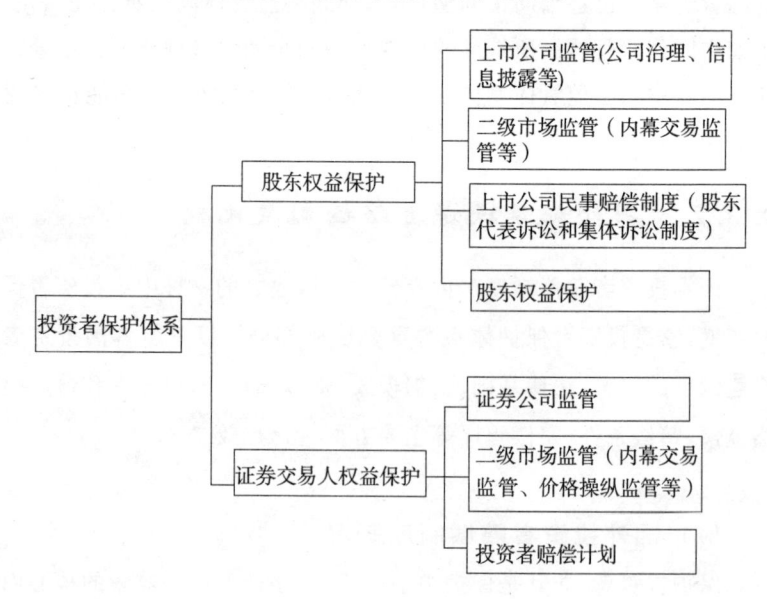

投资者保护体系
- 股东权益保护
  - 上市公司监管(公司治理、信息披露等)
  - 二级市场监管(内幕交易监管等)
  - 上市公司民事赔偿制度(股东代表诉讼和集体诉讼制度)
  - 股东权益保护
- 证券交易人权益保护
  - 证券公司监管
  - 二级市场监管(内幕交易监管、价格操纵监管等)
  - 投资者赔偿计划

图9—1 投资者保护体系

证券投资者赔偿制度也被称为投资者赔偿计划(investor compensation scheme, ICS),通常有相关的投资者保护立法,并建立了投资者赔偿基金。它出现于20世纪70年代。二次大战后证券市场得到了快速发展,但70年代初期一些国家出现了证券经纪商破产倒闭造成投资者现金和股票损失的问题,证券投资者对证券市场的信心受到打击。为了维持投资者信心、保证证券市场稳定发展,各国开始建立保护中小投资者利益的投资者赔偿制度。建立较早的是加拿大(1969年)和美国(1970年),80年代是建立投资者赔偿计划的高潮阶段,90年代有更多的国家加入进来。欧盟1997年制定了《投资者赔偿计划指引》,它适应欧盟内部金融市场一体化的需要,建立了统一协调的欧盟内部投资者赔偿制度。它对于将来国际金融市场一体化条件下投资者保护的国际协调具有重要的参考意义。

经过三十多年的发展,投资者赔偿制度已经在世界范围内得到普及。它的重要意义在于:

第一,保护中小投资者的权益。保护中小投资者权益是证券市场健康发展的重要基础,除了建立严格的信息披露制度、禁止内幕交易以及相应的刑事和民事救济制度外,投资者赔偿计划能够向中小投资者提供更为简捷的赔偿渠道(各国投资者赔偿计划均将大型机构投资者排除在外)。从世界各国情况来看,投资者赔偿基金规模都不大,在投资者保护体系中发挥着一种补充但却是必不可少的作用。

第二,维持投资者对金融体系的信心。在这方面,投资者赔偿基金发挥着与存款保险制度相同的作用,使得中小投资者可以放心地从事证券投资活动,可以避免在金融市场动荡期间发生投资者挤兑,防止金融风险的传递和扩散。

第三,自律管理体系的补充。不少国家的投资者赔偿计划由自律管理组织发起设立,这表明投资者赔偿计划与自律管理体系之间存在着密切的联系。事实上,这种计划可以从两个方面来对自律管理体系起到补充作用:对参加计划的会员机构财务状况实施监控;在对投资者赔偿后,取得对会员机构的代位索偿权,并参与其清算过程。

从更为广阔的视角来看,投资者赔偿制度的建立和完善是世界各国加强对金融市场参与者保护的一个组成部分,与之相并列的是规模更大的存款保险制度和保险购买人保护制度。例如2001年2月,英国就将这三种性质相同的制度统一为新设立的金融服务赔偿计划(FSCS),建立了统一的金融服务赔偿体制。

(2) 投资者赔偿制度的法律基础

根据国情不同,各国投资者赔偿制度的法律基础各不相同。大体而言,有以下几种类型:

①国家立法基础。绝大多数国家的投资者赔偿制度都建立在明确的国家立法基础之上。其中,最早的是美国。20世纪60年代末美国证券业遇到经营危机、财务困难以及市场萎缩的打击,造成数百家证券经纪商被迫合并或停业,或因为无法对客户履行义务而破产,不少投资者担心资金的安全,纷纷撤离证券市场。为了重建投资者对证券市场的信心,美国国会在1970年通过了《证券投资者保护法案》,并据此成立了证券投资者保护公司。

除了美国,其他一些国家也有专门针对投资者赔偿的国家立法。例如爱尔兰于1998年制定的《投资者赔偿法》,澳大利亚1987年制定的《国家担保基金法》。还有一些国家的投资者保护制度立法包含在综合性的金融法案中,如英国2000年颁布的《金融服务和市场法》(FSMA)中,对建立综合性的金融服务赔偿计划作出了规定,由金融服务赔偿计划来合并过去的投资者赔偿计划(ICS)和存款保护计划

(DPS)。德国1998年1月颁布的《存款保护和投资者赔偿法案》,也在同一部法律中对存款保护和投资者保护计划作出了统一的规定。

②部门行政规定基础。一些国家和地区并没有对投资者赔偿计划制定国家立法,而是采用监管部门行政立法的形式来为投资者赔偿提供法律基础。例如中国台湾,"财政部"证券暨期货管理委员会于1995年颁布了《证券投资人保护基金设置及运用办法》,对证券投资人保护基金的设置及运用等相关事宜进行了详细规定。

③无明确的法规基础。一些国家和地区没有明确投资者赔偿制度的法规基础。例如加拿大,为了加强投资者的安全和信心,加拿大自律管理组织(SROs,由加拿大投资商协会、加拿大风险交易所、蒙特利尔交易所、多伦多和温尼伯证券交易所组成)早在1969年便建立了国家意外基金(National Contingency Fund),1990年更名为加拿大投资者保护基金(Canadian Investor Protection Fund,CIPF),提供投资者赔偿服务。由于加拿大并没有专门针对投资者保护方面的法律,因此加拿大投资者保护基金的操作主要遵循加拿大破产清算法及其他相适宜的法律。

(3) 投资者赔偿基金的组织模式

总的来看,投资者赔偿基金的运作模式可分为两种:一种是独立模式,即成立独立的投资者赔偿(或保护)公司,负责投资者赔偿基金的日常运作,美国、英国、爱尔兰、德国等证券市场采用了这种模式;另一种是附属模式,即由证券交易所或证券商协会等自律性组织发起成立赔偿基金,并负责基金的日常运作,加拿大、澳大利亚、中国香港和中国台湾等市场采用了这种模式。

最典型的独立公司模式是美国的证券投资者保护公司(SIPC)。证券投资者保护公司成立于1970年12月30日,是一个非营利性的会员制公司,其会员为所有符合美国《1934 证券交易法》第 15(b)条的证券经纪商和自营商。截至 2000 年 12 月 31 日,证券投资者保护公司共有 7 033 家会员。该公司的董事会由七位董事构成。其中五位董事经参议院批准由总统委任,在这五位董事中,三位来自证券行业,两位来自社会公众,另外两位董事分别由美国财政部长以及联邦储备委员会指派。董事会主席和副主席由总统从社会公众董事中任命。证券投资者保护公司共有员工 28 位,担负了所有与会员清算、邀请受托人及其律师和会计师、检查索赔要求、审计财产分配等相关事宜。①

爱尔兰和英国也属于独立公司模式。根据 1998 年颁布的《投资者赔偿法》,爱尔兰建立了投资者赔偿有限责任公司(ICCL),负责组织管理投资者赔偿。英国金融服务局(FSA)组建了金融服务赔偿计划有限责任公司负责管理金融服务赔偿计划,该计划包括了原有的投资者赔偿计划和存款保护计划。

我国香港是较为典型的附属模式,赔偿基金附属于香港联合交易所。香港联合交易所赔偿基金是根据《证券条例》设立的。赔偿基金的资金来源于香港联合交易所会员,会员需就其拥有的每份交易权(trading right)在交易所存放现金 5 万港元,香港联合交易所专门设立一个赔偿基金储备账户,以处理一切有关赔偿基金的收支款项。香港联合交易所成立了赔偿基金委员会,行使赔偿基金所拥有的权力、职责。赔偿基金委员会由五人组成,他们都必须由香港证监会任命,其中至少两人必须来自证监会(其中一人任委员会主席),还有两人为交易所提名。目前,香港正对附属模式进行改革,将成立统一、独立的投资者赔偿公司,该公司由香港证监会认可及监管,负责管理

---

① SIPC, *Annual Report 2000*, www.spic.org.

新成立的投资者赔偿基金,该基金将取代现有的联交所赔偿基金、商品交易所赔偿基金,以及为非交易所参与者而设的交易商按金计划。①

采用何种模式,取决于各国具体的法律背景和金融市场结构。对于那些金融市场历史悠久、存在多个证券交易所的国家和地区而言,采取独立公司模式能够更好地覆盖全国证券投资者,为投资者提供一站式的赔偿服务。而对于那些证券市场集中在一个证券交易所或者存在一个统一的自律管理组织的国家和地区,将投资者赔偿计划附属于证券交易所或者其他自律管理组织,操作更为方便,能够以较小的成本实现为所有投资者提供保护的目标。

9.4 投资者保护制度的发展趋势

当前大多数国家(或地区)的证券学者和政府官员都形成了这样的一种共识:维护投资者利益和长期投资信心是促进资本有效形成和配置、实现证券市场和国民经济持续健康发展的必要条件。美国证券交易委员会确定了自己最基本的使命,就是保护投资者和保持市场的统一。美国《证券法》中包含两个基本的目标:第一,向投资者提供有关证券公开发行的实质性的信息;第二,禁止证券售卖过程中的误导、虚假和其他欺诈行为。日本《证券交易法》的立法宗旨为:"为使有价证券的发行、买卖及其他交易能够公正进行,并使有价证券顺利流通,以保证国民经济的正常运行及保护投资者利益。"中国香港地区的《证券及期货事务监察委员会条例》认为证券监管的目标是:"使市场有足够的流通量,并公平、有秩序和有效率地运作;控制

---

① 香港证监会:《咨询文件建议的新投资者赔偿安排》,2001年3月。

和减低交易系统的风险,避免市场失灵和适当地管理风险,以确保一个市场的危机不致影响其他的金融范畴;保护投资者;促进一个有利于投资和经济增长的经济环境的设立。"中国台湾地区《证券交易法》的立法宗旨是:"为发展国民经济,并保证投资"。我国《证券法》在开篇有这样的陈述:"为了规范证券发行和交易行为,保护投资者的合法权益,维护社会经济秩序和社会公共利益,促进社会主义市场经济的发展,制定本法。"

各国资本市场发展的实践证明,建立一个发达的资本市场需要有两个重要的先决条件:一是一国的法律和制度必须保证投资者得到关于公司价值的真实信息,即克服信息不对称问题;二是保护投资者的权益不受到侵害。对于第一个问题,我国正通过完善信息披露制度、大力发展机构投资者以及加强对上市公司的信息真实度的监管等手段来逐步改善。对于第二个问题,却由于种种原因,进展缓慢,上市公司一股独大、大股东控制问题依然严重,不合理的治理结构使广大中小投资者的权益得不到保障,在一定程度上制约了资本市场的健康发展。国内学者大量的实证结果表明,在对中小投资者权益保护比较好的国家,企业的价值也比较高,而在大股东侵害小股东比较严重的国家,企业的价值通常要低于那些股东受保护程度高的国家的同类企业,并且投资者也愿意为那些具有良好的、能够保护自身权利的公司治理结构的公司支付更高的价格。

完善投资者保护不仅仅是设计一套完美的条文,而是要建立起一套高效的执法体系。从目前我国证券市场的法律环境和上市公司运作的实际情况出发,一方面从股票发行入手,要求拟上市公司建立规范的法人治理结构,建立、健全上市公司治理的法律规范,引入独立董事,规范董事会运作,大力发展机构投资者参与公司治理,加强投资者教育等,提高上市公司治理水平;另一方面应鼓励投资者要求违法、违规上市公司及其相关责任人承担民事赔偿责任,以增强上市公司规范运作的社会监督力量。

9.5 我国投资者保护制度的缺陷及完善

9.5.1 我国投资者保护制度的现状及缺陷

(1) 法律法规

保护投资者权益是证券立法的目的之一,我国的《公司法》、《证券法》、《民法》等法律及一些法规虽规定投资者的合法权益受到损害时有权向人民法院起诉,并要求索赔,但缺乏实施细则,可操作性不大,如损失范围的划定、赔偿金额的计算、举证责任等,都属于法律的"真空地带"。

在执法过程中,不能果断地给违法、违规行为以足够的惩治,未实质性引入刑事处罚,往往是对责任单位或进行通报或不了了之,不追究当事人的责任,无法对侵权者提起足够的警示。例如,自1999年第一部《证券法》生效后,《中华人民共和国证券监督管理委员会公告》上几乎每期都有对信息公开文件不实的行政处罚公告,但对于证券信息公开文件不实表示的行为,承担民事责任的事例却极为罕见。

我国证券市场的发展历程特殊。侵犯投资者权益的案件屡屡发生,从证监会的查处公告中可以看出,一般只处以罚款或予以警告、撤销职务、市场禁入等,并且是一种事后措施。这不仅说明证监会监管力度有待加强,更说明缺乏投资者索赔的相应法规,《证券法》中民事责任的缺位,"保护投资者的合法权益"可能因缺乏相应的具体措施而成为一句空话。由于目前我国相关的民事诉讼机制还不健全,法院方面立案、审理的条件还没有完全具备,加之证券投资者往往较为分散,投资者通过司法救济手段获得赔偿较为困难。

我国的《证券法》于1997年7月1日开始实施,并于2005年10月27日作了修订,但《证券法》在保护投资者权益方面则先天不足。不容否认,立法者意识到我国证券市场不规范,投机行为猖獗,因此试图通过规范证券发行和交易行为以保护投资者利益。但局限于我国行政集权的惯性思维,《证券法》成了为规范而规范的一种制度,甚至这种规范可能导致牺牲证券市场的良性发展和投资者利益。《证券法》体现的是一种规范与管理,以及强化政府管理职能的立法意旨,以至于监管机构包揽了从证券组织到证券发行、证券登记到证券服务、民间裁决到行政处罚的方方面面,证券市场不是通过自身的规律运行,而是在监管机构的指挥和推动下运行。

(2) 上市公司股权结构

我国上市公司不断出现的大股东为所欲为、侵占股东共同财产的行为,其根源在于公司的股权结构存在缺陷。这种制度缺陷致使大股东可以滥用手中的控股权,与公司的管理层及中介机构相互勾结,欺上瞒下,损害中小股东利益。

首先是一股独大,股权过于集中。据统计,截至2006年7月底,我国发行A股的上市公司有1 356家,其中第一大股东持股份额占公司总股本超过50%的有920家,持股份额超过75%的有87家,而且大股东中国家股和国有法人股占压倒性多数。第一大股东平均持股比例高达44.8%,而第二大股东持股比例仅为8.22%。绝对的资本控制使得大股东能够很容易通过控制董事会来操纵公司经营决策,从而达到利己的目的。

其次是国有股所有者缺位,形成内部人控制。我国的上市公司多数是由国有企业改制而成,为了保障国家的控股权,一般国有股处于绝对的控股地位。这样便形成国有股代理人—大股东—公司经营人的三位一体,并且这些公司在人事组织上不能完全按市场方式运作,监管方(政府有关部门)不能有效监管,内部关系错综复杂,易产生内部人控制问题。内部人可能利用这种控制力从事短期行为(从他的任职期而不是企业的生命周期来考虑经营决策)和控制行为(利用对资源的控制力来在职消费、营造个人帝国等自利行为),对一般投资者尤其是中小投资者的利益带来损害。

(3) 信息披露制度

信息是证券市场交易的基础,信息披露是否及时、准确、真实、完整,直接影响到投资者投资决策的科学性,是证券市场健康发展的重要条件。我国的《证券法》和相关法律虽对信息披露制度作了一些规定,但仍存在不少问题:一是信息披露虚假;二是不及时、不完整披露信息,主要指上市公司改变筹集资金用途等重大临时变动情况,不及时予以公告或遗漏一些事项,使投资者处于被蒙蔽状态;三是事先向特定人披露信息,使其利用这些信息进行内幕交易。

(4) 监管效力

我国的证券主管机关对证券市场的监管在本质上是属于政府主导型的市场监管,虽然《证券法》将证监会定位为国务院直属的事业单位,但市场一般将其看做行政机关,这种认识与证监会在市场监管中采取的方式、方法有密切关系。政府主导型的监管有其固有的缺陷,由于与行政权力纠结过深,证监会的监管往往受到行政意志的异化和干预,从而导致其政策和行为的偏差。

机构投资者并不自然就是证券市场上的积极力量,如果没有严格的监管,机构投资者更容易出现欺诈和操纵市场行为,因为机构投资者有更大的资金实力。在中国这样一个缺乏信托文化的市场上,如果没有严刑峻法,机构投资者很容易产生负面作用。即使在美国,共同基金进行欺诈的事件也不少。如果监管困难,机构投资者能够通过操纵市场而获利,机构投资者就没有动力成为精明的投资者和积极的投资者。又如基金,目前基金管理公司的发起人都是以国有制为基础的大型证券公司,而民营公司基本上没有这样的机会。以国有制为基础的基金管理公司,实际上都是用国有资产去赚钱而不需要承担责任,所以很容易导致诸如基金黑幕这类操纵市场事件的发生。由于这些违规机构是以国有制为基础,它们具有对监管部门强大的游说能力,而且对它们的严厉惩罚将导致国有资产的损失,所以很容易导致监管困难。

(5) 投资者保护机构

设立专门的投资者保护机构,既是风险防范措施,又是一种风险治理机制。也就是说,在证券市场发育阶段,建立投资者保护机构,对增强投资者信心具有重要意义。一方面,投资者保护专门机构可以通过补偿客户资产,化解证券公司破产风险;另一方面,可以通过对成员公司财务信息进行持续监控,及早防范和控制证券公司破产风险,从而起到增强投资者信心、保障市场长期投资资金供给的积极作用。实际上,证券监管保护的是投资者的整体利益,不能解决投资者的具体民事权利受到损害的情形。因此,有必要设立一个专门的机构以保护投资者的合法权益。目前,我国尚没有建立保护投资者权益的专门机构,这在一定程度上也影响了对投资者权益的有效保护。

9.5.2 我国投资者保护制度的完善

(1) 进一步完善证券立法

我国公司、证券市场立法基本形成较完整的体系,但还存在一些问题,主要是法律责任规定不够明确,影响了法律的有效实施。此外,我们倾向对投资者保护问题进行专门立法,以进一步加强对投资者的法律保护。

大量研究表明,对中小投资者最有效的保护来自法律方面的保护,而对投资者保护相关法律、法规的缺乏和司法实践的不力,恰恰是绝大多数资本市场不发达国家的共同特征。从我国现状况出发,可以考虑采取如下措施:第一,在《公司法》和《证券法》中,顺应国际潮流,增加和细化限制大股东权利和保护中小股东权益的相关内容和条款。第二,建立、健全证券民事赔偿机制。我国的证券监管制度存在重行刑、轻民事的现象,这既不符合国际证券立法的趋势,也不适应我国证券市场发展的实际需要。为改变目前证券立法中民事责任与行政责任、刑事责任不协调的现状,应当通过立法和司法解释细化证券违法行为的民事责任,引入集团诉讼机制。

(2) 建立代理投票制度,增强中小股东力量

所谓代理投票制度又称委托书收购,是征集委托投票方发布公告获得投资者委托而代理其投票,进而达到影响上市公司管理决策的行为。我国公司治理中存在的制度性缺陷,阻碍了中小股东在保护自己的权益方面发挥积极的作用,上市公司大股东控制问题之所以严重,中小股东的参与不够是重要原因之一。股东大会是公司最高权力机构,是股东们行使权力的地方。我国上市公司股东会中,中

小股东几乎没有什么发言权,考虑到监督的收益和成本,中小股东一般都放弃行使其股东权力。当大股东利用手中的权力不断为自己谋取私利时,中小股东则只能被动地"用脚投票",比如放弃配股、抛售股票,但这样做对大股东利益造成影响不大。建立代理投票制度后,就为把中小股东的投票权集中起来介入公司经营决策、制止大股东侵犯中小股东利益提供了可能。我们应该充分利用信息技术的发展,来降低代理投票的成本。在美国,一些机构投资者已经通过互联网征集投票权和进行投票,这些机构投资者承担相应的投票费用,每个股东只需按动鼠标,就可以免费通过网上阅读代理建议并进行相应的投票。此外,即使没有代理投票,电子投票系统的建立也有利于广大中小股东发挥作用,因为如果个人投票人数增多,中小投资者就可能大大影响公司决策。

(3) 赋予监管机构必要的执法权限

目前,中国证监会还不具有国外监管机构普遍拥有的执法权限,如对违法行为当事人的强制传唤权、查询资金账户权等,在一定程度上影响了执法的效力。为此,《证券法》应调整确立证监会的职责和权力界限,并建立起违法行政行为的纠错和救济机制,以消除市场上存在的"谁来监管证监会"的疑惑,促进证券市场的长远、健康发展。[①]

我国现行《证券法》第204条规定:"证券监督管理机构对不符合本法规定的发行证券、设立证券公司等申请予以核准、批准的,对直接负责的主管人员和其他直接责任人员,依法给予行政处分。"这里欠缺相应的民事责任规定,应该进一步修正、明确。

[①] 参见冯果、张焰等:《法律诉讼案例》,中国人民大学出版社2003年版,第1—36页。

(4) 推进证券市场诚信自律体系建设

信用环境的建设是一个系统的工程,鉴于我国证券市场严重缺乏诚信意识和行为的状况,有必要从信用环境的各个方面入手,借助法律手段,推进涵盖上市公司、中介机构、机构投资者和个人投资者的诚信自律体系建设。

第一,加强市场诚信、自律的法制环境建设,维护社会信用秩序。首先要完善市场法律体系,在立法上强化对失信行为的责任追究。其次,要在司法和执法上落实法律责任,严厉打击操纵股市的行为,认真查处信息披露不真实、虚假的交易行为等,增加失信者的成本,引导正确的市场和投资理念,净化市场的信用环境。

第二,加强上市公司的信用管理体系建设。建立由企业资信调查报告和企业资信数据库构成的企业信用管理体系,强化上市公司的信用和风险意识;通过加强行业协会的监管和社会舆论的力量,约束上市公司的失信行为。

第三,加强中介机构信用管理体系建设。首先,对于各类中介机构,要建立科学、统一的信用评估指标体系,培育专业的评估机构。其次,要建立社会化的信用评估支持体系,发展社会化的信用中介服务行业,避免中介机构的垄断。最后,加强信用管理教育,培育信用管理机构。

第四,加强投资者教育。通过投资者教育和风险提示,弥补法律、法规的缺陷或法律、法规无法规定的内容,增强投资者的诚信、自律和风险意识,提高自我保护能力。

(5) 建立专门的投资者保护机构

美国为保障投资者利益,专门设立了证券投资者保护公司,保护在美国证券交易委员会注册的证券经纪商和交易商的投资客户,以防止证券经纪商和交易商的财务风险引发的客户账户资产损失。其会员由全体券商组成,每年上交会费。公司负责清理券商的财产、债权、债务,并对责任人进行追诉,使所有受到券商破产影响的投资者,可及时从该公司得到赔偿。根据美国《证券投资者保护法》规定,证券投资者保护公司既不是政府代理机构,也不是自律组织机构,而是非营利性的会员制公司。[①]

中国证监会一直努力推动建立一个保护投资者的专门机构,这一机构将承担以下职责:开展投资者权益保障的宣传教育;受理投资者的投诉,并及时向证券监督管理部门反映问题、提出建议;通过购买每家上市公司少量股份,以上市公司股东的名义,依法对上市公司或其大股东、董事、监事及经理侵害股东权利或公司权益的行为提起民事诉讼;作为共同诉讼代表人,或者接受其他投资者委托,或者支持受侵害的投资者,依法对上市公司或其大股东、董事、监事及经理侵害股东权利或公司权益的行为提起民事诉讼。我国应尽快建立这种机构,对证券市场投资者提供有效保障。

---

① 钟伟等:"制度化保障体系——美国证券投资者保护基金及其对中国的启示",http://www.fsi.com.cn,2003年9月8日。

第十章 证券市场监管制度

10.1 证券市场监管

10.1.1 证券市场监管的含义

关于证券市场监管的含义,我国学者持有很多相似的观点。这里借用了其中的一种定义:证券市场监管是指证券监管部门为了消除因市场机制失灵而带来的证券产品和证券服务价格扭曲以及由此引起的资本配置效率下降,确保证券市场高效、平稳、有序地运行,通过法律、行政和经济的手段,对证券市场运行的各个环节和各个方面进行组织、规划、协调、监督和控制的活动和过程。构成证券市场监管的四大要素是证券监管主体(监管者)、监管对象(被监管者)、监管手段(监管工具)和监管目标。

(1) 监管主体

从各国实践来看,证券市场监管主体是多元化的,有政府机构、证券交易所、证券业协会、证券商协会等。由于受各国的经济、政治、历史、传统等影响,证券监管机构主要分为两种:一种是政府监管机构,另一种是自律性监管机构。

①政府监管机构。各国政府监管机构的设置不尽相同,主要有

三种：第一，以独立的监管机构为主体。这一方式的特点是专门设立全国性的证券监管机构，其代表是美国。美国证券监管机构即证券交易委员会，于1934年7月根据《证券交易法》授权设立，直属于国会，独立于政府。第二，以中央银行为主体。采用这一方式的国家的证券监管机构是该国中央银行体系的一部分，其代表是巴西和泰国。第三，以财政部为主体。这一方式是指一国的财政部作为证券市场的监管主体，直接对证券市场进行监管，或者由财政部直接建立监管机构，负责对证券市场进行监管，其代表是法国。

②自律性监管机构。自律性监管机构包括证券交易所、证券商协会等。这一方式的特点是没有设立专门的证券监管机构，其典型代表是1986年以前的英国。1986年以前，英国证券市场的监管主要由证券交易所协会、证券业理事会和企业收购合并问题专门小组三个自律组织进行。

(2) 监管对象

监管对象即证券市场参与者的活动和行为。一般来说，证券市场参与者包括筹资者、投资者和中介机构。筹资者主要有四类，分别为政府、金融机构、有限责任公司和国有独资公司、股份有限公司。投资者主要有五类，分别为个人投资者、企业（公司）、各类金融机构（包括商业银行、投资基金公司、证券公司、信托投资公司、保险公司）、各种社会基金（包括信托基金、退休基金、养老基金、年金基金）、外国投资者。中介机构主要有证券承销商和证券经纪商、证券交易所、具有证券律师资格的律师事务所、具有证券从业资格的会计师事务所或审计事务所、资产评估机构、证券评级机构和证券投资的咨询与服务机构。

(3) 监管手段

通过监管手段,监管者可以对证券市场参与者进行监督和调控,主要包括法律手段、经济手段、行政手段和自律手段。

第一,法律手段。是指通过制定一系列的证券法律、法规,规范证券市场参与者的各种活动,监管者依照法律、法规,制止和查处各种违法行为。

第二,经济手段。是指通过运用利率政策、公开市场业务、税收政策、保证金比例等间接方式管理和调控证券市场的运行,影响参与者的行为。

第三,行政手段。是指通过制订计划、政策、制度、办法等对证券市场进行直接的行政干预和管理。与经济手段相比,行政手段对证券市场的监管具有直接性、强制性的特点。如证券发行中采取上市审批制度,人为控制上市公司的数量和证券市场的容量等。

第四,自律手段。各国对证券市场一般都采取政府监管与自我管理相结合的方式,两者是主从关系,自我管理是政府监管的有效补充,自律体系本身处在政府监管的框架内。

(4) 监管目标

监管目标是监管的出发点和归宿。根据国际证监会组织制定的指导性文件精神,证券市场监管的目标在于保护投资者利益,确保证券市场公正、有效和透明,减少系统风险。证券市场监管的具体目标为:克服证券市场失灵,保护市场参与者尤其是投资者的合法权益,维护证券市场的"三公"原则,促进证券市场功能的发挥,保证证券市场的稳定、有序和高效。

10.1.2 证券市场监管的必要性

(1) 弥补市场失灵

①垄断。证券市场是一个不完全竞争的市场,客观地存在着拥有资金优势、信息优势的投资者,表现出垄断的市场形态,致使市场竞争机制很难发挥作用,有必要由政府对市场进行监管。

②外部性。证券市场的高风险性将带来的外部影响是证券市场的风险给整个国民经济造成的损失。股市泡沫的破裂不仅导致证券市场的崩溃,往往还由此波及国民经济的其他部门,最终可能对整个社会经济造成致命的打击,因此,政府有责任把风险控制在一定范围内。

③信息不对称。信息不对称是指相互影响的交易双方之间信息分布不均衡。由于信息不对称所引起的逆向选择和道德风险问题将最终导致证券市场的失灵,为了避免市场的失灵,就有必要对证券市场进行监管。

(2) 维护市场公平

政府对证券市场的介入,不仅要为市场制定"游戏规则",还要采取措施降低系统风险,这体现了其管理的一面。同时,政府更应担负起监管者的责任,以公正、严格的执法确保市场的公平。①

(3) 保护投资者合法权益

证券市场参与者即筹资者、投资者和中介机构,它(他)们参与证券市场的共同目的是为了获得经济利益。如果证券市场由于缺乏监

---

① 李志君:《证券市场政府监管论》,吉林人民出版社 2005 年版,第 133—137 页。

管而混乱无序,将无法保障筹资者、投资者和中介机构的合法权益。特别是证券市场中由于投资者和筹资者之间存在信息不对称,投资者尤其是中小投资者对筹资者缺乏充分的了解,需要监管机构对证券市场进行包括证券发行、交易和投资活动中的信息披露、内幕交易、欺诈行为等方面的监管,以保护证券市场参与者特别是中小投资者的合法权益。

(4) 防范和化解金融风险

与商品市场相比,由于证券产品本身价值的预期性和不确定性,以及证券交易中普遍使用的信用手段,证券市场具有内在的高投机性和高风险性的特点。如果不对其进行必要的监管,由于投机所导致的风险会迅速积累并快速向外传播,有可能引发证券市场危机。因此,有必要对证券市场进行监管,及时发现风险因素,并将它控制在可以承受的范围内,以防范和化解证券市场危机。

(5) 促进证券市场健康发展

一个良好的证券市场具有筹资、资金导向、资源配置和宏观调控等重要的经济功能。如果证券市场规范和有序,就能正常发挥其应有的各项功能,促进整个国民经济的健康发展。否则将无法正常发挥其功能,对国民经济发展产生不良影响,甚至造成宏观经济的混乱,以致崩溃。因此,有必要对证券市场进行监管,保证证券市场的规范和有序发展。

10.1.3 证券市场的监管原则

(1) 公开性原则

公开性原则就是在法律和规章制度上,保证有关证券发行和上市公司的信息公布于众。为保证这些信息的真实，防止出现弄虚作假的现象，主管部门要求这些信息要经过权威部门的审核鉴定，并通过新闻媒介向公众公布。公布的信息包括公司经营、财务、财产、管理者、控股股东、有关证券发行和交易的其他资料以及有关部门对上述内容真实性的鉴定意见等，以实现信息的对称性和完整性，使投资者在获得全面、真实、准确的信息基础上，作出自己的投资选择。这一原则是证券法律的精髓所在。

(2) 公平性原则

公平性原则就是通过有关法律和法规，保证市场参与者尤其是投资者都享有平等的权利和地位，严格禁止内幕交易和内部交易，维护其拥有的合法权益，不得有任何歧视和偏袒。主要包括地位、税负、权利、利益、机会的公平和平等。如在证券交易中，贯彻"时间优先、价格优先、客户优先"的原则；证券从业人员、证券监管机构、证券交易所、证券经营机构中与证券业务有直接关系的人员不能内幕交易；证券商不能相互勾结、操纵市场等。

(3) 公正性原则

公正性原则就是通过相应的法律和法规，保证证券的发行和交易能够规范地进行，证券经营机构能够依法从事证券经营活动，证券监管机构能够依法进行监督和管理，特别是对其中一些违法行为能够及时制止和依法处理。主要包括立法公正、执法公正和仲裁公正。这一原则是证券市场有效监管的生命，是监管者以法律框架实现市场所有参与者之间的平衡与秩序的关键，并构成对管理者、立法者和司法者权力的赋予与制约。

总之，公开性、公平性、公正性原则三者相互联系、相互制约。公开性是公平性、公正性的前提和基础,公平性是公开性、公正性的结果,公正性是公开性、公平性的保证,三者有机结合起来,才能为投资者创造一个良好的市场环境,促进证券市场的健康发展。

10.1.4 证券市场的监管体制类型

从各国实践来看,证券市场的监管体制类型主要分为三种:集中型监管体制、自律型监管体制和中间型监管体制。

(1) 集中型监管体制

集中型监管体制也称集中立法型监管体制,是指政府通过制定专门的证券法规,并设立全国性的证券监督管理机构来统一管理全国证券市场的一种体制。在这种体制下,政府积极参与证券市场的监管,并在证券市场监管中处于主导地位,而各种自律性组织只是起协助政府监管的作用。美国是实行这种体制的典型国家,美国政府监管分为联邦政府和州政府监管,联邦监管机构是证券交易委员会,自律管理由三个自律机构即证券交易所、证券交易商协会和清算机构负责。目前采用这种体制的国家还有日本、韩国、加拿大、新加坡、马来西亚、菲律宾、巴基斯坦、印度、土耳其、以色列、埃及等。

该体制的基本特征是:第一,具有专门、完善、系统的证券市场监管法规。比如美国制定了1933年《证券法》、1934年《证券交易法》等。第二,具有全国性的证券市场监管机构。这些机构由立法或行政设立,负责对全国证券市场进行监督管理。比如美国政府监管由证券交易委员会负责。

该体制的优点可概括为:第一,通过明确设立全国性证券市场监管机构,制定专门的证券市场法规,实现了监管口径的统一,使监管行为有法可依,市场交易行为受到法规约束,保证监管机构有足够的权威。第二,由于监管机构是由立法或行政设立的政府机构,在市场中处于超脱地位,能坚持公开、公平、公正的监管原则,保护全体投资者的合法权益。第三,由于监管机构有足够的权威,能促进各个证券市场的良性竞争,协调全国证券市场的发展。第四,能消除自律性组织的弱点,发挥其协助政府监管的作用。

该体制的缺点主要是:第一,过分集权容易使监管机构产生过多的行政干预。第二,由于政府机构人员的专业知识和自身素质有限,掌握的市场信息不够充分,当市场行为发生变化时,不能迅速作出反应并采取有效措施,不可避免地增加监管成本,降低监管效率。第三,存在政府失灵现象,主要表现为监管制度有失公平、信息不对称、官僚主义、监管滞后、道德风险和逆向选择等。

(2) 自律型监管体制

自律型监管体制是指除了一些必要的国家立法外,政府很少干预证券市场,对证券市场的监管主要由证券交易所、证券商协会等自律性组织进行,强调证券业者自我约束、自我管理的作用。自律组织主要通过章程和规则对其成员的行为进行引导和制约。自律组织有权拒绝接受某个证券商为会员,并对会员的违章行为实行制裁,直到开除其会籍。在这种体制下,一般没有制定专门的证券监管法规和全国性的专门的证券监管机构,而是以各种间接的法规和各类自律性组织的自我约束、自我管理为主,政府往往只进行道义劝说。英国在1986年以前是实行这种体制的典型国家,在传统上,英国政府对证券交易所不予干预,这是由于历史上伦敦证券交易所对本所业务规定了严格的交易规则,拥有较高水准的专业性证券商,并采取严格的注册制度及公开说明书制度。实行这种体制的国家和地区还有荷兰、意大利、中国香港等。

该体制的基本特征是:第一,没有制定专门的证券市场法规,主要通过自律机构的规章制度和一些间接的法规来监管证券市场。比如英国在1986年以前相当长的时期内,主要通过证券交易所的自我管理规定和《公司法》、《反欺诈法》、《公平交易法》等相关法规进行监管。第二,不设立全国性的证券市场监管机构,主要依靠自律机构和市场参与者的自我约束、自我管理。比如英国在1986年以前没有专门的政府机构进行监管,证券市场主要由证券交易所和三个非政府管理机构即证券交易所协会、证券业理事会、企业收购和合并专门研究小组进行监管。

该体制的优点可概括为:第一,它允许证券市场参加者参与制定法规,使监管更贴近实际,并有利于促进证券市场参与者自觉遵守和维护证券市场法规。第二,由证券市场参与者制定和修订的监管规章制度,具有更大的灵活性、针对性,其监管范围超出一般法规的边界,涵盖伦理道德范畴,并有利于市场的活跃和创新。第三,由于自律机构贴近和了解市场,具备丰富的专业知识和良好的素质,熟悉市场运作规则,当市场行为发生变化时,能迅速反应,采取有效措施,从而降低监管成本,提高监管效率。

该体制的缺点主要是:第一,自律性组织更重视维护市场的有效运转,保护会员的权益,而不够重视保护非会员的权益。第二,自律性组织出于自身利益,地位不超然,难以保证监管的公正性。如证券交易所为追求自身利益,会放松对会员的监管;证券业协会往往由大公司占主导地位,歧视小公司。第三,由于缺乏全国性的证券市场监管机构和专门的监管法规,监管口径不统一,缺乏监管的权威性,一些违法行为难以受到有力的查处和惩罚。第四,由于证券市场监管机构缺乏足够的权威,会员经常发生违规行为,出现不良竞争、市场分割等现象,造成全国证券市场的波动和混乱。

(3) 中间型监管体制

中间型监管体制也称分级管理型监管体制,是指既强调立法管理又强调自律管理,可以说是集中型管理体制和自律型监管体制互相协调、渗透融合的产物。它是介于集中型监管体制和自律型监管体制之间的一种监管体制,目前大多数原来实行集中型和自律型监管体制的国家已逐渐向中间型监管体制过渡,既重视政府监管又重视自律监管,使集中型和自律型监管机制相互取长补短,发挥各自的优势。中间型监管体制分为二级监管和三级监管。二级监管是指中央政府和自律机构相结合的监管体制。三级监管是指中央、地方两级政府和自律机构相结合的监管体制。实行这种体制的国家有德国、意大利、泰国等,以德国最为典型。

该体制的基本特征是:第一,没有专门的监管机构。比如德国的监管机构是中央银行和银行监督局。由于德国证券业比较特殊,《银行业务法》规定只有商业银行可以同公众进行证券业务,而证券经纪商只能在证券交易大厅进行交易,证券交易实际上由全能银行控制,证券交易所也被称为"银行交易所",因此德国央行和银监局通过监管从事证券业务的商业银行实现对证券业的监管。第二,没有专门、统一的证券市场监管法规。如德国关于证券市场监管的法规有《证券交易法》、《证券交易条例》、《银行法》、《公司法》、《投资公司法》、《外国投资公司法》、《联邦储备银行法》、《贸易法》、《刑法》等,但没有统一的《证券法》。

10.1.5 证券市场监管的主要内容

证券市场监管的主要内容一般包括发行市场的监管、交易市场的监管、证券经营机构的监管、证券交易所的监管和对中介机构的监管。其重点在于对券商、上市公司、机构投资者的信息披露和行为的管理监督。①

(1) 证券发行市场

对证券发行市场的监管是证券监管的最基础的内容。世界各国的审核制度基本上可以分为两种：一是注册制，由证券发行者将公开募集和发行证券的材料准备齐备，并完全准确地向证券主管机构汇报，由市场对发行证券进行优胜劣汰；二是审核制，以国家监督机关的审核来进行实质管理，确保发行的证券本身就具有优良的品质。

(2) 证券交易市场

证券市场的所有行为最终都会体现到交易过程中，证券市场的公平、公正和透明度在交易过程中最能够得到全方位的体现。对交易市场的监管主要包括对不正当证券交易行为的监管、对市场过度投机和市场波动的监管。

(3) 证券经营机构

监管证券经营机构，规范市场中介的行为，是证券监管的重要内容。重点是对证券经营机构的业务范围、证券经营机构的市场准入、证券商财务和经营行为进行管理和监督，一般通过相应的法规制度作出规定。

(4) 证券交易所

证券交易所是证券交易的物质载体，它既是投资的场所，又是投

---

① 韩汉君、王振富、丁忠明：《金融监管》，上海财经大学出版社2003年版，第133—137页。

机的场所。各国(地区)证券法规定政府证券主管机关对证券交易所有监管权,主管机关主要通过审查交易所章程、业务规则和决议的内容,规定交易所报告业务以及监督、检查交易所的业务、财务状况,调查违法、违规事件等方式对交易所进行管理和监督。

(5) 证券中介机构

证券市场中介机构是以证券商为核心的,中介机构是连接证券市场证券发行人和投资者的专业性机构,除对券商进行监管外,还对律师事务所、会计师事务所、资产评估事务所等机构进行监管,从而建立起一个完善的信用体系和诚信的市场环境。

10.2 证券市场监管制度国际比较

10.2.1 监管机构比较

证券监管有政府监管和自律管理两种方式,自律管理前已述及,本章只介绍政府监管。

(1) 美国

美国政府监管机构为证券交易委员会。证券交易委员会于1934年根据《证券交易法》设立,直属于国会,独立于政府,具有一定的立法权、司法权和准执法权。证券交易委员会由五位委员组成,委员全部由美国总统任命,经参议院批准,任期五年,委员为专职,必须和私人企业断绝来往,也不得直接或间接从事证券交易,委员会中推选一名委员为主席,负责与总统联系。证券交易委员会直接对国会负责,每年要把全国证券市场的情况和证券法的执行情况向国会作书面报告。证券交易委员会下设若干职能部门,分别从证券发行、交易、证券经营、执行法律等方面对证券活动进行管理,这些执行机构包括公司财务管理局、市场交易管理局、投资银行管理局、司法执行局等18个部门和纽约、芝加哥、洛杉矶等9个地区证券交易委员会。

证券交易委员会的主要职责有:第一,负责制定并调整有关证券活动的管理政策,负责制定并解释证券市场的各种规章制度,并组织贯彻执行。第二,管理全国范围内的证券发行和交易活动,维持证券市场秩序,调查、检查各种不法的证券发行和交易行为,执行行政管理和法律管理措施。第三,作为全国证券发行和交易的信息中心,组织并监督证券市场收集和输送各种有关证券发行和交易的信息。

(2) 英国

英国证券市场监管制度的改革大体可分为三个阶段,各个阶段政府证券监管机构的具体情况如下:

第一阶段:1986年以前英国没有专门的政府监管机构,主要由证券交易所和三个自律机构即证券交易所协会、证券业理事会、企业收购合并问题专门小组负责对证券市场进行自律管理。

第二阶段:1986—1997年的政府监管机构为证券与投资委员会(SIB)。1986年伦敦证券市场开始进行全面的、根本的改革,亦即金融"大爆炸",并根据《金融服务法》成立了证券与投资委员会。证券与投资委员会下设私人投资监管局(PIA)、投资监管局(IMRO)、证券和期货管理局(SFA)。但是这种监管职能分散、由多家机构组成的监管体系,仍难以适应证券市场的监管要求。

第三阶段:1997年以后的政府监管机构为金融监管服务局(Financial Service Authority,FSA)。由于英国的金融监管没有跟上混业经营的步伐,1991年英国国际商业信贷银行(BCCI)由于涉及金融诈骗、为犯罪组织提供服务而被关闭,1995年具有悠久历史的巴林银行由于日经指数期货交易失败而破产。这两起事件暴露出监管制度的弊端,英国政府决定合并多个监管部门,成立统一的银行、证券、保险监管机构,并重视监管法律、法规的制定。1997年5月,工党上台后,英国对金融监管体制进行了改革,将英格兰银行等9家监管机构的职能移交给单一的金融监管机构即金融监管服务局,实现了其对银行、证券、保险的统一监管。根据《金融服务改革法》,1997年10月28日证券与投资委员会正式更名为金融监管服务局,标志英国正式实行全新的混业监管模式,并成为世界第一个完全实行统一监管、混业监管的国家。金融监管服务局的监管目的和任务为:第一,保持公众对英国金融系统和金融市场的信心;第二,向公众宣传,使公众能够了解金融系统及特殊金融产品的利益和风险;第三,确保为消费者提供必要的保护;第四,为发现和阻止金融犯罪提供帮助。

(3) 德国

德国证券监管制度的改革发展大体可分为两个阶段,两个阶段中政府证券监管机构的具体情况如下:

第一阶段:1994年以前德国证券市场管理机构较多,但没有全国性的专门的证券监管机构。证券监管机构主要有证券交易专门委员会、中央资本市场委员会、银行监督局等。证券交易专门委员会于1968年成立,1970年底颁布《内幕人交易指导条例》、《交易商和证券顾问条例》,条例的采用是自愿的,依赖于各方的良好愿望。中央资本市场委员会于1957年成立,是一个自我管理机构,其建议被银行和证券发行者普遍接受,在证券市场上扮演着重要角色。银行监督局是一个独立的国家准部级机构,由财政部代管,局长由政府和联邦银行商议后提名,总统任命。银行监督局之所以成为证券监管部门是由于德国证券业比较特殊,德国的《银行业务法》规定只有商业银行可以同公众进行证券业务,而证券经纪商只能在证券交易大厅进行交易,证券业务基本上是通过商业银行完成的,因此,德国央行和银监局通过监管从事证券业务的商业银行实现对证券业的监管。

第二阶段:1994年以后的政府监管机构为联邦证券监督局。联邦证券监督局根据《证券交易法》成立,隶属于联邦财政部,局长由联邦政府提名,总统任命。其主要任务是监督证券交易依法有序地进行,有权发布命令和采取必要措施以制止证券交易中的违规和舞弊行为。联邦证券监督局有权采用最高达10万德国马克的强制性罚款,以贯彻在法定职权范围内的命令;对于违反《证券交易法》的行为,有权处以最高300万德国马克的罚款。它的主要监督活动是密切注意证券交易动向,防止出现危害证券市场正常运转和损害投资者利益的现象。

(4) 日本

日本证券监管制度的改革发展大体可分为两个阶段,两个阶段中政府证券监管机构的情况如下:

第一阶段:1950—1998年的政府监管机构为大藏省证券局。大藏省证券局于1950年设立,是日本主管证券业务的政府机构。其首脑为总裁,下设两名副总裁,其中一名兼任东京证券交易所的监理官。证券局下设4个职能部门:协调部、证券市场部、公司财务部、证券业务部。证券局的主要职责是负责注册登记、批准、认可、检查证券经营事项,监督一切证券法令的执行情况,并对证券公司的经营和证券交易进行直接行政指导。

第二阶段:1998年以后的政府监管机构为金融监督厅。1997年日本推出日本版金融"大爆炸",对金融体制进行全方位的改革,将对银行、证券和保险业的监管权从大藏省移交给金融监督厅。1998年6月22日,金融监督厅根据《金融监督厅设置法》成立,隶属总理府,但与总理府在人事、预算上保持极大的独立性。2000年7月金融监督厅改称为金融厅(Financial Services Agency,FSA)。金融厅下设的证券交易监督委员会(Securities and Exchange Surveillance Commission,SESC)于1992年7月正式成立,独立于金融厅的其他部门,负责对证券市场进行日常监管,有权根据法官授权强制调查非法活动。此外,金融厅将部分权力(如证券公司设立登记、部分监督检查权限)授予地方金融局(Local Finance Bureau,LFB)。

(5) 韩国

1956年韩国股票交易所成立,标志着韩国现代证券市场的建立。韩国证券市场监管制度的改革发展大体可分为两个阶段:

第一阶段:1977—1998年的主要政府监管机构是证券交易委员会及其执行机构——证券监督委员会。证券交易委员会于1977年2月根据修改后的《证券交易法》成立,其目的在于审查和解决与证券发行和交易有关的事项,并监督证券机构。它由9名委员组成,其中3名由韩国银行行长、证券交易委员会主席及首席执行董事、财政部副部长担任,6名由总统任命。证券交易委员会作出的决定需要向财政部长报告,当财政部长认为必要时,可以为了公众的利益或保护投资者而撤销或暂停这些决定的执行。证券监督委员会是证券交易委员会的执行机构,其主要职能有:第一,证券发行人的登记;第二,登记情况的检查;第三,对其他证券机构的监督;第四,对上市公司的管理;第五,对已登记和已上市公司业务的分析和披露;第六,对柜台交易的管理;第七,作为政府的代理机构,并从事政府委托的业务。

第二阶段:1998年以后的韩国政府监管机构为金融监督委员会(FSC)及其下属机构——金融监督院(FSS)。1997年亚洲金融危机爆发后不久,韩国对其金融监管体制进行了大幅调整和改革,在加强韩国银行即韩国中央银行独立性的同时,先后成立了金融监督委员会及其下属机构——金融监督院,并将以往分别属于韩国银行、财政部、银行监督院、保险监督院、证券监督委员会等部门的各种金融监管职能全部转移至金融监督委员会及其下属机构——金融监督院,实施集中统一监管。金融监督委员会于1998年成立,直属韩国财政部部长领导,是由各相关政府监管部门派员组成的委员会性质的政府机构,依照职能划分为企划总务办公室、金融监管政策一局和金融监管政策二局。该机构的主要职责有三个:第一,对有关金融监管的法律法规进行解释;第二,负责所有金融机构(包括在韩外资金融机构)营业执照的发放和吊销;第三,检查、指导下属金融监督院的日常监管活动。金融监督院于1999年成立,是由各金融机构共同出资兴办的民间公益性机构,其主要职能是依照金融监督委员会的指令,负责实施具体的金融监管和检查活动。

(6) 中国香港地区

1891年香港第一家证券交易所即香港股票经纪协会成立,1980年7月7日,香港四家证券交易所即香港证券交易所、远东证券交易所、金银证券交易所、九龙证券交易所合并,也称为"四会"合并,唯一的、合法的证券交易所即香港联合交易所有限责任公司正式注册成立,并于1986年4月2日正式开始营业。香港证券市场监管制度的改革大体可分为三个阶段,各个阶段政府证券监管机构的情况如下:

第一阶段:20世纪70年代中期以前,由于当时香港证券业不很发达,以及香港政府一直采取自由放任、不干预的经济政策,对证券市场几乎没有监管。

第二阶段:1974—1989年的三个政府监管机构为证券事务监察委员会、证券交易监理专员办事处(简称证监处)和商品交易事务监察委员会。1973—1974年香港股票市场发生股灾,使香港政府决定推行一系列的监管证券市场和保护投资者的措施,并于1974年设立证券事务监察委员会、证券交易监理专员办事处,1976年设立商品交易事务监察委员会。

第三阶段:1989年后的政府监管机构为证券及期货事务监察委员会(简称证监会)。1987年10月股灾的爆发,暴露了香港政府监管架构与时代脱节的弊端,加深了港英政府对证券市场监管重要性的认识,1989年5月1日香港证监会成立。香港证监会是一个非营利性的独立法人团体,是负责整个证券与期货业监管工作的最高机构。它独立于政府公务员架构之外,不属政府部门,但执行政府部门职能;不受财政司和金融事务司的管辖,在财政上与政府相独立。香港证监会直接受命于港督,并向港督负责;1997年香港回归后,直接向行政长官负责。它主要有三个宗旨:促进高效、公正与透明的市场发展;树立公众信心与投资者意识;慎重监管。

(7) 中国台湾地区

中国台湾地区的政府监管机构为证券管理委员会。1958年台湾当局在19点财经改革方案中提出建立证券市场,1960年证券管理委员会成立,1961年台湾证券交易所成立。证券管理委员会设主任委员1名,副主任委员1名,委员5—7名。其主要职能有:第一,证券募集与发行、证券上市的核准及管理、监督事项;第二,证券商营业处所买卖有价证券的核定及管理、监督事项;第三,证券投资信托事业、证券投资金融事业、证券投资顾问事业的核准及管理、监督事项;第四,证券商及证券交易所的特许、管理、监督事项,证券商同业公会的指导及监督事项;第五,公开发行证券公司的管理及财务、业务的检查、监督事项;第六,融资、融券业务的联系及协调事项;第七,证券的调查、统计、分析及资讯电子作业事项;第八,证券管理法规的拟议事项。

(8) 监管机构比较及启示

英国的一项调查显示,在调查的 73 个样本国家中,银行、证券、保险分别由专门机构监管的有 35 个国家,占 48%;证券和保险合并监管的有 3 个国家,占 4%;银行和证券合并监管的有 9 个国家,占 12%;银行和保险合并监管的有 13 个国家,占 18%;银行、证券、保险由单一机构监管的有 13 个国家,占 18%,其中,有 3 个国家由中央银行统一监管,10 个国家由中央银行之外的机构统一监管。① 尽管目前大多数国家没有成立单一金融监管机构,但是单一金融监管机构有其自身的优势和发展前景:第一,单一金融监管机构降低了监管成本,提高了监管效率;第二,单一金融监管机构可以全面衡量监管对象的风险,并控制金融体系的状况。因此,政府成立单一的综合性金融监管机构符合各国证券监管发展趋势。随着混业经营已成为国际金融业发展的重要趋势,混业监管、功能监管必然会取代分业监管、机构监管。

10.2.2 监管法律体系比较及借鉴

由于各国证券市场监管体制、历史传统习惯等的不同,证券监管

---

① 刘仁伍、吴竞择:"金融监管的最新国际动态",《金融时报》2001 年 9 月 29 日。

法律体系主要分为三个体系:美国证券法体系、英国证券法体系和欧陆证券法体系。我国证券监管法律体系与美国比较接近。

美国证券法体系的特点是有一整套专门的证券监管法规,注重公开原则。属于这一体系的国家和地区有美国、日本、菲律宾、我国台湾等。

英国证券法体系的特点是没有专门的证券法规,证券监管主要由《公司法》中有关公开说明书的规定、有关证券商登记、防止欺诈条例和有关资本管理等法规组成。属于这一体系的国家和地区主要是英联邦的一些成员国。但目前这些国家和地区在公开原则和证券商监管方面也采取了美国的一些做法,如英国 1967 年《公司法》和 1986 年《金融服务法》中有关证券管理的条例,在某些方面效仿了美国《证券法》中的规定。

欧陆证券法体系的特点是证券监管多数采用严格的实质性管理。与英美体系相比,欧陆体系对证券发行人的特殊利益有所限制,它要求公司股东出资一律平等,这比英美体系严格。但是公开原则的实行做得不够,缺乏充分公开,如证券发行人只在认股书中对公司章程和证券内容稍作披露,没有招股说明书等说明材料。属于这一体系的国家有欧洲大陆、拉丁美洲和亚洲的一些国家。

(1) 美国

美国证券市场监管法律体系的特点是拥有一个覆盖广泛、巨细无遗的完整体系。美国采取集中立法型管理体制,分别制定了 1933 年《银行法》、1933 年《证券法》和 1934 年《证券交易法》,以此为核心构建了一系列证券专项立法并形成完整的法规体系。并且美国执法相当严厉,这与美国证券市场发展的历史有关。1929 年美国股票市场崩溃,国会在对证券市场调查中发现,证券交易所存在大量严重的人为操纵投机行为,迫使美国政府制定了严密、全面的监管法律体系。目前美国证券市场监管法律体系可分为三级,即联邦政府法律法规、各州政府法律法规、证券交易所和证券交易商协会等自律机构的规章制度。

联邦政府证券监管法律体系又可分为专门和非专门法律法规。专门法律法规主要有:1933年《证券法》、1934年《证券交易法》、1936年《马诺尼法》、1940年《投资公司法》、1940年《投资顾问法》、1970年《证券投资者保护法》、1984年《内幕交易制裁法》、1988年《内幕交易与证券欺诈实施法》等。非专门法律法规主要有:1933年《银行法》、1935年《公用事业控股公司法》、1939年《信托契约法》、1970年《银行持股公司法》、1974年《雇员退休收入保障法》、1999年《金融服务现代化法案》。

各州政府证券市场监管法律也被称为"蓝天法"。1911年堪萨斯州第一个通过了"蓝天法",规定发行证券必须经过有关部门的批准,此后各州纷纷效仿,相继制定了相似的法律,这些法律于1917年得到美国最高法院的承认。主要内容有两类:一类是规定凡在该州发行和出售证券之前,必须经过该州同意;另一类是规定凡在证券发行前,州政府不进行干预,但发行后如有欺诈行为,将给予严厉惩罚。但外国政府在美国发行债券,不受"蓝天法"的限制。

(2) 英国

英国在1986年以前没有关于证券监管的专门立法,主要由交易所的自我管理规定和1958年《反欺诈投资法》、1967年《公司法》、1973年《公平交易法》等法规中有关规定构成证券法制监管体系。1986年开始加强政府监管力量:第一次制定了对证券业进行直接管理的专门法律——《金融服务法》,将自律管理体系纳入法律框架之中。此后，又制定了1998年《金融服务改革法》、2000年《金融服务和市场法》等。

(3) 德国

德国证券市场监管法律法规很多，有《证券交易条例》、《银行法》、《投资公司法》、《外国投资公司法》、《股份公司法》、1993年《内幕交易法》、1993年《持股信息新规则》、《联邦储备银行法》、《贸易法》、《刑法》、1994年《第二号金融市场促进法》(1994年《证券交易法》是其中的一部法律)、1998年《第三号金融市场促进法》、2002年《第四号金融市场促进法》等。1993年《内幕交易法》与《持股信息新规则》的制定，以及1994年德国证监会的成立，也反映出德国趋向集中立法体制的迹象。

(4) 日本

日本证券市场监管法律法规有1948年《证券交易法》、《商典法》、《公司法》、1951年《证券投资信托法》、1971年《外国证券业者法》、《外汇和外贸管理法》、《担保债券信托法》、1984年《股票等保管转托管法》、1986年《证券投资顾问业务法》、1998年《金融系统修改法》等。

(5) 韩国

韩国作为新兴市场国家，证券市场建立以来就追随美国的集中立法型管理体制，建立了一系列法规。韩国于1962年颁布《证券交易法》，使新兴证券市场初步得到规范。1967年政府开始采取一系列措施促进证券市场发展，1968年颁布《资本市场促进法》，1972年颁布《公共公司促进法》，并于1976、1987年修订《证券交易法》。

(6) 中国香港地区

中国香港地区证券市场监管法规体系主要有三个层次：第一，立法局制定的证券监管条例，包括1974年《证券条例》、1974年《保障投资者条例》、1976年《商品交易条例》、1980年《证券交易所合并条例》、《证券(公开权益)条例》、《证券(内幕交易)条例》、《证券(结算所)条例》、《公司条例》、1989年《证券及期货事务监察委员会条例》等十个条例并对其先后加以修订(1983、1989年修订《保障投资者条例》，1985年修订《证券交易所合并条例》)。第二，证监会制定的守则，包括1975年制定的《公司收购及合并守则》、《公司购回本身股份守则》、《单位信托及互惠基金守则》、《证监会注册人士操守准则》等。第三，联交所和结算公司制定的规则，包括香港联交所组织大纲及章程、1989年《证券上市规则》(第三版)、《证券(在证券交易所上市)规则》等。

(7) 中国台湾地区

1968年4月中国台湾地区颁布《证券交易法》，1979年7月颁布《证券金融事业管理规则》，1982年8月颁布《证券商营业处所买卖有价证券管理办法》，1988年修订《证券交易法》。

(8) 监管法律体系借鉴

我国的证券立法应当借鉴各国(地区)的经验，建立一个多层次、功能完备的法规体系。第一个层次是《证券法》、《证券交易法》、《刑法》等基础法律；第二个层次是与基础法律相配套的其他法律法规，如《公司法》、《投资公司法》、《投资顾问法》、《投资者保护法》等；第三个层次是自律机构制定的规则、准则，如证券交易所章程、证券商协会管理办法等。

10.2.3 监管内容比较

(1) 美国

美国证券发行采用注册制,1933年《证券法》和1934年《证券交易法》规定,所有在证券交易所公开挂牌上市的证券,必须向证券交易委员会和证券交易所进行发行注册;对在场外交易市场进行的证券发行,只要发行公司的资产超过100万美元、股东人数超过500人,也必须向证券交易委员会进行发行注册。除规定享有注册豁免的证券发行之外,没有取得注册批准的证券发行属于违法。一般证券交易委员会的审查期限在20天内,如果20天内发行公司没有收到该委员会的修改通知,登记报告自动生效。

《证券交易法》规定,证券在全国性证券交易所公开上市之前,拟上市公司必须向证券交易委员会和拟上市交易所办理上市注册和登记。美国法律规定,证券交易所有权对不符合本交易所上市条件的证券作出暂停交易或终止上市的决定。比如,纽约证券交易所规定,遇到下列情况之一,交易所可以强制该证券停止上市:交易所得到权威建议认为该证券已无价值;股份分散情况不好,已低于规定人数;交易所发现上市公司的过户代理或签证机构具有违反上市合同规定的行为;交易所认为上市公司已发行股份数额太少,经证券交易委员会批准停止上市;税前收益、自有性资产或普通股的市场价值已不符合所定标准。

证券商设立实行注册制,根据美国1934年《证券交易法》的有关规定,证券商必须注册。申请注册时应说明财务状况,注册者应有经营能力,应符合法定培训、经验、能力等其他条件,要求证券商最低资本金及成员的资历限制符合规定,才能自由从事证券业务。《证券交易法》第16条禁止内部人交易,并明确规定了内幕人员证券交易报告制度和内幕交易的法律责任,第16条(a)规定注册股票的10%以上股份的直接或间接受益人为董事或高级职员,须在上市注册时及每月结束后10天内向证券交易委员会与交易所提交股票数量的报告,第16条(b)要求任何内幕人士在6个月内买卖证券所得利润须归还证券发行公司。1984年《内部交易制裁法》和1988年《内部交易和证券欺诈法》,对1934年《证券交易法》进行修正和补充,扩大内幕人士和内幕交易的范围,并加重对内部人交易的民事和刑事处罚,将内幕人士扩大到任何传送实质性非公开信息的人和任何控制违反者的人,将内幕交易扩大到任何人在持有任何实质性非公开信息时,进行交易或将信息进行与交易有关的传递。美国对内幕交易的罚金最高达个人为100万、公司为250万美元,刑期最高为10年。

(2) 英国

英国证券发行采用注册制,伦敦证券交易所在股票发行市场中担负着重要的任务,发行公司必须将公开说明书和其他证件交付伦敦证券交易所予以审核,经该交易所认可后,才能在两家以上的伦敦重要报刊上公开刊登,每家至少刊登两天;股票发行的价格经发行公司和发行商决定后,必须向该交易所申请准许其报价,核准后才能参加交易。

由于英国是传统上依靠自律管理的国家,伦敦证券交易所是"有资格的上市权威",具有准政府机构的职能,拥有证券上市的审批权限。伦敦证券交易所规定了批准证券上市和在证券交易所买卖的条件,这些条件主要体现在《证券上市的批准书》中,其中主要是"批准要求"和"上市协议"两个文件规定。对挂牌市场证券上市具体要求是上市公司具有一定的财产，按市价计算的资产现值不低于 20 万（一般为 50 万）英镑；公司能提出为公众所接受的营业记录和利润预测及其依据；必须有一家证券经纪商的介绍引荐且有两家证券交易商的参与买卖，并形成初始市价；公司需要有 25% 左右的股份为广大的社会公众持有（规模大的公司，该比例可相应降低）；所有上市必须有真实、清楚和公开的招股说明书进行充分的宣传。

1939 年英国《防止欺诈（投资）法》规定禁止知情交易，20 世纪 80 年代后进一步加强对知情交易的管理，1980 年对《公司法》进行修改，将知情交易行为列为刑事犯罪。1986 年《金融服务法》扩大了内幕交易的范围，国务大臣有权任命检察员对内幕交易情况进行调查。英国对内幕交易处罚刑期最高为 7 年。《公司法》、《盗窃法》和《反欺诈（投资）法》等法律、法规中规定防止证券欺诈行为。

(3) 德国

德国证券发行采用核准制，股份公司发行新股时，只要不上市，属于《公司法》的范围，需要把公司设立的章程、发起人、初始股东创设公司的报告、公司账户、审计员报告等在地方法院的商业登记处登记。债券的发行主要根据 1954 年 6 月 6 日通过的《关于政府批准发行无记名债券的法律》，由联邦财政部负责审批。

证券商设立实行核准制，《第四号金融市场促进法》规定，任何欲从事金融服务的机构必须得到金融市场监管局的书面批准。另外还有资金方面的要求，新成立一个公司或在非欧盟国家成立一个分支机构时，银行应当拥有 500 万欧元以上的自有资金，自营的金融服务机构应当拥有 5 万—73 万欧元。

对内幕人交易的监督是 1994 年《证券交易法》的重点，《证券交易法》第 14 条明确规定，禁止内幕人利用其所得知的内幕信息买卖内幕人证券，或将内幕信息告知他人，或基于内幕信息建议他人买卖内幕人证券。如果违反该条规定，行为人将承担刑事责任，最高判处5年监禁或处罚金。

（4）日本

日本证券发行采用注册制，《证券交易法》规定，凡募集或销售有价证券总额达1亿日圆以上的发行人，必须于发行日前40天向大藏大臣提出有价证券发行申报书，申报书生效之前，申报者不得进行证券的募集和销售活动。一般来说，除非等待期间未被主管部门批准，申报书从交到大藏大臣之日起30天后就开始生效。申请被批准后，发行公司必须将有价证券发行申报书和销售证券计划书等提供给有关证券交易所。募集或销售有价证券总额虽然不满1亿日圆，但超过100万日圆者，发行人也要向大藏大臣提出有价证券募集或销售的通知书。发行100万日圆以下者，可以不遵守此规定。

东京证券交易所规定，上市公司出现下列情况之一，交易所决定停止其证券上市：上市股票股数不满1 000万股，资本额不满5亿日圆；中小股东数低于规定；最近6个月每月成交额不到1万股或连续3个月没有成交；最近5年没有分配股息，最近3年每年年底的负债超过资产；公司经营效果和财务状况不佳，到期债务不能偿还，违反交易所规章和上市契约。

日本对证券商设立的监管经历了由特许制到注册制的反复，1947年《证券交易法》规定证券公司开业实行特许制，1948年在美国的指导下改为实行注册制。由于20世纪60年代中期日本出现证券恐慌，导致许多证券公司破产，1965年修改《证券交易法》，1968年开始正式实行特许制，目的是防止过度竞争，使各证券公司专注于证券业，获得安全、稳定的经营环境，保护投资者利益。1998年日本出台《金融系统修改法》，将特许制改为注册制，规定设立证券公司需到金融厅授权的地方金融局注册。

《证券交易法》规定,处于有可能获得上市公司未公开重要信息的特殊地位人员,在其获得的信息未公布之前,不得买卖该公司的有价证券,日本对内幕交易的处罚较轻,规定违反禁令将处以6个月以下徒刑或50万日圆(约合4 000美元)以下罚款。此外,《证券交易法》规定公司董事和主要股东在买卖该公司上市股票等有价证券后6个月内,公司有权要求其将所获利益归还;公司董事和主要股东买卖该公司上市股票等有价证券,在交易成立后第二个月的15个工作日之前,有义务将交易详情向大藏大臣报告。《证券交易法》严厉禁止操纵价格的行为,规定有价格操纵行为者将被处以3年以下徒刑或300万日圆以下罚金,并承担赔偿责任。

(5) 韩国

韩国欲上市的公司须向韩国股票交易所提交上市申请。在交易所认为其证券可以上市后,该公司须进一步向证券交易委员会申请批准,由其作出最后的决定。上市的主要条件是:公司至少成立5年以上;实收资本不少于30亿韩元,股本不少于50亿韩元,截止到上市申请日至少有30%的股票已公开发行。

(6) 中国香港地区

香港联交所下设的上市委员会拥有充分权力,依据《证券上市规则》决定是否批准申请,并有充分的酌情权以处理各种上市问题。香港证监会是决定是否批准证券上市的最高权力机构,凡向联交所提出的上市申请书,必须同时向证监会呈送副本,证监会在7个工作日内无反对意见时,上市委员会方可决定批准上市。上市标准为:申请上市的公司必须是股份公开公司,并且在上市期间必须保持股份公开,不得改变公司性质;证券发行人及其业务必须属于联交所认为适合上市者；所有公开发布的有关资料须经上市部门批准；公司证券上市须有一名联交所会员介绍；须有 3 年以上的详尽公司营业记录；上市证券的市值不得低于 5 000 万港元；申请上市的证券必须有一定的流通量，且必须由公众人士持有某一指定的百分比，若申请人的预计市值不超过 40 亿港元，指定的最低公众持有标准为 25％，若预计市值超过 40 亿港元，则此比率由联交所决定，一般不低于 10％；上市公司的雇员及子公司持有本公司的证券不得超过 10％；上市公司须按上市委员会认可的法定会计标准设立账目，经有资格的审计公司审计，并将审计后的财务报表向公众披露；上市公司的控股股东须与申请人的整体股东利益没有冲突，否则联交所可视申请人为不适合上市。

1973 年《公司法》修正案将内幕交易行为确定为刑事罪行，触犯者要受刑事处罚，并对遭受这一行为损害的人士进行赔偿。《证券条例》也规定禁止内幕交易。1990 年《证券（内幕交易）条例》对内幕交易做出更广泛的释义，采取更为严厉的制裁措施。香港法律规定，对内幕交易应归还获利，加以 3 倍罚款。《证券条例》规定，禁止任何人制造证券假市，运用伪装或欺骗手法影响证券价格或垄断市场交易。对于属于犯罪的操纵行为，经诉讼程序后，最高刑罚为罚款 5 万港元及入狱 2 年。《保障投资者条例》规定，禁止有关人士运用欺诈或误导手段引诱投资者买卖证券，违例者可被罚款 100 万港元及入狱 7 年；对有关宣传投资的刊物发行实施管制，凡未经证监会事前核准的招资广告，一律禁止擅自刊登，否则可被判罚款 50 万港元及入狱 3 年。

(7) 中国台湾地区

中国台湾地区公开发行公司先接受主办证券承销商辅导 24 个月后方成为申请主体，台湾证券交易所为担任实际审查及决定上市与否的机关，交易所审查通过后，双方订立上市契约，并将上市契约报主管机关核准后，方可正式上市。台湾证交所按照各种股票的赢利水平、资本结构等把上市股票分为三类,并规定每一类股票的上市条件。如第一类上市股票必须满足的条件是:实收资本额不少于新台币4亿元;营业收入和税前净收入必须符合下列条件之一:最近两年营业收入和税前净收入与实收资本的比率不得低于10%,营业收入和税前净收入的金额均不得低于新台币8 000万元,而且最近两年上述比率不得低于5%,最近两年的某一年满足了前一个条件,而在另一年满足了后一个条件;上年资产净值与总资产的比率不低于1/3;记名股东人数不得少于2 000个,其中持有1 000—50 000股股票的股东人数不得少于1 000个,且其所持股份合计占发行股份总额20%或2 000万股以上。

(8) 监管内容比较及启示

证券市场发达国家和地区的证券上市管理主要由各个证券交易所等交易场所负责,证券交易所等交易场所拥有实际审批权,这样可以充分发挥交易所自律管理的作用,发挥其一线监管的优势。同时,除英国等少数实行自律管理的国家和地区规定证券交易所拥有证券上市的审批权限,绝大部分国家和地区规定政府监管机构拥有最终审批权,以克服自律管理的诸多缺点。另外,为了维护证券市场秩序,各国都通过颁布法律、法规,对不正当交易行为给予经济、行政、刑事处罚,可以说证券法律、法规是维护证券市场秩序的关键。

10.3 证券市场监管的发展趋势

10.3.1 从放松监管到加强监管

从总体上看,20世纪30年代以前世界各国对证券市场基本不予监管。按照当时主流经济学的观点，政府只充当"守夜人"的角色，维持最低限度的管理，以保证自由、完全竞争的秩序。30年代后监管沿着以下轨迹发展。

(1) 20世纪30—70年代初的严格监管(regulation)

1929—1933年的经济大危机首先爆发于证券市场，这次危机宣告了自由放任主义结束，凯恩斯的国家干预经济学代替了亚当·斯密的自由主义学说。大危机也是现代金融监管形成的最主要、直接的动因，各国纷纷制定证券监管方面的法律制度，实施严格的证券市场监管。

(2) 20世纪70年代末—90年代初的放松监管(deregulation)

20世纪70年代以来，西方国家经济停滞与通货膨胀同时出现，以弗里德曼为代表的货币主义代替了凯恩斯国家干预主义。货币主义认为，必须从国家积极干预经济的道路上转变过来，充分发挥市场经济的自我调节机能，给经济充分的自由。因此，英国、美国和日本等国纷纷放松了对证券市场的管制，如在证券交易方面，取消证券交易的固定佣金制，实行佣金自由化等。

但是，在放松管制的同时也出现了某些加强管制的倾向。如在监管体制方面，强化政府监管职能和监管地位，集中管理和统一立法成为主要发展方向，突出表现为英国在1986年颁布《金融服务法》，并成立世界第一家综合性监管机构——金融监管服务局。

(3) 20世纪90年代中期以后的再监管(reregulation)

20世纪90年代英国巴林银行、日本大和银行、美国奥兰治县财政基金、美国最大的对冲基金长期资本管理公司等因内部管理不严或从事金融衍生业务而破产或发生巨额亏损,各国证券监管以至金融监管出现加强的新趋势,其本质是降低金融领域的系统性风险,并减少外部负效应。再监管的最显著的特点是宏观上放松管制,微观上加强监管。宏观上放松管制是指政府基于国家发展证券市场、增强本国金融机构竞争力的经济政策,对证券业的体制、市场架构、审批制度和经营手段作出调整,使之发展环境较为宽松,整个证券体制更具有活力。但在微观上则进一步加强了对证券市场的监管。如日本1998年建立了综合性监管机构——金融监督厅。

10.3.2　混业经营与证券市场监管

20世纪30年代经济大危机后,一些国家将金融业由混业经营改为分业经营,另一些国家则维持原来的混业经营模式不变,形成分业经营和混业经营并存的格局。实行分业经营模式的国家以美国、日本、英国为代表,实行混业经营模式的国家以德国、荷兰、瑞士、奥地利为代表。

但是20世纪80年代以来,金融业发生了一系列根本性的变化:金融创新浪潮不断涌现,金融机构的业务互相交叉,与分业经营模式发生冲突;金融国际化程度加深,金融领域的国际竞争日益激烈,分业经营模式在国际竞争中常显劣势;商业银行自身的传统业务赢利能力下降,银行市场缩小,迫切要求寻找新的利润增长点。因此,大多数国家纷纷放松了金融管制,在金融业经营模式上从分业经营转向混业经营,单一功能的银行逐渐向金融超市方向发展,混业经营成为国际金融业发展的重要趋势。

最早进行金融改革的国家是英国,1986年英国进行金融"大爆炸"式的改革,允许银行兼并证券公司,形成多种金融业务的企业集团。美联储1987年开始先后批准一些银行持股公司通过子公司经营证券业务，1989年允许花旗、大通等商业银行直接包销企业股票与债券，并于1999年通过了《金融改革现代化法案》，正式结束以1933年《格拉斯—斯蒂格尔法》为基础的银行、证券、保险业分业经营的历史，允许银行、保险和证券公司相互进入对方的市场参与竞争，标志美国金融业进入混业经营的新时代。1998年日本进行了日本版金融"大爆炸"，废除了银行不能直接经营证券、保险业的禁令，允许各金融机构通过各自子公司经营多种金融业务，并且所持子公司股份比例不受限制。

为适应金融混业经营，各国都在积极调整证券市场监管体制，由分业监管、机构监管向混业监管、功能监管转变。机构监管与功能监管的区别是，前者强调根据金融机构的类型设立不同的监管机构，不同的监管机构拥有各自职责范围，无权干预其他类型的金融机构业务活动；而后者强调根据金融业务确定相应的监管机构和监管规则，减少监管职能的冲突、交叉和盲区。实行混业监管，将银行、证券和保险监管职能集中，成立专门、统一的金融监管机构的国家有英国、日本、瑞典、丹麦、挪威、澳大利亚、加拿大、冰岛、韩国、新加坡等。还有一些国家实行混业监管和分业监管相结合的方式，如美国对从事混业经营的金融机构特别是金融控股公司，在综合监管方面，由联邦储备理事会(FRB)负责，对金融机构的总体情况进行监管；在分业监管方面，国民银行监管由财政部所属的货币监理署(OCC)、联邦储备理事会(FRB)和联邦存款保险公司(FDIC)负责，证券监管由证券交易委员会等负责，保险监管由全国保险监督官协会(NAIC)、全国注册代理人和经纪人协会理事会以及州政府负责。目前仍然有不少国家实行分业监管。

在我国加入WTO、混业经营成为国际金融业发展趋势的背景下，为增强我国金融的国际竞争力，谨慎、稳妥地实行混业经营将是我国金融业的必然选择。目前我国已适度调整和放松分业经营管制，如我国于 1999 年发布《证券公司进入银行间同业市场的规定》、《基金管理公司进入银行间同业市场的规定》，2001 年发布《商业银行中间业务暂行规定》，2004 年发布《保险机构投资者股票投资管理暂行办法》等。同时正在对金融控股公司这一混业经营模式进行探索，已成立的金融控股公司有光大集团、中信集团、中银国际等。光大集团控股或参股的金融企业主要有光大银行、光大证券、申银万国证券、光大国际信托投资公司，并与加拿大永明人寿保险公司共同成立了中加合资人寿保险公司。中信集团控股或参股的金融企业主要有中信实业银行、中信证券、信诚人寿保险公司和中信兴业信托投资公司。随着金融混业经营模式的转向，我国证券市场监管模式及整个金融监管模式也必然发生相应变化。

10.3.3 证券市场国际化与证券市场监管

20 世纪 80 年代以来，在新技术革命和金融创新的带动下，证券市场出现全球化、国际化的趋势，世界各国由封闭的国内证券市场向开放的国际市场转变。证券市场国际化是指以证券为媒介的国际资本流动。它是融资证券化和资本市场全球一体化的必然结果，包括资本引进型和资本输出型两种类型。资本引进型可分为国内企业海外发行上市和境外投资者投资国内股市，资本输出型可分为国外企业国内发行上市和国内投资者投资海外股市。证券市场国际化造成各国证券市场风险加大，市场之间的风险蔓延极为迅速，因此，各国加强了证券监管的协调与合作，出现证券监管的国际化趋势。1995 年 7 月，中国证监会加入国际证监会组织。目前已同我国签订证券监管合作备忘录的国家和地区有美国、新加坡、澳大利亚、英国、日本、马来西亚、巴西、乌克兰、法国、卢森堡、德国、意大利、埃及、韩国、罗马尼亚、南非、荷兰、比利时、加拿大、瑞士、中国香港等。

国际证券监管协作的主要形式有三种,分别为双边监管合作、区域性监管协作和国际性监管协作。主要内容有建立信息共享机制,制约跨国界的欺诈、操纵市场、内幕交易行为;协调资本充足度要求,加强对跨国界金融企业的监管;协调证券多国发行和上市的统一信息披露和会计标准。

第一,双边监管合作。主要有谅解备忘录、金融信息共享协定、非正式联系的双边信息共享。谅解备忘录(MOU)是指两国的监管机构相互向对方提出各自应尽义务的一种协定。金融信息共享协定(FISMOU)具体说明有关方面可以了解的一般情况,如规定同时在两个国家营业的公司应定期向两国监管机构披露有关信息。

第二,区域性监管协作。欧盟在20世纪80年代末产生的投资服务指导(Invest Services Directive,ISD)是市场监管协作的重要内容,欧盟的监管目标是更为充分、公开的信息披露,更为统一的会计准则体系,更高的透明度,更多的跨国界交易系统。

第三,国际性监管协作。目前有国际证监会组织、国际证券市场协会等方式。国际证监会组织(International Organization of Securities Commissions,IOSCO)1983年在加拿大蒙特利尔成立,是国际证券业监管者合作中心。该组织成立时有115个正式(有投票权)、附属和联系成员,包括证券监管机构、自律组织、有联系的国际组织。IOSCO分为由发达国家成员组成的技术委员会和由新兴市场国家成员组成的发展委员会。1986年11月7日该组织达成《里约宣言》(Rio Declaration),即《相互援助协议》,1994年东京会议上通过《承诺国际证监会组织监管标准和相互合作与援助基本原则的协议》,以及在巴林银行倒闭后各成员达成《温莎宣言》等,这些协议、宣言大大加强了国际证券市场监管的范围和有效性。国际证券市场协会(IS-MA)主要研讨与国际证券市场有关的问题,如建立统一的市场准则,向有关部门提供信息等。其成员有43个国家和地区。有115家正式(有投票权)、附属和联系成员,其成员是一些证券监管机构、自律组织以及有联系的国际组织。

10.4 我国证券市场监管制度的改革与完善

我国证券市场是一个新兴市场,1990年沪深证券交易所成立以来,我国证券市场已逐步形成以政府监管为主、自律监管为辅的监管体制。截止到2005年12月底,境内上市公司达到1 381家,股票市价总值为32 430.28亿元,流通市值为10 630.52亿元,[①]当年GDP为182 321亿元,股票市价总值占GDP的比重为17.78。[②] 但是,我国证券市场监管尚存在很多问题,制度缺陷影响了证券市场的健康运行,并在一定程度上损害着投资者的合法利益。

10.4.1 证券市场监管制度的发展和现状

我国证券市场发育于20世纪80年代初期,其监管体制发展演变大致经历了三个阶段,各个阶段成立了相应的监管机构。

第一阶段:1992年以前是我国证券市场的起步阶段,证券市场主要由中国人民银行金融管理司负责监管,国家经济体制改革委员会等其他政府机构和深圳、上海两地政府参与管理,上海和深圳都颁布了有关股份公司和证券交易的地方性法规,建立了地方性的监管

[①] 数据资料来源:中国证券监督管理委员会网站 http://www.csrc.gov.cn。
[②] http://www.szpco.com/list.asp?articleid=34907。

机构。

第二阶段:1992—1997年,政府监管机构为国务院证券委员会和中国证券监督管理委员会。1992年10月,成立了国务院证券委员会和中国证券监督管理委员会,作为全国性的专门监管机构,负责对全国证券市场进行统一监管。各地方政府成立相应的证券监管部门。国务院证券委是全国证券市场的主管机关,由多个部门组成,依照法律、法规的规定对全国证券市场进行统一宏观管理。中国证监会是国务院证券委的执行机构,依照法律、法规的规定对证券的发行和交易的具体活动进行管理和监督。但是在1998年以前,证券市场监管仍然是分散的,其他监管部门有中国人民银行、财政部等。中国人民银行负责对证券经营机构进行监管。

第三阶段:1998年以后,政府监管机构为中国证券监督管理委员会及其派出机构。1998年,我国证券市场监管体制进行了重大改革,形成了现在的监管体制和机构。

——中国证券监督管理委员会,简称中国证监会。1998年9月,国务院决定撤销国务院证券委,将国务院证券委和中国人民银行的监管职能并入中国证监会。中国证监会作为国务院直属事业单位,成为全国证券、期货市场的主管部门,负责集中统一管理我国证券、期货市场,垂直领导地方证券部门。中国证监会下设发行监管部、市场监管部、上市公司监管部、机构监管部、基金监管部、法律部、稽查局、会计部等职能部门。

中国证监会根据各地区证券、期货业发展的实际情况,在36个城市分别设立证监会派出机构即证券监管办公室、办事处和证券监管特派员办事处。中国证监会按照国务院授权履行行政管理职能,依照法律、法规对我国证券、期货业进行集中统一监管。《证券法》第一百七十九条明确规定了证监会的8项职责:依法制定有关证券市场监督管理的规章、规则,并依法行使审批或者核准权;依法对证券的发行、上市、交易、登记、托管、结算进行监督管理;依法对证券发行人、上市公司、证券公司、证券投资基金管理公司、证券服务机构、证券交易所、证券登记结算机构的证券业务活动进行监督管理;依法制定从事证券业务人员的资格标准和行为准则,并监督实施;依法监督检查证券发行、上市和交易的信息公开情况;依法对证券业协会的活动进行指导和监督;依法对违反证券市场监督管理法律、行政法规的行为进行查处;法律、行政法规规定的其他职责。

——中国证监会派出机构。证监会在全国中心城市(包括天津、沈阳、上海、济南、武汉、广州、深圳、成都、西安)设立 9 个证券监管办公室,在北京、重庆设立直属于中国证监会的办事处,在 25 个省、自治区、计划单列市设立证券监管特派员办事处。1999 年 7 月 1 日,中国证监会 36 个派出机构统一挂牌,我国证券管理职能由分散走向集中,建立了由中国证监会集中统一监管的证券监管模式。各派出机构由中国证监会垂直领导,具体负责对辖区内的上市公司,证券、期货经营机构,证券、期货投资咨询机构和从事证券业务的律师事务所、会计师事务所、资产评估事务所等中介机构的证券业务活动进行监督管理。主要职责有:认真贯彻执行国家有关法律、法规、方针政策,依据证监会的授权,对辖区内的上市公司、证券期货经营机构、证券期货投资咨询机构的有关股票发行业务、证券投资基金的业务活动进行监督管理,依法查处辖区内的违法、违规案件,调节证券、期货业务纠纷和争议以及证监会授予的其他职责。

10.4.2 证券市场监管法律体系

从 1990 年到现在,我国已初步形成了包括国家法律、行政法规和证券主管部门规章在内的比较完备的证券监管法律体系。

（1）国家法律

国家法律包括《证券法》、《公司法》、《刑法》等。修订后的《证券法》于2006年1月1日施行，是证券市场最重要、最基本的法律，是我国集中统一监管体制的基石，该法共十二章二百四十条，各章为总则、证券发行、证券交易、上市公司的收购、证券交易所、证券公司、证券登记结算机构、证券服务机构、证券业协会、证券监督管理机构、法律责任、附则。《公司法》是对上市公司进行监管的法律依据，《刑法》是维护证券市场秩序的有力武器。《证券法》与其他法律的关系为：在调整证券发行和交易方面，优先适用《证券法》，只有在《证券法》未作规定时，才适用其他法律的规定。

（2）行政法规

行政法规是政府颁布的证券市场专门法规，对证券市场监管具有重要作用。主要包括《国库券条例》、《企业债券管理条例》、《公司登记管理条例》、《股票发行与交易管理暂行条例》、《国务院关于股份有限公司境外募集股份及上市的特别规定》、《国务院关于股份有限公司境内上市外资股的规定》、《金融资产管理公司条例》等。

（3）部门规章

部门规章是证券监管部门根据有关法律、法规制定的实施办法和细则。我国主要是指由原国务院证券委和中国证监会制定的各项规章。主要包括《证券投资基金管理暂行办法》、《禁止证券欺诈行为暂行办法》、《公开发行股票公司信息披露实施细则》、《期货交易所管理办法》、《证券公司网上委托业务核准程序》、《股票发行上市辅导工作暂行办法》、《证券公司股票质押贷款管理办法》、《亏损上市公司暂行上市和终止上市实施办法》、《上市公司新股发行管理办法》、《证券公司管理办法》、《外资参股证券公司设立规则》、《外资参股基金管理公司设立规则》、《合格境外机构投资者境内证券投资管理暂行办法》等。

10.4.3 证券市场监管体制

我国的证券监管体制经历了从多头到统一、从分散到集中的过程,大体上可以分为三个阶段。

第一阶段:从20世纪80年代到1992年5月,在国务院的部署下,主要由上海、深圳两市地方政府管理。

1981年7月,财政部重新发行国债,中国证券市场开始起步。接着,上海、深圳、北京等地的企业开始以股票、债券的形式集资,如深圳宝安、北京天桥、上海飞乐等。1986年,沈阳市信托投资公司开办窗口交易,代客买卖股票和企业债券,中国工商银行上海市分行静安区营业部开始证券柜台交易,有价证券转让市场启动。1988年,国务院决定在上海、深圳等七个城市进行国库券上市交易试点,国库券交易市场形成。1990年,上海、深圳证券交易所成立,分散的柜台交易迅速转变为场内集中竞价交易。在这一阶段,我国对证券市场没有集中统一的管理,是在中国人民银行和中国经济体制改革委员会等部门决策下,主要由上海、深圳两市地方政府管理。首先,证券发行与交易限于上海和深圳两市试点,是经国务院同意、由中国人民银行和中国经济体制改革委员会等部门共同决策的。其次,在实际的运作过程中,上海、深圳地方政府充当了主要管理者的角色,两地人民银行分行相继出台了一些有关法规,对证券发行与交易行为进行规范。

第二阶段:从1992年5月到1997年底,是由中央与地方、中央各部门共同参与管理向集中统一管理的过渡阶段。

1992年5月,中国人民银行成立证券管理办公室,7月,国务院建立国务院证券管理办公会议制度,代表国务院行使对证券业的日常管理职能。中央政府参与证券市场的管理,是证券发行与交易规模日益扩大、要求建立全国统一市场的必然结果,但这种由中央银行代管证券市场的格局没有持续多久。8月10日,百万人涌至深圳争购1992年新股认购表,并发生了震惊全国的"8.10风波"。这一风波反映了广大投资者对股票的狂热心理,也表明中国证券市场到了需要按国际惯例设立专门机构的时候了。于是,国务院决定成立国务院证券委和中国证监会,同时将发行股票的试点由上海、深圳等少数地方推广到全国。这种制度安排,事实上是由国务院证券委代替了国务院证券管理办公会议制度,代表国务院行使对证券业的日常管理职能,由中国证监会替代了中国人民银行证券管理办公室。同时,国务院赋予中央有关部门部分证券监管的职责,形成了各部门共管的局面。国家计委根据证券委的计划建议编制证券发行计划;中国人民银行负责审批和归口管理证券机构,报证券委备案;财政部归口管理注册会计师和会计师事务所,其从事与证券业有关的会计事务的资格由证监会审定;国家体改委负责拟订股份制试点的法规,组织协调有关试点工作,同企业主管部门负责审批中央企业的试点。另外,地方政府仍在证券管理中发挥重要作用。上海、深圳证券交易所由当地政府管理,由证监会实施监督;地方企业的股份制试点,由省级或计划单列市人民政府授权的部门会同企业主管部门审批。为了把对证券和期货市场监管工作落到实处,中国证监会向隶属于地方政府的地方证券期货监管部门授权,让它们行使部分监管职责。

第三阶段:从1997年底到现在,初步建立了集中统一的证券监管体制。

1997年底,中共中央、国务院鉴于亚洲金融危机的严重形势,召开了全国金融工作会议,强调防范与化解金融风险。这次会议决定对证券监管体制进行改革,完善监管体系,实行垂直领导,加强对全国证券、期货业的统一监管。《证券法》第七条规定,国务院证券监督管理机构依法对全国证券市场实行集中统一监督管理,从而以证券市场基本大法的形式,肯定了国务院证券监督管理机构的法律地位。首先,将证券交易所由地方政府转为中国证监会管理;其次,将原国务院证券委员会的职能、中国人民银行的证券业监管职能划入中国证监会;再次,1998年8月,国务院批准了《证券监管机构体制改革方案》,中国证监会作为全国证券期货市场的主管部门,可根据各地区证券、期货业发展的实际情况,在部分中心城市设立证监会派出机构;最后,在集中统一领导下,发挥证券业协会的自律功能。

10.4.4 证券市场监管内容

(1) 对证券发行的监管

我国对证券发行实行实质和形式的双重审查,实质审查着重于发行的条件,形式审查侧重于发行的程序。但无论哪种审查,充分的信息披露都是必需的。此外,证券交易所在证券发行的监管中也担当着重要的作用。我国《证券法》规定,公开发行证券,必须符合法律、行政法规规定的条件,并依法报经国务院证券监督管理机构或者国务院授权的部门核准或者审批;未经依法批准或者审批,任何单位和个人不得向社会公开发行证券。国务院证券监督管理机构设发行审核委员会,依法审核股票发行申请。

(2) 对证券交易市场的监管

我国《证券法》规定,中国证监会对证券交易所进行直接管理,证券交易所对证券交易市场进行一线监管。目前我国证券上市采用审核制,证监会拥有证券上市的实际审查权和决定权,负责对申请上市证券的资格、条件、规模、上市时间等进行审批,而证券交易所的权限相对较小。

(3) 对投资者投资行为的监管

我国在1997年修改的新《刑法》中明确规定了内幕交易的刑事责任,《证券法》对知情人员的类型、内幕信息的范围等作出明确的规定。

(4) 对证券市场中介行为的监管

对证券中介行为的监管,包括对从事证券业务的律师事务所、会计师事务所、审计师事务所、资产评估机构、证券投资咨询机构、登记结算公司等中介服务机构及其从业人员的证券行为进行的监督管理。

(5) 对证券欺诈行为的监管

我国在1993年《股票发行与交易管理暂行条例》中将操纵市场确定为非法行为,1993年《禁止证券欺诈行为暂行办法》中将操纵行为列为禁止性行为,1998年通过的《证券法》作出更为完善的规定;我国在《证券法》、《刑法》和《禁止证券欺诈行为暂行办法》中明确规定禁止欺诈行为。

10.4.5 证券市场监管制度存在的问题

(1) 政府行政干预

20世纪80年代,我国开始探索建立证券市场,其初衷主要是为国有企业改革考虑的。90年代初，证券交易所正式成立，交易所中大多数上市公司都由国有企业改制而来，证券市场成为国有企业脱贫解困的重要渠道。证券市场的中介机构中，沪深证券交易所为国有，证券公司为国有控股，证券投资基金的托管人、发起人为国有金融机构。作为代表政府利益的证券监管机构不可避免地担当多重角色，存在多元目标。其多重角色和多元目标体现为，证券监管机构既是"裁判员"，承担证券监管职能，培育和发展证券市场，维护证券市场的公开、公平和公正，提高证券市场的资源配置效率，以及保护中小投资者的合法权益；同时又是"运动员"，代表政府利益，更多地为搞活国有大中型企业服务，为国有上市企业筹集资金。然而，监管机构的多重角色和多元目标是相互矛盾的，其结果是很难保证监管的独立性和公正性，对证券市场产生过多的行政干预，在一定程度上限制证券市场机制的作用。与成熟市场经济国家对资本市场的监管相比，我国政府的监管存在明显的职能错位，这也是我国目前证券市场中存在的最大问题，并由此造成了政府管理效率不高和行业自律作用不强。

（2）监管手段单一落后

我国目前采用的是集中统一型监管模式，或称政府主导型模式。其特点是强调立法管理，具有较完备的证券法律、法规体系；设立统一的全国性的证券管理机构承担监管职能。与自律性监管模式相比，这种监管模式更具有权威性，能够更加严格、公平、有效地履行监管职能。根据我国的具体国情和市场发育程度，现阶段选择集中统一型监管模式无疑是明智的。但是国内外证券市场监管实践表明，仅仅依靠证监会及其派出机构，显然难以实现对证券市场的全面监管，需要建立一个功能完善的，包括自律管理在内的监管体系。在监管手段上，我们仍注重行政手段，将指令性行政计划管理手段照搬于证券市场，这种违反证券市场运作规律的管理方法成为证券市场无序发展的诱因。

（3）监管人员素质不高

证券市场监管是一项政策性、技术性、操作性很强的专门工作，要求从事此项工作的人员具有较高的政治素养、政策水平、专业技能和道德水准。但从目前来看，我国证券市场监管人员在数量和素质上，特别是在综合素质方面，难以适应我国证券市场迅速发展条件下监管工作的需要。可以说，监管人员综合素质的提高是提高我国证券市场监管水平的关键一环。

10.4.6 证券市场监管制度的完善与创新

（1）创新监管理念

证券监管机构的主要职责应当是维护证券市场的公正与公平，让证券市场回归到直接投资及直接融资正常、有序交易场所的基础地位。一方面要为所有投资者提供平等的投资环境，让投资者能够在自担风险的前提下争取合理的收益。由于中小投资者的信息获取能力较弱、风险承担能力较差，是股市中的弱势群体，因此必须严肃并及时地查处掠夺中小投资者财富的各种违法、违规行为。另一方面要建立公平、公正、公开的核准制度，为各类所有制的企业提供平等的市场准入待遇，让能给投资者较高回报的优秀企业得到更多的融资机会，同时要消除一级发行市场的无风险套利条件，防止股市成为一些企业圈钱的场所。证券监管机构一般无须对证券市价的涨跌负责，更不宜站在国有资产所有者利益的立场上去托市或救市。在特定及必须的情况下,证券监管机构可以通过法定程序建议政府对市场予以适当的临时干预。

(2) 完善监管法制

法律是证券市场监管的依据和保障,证券市场的健康发展需要一个完善的监管法律体系。同时,随着我国证券市场自由化、国际化的发展,对监管法律法规建设提出了更高的要求。因此,我们必须进一步完善证券监管法律体系:尽快出台《证券法》实施细则,以便细化法律条款,增强可操作性;尽快制定实施《基金法》、《期货法》,处理好《证券法》与相关法律的衔接问题。

证券监管机构应根据市场出现的新问题,及时制定相应的规章制度,保持对市场变化的灵敏反应:首先是制定与《证券法》配套的相关法律,如《证券交易法》、《投资信托法》、《证券信誉评级法》、《投资公司法》、《投资顾问法》等;其次是对《证券法》、《公司法》、《刑法》、《行政诉讼法》等所有与证券市场相关的法律、法规和规章等进行清理、修改和完善,确保其相互衔接,消除可能存在的矛盾,以增强证券市场法律体系的一致性、完整性和可操作性。

(3) 加强功能监管,实现分业多头监管向混业统一监管转化

混业经营已成为我国金融业发展的基本趋势,因此,证券监管部门应由分业监管、机构监管逐渐转向混业监管、功能监管,加强银监会、证监会和保监会的相互协调和沟通,提高监管质量。我国金融业加强功能监管主要包括以下三个方面:第一,建立定期的金融监管联席会议制度。2000年人民银行、证监会和保监会已不定期地召开联席会议。2003年4月银监会成立,今后三者应定期就监管中的一些

重大问题进行协商。第二,尽快建立三者之间有效的信息共享机制,通过多渠道获取监管信息,加强彼此之间的信息交流。第三,有计划地联合建立金融监管方面的公告制度、通报制度、金融机构整体测评制度、金融从业人员职业资格考试制度、金融机构主要负责人统一谈话制度等。第四,适应国内证券市场发展要求,顺应证券市场监管制度发展趋势,借鉴发达国家经验,逐步实现由分业多头监管向混业统一监管的转化。

(4) 加强国际监管合作

2001年12月11日我国已正式加入WTO,根据WTO协议,我国将全面开放证券市场,这一方面有利于我国证券市场的规范和成熟,促进我国整体对外开放和经济增长,另一方面也将加大我国这个新兴证券市场的风险,形成严峻的挑战。在新兴市场国家如墨西哥、泰国、印度尼西亚、马来西亚、菲律宾等发生的金融危机应引起我们足够的重视。目前我国已加入证监会国际组织、国际货币基金组织、国际清算银行等8个国际性的金融组织或会议,直接参与了巴塞尔委员会关于《有效银行监管的核心原则》的讨论和协议签署。今后应当进一步加强与各国证券监管机构的交流和合作,协调监管法律、法规,统一监管原则和标准,适应加入WTO后开放证券市场的国际环境,增强我国证券市场抵御国际金融风险的能力。

此外,采取多种方式和途径,迅速提高证券业监管人员的综合素质,也是提高和改善我国证券业监管水平不可忽视的重要方面。

参考文献

中文部分：

[1] 中国证券监督管理委员会统计信息，
http://www.csrc.gov.cn/cn/statinfo/index1.jsp。
[2] 严 武、李汉国、吴冬梅：《证券市场管理国际比较研究》，中国财政经济出版社1998年版。
[3] 万国华：《中国证券市场问题报告》，中国发展出版社2003年版。
[4] 魏兴耘：《证券市场制度研究》，广东经济出版社2001年版。
[5] 胡继之：《海外主要证券市场发行制度》，中国金融出版社2001年版。
[6] 刘鸿儒等：《探索中国资本市场发展之路——理论创新推动制度创新》，中国金融出版社2003年版。
[7] 王国刚：《中国资本市场的深层问题》，社会科学文献出版社2004年版。
[8] 国务院发展研究中心"优化新股发行机制"课题组，《投资与证券》2004年第6期。
[9] 林 坚："通道制成为历史"，《上海证券报》2005年1月4日。
[10] 吴林祥：《证券交易制度分析》，上海财经大学出版社2002年版。
[11] 屠光绍：《交易体制：原理与变革》，上海人民出版社2000年版。
[12] 何 杰：《证券交易制度论》，经济日报出版社2001年版。
[13] 刘 逖：《证券市场微观结构理论与实践》，复旦大学出版社2002年版。
[14] 赵雪琴：《中国证券市场结构优化与制度创新》，上海三联书店2004年版。
[15] 桂敏杰主编：《深圳证券交易所综合研究所综合报告》，经济科学出版社1999年版。
[16] 关于对A股和基金交易实行公开信息制度的通知，
http://www.sse.org.cn/Web/Article/2004/06/15/1009366250C5950.asp。

[17] 深圳证券交易所中小企业板块交易特别规定,
http://www.sse.org.cn/Web/Article/2004/05/21/1109019531C5811.aspx。
[18] 张育军:"认真贯彻证券法 全面推进深交所各项工作",《上海证券报》2006年1月4日。
[19] 杨 洁:"祖国大陆、香港和台湾地区证券交易所制度比较研究",《广西大学学报》2003第2期。
[20] 李志君:《证券市场政府监管论》,吉林人民出版社2005年版。
[21] 孙成刚:"从中外比较看中国证券交易所组织模式的演变",《河南金融管理干部学院学报》2003年第2期。
[22] 胡昌生、熊和平、蔡基栋:《证券投资学》,武汉大学出版社2002年版。
[23] 吴晓求:《证券上市与交易》,中国人民大学出版社2001年版。
[24] 吴晓求:《证券市场概论》,中国人民大学出版社2001年版。
[25] 吴晓求:《海外证券市场》,中国人民大学出版社2001年版。
[26] 杨大楷:《证券投资学》,上海财经大学出版社2000年版。
[27] 金建栋、肖灼基、许树信:《中国证券市场》,中国金融出版社1991年版。
[28] 上海证券交易所:上海证券交易所组织结构图,
http://www.sse.com.cn/sseportal/ps/zhs/sjs/zzjg.shtml。
[29] 深圳证券交易所:深圳证券交易所组织结构图,
http://www.szse.cn/main/Catalog_1125.aspx。
[30] 赵国良:"东京证券交易所",
http://www.daynews.com.cn/mag6/20031227/ca115573.htm。
[31] 金武卫:"对证券交易所的规定:单薄、模糊",《中国律师》1999年第4期。
[32] 刘 慧:"浅议期交所公司化的动因",《期货日报》2002年5月22日。
[33] 魏建华:"2001中国资本市场——监管年话监管",《中国产经新闻》2001年12月。
[34] 王逢梦:《我国证券交易所公司制变革探讨》,西南交通大学硕士学位论文2003年10月。
[35] 陈 凤:《证券市场自律制度研究》,湖南大学硕士学位论文2004年5月。
[36] 谢增毅:"我国证券交易所的组织结构与公司治理:现状与未来",《财贸经济》2006年第6期。
[37] 施东晖:"公司化改革对交易所运作影响巨大",《上海证券报》2004年4月7日。

[38] 王　虹:《中外证券公司制度比较研究》,华中师范大学硕士学位论文 2002 年 7 月。
[39] 邹　平:《我国证券公司发展的制度研究》,中南大学博士学位论文 2001 年 9 月。
[40] 梁　杰:《论完善我国证券公司结构》,厦门大学硕士学位论文 2002 年 7 月。
[41] 陈　共、周升业、吴晓求:《海外证券市场》,中国人民大学出版社 2000 年版。
[42] 陈　共、周升业、吴晓求:《证券与证券市场》,中国人民大学出版社 2000 年版。
[43] 刘　波:《中国证券市场实证分析》,学林出版社 1997 年版。
[44] 萧灼基:《中华人民共和国证券法事务全书》,中国民主法制出版社 1999 年版。
[45] 李　燕:"中国证券公司中政府监管的理论思考",《人民日报》(海外版) 2001 年 3 月 24 日。
[46] 廖　斌:"中美证券公司法人治理结构的比较",《财经科学》2003 年第 2 期。
[47] 钟惠玲:"国外证券行业发展趋势研究",《证券市场导报》2003 年第 6 期。
[48] 蒋健蓉:"证券公司当前的经营状况及发展前景",《中国货币市场》2003 年第 1 期。
[49] 朱科敏:《我国证券公司股权结构理论分析》,上海财经大学出版社 2006 年版。
[50] 陈峥嵘:"证券公司风险管理的理念和风险类型",《证券时报》2003 年 3 月 3 日。
[51] 黄运成、许锦文:《证券公司风险管理》,中国财政经济出版社 2001 年版。
[52] 黄　奕:"1999—2002 中国证券业发展实证研究",《中国证券报》2003 年 7 月 3 日。
[53] 高正平:《证券公司风险规避与管理》,中国金融出版社 2001 年版。
[54] 浦洪文、郑大鹏等:"我国证券公司财务风险特征分析",《商业经济》2005 年第 9 期。
[55] 巴曙松:"破解券商'只进不退'",《国际金融报》2003 年 10 月 14 日。
[56] 夏龙江:"从股权结构入手完善证券公司治理",《中国证券报》2003 年 11 月 13 日。

[57] 黄运成:"我国证券公司治理缺陷的根源及其出路",《证券市场导报》2004年第10期。
[58] 汪劲松:"证券公司融资融券业务风险控制及内控制度建设",《金融经济》2006年第7期。
[59] 李进安:"对证券公司风险管理制度建设的思考",《当代财经》2004年第12期。
[60] 陈共炎:"析股权结构对证券公司治理影响",《经济理论与经济管理》2004年第3期。
[61] 李世谦:《公开资本市场监管问题研究》,经济管理出版社1997年版。
[62] 高西庆:"强制信息披露制度与证券市场有效性",《上海证券报》1997年2月25日。
[63] 陈小悦、陈晓、顾斌:"中国股市弱型效率的实证研究",《会计研究》1997年第9期。
[64] 林国春、彭蕾:"中国证券市场的有效性与上市公司信息披露的规范化",《金融理论与实践》1997年第10期。
[65] 何佳:《中外信息披露制度及实际效果比较研究报告》,深圳综研字第0051号。
[66] 王利明:"我国证券法中民事责任制度的完善",《法学研究》2001年第4期。
[67] 孙亚非:"会计业职业堕落:假账成风",《中国新闻周刊》2001年第3期。
[68] 马腾:"权威报告直斥监管层 股市黑幕大曝光",《21世纪经济报道》2001年第7期。
[69] 王跃堂、张祖国:"财务报告质量评价观及信息披露监管",《会计研究》2001年第10期。
[70] 梁晶:"证券市场强制信息披露的理论思考",《商业研究》2003年第9期。
[71] 魏中芬:"上市公司会计信息披露问题之对策",《济南教育学院学报》2004年第6期。
[72] 苏志:"我国上市公司信息披露问题研究",《财会月刊》2004年第4期。
[73] 蒋顺才、刘迎新等:《上市公司信息披露》,清华大学出版社2004年版。
[74] 祝涛:"完善上市公司信息披露外部监管体系的对策",《集团经济研究》2005年第8期。
[75] 徐鹏飞、翟雪茹:"确立证券信息披露制度的几个理论问题",《理论探索》

2005 年第 1 期。
[76] 杨永忠:"证券市场信息披露中存在的问题及对策",《南华大学学报》2005 年第 1 期。
[77] 彭真明:"独立董事与我国公司治理结构",《武汉大学学报》2003 年第 5 期。
[78] 邓菊秋:《独立董事制度研究》,西南财经大学出版社 2004 年版。
[79] 邵少敏:《我国独立董事制度研究》,立信会计出版社 2005 年版。
[80] 陆文山:"有的放矢完善上市公司治理规则体系",《中国证券报》2005 年 3 月 22 日。
[81] 顾功耘、罗培新:"论我国独立董事的几个法律问题",《中国法学》2006 年第 6 期。
[82] 何美欢:《公众公司及其股权证券》,北京大学出版社 1999 年版。
[83] 张维迎:《企业理论与中国企业改革》,北京大学出版社 1999 年版。
[84] 梁 能:《公司治理结构:中国的实践与美国的经验》,中国人民大学出版社 2000 年版。
[85] 范黎波、李自杰:《企业理论与公司治理》,对外经济贸易大学出版社 2001 年版。
[86] 徐碧林:"上市公司独立董事制度研究",《外国经济与管理》2002 年第 1 期。
[87] 王常柏、冯花兰:"论独立董事制度与监事会制度相结合的监管模式",《生产力研究》2002 年第 1 期。
[88] 矫 健:"独立董事、监事会与现代公司监督机制的选择",《当代法学》2002 年第 2 期。
[89] 何仁渠、刘 琳:"对我国创业板上市公司独立董事制度的探讨",《技术经济》2002 年第 1 期。
[90] 项继云:"浅谈我国的独立董事制度",《山东经济》2002 年第 1 期。
[91] 宁金成、王华伟:"我国引入独立董事制度的可行性研究",《河南师范大学学报》2002 年第 2 期。
[92] 杜 萍:"走出独立董事制度误区",《市场报》2002 年第 5 期。
[93] 伍 戈:"国内外独立董事制度的比较分析",《上海综合经济》2002 年第 3 期。
[94] 白 娜:"独立董事制度与上市公司治理",《经济体制改革》2002 年第 1 期。

[95] 陆　旦:"上市公司建立独立董事制度中存在的问题与对策",《经济师》2002年第4期。

[96] 李　风:"实施独立董事制度应解决的几个问题",《四川会计》2002年第7期。

[97] 唐国靖、熊　欣:"安然破产警示中国独立董事制度",《银行家》2002年第6期。

[98] 穆传农:"关于独立董事制度的几点思考",《煤炭经济研究》2002年第1期。

[99] 孔　翔:"中外独立董事制度比较研究",《管理世界》2002年第8期。

[100] 石本仁:"公司治理中的会计角色",《会计研究》2002年第4期。

[101] 刘俊海:"独立董事不能'花瓶化'",《工业企业管理》2002年第3期。

[102] 王成秋、王　松:"独立董事制度与公司法人治理结构",《财务与会计》2001年第9期。

[103] 张安中:"美国投资基金的独立董事制度及其启示",《中国证券报》2001年6月25日。

[104] 段　强:"论独立董事制度的几个问题",《经济管理》2002年第1期。

[105] 喻猛国:"独立董事制度缺陷分析",《经济理论与经济管理》2001年第9期。

[106] 林　凌、常　诚:"独立董事制度研究",《证券市场导报》2000年第9期。

[107] 韩志国:"独立董事何时真正发出声音来",《上海证券报》2001年3月14日。

[108] 韩志国:"社会名流应慎当独立董事",《证券日报》2002年3月21日。

[109] 胥　鹏:"强化治理结构的董事激励机制",《哈佛商务评论》2002年第4期。

[110] 钟朋荣:"独立董事需要激励和约束吗?",《中外管理》2001年第5期。

[111] 邓菊秋、杨继瑞:"如何保护中小投资者权益",《经济理论与经济管理》2002年第5期。

[112] 施星辉:"32位独立董事问卷调查:怎么当一名合格的独立董事",《中国企业家》2001年第7期。

[113] 万国华:《证券法前沿问题研究》,天津人民出版社2000年版。

[114] 李维安:《现代公司治理研究》,中国人民大学出版社2002年版。

[115] 邹建平:《国外证券评级》,辽宁人民出版社1994年版。

[116] 田贞余、赵立平:"美国债券评级制度的特点及启示",《山东财政学院学

报》2002 年第 4 期。

[117] 顾　江:"完善我国资信评级市场的对策",《财贸经济》2000 年第 12 期。
[118] 梁　琦:"西方证券评级制度比较研究及其对我国的启示",《证券市场导报》1999 年第 11 期。
[119] 于晨曦:"信用评级的发展沿革",《中国城市金融》2001 年第 2 期。
[120] 邹建平编译:《日本债券评级》,辽宁大学出版社 1993 年版。
[121] 邹建平:《信用评级学》,中国金融出版社 1994 年版。
[122] 唐善领、刘铮新等:《谁给企业评分——企业资信与证券评级》,中国金融出版社 1992 年版。
[123] 吴学军:《中国证券市场研究》,企业管理出版社 2001 年版。
[124] 冯宗宪:《中国证券与信用评估研究》,陕西人民出版社 1995 年版。
[125] 许　伟:"西方证券评级制度",《国际金融研究》1998 年第 4 期。
[126] 李宗怡:"信用评级制度分析及其在我国发展的必要性",《海南金融》2001 年第 4 期。
[127] 纪　明:《中华人民共和国证券法编注》,中国法制出版社 2003 年版。
[128] 毛金明:《证券评级理论与方法》,中国商业出版社 1995 年版。
[129] 李硕远:《中韩日证券市场研究》,上海交通大学出版社 2003 年版。
[130] 吴学军:《中国证券市场研究》,企业管理出版社 2001 年版。
[131] 王永根:《中国证券评级理论与实务》,中国人民大学出版社 2002 年版。
[132] 朱顺泉:《企业资信评级方法创新及运用》,西南财经大学出版社 2004 年版。
[133] 林汉川:《企业信用评级理论与实务》,对外经济贸易大学出版社 2004 年版。
[134] 陈高翔:《证券投资学》,中国经济出版社 2005 年版。
[135] 何孝星:《证券投资基金管理学》,东北财经大学出版社 2004 年版。
[136] 何德旭:《中国投资基金制度变迁分析》,西南财经大学出版社 2003 年版。
[137] 证券投资基金编写组:《证券投资基金》,上海财经大学出版社 2002 年版。
[138] 刘李胜:《共同基金的管理与运作》,企业管理出版社 1995 年版。
[139] 王彦国:《投资基金论》,北京大学出版社 2002 年版。
[140] 夏　斌、陈道富:《中国私募基金报告》,上海远东出版社 2002 年版。
[141] 何德旭、王轶强:"美国投资基金制度的最新发展及启示",《财贸经济》2002 年第 1 期。
[142] 刘朝晖:"英美证券投资基金内部治理结构的比较及启示",《江西财经大

学学报》2002 年第 2 期。

[143] 李仲翔、杨晓光、王寿阳:"美国基金行业公司治理的独立性及对中国的启示",《国际金融研究》2001 年第 7 期。

[144] 李永久:"发达国家投资基金治理结构与独立董事制度研究",《现代财经》2003 年第 5 期。

[145] 施东辉:"证券投资基金的交易行为及其市场影响",《世界经济》2001 年第 10 期。

[146] 王连洲:"让私募基金在规范中发展",《证券时报》2001 年 4 月 2 日。

[147] 诺　思:《经济史中的结构与变迁》,上海三联书店 1995 年版。

[148] 樊　纲:"社会博弈与制度建立",《中华工商时报》1994 年 12 月 6 日。

[149] 萧灼基:《1995—1996 中国金融分析和预测》,中华工商联合出版社 1997 年版。

[150] 姜　洋:《中国证券商监管制度研究》,中国金融出版社 2001 年版。

[151] 吴晓求:《海外证券市场》,中国人民大学出版社 2002 年版。

[152] 钱　翔、余海乐:"风险控制与赢利能力的国际比较——中国证券业上市公司 2003 年年报分析",《上海证券报》2004 年 5 月 11 日。

[153] 陈峥嵘、黄正红:"美国证券业的自律监管制度",《人民日报》(海外版) 2002 年 10 月 12 日。

[154] 严　武、李汉国:《证券市场管理国际比较研究》,中国财政经济出版社 1998 年版。

[155] 洪伟民:《证券监管:理论与实践》,上海财经大学出版社 2000 年版。

[156] 潘英丽:《中国证券市场规范发展问题研究》,上海财经大学出版社 2000 年版。

[157] 黄运成:《证券市场监管:理论、实践与创新》,中国金融出版社 2001 年版。

[158] 庄序莹:《中国证券市场监管理论与实践》,中国财政经济出版社 2001 年版。

[159] 余氤翔:"中国证券市场自律问题研究",http://glxy.swjtu.edu.cn/jingguan/kanwu/jgqy3/cjzh_4.htm/,2004 年 12 月 22 日。

[160] 翰　知:"内控缺失外部监管失效　券商微利引爆遗留问题",《财经时报》2004 年 7 月 3 日。

[161] 金　艳:"中外证券市场监管体制的比较与借鉴",《经济与社会发展》 2003 年第 1 期。

[162] 尚福林:"为创新发展提供空间和保障",《中国证券报》2003年8月12日。

[163] 王　丹、李海婴:"中国证券监管体制演变及其研究",《金融教学与研究》2004年第3期。

[164] 傅德伟:"监管制度变迁对深圳证券市场效率的影响",《证券市场导报》2005年第8期。

[165] 陶　虎:"中国证券监管体制的变迁与改革",《企业经济》2005年第10期。

[166] 王占军、王　俐:"中美证券市场监管体制比较研究",《黑龙江对外经贸》2005年第1期。

[167] 姜　虹:《资本市场审计功效论》,经济科学出版社2006年版。

[168] 陈　共、周升业等:《海外证券市场》,中国人民大学出版社1996年版。

[169] 杜煊君:《中国证券市场:监管与投资者保护》,上海财经大学出版社2002年版。

[170] 丁　鹏:"证券市场的投资者保护研究",《理论月刊》2003年第11期。

[171] 冯　果:《法律诉讼案例》,中国人民大学出版社2003年版。

[172] 蒋美云、池雪平:"投资者利益保护的中外法律比较",《经济师》2002年第9期。

[173] 倪　明:"论中小投资者权益的保护",《金融会计》2004年第5期。

[174] 宋　力、康灿华等:"中美证券市场股东权益保护现状对比及策略分析",《科技进步与对策》2001年第4期。

[175] 谭　勇:"美国证券投资者保护协会及其对我国投资银行业发展的启示",《上海金融》1998年第1期。

[176] 王　建、李　帮:"从银广夏等事件看我国证券市场的信用环境建设",《财经科学》2001年增刊。

[177] 王国刚:"中国证券投资基金组织模式的基本选择",《财贸经济》2002年第10期。

[178] 香港证监会:"建议的新投资者赔偿安排咨询文件",2001年3月。

[179] 李丽芳、赵淑萍:"内幕交易民事赔偿法律制度的比较研究",《财经问题研究》2003年第6期。

[180] 赵凌琦:"我国机构投资者的制度缺陷及其完善措施",《新金融》2004年第2期。

[181] 周　浩、王琪琼:"英国证券市场的变革与发展",《杭州金融研修学院学

报》2001 年第 3 期。

[182] 朱从玖:《投资者保护——国际经验与中国实践》,复旦大学出版社 2002 年版。

[183] 张　勇:"中小投资者权益如何得到保护",《经济论坛》2004 年第 14 期。

[184] 顾肖荣、陈历幸:"证券投资者保护基金法律地位的确立", http://www.fyrx.net/13/jjzc/067281156255111.htm。

[185] 陆文山、王升义:"加紧我国证券投资者保护立法", http://www.sse.com.cn/cs/zhs/xxjl/jy/bbyd/yuandi/paper20060920m.pdf。

[186] 宣伟华:"投资者问答:保护基金为投资者撑起保护伞",《上海证券报》2005 年 10 月 21 日。

[187] 庹晓雁:"中小投资者保护的机制构建",《证券时报》2004 年 12 月 15 日。

[188] 赵锡军:《论证券监管》,中国人民大学出版社 2000 年版。

[189] 吴晓求、陈雨露等:《证券市场概论》,中国人民大学出版社 2001 年版。

[190] 张亦春:《金融市场学》,高等教育出版社 1999 年版。

[191] 吴晓求、梅君等:《海外证券市场》,中国人民大学出版社 2001 年版。

[192] 周道许:《现代金融监管体制研究》,中国金融出版社 2000 年版。

[193] 白钦先、张　荔:《发达国家金融监管比较研究》,中国金融出版社 2003 年版。

[194] 伍柏麟:《中日证券市场及其比较研究》,上海财经大学出版社 2000 年版。

[195] 王　益、刘　波:《资本市场》,经济科学出版社 2000 年版。

[196] 郭　峰:《中国证券监管与立法》,法律出版社 2000 年版。

[197] 乔治·斯蒂格勒著,潘振民译:《产业组织和政府管制》,上海人民出版社 1996 年版。

[198] 潘蓉容、周　红:"中法证券市场监管体制比较和对中国的借鉴",《上海金融》2001 年第 1 期。

[199] 董　炯、彭　冰:《公法视野下中国证券管制体制的演进》,法律出版社 2002 年版。

[200] 成思危:"论调整期的中国股市——让股市恢复本色",人民网 2003 年 3 月 28 日。

[201] 沈四宝、卢云华等:"证券纠纷仲裁制度设计",《上海证券报》2003 年 3 月 11 日。

[202] 上证联合研究计划课题:"证券监管模式与我国证券监管体制创新",《上海证券报》2004 年 9 月 21 日。

［203］李香梅、王扬亭:"完善我国证券监管的几点思考",《管理科学文摘》2005年第1期。

［204］王 丹、李海婴:"世界证券监管体制比较与中国的模式选择",《商业研究》2005年第19期。

［205］李 晶:"中美证券监管体制比较及对我国的启示",《辽宁工学院学报》2005年第3期。

［206］马 磊:"证券市场监管:比较与借鉴",《理论学刊》2005年第11期。

［207］中国证监会法律部:"完善证券市场监管制度,强化市场主体约束机制",《上海证券报》2006年1月5日。

［208］徐以升:"中国金融监管模式之变",《第一财经日报》2006年7月26日。

英文部分:

[1] Dechert Price & Rhoads, *Administration of the Investment Company Act of 1940 by the Securities and Exchange Commission*, March 13, 1996.

[2] George G. Kaufman, *The U. S. Financial System—Money, Markets and Institutions*, Prentice Hall, 1977.

[3] David T. Beers, *Sovereign Credit Ratings: A Primer*, *Global Investment Risk Management*, McGraw-Hill, 2000.

[4] Resource Center, *Ratings Definitions Standard & Poor's Ratings Direct*.

[5] Burton G. Malkiel, *A Random Walk Down Wall Street*, W. W. Norton & Company, New York, 1996.

[6] Eugene Fama, "Efficient Capital Markets: A Review of Theory Empirical Work," *Journal of Finance*, May, 1970.

[7] J. A. Patell & M. A. Wolfson, "The Intraday Speed of Adjustment of Stock Prices to Earnings and Dividend Announcement," *Journal of Financial Economics*, 1984, 13.

[8] Jensen, M. C., "Some Anomalous Evidence Regarding Market Efficiency," *Journal of Financial Economics*, 6th, Jun-Sept, 1978.

[9] J. H. Lorie, P. Dodd & M. H. Kimpton, *The Stock Market: Theories and Evidence*, homewood, Ill: Dow Jones-Irwin, 1985.

[10] M. R. Gillen, *Securities Regulation in Canada*, Carswell, Canada, 1992.

[11] Robert A., Prentice, *Law of Business Organization and Securities Regulation*, Englewood Cliffs, N. J. Prentice-hall, 1987.

后　　记

《证券市场制度比较与趋势研究》一书从构思、论证、写作到修改定稿,历时三年有余。其间跟踪实践的发展,进行过三四次较大的调整、修改和补充,初衷是作为系统研究证券市场制度的成果,尽可能反映国际、国内证券市场的全貌和最新进展,以便更好地把握证券市场实践的脉搏和节奏以及证券市场制度变迁的规律和趋势。然而,国际、国内市场经济特别是证券市场的发展日新月异,我们分析判断问题所使用的数据资料实难与市场实践保持同步,我们初步的理论研究亦恐难完全如愿,那么权且以本书作个小结,姑且算是阶段性成果吧。

本书由我提出初步研究思路和框架,全体作者(我所指导的研究生)论证、拟订写作提纲,各章执笔人撰写初稿,交换补充修改。按照章节顺序,全书第一至第十章的初稿作者分别是:葛　优、曹禺、郭小卉、向冠春、孙秀丽、闫小勇、刘　猛、刘　莉、李继超、杨　军,我参与了中间过程的讨论、修改及最后总纂、定稿。特别需要指出的是,由于成书过程较长,一些作者相继毕业离校,或攻读博士学位或走上工作岗位,在后期书稿的结构调整、新资料的补充、部分内容的修改直至文字格式的校改方面,会计学(证券投资方向)研究生胡耀岭做了大量、卓有成效的工作。所以,本书应属于我和金融学、会计学研究生同学们的集体研究成果。当然,书中或有错误、不当之处,应该由我负责。

恳请读者指正。

康 书 生

2007 年 7 月于保定